AF883756

भारतीय शासन और राजनीति

भारतीय शासन और राजनीति

प्रदीप माथुर

इशिका पब्लिशिंग हाउस
जयपुर दिल्ली

इशिका पब्लिशिंग हाउस
ए –25, ''गणेश सदन'', गली न. 4, आदर्श बस्ती,
बी.एल. हाउस के पास, टोंक फाटक,
जयपुर–302018 (राजस्थान) भारत
फोन : 0141-2761280, Mob. 9887532741
Email: ishikapublishinghouse@yahoo.in

दिल्ली कार्यालय : 102, प्रथम मंजिल, 'सत्यम हाउस'
4324/3, अंसारी रोड़, दरियागंज, नई दिल्ली – 110 002
फोन : 011–45652440

© लेखक, 2024

ISBN: 9788189471002

Price: ₹ 1750.00

प्रकाशन से पूर्व लिखित अनुमति प्राप्त किये बिना मात्रा उद्धरण के अतिरिक्त अन्य किसी भी उद्देश्य से इस ग्रन्थ के किसी भी अंश का किसी भी रूप में यांत्रिक, इलेक्ट्रोनिक, फोटोस्टेट, ध्वन्यालेखन अथवा अन्य किसी भी विधि से प्रतिलिपीकरण, प्रेषण अथवा अनुवाद सर्वत निषिद्ध है।

टाइपसेटिंग : बी.एस. कम्प्यूटर्स, जयपुर

मुद्रक : थॉमसन प्रेस, नई दिल्ली

भूमिका

समाज के क्रिया-कलापों को गतिशील बनाये रखने और सामाजिक सुख-सुविधाओं की व्यवस्था करने का सम्पूर्ण उत्तरदायित्व सरकार के कंधों पर होता है। समाज और उसके अंग मानव जीवन के प्रत्येक कार्य पर सरकार की छाप देखने को मिलती है। मानव को स्वयं भी अपने विकास एवं दैनिक कार्यों को सम्पन्न करने के लिए सरकार का सहारा लेना पड़ता है। सरकार अपना दायित्व प्रशासन द्वारा वहन करती है। यदि यों कहा जाए कि सरकार और प्रशासन एक-दूसरे के पर्याय होकर रह गये हैं तो अतिशयोक्ति न होगी। अधिकांशत: सफल सरकार भी वही मानी जाती है जिसका प्रत्येक नागरिक सहज सरकार के प्रत्येक क्रिया-कलाप को सहर्ष स्वीकार कर ले एवं सभी नागरिकों की उनके अपने विश्वासों और आकांक्षाओं के अनुकूल जीवन व्यतीत करने में समर्थ बनाये जिसके लिए यह आवश्यक है कि जनता सरकार के सभी प्रकार के क्रिया-कलापों में अपनी पूर्ण रूप से रुचि प्रदर्शित करे एवं सहयोग दे।

समाज अपने कल्याण और हितों के लिए जिन कार्यों की सरकार से अपेक्षा रखता है उन्हें केवल सरकार के माध्यम से ही मूर्त रूप दिया जा सकता है। दक्ष, कुशल, सक्षम और अनुभवी प्रशासन तन्त्र के अभाव में सरकार के उच्च से उच्च आदर्शों एवं सिद्धान्तों को मूर्त रूप देकर सफल नहीं बनाया जा सकता। परिणामत: प्रत्येक देश की सरकार की सफलता और लोक प्रियता वहाँ के प्रशासन पर ही निर्भर करती है क्योंकि जनता का कल्याण करना ही प्रशासन का मुख्य उद्देश्य रहता है। प्रशासन एक इकाई मात्र है जो एक विशालतम यन्त्र के समान है।

लोकतन्त्रात्मक सरकार में यह तथ्य एक विशेष महत्त्व रखता है कि प्रशासन को जनता के विभिन्न विचारों, दृष्टिकोणों, आवश्यकताओं एवं महत्त्वाकांक्षाओं आदि जैसी प्रवृत्तियों की भली-प्रकार जानकारी हो। इसके अभाव में प्रशासन अपने लक्ष्य और उद्देश्य की प्राप्ति में कभी सफल नहीं हो सकता। साधारणत: किसी संस्था के कार्य-क्षेत्र की देखभाल को ही प्रशासन कहा जाता है। जब प्रशासन का कार्य-क्षेत्र किसी परिवार अथवा संगठन आदि की कार्यविधि तक ही सीमित नहीं रहता बल्कि वह राज्य, राष्ट्र, नगर-पालिका, नगर-परिषद अथवा इसी प्रकार की अन्य सरकारी और सार्वजनिक संगठनों को अपनी सीमाओं में आबद्ध कर लेता है तो उसी को सरकारी प्रशासन के नाम से सम्बोधित किया जाता है और जब सरकार का प्रत्येक प्राणी अथवा कर्मचारी अपनी सीमाओं में कोई कार्य सम्पन्न करता है तो उसे लोक प्रशासन का अंग अथवा इकाई माना जाता है।

लेखक

अनुक्रमणिका

1

भारतीय राजनीति में स्वतन्त्रता पूर्व अभिक्रिया

आदिमकालीन मानव शनैः शनैः सभ्यता की ओर अग्रसर हुआ। भाषा एवं लिपि का आविष्कार होने के पश्चात् मानव समाज ने अनुशासन की आवश्यकता पूर्ति के लिए नियमों एवं रीति-रिवाजों की स्थापना की। मानव ने महसूस कर लिया था कि जंगल का कानून मानव समाज के हित में नहीं है। विश्व की विभिन्न मानव सभ्यताओं ने मानव के प्रति मानव के व्यवहारों के लिए नियम एवं परंपराओं का निर्धारण किया। यही कारण है कि प्रत्येक राष्ट्र के संवैधानिक कानून में प्राचीन परंपराओं की झलक स्पष्ट देखने में आती है। अतः यह कहना उचित होगा कि मानव व्यवहार को अनुशासित एवं मर्यादित करने के लिए जो नियम या उपनियम बनाए गए हैं, वही कानून है। कानून का सामान्य अर्थ भारतवर्ष की उस संवैधानिक व्यवस्था से है, जिसके अनुसार नागरिकों के अमर्यादित आचरण के विरुद्ध आपराधिक मामलों का विधान और सिविल मामलों का विधान लागू किया गया है। इसके लिए राष्ट्रीय सुरक्षा एजेंसी, पुलिस इत्यादि तथा न्यायालयों की स्थापना की गई है। राज्य का लक्ष्य मानव कल्याण की उचित व्यवस्था करना है, किंतु इस लक्ष्य की प्राप्ति तभी की जा सकती है जबकि राज्य के नागरिक अपने जीवन में आचरण के कुछ सामान्य नियमों का पालन करते हों। अतः राज्य अपने नागरिकों के जीवन के संचालन हेतु नियमों का निर्माण

करता है, जिनका पालन करना व्यक्ति के लिए आवश्यक होता है और जिनका पालन न करने पर व्यक्ति दण्ड का भागी होता है। राज्य द्वारा निर्मित और लागू किए जाने वाले इन नियमों को ही कानून कहते हैं।

कानून की कुछ प्रमुख परिभाषाएँ इस प्रकार हैं–

ऑक्सफोर्ड शब्दकोश में कानून की परिभाषा ''सत्ता द्वारा आरोपित आचार-व्यवहार के नियम'' के रूप में की गई है।

प्रसिद्ध विधानशास्त्री **ऑस्टिन** के अनुसार ''कानून संप्रभु की आज्ञा है।''

पाउण्ड के शब्दों में ''न्याय के प्रशासन में जनता और नियमित न्यायालयों द्वारा मान्यता प्राप्त लागू किए गए नियमों को कानून कहते हैं।''

प्रो. सालमण्ड के अनुसार ''कानून नियमों का वह समूह है जिसे राज्य मान्यता देता है और न्याय-व्यवस्था के प्रशासन में लागू करता है।''

उपर्युक्त परिभाषाओं के आधार पर कहा जा सकता है कि कानून वे नियम हैं जिन्हें राज्य के द्वारा निर्मित या स्वीकृत किया जाता है और जिनका पालन न करने पर राज्य के द्वारा दण्डित किया जाता है।

कानून के उद्‌गम और स्रोत

कानून के स्रोत से तात्पर्य उन साधनों से है जो प्रत्यक्ष रूप से कानून के निर्माण में सहायता देते हैं। आधुनिक राज्यों में साधारणतः विधानमण्डल द्वारा कानून का निर्माण किया जाता है, किंतु विधानमण्डल के अतिरिक्त भी कानून के अनेक स्रोत है, जिनका उल्लेख निम्न प्रकार से किया जा सकता है :

1. रीति-रिवाज अथवा परंपराओं

रीति-रिवाज कानून का प्राचीनतम तथा एक महत्वपूर्ण स्रोत है। रीति-रिवाजों का निर्माण नहीं होता, वरन धीरे-धीरे उनका विकास होता है। ये समाज के वे प्रचलित नियम होते हैं, जिन्हें समाज के सभी सदस्य लंबे समय से मानते चले आ रहे हैं। इन रीति-रिवाजों के पीछे सामाजिक संगठन का नियंत्रण तथा समाज का नैतिक बल रहता है। जब ये रीति-रिवाज समाज में अधिक मान्य तथा प्रचलित हो जाते हैं, तब राज्य उन्हें कानून का रूप देता है और रीति-रिवाजों पर आधारित इन कानूनों को प्रथागत कानून कहा जाने लगता है। रोम, में 'ट्वेल्व टेबिल' (Twelve Table) भारत में 'स्मृतियाँ' तथा इंग्लैण्ड में 'कामन लॉ' इसी स्रोत की देन हैं। एक राज्य की वैधानिक व्यवस्था में रीति-रिवाजों का महत्व स्पष्ट करते हुए मैकाइवर ने लिखा है कि ''कानून के विशाल ग्रंथ में राज्य केवल कुछ ही नए वाक्य लिखता है और कहीं-कहीं एक आध पुराना वाक्य काट देता है, इस ग्रंथ के अधिकांश भागों की रचना में राज्य का कभी कोई हाथ नहीं रहा है परंतु राज्य इस सम्पूर्ण ग्रन्थ से मर्यादित होता है।''

2. धर्म (Religion)

कानून के विकास में परंपरा की ही भाँति धर्म का भी महत्वपूर्ण स्थान रहा है। धर्म परंपरागत कानून को धार्मिक विश्वास की मान्यता देकर उसे सबल बनाता है और इस दृष्टि से ये दोनों घनिष्ठ रूप से संबंधित हैं। इतना ही नहीं, धर्म ने प्रत्यक्ष रूप से भी कानून को जन्म दिया है। प्राचीन काल में ईश्वर को ही समस्त सत्ता और कानून का उद्‌गम माना जाता था। इस प्रकार धर्माधिकारियों तथा धर्म-शासकों के माध्यम से अभिव्यक्त कानूनों का स्वरूप दैवीय होता था। प्राचीन समाज में धर्म तथा कानून इतने घुले-मिले थे कि जीवन के सभी नियमों के पीछे धार्मिक मान्यता का बल पाया जाता था। विल्सन के अनुसार, ‘‘रोम का प्रारंभिक कानून धार्मिक नियमों का ही एक संग्रह था।'' आज भी हिंदुओं का कानून मनु की व्यवस्था के आधार पर टिका हुआ है।

3. न्यायिक निर्णय (Judicial Decision)

जैसे-जैसे सामाजिक व्यवस्था जटिल होने लगी, वैसे-वैसे विभिन्न रीति-रिवाजों में संघर्ष उत्पन्न होने लगा और इस संघर्ष के कारण रीति-रिवाजों की वैधता में संदेह किया जाने लगा। इस स्थिति में कभी-कभी ऐसे विवाद भी खड़े हो जाते थे, जिनका रिवाजों के पास कोई समाधान नहीं था। अत: ऐसे विवाद को सुलझाने के लिए समाज के उन सबसे बुद्धिमान व्यक्ति अथवा व्यक्तियों की सलाह ली जाती थी, जिनका निर्णय सबको स्वीकार हो। ऐसे व्यक्तियों के निर्णयों ने 'कानूनी दृष्टांतों' का रूप धारण कर लिया। बाद में उत्पन्न विवाद सुलझाने के लिए इन पूर्व दृष्टांतों का अनुसरण किया जाने लगा और इस प्रकार न्यायिक निर्णय कानून के स्रोत बन गए। आज भी न्यायिक निर्णय कानून के विकास में पर्याप्त सहायक सिद्ध होते हैं।'' संभवत: इसी बात को दृष्टि में रखकर जस्टिस होल्म्स ने लिखा है कि ‘‘न्यायाधीश कानून बनाते हैं और उनको इसका अधिकार भी है।''

4. कानूनी टीकाएँ (Commentaries)

प्रत्येक देश में कानून के प्रसिद्ध ज्ञाता कठिन कानूनों के अर्थ को स्पष्ट रूप से समझने के लिए कानून की व्याख्या करते हुए ग्रंथ रचना करते हैं जिन्हें कानूनी टीकाएँ कहा जाता है। न्यायशास्त्रियों और विधिशास्त्रियों की टीकाएँ भी कानून का स्रोत होती हैं। टीकाकार कानून के आधारभूत अमूर्त सिद्धांतों की विवेचना करते हुए उनके यथार्थ स्वरूप पर प्रकाश डालते हैं। न्यायालय में न्यायाधीश इन टीकाओं को मान्यता देते हैं तथा अपने निर्णयों में इनका आदर के साथ उल्लेख करते हैं। इस प्रकार ये टीकाएँ कानून के विकास में सहायक सिद्ध होती हैं। हिंदुओं में 'मिताक्षरा' अथवा 'दाय भाग' और मुसलमानों में 'फतवा आलमगीरी' कानून पर टीकाओं के प्रभाव के उल्लेखनीय उदाहरण हैं।

5. साम्य नीति या औचित्य (Equity)

औचित्य भी एक अन्य स्रोत है, जिससे कानून का उद्भव हुआ है। न्यायाधीशों के समक्ष कभी-कभी ऐसे विवाद उपस्थित हो जाते हैं जिनके संबंध में कानून कोई प्रकाश

नहीं डालता। ऐसी स्थिति में न्यायाधीश विवेक, न्यायशास्त्र के अनुभव और न्याय की साधारण मान्यताओं के आधार पर निर्णय देते हैं और ये निर्णय ही 'औचित्य निर्णय' कहलाते हैं।

6. व्यवस्थापन (Legislation)

व्यवस्थापन कानून का सबसे अधिक प्रत्यक्ष और महत्वपूर्ण स्रोत है। प्राचीन काल में व्यवस्थापन का कार्य राजा अथवा उसके गिने-चुने लोगों द्वारा होता था और एक समय संपूर्ण जनता के द्वारा प्रत्यक्ष रूप से व्यवस्थापन भी किया जाता था, किंतु आज लगभग सभी राज्यों में व्यवस्थापन का कार्य व्यवस्थापिका (विधान मण्डल या संसद) द्वारा किया जाता है। व्यवहार रूप में प्रत्येक देश में प्राय: सभी कानून विधान मण्डल द्वारा बनाए जाते हैं और व्यवस्थापन कानून के सर्वप्रमुख स्रोत का रूप धारण करता जा रहा है। कानून के प्रारंभिक स्रोतों का महत्व यद्यपि आज कम हो गया है, किंतु आज भी वे व्यवस्थापन की अति पर अंकुश रखने का कार्य करते हैं।

कानून के उद्देश्य अथवा कार्य

(Objects or Functions of Law)

नागरिक और राजनीतिक जीवन के कुछ लेखकों द्वारा कानून के उद्देश्यों के संबंध में अपने विचार व्यक्त किए गए हैं। आर.पाउण्ड (R. Pound) के द्वारा कानून के चार प्रमुख उद्देश्य बताए गए-

अ. राज्य में शांति प्रस्थापना

ब. समानता की स्थापना

स. व्यक्तिव की रक्षा तथा उसका विकास

द. मनुष्य की आवश्यकताओं की पूर्ति।

इन विचारधाराओं के आधार पर कानून के निम्नलिखित उद्देश्य या कार्य बताए जाते हैं-

1. राज्य में शांति प्रस्थापना

कानून का सर्वप्रथम उद्देश्य राज्य में शांति और व्यवस्था स्थापित करना होता है, जिसके अभाव में मनुष्यों के द्वारा किसी प्रकार का कार्य किया ही नहीं जा सकता।

2. मनुष्य की उन्नति करना

कानून मानव जीवन के लिए ही होते हैं और मनुष्यों को उन्नति की ओर बढ़ाना कानून का एक प्रमुख उद्देश्य होता है।

3. मानव आवश्यकताओं की पूर्ति

कानून का उद्देश्य एक ऐसी व्यवस्था करना होता है जिसमें मनुष्यों की सभी आवश्यकताओं की पूर्ति हो सके। जब तक इन आवश्यकताओं की पूर्ति होती रहेगी तभी तक मनुष्यों के द्वारा शारीरिक, मानसिक और नैतिक उन्नति का कार्य किया जा सकता है।

4. नागरिकों को समान अवसर प्रदान करना

कानून की दृष्टि में सभी समान होते हैं और कानून का एक उद्देश्य सभी नागरिकों को समान अवसर प्रदान करना होता है। कानून के द्वारा बिना किसी भी प्रकार के भेद के सभी व्यक्तियों को समान अवसर और सुविधाएँ प्रदान की जानी चाहिए।

5. मानव अधिकारों की रक्षा करना

कानून का अंतिम किंतु एक महत्वपूर्ण उद्देश्य मानव अधिकारों की रक्षा करना होता है। कानून नागरिकों के सामान्य तथा मौलिक, दोनों ही प्रकार के अधिकारों की रक्षा करते हैं।

अन्य राष्ट्रों की भाँति भारतीय कानून संहिता का उद्देश्य भी निम्न अवधारणाओं की पूर्ति करता है।

6. **लिखित कानून व्यवस्था** द्वारा नागरिकों के मूल अधिकारों की रक्षा करना।

7. नागरिकों के अमर्यादित व विधि विरुद्ध आचरणों के लिए उन पर वाद प्रस्तुत करना और निर्धारण दण्ड प्रक्रिया विधान के तहत सजा देना।

8. प्रत्येक नागरिक को समानता के आधार पर न्याय व्यवस्था प्रदान करना, ताकि अपराध व अपराधियों के विरुद्ध सुरक्षा प्रदान की जा सके।

9. सरकारी सुरक्षा निकायों की स्थापना द्वारा अपराधों की रोकथाम।

कानून के तत्व

(Elements of Law)

कानून के प्रमुख रूप से निम्नलिखित पाँच तत्व बताए जा सकते हैं–

1. कानून के लिए नागरिक समाज का अस्तित्व आवश्यक है क्योंकि नागरिक समाज ही सुव्यवस्थित संगठन है और इस संगठन के संचालन हेतु ही नियमों की आवश्यकता होती है।

2. कानूनों के निर्माण तथा उनकी क्रियांविति के लिए संप्रभुत्वपूर्ण सत्ता का अस्तित्व आवश्यक है।

3. कानूनों का संबंध व्यक्ति के बाहरी आचरण से होता है, उनकी आंतरिक भावनाओं से नहीं।

4. नागरिकों को कानून का अनिवार्य रूप से पालन करना होता है और कानून का उल्लंघन करने पर वे राज्य द्वारा दण्ड के भागी होते हैं।

5. कानून ऐसे होने चाहिए, जिनका पालन न केवल दण्ड के भय से वरन् सामाजिक हितों की भावना से किया जाए।

कानून की आवश्यकता

आज हर हाल में सार्वजनिक तथा निजी मामलों में सबसे बड़ी जरूरत कानून के ज्ञान की होती है।

आज यह भी सच है कि आम आदमी के काम आने वाले कानूनों की संख्या बढ़ गई है और वे जटिल भी हो गए हैं। इसलिए यह बेहद जरूरी हो गया है कि जन-साधारण में कानून के प्रति समझ-बूझ पैदा की जाए। इससे हरेक आदमी को ये लाभ प्राप्त हो सकेंगे-

– कानून की अच्छी तरह जानकारी होने पर तमाम तरह की मुसीबतों और झंझटों से बच सकेंगे।

– इससे आम आदमी अपने-आप को मजबूत और सुरक्षित अनुभव करेगा।

– कानून की जानकारी होने से उसे किसी का मुँह नहीं ताकना पड़ेगा और बिना किसी जोखिम के अपना रास्ता खुद तलाश कर लेगा।

कानून के बारे में जानना जरूरी क्यों?

आज का युग विज्ञान और तकनीकी का युग है। दुनिया में जटिलताएँ बढ़ती जा रही हैं और हम हर समय यह मानकर नहीं चल सकते कि सब-कुछ अपने-आप ठीक-ठाक चलता ही रहेगा। इसलिए यह बहुत महत्वपूर्ण है कि नागरिक के रूप में हम अपने अधिकारों को जानें-समझें। अगर हम किसी मुश्किल स्थिति में फँस ही जाएँ, तो हमें पता हो कि कानूनी दृष्टि से हमारी स्थिति क्या है।

संसद और राज्यों के विधानमण्डल सैकड़ों कानून बनाते हैं। खुद वक़ील भी उनमें से ज्यादातर कानूनों की जानकारी नहीं रख पाते; लेकिन वे इतना जरूर जानते हैं कि जरूरत पड़े, तो उन्हें कहाँ देखा या पाया जा सकता है, इसलिए जब कोई विशेष समस्या उठ खड़ी होती है, तो वह कानूनों का अध्ययन कर लेता है। यह काम हममें से सब लोग नहीं कर सकते। इसलिए जब कोई कानूनी समस्या उठ खड़ी होती है या लगने लगती है कि समस्या आपके काबू से बाहर हो गयी है, तो किसी वकील से सलाह मशविरा करना ही पड़ता है। वरना आप जो भी कहेंगे या करेंगे-या करने में कोताही बरतेंगे, तो आप अपना ही मुकदमा खराब कर लेंगे।

आपकी निष्ठा में कोई खोट नहीं है, या आपकी आत्मा साफ है, अथवा आपने लिखित में कोई बात या शर्त स्वीकार नहीं की है, तो भी आप पूरी तरह सुरक्षित नहीं हैं।

अगर मामला अदालत में है, तो आप जो भी कहते हैं या यों ही चर्चा में किसी बात का जिक्र कर जाते हैं, उससे आपको परेशानी का सामना करना पड़ सकता है।

यह पुस्तक किसी वकील की जगह नहीं ले सकती। इसमें कानून की सिर्फ आम कैफियत दी गई है, जिससे कोई समस्या उठ खड़ी होने पर आप अपनी स्थिति को बेहतर ढंग से जान-समझ सकें। आप अनुभव करेंगे कि अधिकांश कानून जनहित में बने होते हैं लेकिन इसमें कई ऐसे भी हैं, जिनका व्यावहारिकता से कोई लेना-देना नहीं है, इसलिए कोई समस्या पेश आने पर आप वकील की मदद बगैर कुछ नहीं कर सकते।

यदि आप यह जानते हैं कि आपके मौलिक अधिकार क्या हैं? और उनकी रक्षा के लिए क्या कदम उठाए जाने चाहिए, तो आप वकील के पास अनजान व्यक्ति की तरह नहीं जाएंगे। जब आप किसी वकील से अपनी समस्या पर बातचीत करेंगे, तो आप उस विषय में एकदम अज्ञानी न लगेंगे। उस हालात में वकील आपकी बात को अहमियत देगा और आपको मुकदमें की सावधानी के साथ पैरवी करेगा। इसके अलावा कानून के बारे में जानकारी न होने से अदालतों और कानून के प्रति डर पैदा होता है। यदि आप कानून के महत्वपूर्ण पहलुओं को जानते हैं, तो आप मुश्किल हालात पेश आने पर पूरी मजबूती और आत्मविश्वास से उसका सामना कर सकते हैं।

इतना ही नहीं, अगर आपको कानून की जानकारी है, तो कानूनी समस्याओं का समाधान खोज सकते हैं। बाइज्जत जिंदगी जीने के लिए सबसे अच्छा यही है कि कानूनी झंझटों से दूर ही रहा जाए। इस पुस्तक का उद्देश्य मुकदमेबाजी की भावना पैदा करना नहीं है बल्कि आपको कानूनी लटकों-झटकों से बचने से मदद करना ही है। तमाम सावधानियाँ बरतने के बाद भी अगर आपको अदालत में घसीट ही लिया जाए, तो यह पुस्तक आपको अपना संभव बचाव खोजने में मदद करेगी।

कानून की जानकारी होने से आप अपने प्रतिपक्षी से बेहतर ढंग से सौदेबाजी कर सकते हैं। उदाहरण के लिए, यदि आपको कानून की खास-खास बातें पता हैं तो आपका अफसर आपको झाँसा नहीं दे सकता या काम से निकाल नहीं सकता। वह आपसे समझौता करने के लिए तैयार हो जाएगा।

प्रजातंत्र-प्रणाली के नागरिक के नाते भी हमारा यह कर्तव्य है कि हम यह जानें कि क्या-क्या कानून है। इसका कारण यही है कि सरकारें अक्सर नागरिकों के अधिकारों को हड़पने की ताक में रहती हैं। आतंकवाद विरोधी कानूनों द्वारा पुलिस के सिपाहियों और छुटभैये अफसरों के हाथों में अधिकार दे दिए जाते हैं। ये लोग अपने अधिकार की सीमाओं को लांघकर कार्यवाइयाँ करते हैं, जिससे आम आदमी की जिंदगी तबाह कर देते हैं। अगर इन ज्यादतियों के शिकार लोग यह जानते हों कि उनके अधिकार क्या हैं या कम से कम

उन्हें यह पता हो कि कहाँ से मदद ली जानी चाहिए तो उन्हें इतनी मुसीबतों का सामना न करना पड़ेगा।

हालाँकि मुकदमेबाजी से दूर रहने के बहुत से उपयोगी कारण होते हैं, फिर भी उससे एकदम डरिए भी नहीं। अदालतों की भाँति हमारे अस्पतालों, स्कूलों और बसों में भी भीड़ ही भीड़ रहती है, लेकिन जरूरत पड़ने पर हम उनका उपयोग करना छोड़ तो नहीं देते। अगर अदालतों में इतनी भीड़ रहती है तो इसका कारण यही है कि लाखों लोगों ने वकील की फीस, फैसले होने में विलंब और फैसले की अनिश्चित स्थिति होने पर भी, अदालत से न्याय पा सकने की आशा अभी छोड़ी नहीं है।

इस पुस्तक में कानून की मोटी-मोटी बातें ही दी गई हैं। किसी समस्या के आने पर आपको उससे संबंधित कानून-विशेष को पढ़ना-समझना चाहिए। इसके लिए बड़ी-बड़ी किताबें खरीदने की आवश्यकता नहीं। आपको तो मूल अधिनियम देखने की ही जरूरत है जिनकी प्रतियाँ कानूनी पुस्तकों की किसी दुकान से आसानी से कम कीमत पर खरीदी जा सकती हैं।

राज्य सरकारें भी कानून पारित करती हैं, जो उसी प्रदेश में लागू होते हैं। राज्य सरकारें फैसले और आदेश भी जारी करती हैं और ये मुख्यतः उसी प्रदेश में प्रभावी होते हैं। इसलिए किरायेदारी सेवा शर्तें या बिक्रीकर जैसे मामलों में समस्याएँ पेश आने पर अपने राज्य के कानून के बारे में जानकारी होना जरूरी है।

कंप्यूटर और इंटरनेट आने से कानूनी दस्तावेज अब आसानी से उपलब्ध है। सरकार और न्यायपालिका ने भी केंद्रीय कानूनों और उच्चतम न्यायालय के फैसलों के बारे में जानकारी कंप्यूटर पर उपलब्ध करा दी है। सरकारी स्रोतों के जरिए इनसे संबंधित सी.डी. भी हासिल की जा सकती है। आप इन्हें इंटरनेट पर भी पढ़ सकते हैं। उच्चतम न्यायालय और कुछ उच्च न्यायालय के आदेश अब कुछ ही दिनों में वेबसाइट पर उपलब्ध हो जाते हैं। आप विश्व में कहीं भी हों, उच्चतम न्यायालय और उच्च न्यायालयों से हर दिन सुनवाई के लिए सूचीबद्ध मामलों की जानकारी हासिल कर सकते हैं। इसी तरह आप टेलीफोन या वेबसाइट के जरिए किसी-किसी मामले की स्थिति के बारे में भी जानकारी ले सकते हैं। अदालतें वीडियो-कॉन्फ्रेंसिंग का उपयोग करती हैं। लेकिन इसका इस्तेमाल उन्हीं मामलों में किया जाता है, जब संबंधित पक्ष अदालत आने में असमर्थ हो या कैदियों को न्यायालय तक लाना जोखिम भरा और खर्चीला हो। कानून में इलेक्ट्रोनिक माध्यमों का उपयोग न्यायिक प्रणाली में क्रांतिकारी बदलाव है।

क्या नागरिक कानून पालन से इंकार कर सकते हैं?

कानून पालन के अंतर्गत ही एक प्रश्न यह उत्पन्न होता है कि क्या किन्हीं परिस्थितियों में व्यक्ति के द्वारा कानून का पालन करने से इंकार किया जा सकता है? वैधानिक दृष्टि से तो व्यक्तियों के द्वारा कानूनों का पालन करने से इंकार किया ही नहीं जा सकता।

किंतु नैतिकता की दृष्टि से व्यक्तियों के द्वारा कुछ परिस्थितियों में कानून पालन से इंकार किया जा सकता है। यदि व्यक्तियों को इस बात का विश्वास हो जाए कि विद्यमान कानून सार्वजनिक हित में नहीं है, तो प्रथमत: उनके द्वारा सभी संभव संवैधानिक साधनों के आधार पर इस कानून में परिवर्तन कराने का प्रयत्न किया जाना चाहिए। लेकिन यदि इस प्रकार के प्रयत्न में उन्हें सफलता प्राप्त न हो और यदि वे सार्वजनिक हित के लिए की कानून ही अवहेलना करना नितांत आवश्यक समझें, तो इस प्रकार की विशेष स्थिति में उनके द्वारा कानून का पालन करने से इंकार किया जा सकता है। लेकिन इस संबंध में यह ध्यान रखा जाना चाहिए कि व्यक्तियों के द्वारा कानून पालन से अत्यंत विशेष परिस्थितियों में ही इंकार किया जा सकता है, सामान्य परिस्थियितों में नहीं। बर्क के शब्दों में-"विरोध का अधिकार शरीर के लिए औषधि है, प्रतिदिन का भोजन नहीं।" वस्तुत: यह न केवल औषधि वरन् एक प्रकार की शल्य क्रिया (Operation) है जिसका बिना सोचे-समझे प्रयोग करने पर समस्त समाज में अराजकता फैलने की आशंका रहती है।

भारत का संविधान और नागरिक

हमारा संविधान भारत के सभी नागरिकों को सामाजिक, आर्थिक व राजनैतिक न्याय प्रदान करने की मंशा की घोषणा करता है। हमारे देश के सभी कानून हमारे संविधान द्वारा अधिकृत होते हैं।

भारतीय संविधान द्वारा सामाजिक न्याय दो तरीकों से लागू किया गया है;

- देश की सभी महिलाओं और पुरुषों को कुछ अधिकार प्रदान कर, इन्हें नागरिकों के मूल-अधिकार कहा जाता है।
- सरकार को कुछ सिद्धांतों को लागू करने के निर्देश देकर इन्हें राज्य के नीति-निर्देशक तत्व कहा जाता है।

हम यहाँ नागरिकों के मूल-अधिकारों की बात करेंगे। ये अधिकार बहुत ही व्यापक हैं और छह श्रेणियों में बाँटे गये हैं-

1. समानता का अधिकार,
2. स्वतंत्रता का अधिकार,
3. शोषण के विरोध का अधिकार
4. धार्मिक स्वतंत्रता का अधिकार
5. शिक्षा और संस्कृति का अधिकार
6. संवैधानिक संरक्षण का अधिकार

हमारे देश का संविधान महिलाओं के लिए तीन तरीकों से विशिष्ट मंशा रखता है–

1. संविधान महिलाओं और पुरुषों में लैंगिक भेदभाव मिटाने की मंशा रखता है।

2. संविधान इस बात को तूल देता है कि महिलाओं को पारंपरिक रूप से प्रताड़ित किया गया है तथा हीन समझा गया है। इस अन्याय को समाप्त करने के लिये संविधान सरकार को महिलाओं के हित में विशेष प्रावधान बनाने की अनुमति देता है।

संविधान निहित रूप में यह उम्मीद रखता है कि सरकार सभी कमजोर वर्गों, जिसमें महिलाएँ शामिल हैं, की स्थिति सुधारने के लिए विशेष प्रयत्न करेगी।

मूल संवैधानिक अधिकारों में समानता के अधिकार का महिलाओं के लिए विशेष महत्व है। समानता के अधिकार के अनुसार महिलाओं को पुरुषों के साथ

– सार्वजनिक नौकरियों के समान अधिकार हैं,

– समान वेतन का अधिकार है।

यदि किसी नागरिक के मूल अधिकारों की अवहेलतना हो, तो वह कानून की मदद ले सकता है। इस तरह के केस हाईकोर्ट (उच्च न्यायालय) अथवा सुप्रीम कोर्ट (उच्चतम न्यायालय) में दायर किये जा सकते हैं।

मानवाधिकारों की रक्षा

हम समाचार पत्र पढ़ते हैं या टेलीविजन देखते हैं तो हमें मानवधिकारों के उल्लंघन की ढेरों घटनाएँ देखने को मिलती हैं। कैदियों को यातना, महिलाओं और बच्चों का उत्पीड़न, कारागारों का शोषण तथा जातिवाद से जुड़े क्रूरता, रोजमर्रा के मामलों में शामिल हो गए लगते हैं। ऐसे उदाहरण अक्सर देखने को मिल जाते हैं, जिसमें किसी जाति के नेता ने उसके बनाए नियमों का उल्लंघन करने वालों को निर्वस्त्र कर दंडित किया और गरीब लोगों का गधे पर बैठाकर घुमाया। कभी-कभार सती होने की रिपोर्ट भी मिल जाती है।

ऐसा लगता है कि इस तरह की घटनाएँ बढ़ गई हैं लेकिन सच्चाई यह है कि ऐसे मानवाधिकार उल्लंघनों के मामले में खबरों की रिपोर्टिंग का स्तर सुधरा है। हाल तक बंधुआ मजदूरी, महिलाओं को उनके हक से वंचित रखना तथा अन्य भेदभावपूर्ण कार्यों को समाज अपना विशेषाधिकार समझता था, यहाँ तक कि धर्म भी उन्हें इसकी अनुमति देता है। लेकिन अब अंतरराष्ट्रीय समझौतों के जरिए तथा लोकतांत्रिक देशों के संविधानों में ऐसी कार्रवाइयों को प्रतिबंधित कर दिया गया है जिससे मानवाधिकारों का उल्लंघन होता है। इसके अलावा जाति और नस्लीय हिंसा से संबंधित मीडिया रिपोर्टें मिनटों में पूरे विश्व में पहुँच जाती हैं। इससे लोगों में तीखी प्रतिक्रिया होती है और यह आगे मानवाधिकारों के उल्लंघन पर अंकुश का काम करती है।

कानून का वर्गीकरण

विभिन्न विद्वानों ने कानूनों का वर्गीकरण विभिन्न प्रकार से किया है। कुछ विद्वान कानून निर्मात्री सत्ता के आधार पर वर्गीकरण करते हैं, कुछ विद्वान निजी एवं सार्वजनिक विशेषताओं के आधार पर, तो अन्य कुछ विद्वान राष्ट्रीयता एवं अंतरराष्ट्रीयता के आधार पर। कानून के विभिन्न प्रकारों की अलग-अलग व्याख्या निम्न प्रकार से की जा सकती है–

1. व्यक्तिगत कानून (Private Laws)

ये कानून व्यक्तियों के पारस्परिक संबंधों को निश्चित करते हैं। उदाहरण स्वरूप, ऋण संबंधी कानून और संपत्ति खरीदने व बेचने के कानून इसी श्रेणी में आते हैं।

2. सार्वजनिक कानून (Public Laws)

इन कानूनों द्वारा व्यक्ति का राज्य या सरकार के साथ संबंध निश्चित किया जाता है। उदाहरण स्वरूप चोरी, डकैती या हत्या करने वालों को दण्ड देने या कर लगाने के संबंध में जिन कानूनों का निर्माण किया जाता है, उन्हें इसी सूची में सम्मिलित किया जाता है।

3. संवैधानिक कानून (Constitutional Laws)

संवैधानिक कानून–उस कानून को कहते हैं जिसके द्वारा सरकार का ढाँचा निश्चित किया जाता है और जिसके द्वारा राज्य के प्रति नागरिक के अधिकार और कर्तव्यों की विवेचना की जाती है। उदाहरण के लिए भारत में राष्ट्रपति का निर्वाचन, सर्वोच्च न्यायालय गठन और शक्तियाँ तथा राज्यपाल की नियुक्ति से संबंधित कानून संवैधानिक कानून के ही उदाहरण हैं।

4. सामान्य कानून (Ordinary Laws)

नागरिकों के दैनिक जीवन एवं आचरण को नियमित करने वाले कानूनों को सामान्य कानून कहते हैं। ये व्यवस्थापिका द्वारा निर्मित या रीति-रिवाजों और परंपराओं पर आधारित होते हैं। लचीले संविधान में तो सामान्य कानून और संवैधानिक कानून के निर्माण की एक ही प्रक्रिया होती है, किन्तु कठोर संविधान में संवैधानिक कानून के निर्माण, संशोधन या परिवर्तन की प्रक्रिया सामान्य से भिन्न तथा विशेष प्रकार की होती है।

5. प्रशासकीय कानून (Private Laws)

किसी-किसी देश में साधारण नागरिकों से पृथक सरकारी कर्मचारियों के लिए अलग कानून होते हैं। इन कानूनों को प्रशासकीय कानून कहते हैं। ये वे नियम हैं, जो राज्य के सभी कर्मचारियों के अधिकार तथा कर्तव्यों को निश्चित करते हैं। फ्रांस प्रशासकीय कानून का सर्वोत्तम उदाहरण है।

6. प्रथागत कानून (Commnon Laws)

ये देश में प्रचलित रीति-रिवाज तथा कानून का ही विकास रूप होते हैं और

न्यायालय इन्हें मान्यता देकर कानून का रूप प्रदान करते हैं। इंग्लैण्ड में इस प्रकार के प्रथागत कानून अधिक प्रचलित हैं।

7. अध्यादेश (Ordinance)

किसी विशेष परिस्थिति का सामना करने के लिए अथवा किसी विशेष उद्देश्य की पूर्ति के लिए कार्यपालिका द्वारा एक निश्चित अवधि के लिए जो अध्यादेश जारी किया जाता है, उसे अध्यादेश कहते हैं।

8. अन्तर्राष्ट्रीय कानून (International Laws)

कानून के उपर्युक्त सभी भेद राष्ट्रीय कानून के ही उदाहरण हैं, किंतु इसके अतिरिक्त भी एक और कानून होता है। विश्व के स्वतंत्र राष्ट्रों के पारस्परिक संबंध को नियमित करने वाले कानूनों को अंतरराष्ट्रीय कानून कहते हैं। ओपनहेम के शब्दों में-"अंतरराष्ट्रीय कानून प्रथाओं और परंपराओं का वह समूह है, जो सभ्य राष्ट्रों द्वारा अपने पारस्परिक संबंधों में कानूनी तौर पर मान्य समझा जाता है।" वर्तमान समय तक अंतरराष्ट्रीय कानून को राष्ट्रीय कानून की भाँति बाध्यकारी शक्ति प्राप्त नहीं हुई है और इनके पीछे सबसे बड़ी शक्ति अंतरराष्ट्रीय लोकमत की ही है।

अच्छे कानून के लक्षण

कानून का उद्देश्य होता है शांति और व्यवस्था प्रस्थापित करना, नागरिक आवश्यकताओं की पूर्ति करना, उनके अधिकारों की रक्षा करना तथा सभी नागरिकों को समान अवसर प्रदान करते हुए उनकी प्रगति का प्रयत्न करना। स्वाभाविक रूप से वे कानून जो उपर्युक्त उद्देश्यों की सिद्धि में बाधक होते हैं, बुरे कानून कहे जा सकते हैं। बेंथम और अन्य विधिशास्त्रियों द्वारा कानून के संबंध में जो विचार व्यक्त किए गए हैं उनके आधार पर यह कहा जा सकता है कि कानून में निम्नलिखित लक्षण होने पर ही उसे अच्छा कानून कहा जा सकता है।

1. सरलता और स्पष्टता

कानून सरल और स्पष्ट होने चाहिए जिससे आसानी से समझकर उनका पालन किया जा सके। जटिल कानून का पालन कठिनाई से ही संभव होता है।

2. स्थायित्व

इसका अर्थ है कि कानून जल्दी-जल्दी नहीं बदलते रहना चाहिए। जब कानूनों में बहुत जल्दी-जल्दी परिवर्तन होते हैं, तो ऐसे कानूनों का जनता को ठीक से ज्ञान नहीं रहता, इन कानूनों की प्रति जनता में सम्मान की भावना नहीं रहती है और इसका पालन करवाने में कठिनाई आती है।

3. व्यापकता

व्यापकता का आशय यह है कि कानून से संबंधित प्रमुख बातों का विस्तार के साथ उल्लेख किया जाना चाहिए। ऐसा न होने पर कानून के संबंध में विभिन्न प्रकार के विवाद उत्पन्न होते रहते हैं और उनका पालन उचित रूप में नहीं हो पाता है लेकिन व्यापकता के नाम पर कानून में आवश्यक विस्तार नहीं होना चाहिए।

4. व्यावहारिकता

कानून ऐसा होना चाहिए, जिसका पालन सुगमता से किया जा सकता हो। यदि कानून पालन में लोगों को कष्ट उठाना पड़ता है, तो कानूनों का पालन नहीं होगा। केवल दण्ड शक्ति के आधार पर कानून का पालन थोड़े समय के लिए ही करवाया जा सकता है, लंबे समय के लिए नहीं।

5. निष्पक्षता

इसका तात्पर्य यह है कि कानून सभी व्यक्तियों पर समान रूप से लागू होने चाहिए। ऐसा नहीं होना चाहिए कि निर्धन लोगों पर तो कानून कठोरता से लागू किया जाए, लेकिन धनवान और शक्तिशाली व्यक्ति कानून के पंजे से बच जाएँ। निष्पक्षता में यह बात निहित है कि यदि कर लगाने से संबंधित कोई कानून है, तो इसमें विभिन्न व्यक्तियों की कर देने की क्षमता को दृष्टि में रखा जाना चाहिए अर्थात् कर का भार अमीरों पर अधिक पड़ना चाहिए और गरीबों पर कम।

6. नागरिक अधिकारों के रक्षक

कानून ऐसे होने चाहिए, जिनसे नागरिक अधिकारों की रक्षा संभव हो सके। नागरिक अधिकारों के लिए घातक कानूनों को सामान्यतः अच्छे कानून नहीं कहा जा सकता।

7. मनुष्यों की सर्वांगीण प्रगति के रक्षक

कानून ऐसे होने चाहिए जो मनुष्यों के सुख, समृद्धि और उनकी सर्वांगीण प्रगति में सहायक हों। कानून में निर्धन वर्ग के हितों को विशेष रूप से दृष्टि में रखा जाना चाहिए।

कानून के पालन का आधार (हम कानून का पालन क्यों करते हैं?)

अनेक बार यह प्रश्न किया जाता है कि लोग कानूनों का पालन क्यों करते हैं? कानून पालन के प्रमुख रूप से निम्नलिखित कारण बताए जाते हैं–

1. भय

कानून ऐसे आदेश होते हैं जिनमें आदेश का पालन न करने वाले व्यक्तियों के लिए दण्ड की व्यवस्था होती है। अतः व्यक्तियों का एक बड़ा भाग इस दण्ड के भय से कानूनों का पालन करता है।

2. तर्क और उपयोगिता

कानूनों का पालन तर्क और उपयोगिता के आधार पर भी किया जाता है। लोग सोचते हैं कि कानून पालन में ही उसका तथा समाज का हित है और कानून की अवज्ञा से वे दुःख और अशांति के भागीदार होंगे। हूगो क्रेब के अनुसार–''कानून का पालन न करने से दण्ड मिलेगा, इस भय से हम कानून का पालन नहीं करते वरन् उसका पालन इसलिए करते हैं कि उसे हम न्यायोचित और अच्छा समझते हैं।''

3. सहानुभूति

कानून पालन का एक कारण सहानुभूति का भाव बतलाया गया है। कानूनों का निर्माण करने वाले व्यक्ति बुद्धिमान तथा सभी के शुभचिन्तक होते हैं। अतः देश के सामान्य व्यक्तियों में इन कानून-निर्माताओं के प्रति सहानुभूति का भाव होता है और कानून निर्माताओं के प्रति सहानुभूति का भाव होने के कारण वे उनकी कृतियों अर्थात् कानूनों का पालन करते हैं।

4. स्वभाव

कानून पालन का एक कारण मनुष्यों का स्वभाव बताया जाता है। बच्चे परिवार में रहते हुए ही आज्ञापालन सीखते हैं और धीरे-धीरे मनुष्यों में आज्ञापालन की आदत पड़ती है। इस प्रकार कानून का पालन करना मनुष्यों के लिए स्वाभाविक हो जाता है।

5. आलस्य

कानून-पालन का एक कारण मनुष्यों में आलस्य का भाव भी बताया जाता है। समाज के कुछ व्यक्ति इतने आलसी और काहिल होते हैं कि वे अपने मस्तिष्क पर किसी प्रकार से जोर ही देना नहीं चाहते और जो कुछ भी नियम और कानून है, वे उनका पालन करते हैं।

वस्तुतः उक्त सभी कथनों में आंशिक सत्यता है और कानून पालन किसी एक कारण का परिणाम नहीं वरन् इन सभी कारणों का सामूहिक परिणाम होता है।

2

भारतीय स्वतन्त्रता की अभिक्रिया

किसी भी देश के राष्ट्रीय आन्दोलन का इतिहास उस देश की अमूल्य निधि होता है। उसमें निहित देशभक्ति, सेवा, त्याग और उत्कृष्ट बलिदान की घटनायें उस देश की जनता के लिए सदैव ही प्रेरणा के स्रोत का कार्य करती रहती हैं एवं एकता तथा देशप्रेम की भावनाओं को सुदृढ़ता प्रदान करती हैं। इसलिये राष्ट्रीय दृष्टिकोण से ऐसे आन्दोलन-जनक्रान्तियों का अत्यधिक महत्व होता है।

इस क्रम में मनीषी इतिहासकारों का दायित्व होता है कि वे ऐसे आन्दोलन, संग्राम अथवा जनक्रान्तियों की घटनाओं का सही-सही वर्णन कर जनता को वास्तविकता से अवगत करायें। ऐसा करने के लिये यह जरूरी है कि तथाकथित आधारभूत कहलाने वाले स्रोतों की आलोचनात्मक सत्यपरक परीक्षा की जाये साथ ही उन्हें विश्वसनीयता की कसौटी पर भी कसा जाये।

1857 की जनक्रान्ति से सम्बन्धित बहुत सामग्री हो सकती है। जब तक उसकी विधिवत जाँच और अध्ययन नहीं किया जाये तब तक सम्बन्धित घटनाओं का सही चित्रण करना सम्भव नहीं इसलिये हमें उपलब्ध सामग्री को निम्न प्रकार से विभक्त कर लेना चाहिये-

1. सरकारी कागजात
2. समकालीन लोगों के संस्मरण

3. अधिकारियों, क्रान्तिकारियों के व्यक्तिगत पत्र

4. सम्बन्धित लोगों की डायरियाँ

5. तत्कालीन समाचार पत्र और साहित्य

उपर्युक्त सूत्रों की हम यहाँ थोड़ी व्याख्या कर देते हैं जिससे पाठक इन सूत्रों से उचित लाभ उठा सकें।

1. सरकारी कागजात–यहाँ सरकारी कागजात से हमारा अभिप्राय है उन सभी खतों किताबों से है जो कम्पनी सरकार के मध्य एक अधिकारी से दूसरे अधिकारी के बीच, ईस्ट इण्डिया कम्पनी और ब्रिटेन में बैठे उच्च अधिकारियों के मध्य हुई लिखा-पढ़ी तथा कम्पनी सरकार और देशी शासकों के मध्य हुई तरह-तरह की सन्धियाँ आदेश आदि से सम्बन्धित हैं।

उपर्युक्त दस्तावेजों से जहाँ अंग्रेजों की नीतियों का पता चलेगा वहीं पालतू रियासतें बगावत पर क्यों मैदान ए जंग हुईं, मालूम पड़ेगा। इसके अलावा शासन व्यवस्था के नाम पर कम्पनी सरकार ने भारतीय किसान व्यापारियों को किस प्रकार लूटा, परेशान किया, यह भी ज्ञात हो जायेगा। तात्पर्य है कि सरकारी दस्तावेज अथवा उनके कथन हमारी इस जनक्रान्ति की पृष्ठभूमि के मुख्य स्रोत हो सकते हैं। अफसोस की बात यह है कि अंग्रेज भारत से पलायन करते समय ऐसी बहुत सी सामग्री को जला गये। यदि कुछ बची भी रही तो उसे अपने साथ लंदन ले गये। बतलाया जाता है कि यह वहाँ के इन्डिया ऑफिस कार्यालय में मिल सकती है इसलिये हमारे लिये पर्याप्त सामग्री का यहाँ मिलना मुश्किल है।

2. समकालीन लोगों के संस्मरण–इस महत्वपूर्ण जनक्रान्ति के बारे में जानने के लिए समकालीन लोगों के संस्मरण भी एक स्रोत हो सकते हैं। अंग्रेजी शासनकाल में अनेक प्रशासक और सेना के अधिकारियों ने अपने-अपने समय के अनुभवों को सेवानिवृत्ति बाद लिपिबद्ध किया। ऐसे संस्मरण बडी संख्या में प्रकाशित भी हुए, उदाहरण के तौर पर विलियम मिचल ने महान विद्रोह के संस्मरण, केम्पनेवेल ने मेरे भारतीय जीवन के संस्मरण, लार्ड राबर्ट्स ने भारत के इकतालीस वर्ष, एडवर्ड ने क्राउन के दूसरी तरफ लिखे। इसके अलावा दूसरा स्रोत स्वतंत्रता सेनानियों के संस्मरण, जीवनियाँ इस क्रम में कम महत्वपूर्ण नहीं। बहुत से स्वतंत्रता सेनानियों ने अपनी आत्मकथा के रूप में अनुभवों, क्रियाकलापों को वृहत् रूप देकर स्वयं लिखा है। बहुत से ऐसे भी लोग रहे होंगे जिन्होंने तत्कालीन घटनाओं को लेखादि के माध्यम से सुरक्षित किया हो। ये सब तथ्य हमारी खोज में महत्वपूर्ण सहायक हो सकते हैं।

5. अधिकारियों और क्रान्तिकारियों के व्यक्तिगत पत्र –भारत में रहने वाले अंग्रेज, इंग्लैण्ड और यूरोप के अन्य देशों में रहने वाले अपने मित्र और सम्बन्धियों से उस समय भी पत्र व्यवहार करते थे। उन पत्रों में वे उस समय की भारतीय घटनाओं का भी समय-समय पर कुछ न कुछ उल्लेख अवश्य करते रहे होंगे साथ ही ऐसे पत्रों में वे अपने हृदय की वास्तविक भावनाओं को भी लिखते रहते थे।

इसी प्रकार भारतीय क्रान्तिकारियों के भी व्यक्तिगत वे पत्र हो सकते हैं जिनमें तत्कालीन समस्या को हल करने हेतु परस्पर सम्वाद कायम करते रहे हों। हालाँकि ऐसे पत्रों की संख्या नगण्य हो सकती है क्योंकि शासन की कठोरता और उनके बीच में ही पकड़े जाने कि सम्भावना के तहत इस वर्ग में पत्र व्यवहार कम ही रहा होगा बल्कि मौलिक कार्यवाहियों को इस वर्ग ने ज्यादा महत्व दिया होगा जैसा कि हमने आपातकाल के दौरान देखा।

अंग्रेजों के बहुत से पत्र प्रकाशित हो चुके हैं जिनमें एलेक्जेण्डर डफ ,कर्नल, चैमर, लार्ड राबर्ट्स आदि के पत्र प्रमुख हैं।

4. व्यक्तिगत डायरियाँ—याददाश्त लिखने की पुरानी परम्परा है। अंग्रेज अधिकारी भी डायरियाँ रखते थे जिनमें वे अपनी व्यक्तिगत बातों के साथ-साथ तत्कालीन महत्वपूर्ण घटना, कार्यवाही आदि को भी लिखते और तत्काल उत्पन्न समस्याओं को भी लिपिबद्ध करते। ऐसी डायरियाँ हमारे इस विषय के लिये महत्वपूर्ण हो सकती हैं। साथ ही भारतीय लोगों की तत्कालीन डायरियाँ, रजिस्टर आदि भी कम महत्व के नहीं इनमें भी निष्पक्ष रूप से बहुत सा मसाला मिल सकता है। तत्कालीन रियासतों के उपलब्ध रिकॉर्ड भी इस क्रम में हमारा मार्ग प्रशस्त कर सकते हैं।

अंग्रेज अधिकारियों में जनरल नील की डायरी, गुप्तचर केदारनाथ एवं मानकचन्द की डायरियाँ एवं रसेल की डायरियाँ इस क्रम में महत्वपूर्ण हैं। रसेल लंदन टाइम्स का एक सम्वाददाता था। इसने 'माई डायरी इन इण्डिया' लिखी। इस डायरी में रसेल ने अंग्रेज अधिकारियों का भारतीयों के प्रति अभद्र और क्रूरतापूर्ण व्यवहार का उल्लेख भी किया है। ऐसी डायरियों से हमारी इस जनक्रान्ति की बहुत सी सामग्री उपलब्ध हो सकती है।

5. समाचार पत्र और तत्कालीन साहित्य—तत्कालीन घटनाक्रमों को जानने के लिए समाचार पत्र सबसे सरल साधन है। सन् 1857 में भारतीय प्रेस काफी विकसित होने से यहाँ स्थानीय अखबार से लेकर राष्ट्रीय स्तर तक के दैनिक सासाहिक अखबार निकलते थे। ऐसे अखबार हमें राष्ट्रीय और प्रान्तीय अभिलेखागारों में मिल सकते हैं। उस समय प्रकाशित होने वाले अखबारों में इण्डियन मिरर, बम्बई समाचार, हिन्दू पैट्रियेट, अमृत बाजार पत्रिका, दी पंजाबी, दी केसरी, ढाका न्यूज, अरुणोदय, बोम्बे बजट, कोहेनूर, सुल्तान उल अखबार, समाचार सुधावर्षण, सादिकुल, रशकी नूर, तिलसिम फिजास्तुल अखबार, पयामे आजादी, डेली गजट, कर्नाटक टेलीग्राम आदि राष्ट्रीय, प्रान्तीय और स्थानीय स्तर के अखबार निकलते थे।

इनके अलावा उस समय बहुत से विद्वानों ने इस जनक्रान्ति पर विभिन्न प्रकार की रचनायें कीं, लेख लिखे जिनमें भारतेन्दु हरिश्चन्द्र, बंकिमचन्द्र चटर्जी, रविन्द्रनाथ टैगोर का साहित्य हमारे विषय के लिये काफी उपयोगी हो सकता है।

हाँ, एक बात अवश्य है कि उस समय ज्यादातर अखबार अंग्रेजी नीतियों के ही समर्थक रहे। ऐसे अखबार बहुत कम थे जिन्होंने खुली कलम से वस्तुस्थिति को प्रस्तुत किया हो, ऐसे अखबारों का जीवन यदि रहा तो बहुत ही कम समय के लिये।

उपर्युक्त बातें तो रहीं तथ्यात्मक खोज के लिए आवश्यक सामग्री की। पुनः हम उसी स्थल पर आते हैं जहाँ से अपने विषय को गति दी जा सके। संबंधित जनक्रान्ति मुगलशासन के अन्तिम चरण में अंग्रेजों के खिलाफ विस्फोटक बनी।

उस समय दिल्ली तख्त पर मुगल बादशाह बहादुरशाह जफर पदासीन था। उस समय देश की क्या स्थिति रही अगले अध्याय में विचार करते हैं।

सन् 1837 में बहादुरशाह दिल्ली के मुगलिया सिंहासन पर बैठा जिसके हाथ में न कोई शासन था न कोई फौज, और न ही सरकारी खजाना था बल्कि यह अंग्रेजी सरकार का पेंशनर बन मात्र अपने सम्मान को बचाये हुए था।

सन् 1857 में जो कुछ हुआ वह कोई अनायास घटना नहीं थी बल्कि इसकी आधारशिला तो सन् 1757 में प्लासी की लड़ाई के निर्णय के साथ रख दी बतलायी परन्तु विधिवत क्रियान्विति अजली गौहरशाह आलम द्वितीय (सन् 1759-1806) को पेंशन स्वीकृति होने के साथ आरम्भ कर दी गई। उस समय इस फरेबी कूटनीति को न बादशाह ही समझ पाया और न तत्कालीन समय के जागरूक लोग ही।

हाँ, बंगाल का सूबेदार अलीवर्दी खाँ जरूर एक ऐसा आदमी था जिसकी गहरी दृष्टि से अंग्रेजों की दूरगामी कूटनीति छुपाये भी नहीं छुप सकी। ये लोग जब-जब बंगाल में स्वतंत्रता दिखलाने का प्रयत्न करते तब-तब अलीवर्दी खाँ इन्हें अपमानित कर भगा देता था।

वह अक्सर इन्हें कहा करता था, ''तुम लोग केवल व्यापारी हो, तुम्हें किलों आदि से क्या काम? मेरी संरक्षकता में रह कर तुम्हें किसी शत्रु का भय नहीं करना चाहिये।'' वह जानता था कि ये लोग कभी भी खतरनाक हो सकते हैं। यह अंग्रेजों की उपमा शहद की मक्खियों के छत्तों से देता था और कहता था कि तुम लोग उनसे शहद निकाल सकते हो परन्तु यदि उनके छतों को छेड़ोगे तो ये मक्खियाँ (अंग्रेज) काटकर तुम्हारी जान ले लेंगी।''

इस प्रकार मुगल साम्राज्य पर अप्रत्यक्ष रूप से अंग्रेजों ने अपना कब्जा बना लिया। देशी रियासतों को कहीं सन्धि के तहत तो कहीं तलवार के जोर पर अपने अधीन कर लिया। देशी रियासतों को इस शर्त पर स्वतंत्र कार्य करने पर बाध्य किया कि जब तक उनका घराना कम्पनी सरकार के साथ की गई शर्तों के अनुसार पालन करता रहेगा तब तक उनके मामलों में किसी प्रकार का हस्तक्षेप नहीं किया जायेगा लार्ड बेंटिक तक ने इस प्रकार के इकरारनामों का अवलम्बन किया। इस प्रकार समूचे देश पर अंग्रेजों का अधिकार सा हो गया। देशी रियासतों में अपने एजेन्ट बैठा कर उन पर भी अंकुश लगा दिया। शनैः-शनैः अंग्रेजों ने धन और साम्राज्य के लालच से देशी राजाओं से बहाना बनाते हुये सन्धियों का अपहरण करना आरम्भ कर दिया जिसका सम्बंधित रियासतों की जनता पर सीधा असर पड़ा। शासक लोग अब जनता की सुख-सुविधाओं का बिल्कुल ख्याल नहीं रखते बल्कि अब ये अपने नये आकाओं को खुश रखने के लिए सभी प्रकार के हथकंडे अपनाने लगे परिणामस्वरूप जनता पर और कर लगे, शोषण होना आरम्भ हो गया। गरीब और गरीब बनता गया।

शासकों के खिलाफ शिकायत या विद्रोह करने की क्षमता पहले से ही समाप्त हो चुकी थी। दूसरे जल में रह कर मगर से वैर करना कौन सा आसान काम था, उपरान्त भी किसी ने साहस कर अपने राजा की शिकायत ऊपर कर भी दी तो उसे ऊपर से जहाँ कोई न्याय की अपेक्षा नहीं थी वहीं वह व्यक्ति शासक के कोप का का भाजन अवश्य बन जाता।

रियासतों में सुख-सुविधा जैसी उपलब्धि शासक वर्ग तक ही सीमित रही। जनता को तो अँधेरे में रहना और सुरक्षा के लिए लड़ना ही शेष रहा। व्यापार भी एक प्रकार से चौपट होने लग गये। करों का जहाँ बोझ बढ़ रहा था वहीं रियासती कारिन्दों में मुफ्त के माल की आदतें पड़ गईं एवं सर्वत्र रिश्वत का बाजार गर्माने लगा।

जनता का सीधा सम्बन्ध अपने शासकों से रहा और शासकों के प्रति भी नफरत की बू उत्पन्न होने लगी। जनता करती भी तो क्या क्योंकि ये आका किसी की सुनने वाले नहीं थे।

इन सभी कारणों से जहाँ जनता का मनोबल टूटने लगा वहीं शासक वर्ग में विलासिता घर करती गई। दोनों ही पंगु बने हुये थे। असहाय जनता देख रही थी कोई उन्हें थोड़ा सम्बल दे तो ये उसके लिए प्राणों की बाजी लगा सकते हैं।

सन् 1857 में हुई जनक्रान्ति को सैनिक विद्रोह के रूप में प्रचारित करना अंग्रेजों की सोची-समझी चाल थी जिससे उनके सभ्य और न्यायप्रिय कहलाने वाले चेहरों पर कोई बदनामी, क्रूरता, अथवा अत्याचार के छींटे नहीं पड़ें। यहाँ कुछ ऐसे उदाहरण प्रस्तुत किये जा रहे हैं जो तथाकथित सैनिक विद्रोह से ज्यादा भयंकर रहे।

कम्पनी सरकार में उस समय दो प्रकार के सैनिक थे, जिनमें एक रायल इन्फेन्ट्री के गोरे लोग थे तो दूसरे अन्य बटालियन रिसालों में देशी लोग थे जिन्हें ये 'काले मैन' के नाम से पुकारते थे। व्यवस्था के अनुसार सभी सिपाहियों की तनख्वाह, सुविधा, इनाम आदि समानान्तर घोषित थी परन्तु व्यावहारिक रूप से दोनों में भारी अन्तर डाला हुआ था जिसके कारण जहाँ गोरे सिपाही मौज से गुलछर्रे उड़ाते वहीं देशी सिपाहियों को भरपेट भोजन भी नसीब नहीं होता, इनाम, इकराम अथवा पदोन्नति की बातें बहुत दूर की थीं। ये लोग ड्यूटी भी ज्यादा देते उपरान्त भी इन्हें अपमानजनक दृश्यों से गुजरना पड़ता।

इन सभी बातों को लेकर देशी सिपाहियों ने अनेकों बार शिकायतें की परन्तु वहाँ इनकी सुनने वाला था कौन? फलतः सिपाहियों में भारी असन्तोष व्याप्त होने लगा। इन लोगों के मनों में अंग्रेजों के खिलाफ नफरत के अंकुर फूटने लगे।

पटना और मुंगेर के सिपाहियों ने मन ही मन तय कर लिया कि क्यों न नवाब मीरकासिम की फौज में ही चला जाये। गुप्तचरों ने यह जानकारी अंग्रेजों को दे दी। उन्होंने देखा ये लोग मीरकासिम से मिलकर बगावत कर सकते हैं इसलिये इन्होंने पहले सिपाहियों पर उन्हें पानी के छींटें देते कहा-हम तुम्हारे साथ पूरी सहानुभूति रखते हैं और वादा करते हैं आप लोगों की सारी माँगें सिफारिश के साथ कम्पनी के डायरेक्टरों को सभा में जल्दी पहुँचा देंगे। इस वादे से सिपाहियों ने भावी कदम उठाने के निर्णय को स्थगित कर दिया।

पटना के सिपाही तो वायदे और सहानुभूति में आ गये परन्तु मुंगेर के सिपाहियों ने अंग्रेज अधिकारियों के कथन पर विश्वास नहीं किया और चल पडे बगावत के पथ पर 7 अगस्त 1764 को मुंगेर की दो कम्पनीयाँ ने बगावत कर ही दी। अंग्रेज अफसरों को कैद में डाल वे मीरकासीम की फौज में मिलने कोमलवर घाट की ओर चल पडे जब केप्टन ह्य को पता चला तो तुरन्त बागी सिपाईयों के पीछे गया उनसे मिलते बडी सहानुभूति का बर्ताव करते हुए कहा तुम्हारी सभी शर्तें मंजूर है अस अब वापिस चलो। हालांकि अंग्रेज अधिकारियों ने बाद में बहुतों को मृत्युदण्ड दिया।

सिपाहियों के विरुद्ध की गई कार्यवाहियों की खबर जब सारन जिले के छपरा से बीस मील दूर माझी पहुँची तो यहाँ 8 सितम्बर, 1764 को देशी फौज ने विद्रोह कर दिया। वे सब काम छोड़ कर हथियार लेकर बैठ गये। ये लोग अब तक दूसरा कदम उठाने को थे तब तक पटना से दूसरी फौज ने आकर इन पर हमला कर दिया। विद्रोही सिपाहियों के पास हथियारों की कमी तो थी परन्तु उत्साह में किसी प्रकार की ढील नहीं थी। गोरी फौज से बराबर मुकाबला करते रहे परन्तु हथियारों के अभाव में सफल नहीं हो सके। कुछ लोग शहीद हो गये शेष को गिरफ्तार कर फौजी अदालत के समक्ष पेश किया गया जहाँ विद्रोह में प्रमुखता से भाग लेने वाले 24 सिपाहियों को तोप से उड़ाने की सजा दी गई। स्मरण रहे इन्हीं सिपाहियों ने अदालत में बैठकर फैसला देने वाले अधिकारियों को विद्रोह के समय गिरफ्तार किया था परन्तु विशेष विनय करने पर विद्रोहियों ने उन्हें मुक्त कर दिया परन्तु सजा देते समय उन्हीं अधिकारियों ने कोई सहानुभूति नहीं दिखलाई।

तोप से उड़ाये गये सैनिकों के सम्बन्ध में एक अंग्रेज लेखक ने आँखों देखा हाल कुछ इस प्रकार लिखा है–"ये सैनिक बड़ी बहादुरी के साथ वहाँ जाकर जहाँ इन्हें सजा मिलनी थी, खड़े हो गये और अन्तिम संकेत की प्रतीक्षा करने लगे, इनके चेहरों पर दृढ़ता थी, शोक का कोई नामोनिशान न था।

इसी प्रकार सन् 1806 में वैल्लोर में सिपाहियों ने विद्रोह किया जिसे येनकेन दबा दिया गया, परन्तु कुछ ही समय बाद 10 जुलाई, 1806 को पुनः उसी जगह भीषण विद्रोह हुआ जिसमें देशी पलटन के सिपाहियों ने सन्तरियों की हत्या कर दी और कुछ अधिकारियों को मौत के घाट उतार दिया। मैसूर रियासत के झण्डे को वैल्लोर दुर्ग पर फहरा दिया।

इसके बाद सिपाही सारा अनुशासन भूल गये बल्कि इन्हें प्रोत्साहित करने के लिए स्थानीय कुछ लोगों की भीड़ और इनके साथ लग गई। विद्रोहियों के समक्ष इस समय केवल एक ही उद्देश्य था अंग्रेजों की हत्या करना एवं इनके शासन को उखाड़ फैंकना। पूरा वैल्लोर इस समय हत्या और लूट के बीच डूब गया।

यद्यपि उपर्युक्त सभी सैनिक विद्रोह असफल रहे परन्तु इनके महत्व को नकारा नहीं जा सकता। यह विद्रोहों की शृंखला की वह कड़ी थी जो अन्त में सन् 1857 में वृहत् जनक्रान्ति के रूप में प्रस्फुटित हुई।

सन् 1857 से 1858 तक हुई जनक्रान्ति के बारे में आम लोगों में यह धारणा बनाई गई कि यह केवल फौज के कुछ सिपाहियों का बलवा, विद्रोह अथवा गदर था। इस प्रकार के भ्रम की पुष्टि मूल रूप से अंग्रेज अधिकारी और इनके इतिहासकारों द्वारा की गई। इनका कहना है कि देश की जनता-सामन्त सभी अंग्रेजी शासन से सन्तुष्ट थे केवल सेना के कुछ सिपाहियों के मध्य धर्म सम्बन्धी बातों को लेकर असन्तोष पैदा हो गया, जिसके फलस्वरूप उन्होंने बगावत कर दी।

वास्तविकता यह है कि उपर्युक्त कथन बिल्कुल असत्य एवं जनता को भ्रमित करने हेतु गढ़े गये थे। दूसरे शब्दों में अंग्रेज ऐसा प्रचार करवा कर ही अपने दुष्कर्मों, अत्याचारों तथा अवैध रूप से लूटी गई अरबों रुपयों की सम्पत्ति और बेहयाई को छुपा सकने में सफल हो सकते थे जबकि इन्हीं के लोगों के बयान इन्हीं के भ्रमक प्रचार का खंडन करते हैं। कुछ उदाहरण यहाँ प्रस्तुत किये जा रहे हैं-

1. दी न्यूटिनी ऑफ दी बंगाले आर्मी का लेखक हमें बतलाता है कि आरम्भ में यह मात्र सिपाही विद्रोह था परन्तु शीघ्र ही इसका रूप परिवर्तित हो गया और इसने एक राष्ट्रीय विप्लव का रूप धारण कर लिया। बिहारी राजपूतों के गाँव बनारस, आजमगढ़, गोरखपुर जिलों केभी सभी नगर कस्बों के लोग, रोहिलखंड एवं अवध प्रांत के इलाहाबाद, कानपुर, मेरठ, आगरा डिवीजन जिनके अन्तर्गत हैं ने शासन की जागीरों से अलग होकर हमारे खिलाफ युद्ध की घोषणा कर दी।

2. 20 सितम्बर, 1857 को एक सभा में भाषण देते हुये ब्रिटेन के प्रधानमंत्री डिजरेली ने कहा, भारत में अंग्रेजी साम्राज्य पर बड़ा संकट आ गया है। जिसे हम पहले मामूली घटना बतला रहे थे वह तो मानव इतिहास को प्रभावित करने वाली बहुत बड़ी घटना है जिस पर राष्ट्र और नेताओं को गम्भीर विचार करना चाहिये।

3. इंग्लैण्ड का कवि अर्नेस्ट जोन्सकी-जब अंग्रेज भारत में खूनी खेल खेल रहे थे, बेगुनाहों पर बर्बरतापूर्ण अत्याचार किये जा रहे थे, राहगीरों को फन्दा डाल कर पेड़ों पर लटका कर मारा जा रहा था उस समय कवि जोन्सकी ने एक लम्बी कविता लिखी थी जिसका शीर्षक था 'हिन्दुस्तान का विद्रोह अथवा (और) नई दुनिया' यह पूरी कविता इसने लंदन की जेल में अपने खून से लिखी जिसे अपनी मरहूम पत्नी को समर्पित किया। पूरी कविता 44 पृष्ठों की थी।

कवि जोन्सकी ने भारतीय जनक्रान्ति को उचित ही नहीं अनिवार्य बतलाया जिसकेसमर्थन में न जाने लंदन की सभाओं में कितने ही भाषण दिये। इस अपराध पर इसे विद्रोही करार देते हुए जेल में ठूँस दिया गया। सम्बन्धित कविता के हिन्दी अनुवाद की चन्द पंक्तियाँ यहाँ प्रस्तुत की जा रही हैं-

दूसरों की दुरभिसन्धियाँ दुष्ट योजनायें पूरी करने

खुद उनको वंचित रखा जाये मूल नागरिक अधिकार से?

तुम तो लूटो ऐश हरम में रंगमहल में

वे पायें सन्तोष ठसाठस बैरक के कमरों में

अपनी उन फूलों की सुहाग सेजों पर

देखो तो अंधेर लार्ड का लार्ड फैसला कर सकता है

लेकिन प्यादे सैनिक का भाग्यविधाता अफसर ही है

हथियारों में उम्र झौंक दी फिर भी कोई बात न पूछे

ये पायें यही उन्नति कि तुम केवल झब्बे पाओगे

उन खूनी खुशियों भरे बाजारों का वर्णन बस क्या है

जहाँ पाशवी शक्ति सिखाती विज्ञानों से महानाश है

इतना काफी है वे लड़े हथेली पर जानें रख रख कर लड़े

इधर स्वतंत्रता थी जनता की उधर प्रश्न था फौजी यश का

(यह पूरी कविता नया समाज पत्रिका कलकत्ता, अगस्त, 1957, पृष्ठ 222–228 पर देखे)

4. एडवर्ड टामसन पदक के दूसरी ओर–यह व्यक्ति इस जनक्रान्ति के बाद ब्रिटिश अमलदारी के दौरान एक उच्च अधिकारी के रूप में भारत में काफी समय तक रहा। इस दौरान इसने भारतीयों को बहुत नजदीक से देखा और पढ़ा। इसके बाद ही इसने अपनी उपर्युक्त (अदर साइड ऑफ मेडल) पुस्तक लिखी।

इसे सबसे ज्यादा बात जो अखरी वह थी क्रान्ति के बाद महारानी विक्टोरिया और उसके चाकरों द्वारा भारतीयों के प्रति दिखाये गये सारे दया और कृपाभाव प्रोपेगन्डा के बावजूद भारतीयों का अंग्रेज शासकों और शोषकों के प्रति अविश्वास और दुर्भाव था।

टामसन का मानना है कि इस कांड की मुख्य भूमिका में निम्न बातें रहीं–

(1) अंग्रेजों के प्रति भारतीय लोगों में असन्तोष, कटुता, अशान्ति।

(2) न्याय और कानून की प्रवंचना।

(3) किपलिंग और स्मिथ की बेईमानी।

(4) सिपाहियों से पहले जनता का विद्रोह, निर्दोषों की निमर्म हत्या, भय और आतंक का राज्य एवं अंग्रेजों के आततायीपन की पराकाष्ठा।

5. ट्रेविलियन–कानपुर नामक ग्रन्थ में इस विद्रोह को जनता का विद्रोह बतलाते लिखता है कि ''भिश्तियों ने हमें पानी देने से इन्कार कर दिया, आयाएँ बिना कहे अंग्रेजों के घरों से चली गई, बावर्ची जानबूझ कर मेमसाहबों के सामने अर्धनग्न अवस्था में खड़े होने लगे, नौकरों को कुछ कहा जाता तो वे उद्दण्डतापूर्वक उपेक्षा करते।''

6. टामस रिचर्ड–सन् 1860 में अपनी डायरी में लिखता है "इसका विद्रोह व्यापक क्षेत्र बन गया, इसका रूप भी बदल गया, इस बात के विश्वास करने के अनेक कारण हैं जिनसे सिद्ध हो सकता है कि यह एक संगठित षड्यंत्र था ब्रिटिश सरकार के खिलाफ।" इसके अलावा कुछ ऐसे भी तथ्य हैं कि अंग्रेजों को स्वयं की करनी का अच्छी तरह पता हो जाने के बाद भी ये चाहते थे कि लोग हमारे खिलाफ खड़े न हों। हम कुछ पत्रों की नकल पेश कर रहे हैं–

तत्कालीन गवर्नर जनरल का पत्र जो सन् 1856 में दिल्ली रेजीडेन्सी को लिखा गया–

"शहंशाह की शान और दबदबे की बहुत सी अलामतें कम हो चुकी हैं। अब ऐसा मालूम होता है कि बादशाह बहादुरशाह के मरने के बाद कलम के एक डोब में शहंशाही को खत्म कर देना कोई मुश्किल न होगा। शहंशाह का खिराज और नजरें भी हम धीरे-धीरे बन्द करते जा रहे हैं। बादशाह के नाम से कम्पनी का जो सिक्का ढाला जाता था वह हमने बन्द कर दिया है। गवर्नर जनरल की मोहर में जो बादशाह के किदविये (बादशाह का नौकर) खास शब्द रहा करते थे उनको भी हमने इस बार निकाल दिया है। अब सिर्फ मुगल शहंशाह की शहंशाहियत का खिताब रह गया है जिसे बहादुरशाह की मौत के बाद खत्म करना हमारे लिये खास मुश्किल नहीं होगा।"

उपर्युक्त पत्र से स्पष्ट होता है कि ये दिल्ली की सल्तनत, जो नाममात्र की थी, को भी हड़पना चाहते थे। गैरकानूनी तरीकों से बादशाही को जल्दी से जल्दी समाप्त कर देना चाहते थे जबकि उस समय कम्पनी की फौज बादशाह की मानी जाती, वेतन भी उन्हें बादशाह के नाम से बाँटा जा रहा था। धोखा, बेईमानी, षड्यंत्र, लोभ, रिश्वत आदि का बाजार अंग्रेजों द्वारा बादशाह के विरुद्ध गर्म किया जा रहा था।

लार्ड मेटकाफ सन् 1835-36 तक भारत का गवर्नर जनरल रहा। उसने लिखा "पूरा भारत हर घड़ी यही मनाया करता है कि हमारा तख्त पलट जाये हमारे नाश पर हर जगह लोग खुशियाँ मनायेंगे और ऐसे लोगों की कमी नहीं जो उस घड़ी को नजदीक लाने में अपनी पूरी शक्ति लगा देंगे।" (यह टिप्पणी क्रान्ति से 33 वर्ष पूर्व की है जो स्पष्ट करती है कि इन्होंने भारतीयों को कितना उत्पीड़ित किया हुआ था कि हर व्यक्ति अंग्रेजों से भारी नफरत करने लग गया।)

7. लडलो थोटस आन दी पालिसी ऑफ दी क्राउन पृष्ठ 35-36–"निश्चय ही भारत के लोग इन्सान से भी गये बीते होने चाहिये, यदि उनकी भावनायें हमारी अपहरण नीति के शिकार होने वाले के पक्ष में और अपहरणकर्ता के विरोध में जाग्रत नहीं होती। एक भी स्त्री ऐसी नहीं होगी जिसको हमारी अपहरण नीति ने हमारा दुश्मन नहीं बनाया हो और एक भी बच्चा ऐसा न होगा जिसके दिल में हमारे कारण अंग्रेजी हुकूमत के लिये नफरत न पैदा हुई हो।"

सन् 1857 की जनक्रान्ति का स्वरूप आकलन करते समय हमें यह याद रखना चाहिये कि अंग्रेज प्रशासक इस महत्वपूर्ण घटना को एक छोटा सा विद्रोह ही क्यों प्रदर्शित करना चाहते थे? चूँकि भारतीय साम्राज्य पर अधिकार बनाये रखने के लिए यही आवश्यकता थी कि स्वयं के द्वारा

किये गये अत्याचारों के महत्व को ही गौण कर दिया जाये अथवा भारतीय लोग उनकी षड्यंत्रकारी नीतियों से परिचित न हो जायें इसलिये ही इस जनक्रान्ति से सम्बन्धित दस्तावेजों को नष्ट कर दिया।

द्वितीय, अंग्रेज लेखकों की मान्यता रही है कि भारतीय लोगों में आलोचनात्मक व्याख्या करने की क्षमता नहीं होती इसलिये हम अंग्रेज जो कुछ लिख देंगे बस वही उनकेलिए प्रमाण होगा अर्थात् स्वीकार कर लेंगे। इस सन्दर्भ में हमें टामसन के वे शब्द याद आते हैं जिसमें वह गर्व से कहता है–

''भारतीय इतिहासकार नहीं हैं। वे शायद ही कभी अपनी आलोचनात्मक योग्यता का परिचय देते हो। उनसे यह आशा नहीं की जा सकती कि वे लोग हमारे वर्णन को जो हमने भारत के विषय में लिखा है उससे हटकर अपना वर्णन करने में सफल होंगे।''

इन सभी प्रमाणों से स्पष्ट होता है कि अंग्रेजों ने अपनी हैवानी कृत्यों को छुपाने के लिए ही जानबूझकर ऐसे भ्रम प्रसारित कराये मानो भारत में कुछ हुआ ही नहीं। परन्तु सत्यता कहीं न कही से उजागर तो होती है। इन्हीं के साथी लेखकों ने चाहे अल्पमत में ही सही, सच्चाई के अंश प्रस्तुत कर इनकी कुटिलताओं पर पानी फेर दिया और प्रमाणित कर दिया कि सन् 1857 के मई मास से नवम्बर, 1857 तक भारत में जो कुछ हुआ वह कम्पनी सरकार के दुष्कर्मों के खिलाफ भारतीय जनसमूह का आक्रोश था न कि छोटा सा सिपाही विद्रोह।

जिस घटनाक्रम में हजारों बेगुनाहों को राह चलते पकड़ फाँसी के फन्दों पर लटकाया गया हो, लाखों दुधमुँहे बच्चों को उनकी माताओं से बलात ही छिनवा कर नर्क में फिंकवा दिया, बूढ़े जवानों को गोलियों का निशाना बनाया गया हो और असंख्य स्त्रियों को पतित करके उनकी जघन्य हत्यायें की गई हो फिर उसे मात्र सिपाही विद्रोह, गदर कह कर न्यायशील कहलाने वाले अंग्रेज अपनी मोटी चमड़ी पर लगी कालिख को पोंछने का भ्रम नहीं करेंगे तो क्या अपने किये षड्यंत्रों, घिनौने हथकंडों और विश्वासघाती कार्यवाहियों को स्वीकार करेंगे?

एक बार हम उनके कथन को इसलिये भी स्वीकार कर लेते हैं कि कोई बदमाश अपने को कभी असामाजिक तत्व नहीं स्वीकारता जब तक उसके कृत्यों को स्वयं के समक्ष प्रस्तुत न किया जाये।

परन्तु हम उन भारतीय इतिहासकारों को क्या कहें जिन्होंने बिना किसी लाभ के अपने ही लोगों को गुमराह करने का प्रयास किया अंग्रेजों की बात की पुष्टि कर। कई तथाकथित लेखकों का मत तो यहाँ तक पढ़ने को मिलता है कि 1857 में जो हुआ वह तो उन स्वार्थपरक लोगों की बगावत थी जिन्होंने अपने अधिकार और आधिपत्य के लिए सीधे-साधे लोगों को भड़काकर विद्रोह के रूप में ब्रिटिश सत्ता पर दबाव बनाने का प्रयास किया।

इन विद्वानों ने किस चश्मे से उपर्युक्त शहादतों का मूल्यांकन करते हुए कह दिया कि यह स्वाधीनता हेतु की गई जनक्रान्ति नहीं थी। इससे ज्यादा दुखद घटना क्या होगी जहाँ जिन्दा मछली को निगलते हुये भी जो अपने को शाकाहारी कहा गया।

इस भीषण जनक्रान्ति को गदर की संज्ञा देना सरासर अन्याय है चूँकि गदर का अर्थ ही विश्वासघात, बेवफाई अथवा वैधानिक सत्ता के प्रति नमकहरामी करना होता है परन्तु यहाँ तो भारतीयों ने ऐसा कोई व्यवहार उस समय न्यायप्रिय कहलाने वाली जाति के साथ किया ही नहीं बल्कि अंग्रेजों ने ही तिजारत के नाम पर देश के साथ षड्यंत्र रचते हुये विश्वासघात किया।

देशी शासकों के साथ किये इकरारों को भंग करके उनके महल, खजानों, जागीरों के साथ उनकी अस्मत को किसने लूटा? भारतीयों में पुत्र के अभाव में वंश परम्परा को बनाये रखने के लिए दत्तक पुत्र लेने की वैदिक परम्पराओं को किसने तोड़ा? गोद लिये लड़कों को क्यों नहीं वारिस स्वीकारा गया?

कारण स्पष्ट है, इनकी नीयतें उनके खजानों के साथ रियासत को हड़पने की रही। भूमि सुधार के नाम पर जहाँ जमींदारों से जमीनें छीनीं वहीं किसानों पर भारी टैक्स का बोझ लादा, ईसाईकरण के नाम पर दूसरों के धर्म को नष्ट करने की मुहिम चलाई।

इतने सारे अत्याचार करने के बाद भी अंग्रेजों के अनुयायी यह कहते नहीं थकते कि भारतीयों ने अंग्रेजों के खिलाफ विद्रोह किया। आश्चर्य है ये लोग जुल्म पर जुल्म करते जायें और हम आह भी न भरें, ये कत्ले आम कराते रहें, बाजारों को लूटते रहें, स्त्रियों की अस्मत को लूटते रहें और हम कुछ कहें भी नहीं, ये कैसी न्यायशीलता?

जानवर भी मुसीबत पड़ने पर प्रतिरोध में अपने सींग खड़े कर देता है जिसमें भारतीय तो सुसंस्कृत नागरिक थे। ऐसा कौन है जो अपनी स्वाधीनता हेतु संघर्ष नहीं करता, किसने नहीं किया? ब्रिटेन ने सन् 1688 की क्रान्ति में स्वयं की सुरक्षा हेतु क्या हाथ-पैर नहीं मारे? फिर यदि हमने अपने स्वाभिमान और देश के गौरव के लिए दुष्कर्मों और कुचक्रों के खिलाफ हथियार उठा भी लिये तो क्या गुनाह किया?

कहावत है पराजित समुदाय अपनी स्वतंत्रता के लिए जो भी यत्न करता है शासक वर्ग है उसे राजद्रोह बतलाता अन्यथा गदर, विद्रोह जैसे शब्दों से मंडित तो करता ही है। यदि वह सफल हो जाता है तो फिर उसी कृत्य को मुक्तियुद्ध अथवा स्वतंत्रता संग्राम जैसे गौरवशाली खिताबों से नवाजा जाता है। कहने का मतलब है कि जिस क्रान्ति यज्ञ में लाखों लोगों ने अपने प्राणों को उत्सर्ग करते प्रज्वलित किया हो उसे गदर जैसे अपमानित शब्दों से संज्ञापित करना कहाँ का न्याय है?

जब वीर तात्यां टोपे पर राजद्रोह का आरोप लगाया गया तो उस समय इसने अंग्रेजी जनरल से स्पष्ट शब्दों मे कहा, ''मैंने अंग्रेजों को कभी ताकतें अर्पित नहीं कीं, न मैं कभी अंग्रेजी प्रजा बन कर रहा और न ही मैंने कभी अंग्रेजों को अपना स्वामी माना। जबरदस्ती परतंत्र बनाई जनता को स्वतंत्र होने का पूर्ण अधिकार है। इसे विश्वासघात, नमकहरामी अथवा हमारा विद्रोह नहीं कह सकते।

यूरोपीय लेखकों ने संबंधित जनक्रांति का प्रमुख कारण सैनिक असन्तोष एवं चर्बी के कारतूसों का प्रयोग करने की हठ को ही माना है। जबकि वास्तव में कम्पनी सरकार के

प्रतिनिधियों द्वारा राजनैतिक, प्रशासनिक, आर्थिक, सामाजिक तथा धार्मिक मामलों के प्रति अपनाई गई सभी नीतियों के परिणामस्वरूप ही भारतीयों में असन्तोष की भावना उग्र रूप धारण करती गई जो सन् 1857 की जनक्रान्ति के रूप में व्याप्त हुई।

यह सत्य है कि कोई भी क्रान्ति अनायास ही जन्म नहीं लेती बल्कि धीरे-धीरे सभी कारण मिलकर उसकी पृष्ठभूमि तैयार करते हैं। विषयान्तर्गत जनक्रान्ति में भी ऐसा ही हुआ। चर्बी वाले कारतूसों के प्रयोग ने तो मात्र उस असन्तोष रूपी बारूद को चिंगारी प्रदान की जो सदियों से भारतीय जनता के हृदयों में बढ़ता जा रहा था।

1. प्लासी के युद्ध की हार का बदला—सन् 1857 की जनक्रान्ति के वास्तविक कारणों को जानने के लिए हमें सन् 1757 के बाद की राजनैतिक स्थिति का सिंहावलोकन करना पड़ेगा। सन् 1857 की जनक्रान्ति में अधिकतर सैनिकों के मुख से यह नारा सुनने में आया कि हम 1757 की प्लासी की लड़ाई का बदला चुकायेंगे। मई-जून में दिल्ली के समाचार पत्रों में यह भविष्यवाणी भी प्रकाशित हुई थी कि प्लासी की लड़ाई के ठीक एक सौ वर्ष बाद यानि 23 जून, 1857 को भारत से अंग्रेजों का प्रभुत्व समाप्त हो जायेगा।

यह भविष्यवाणी देश के एक कोने से दूसरे कोने तक बड़ी तेजी से फैली जिससे लोग विशेष रूप से प्रभावित हुये जिसके परिणाम में सन् 1857 के सिपाही विद्रोह को उन्होंने एक जनक्रान्ति का रूप दे दिया।

बतलाया जाता है कि सन् 1857 की जनक्रान्ति की भूमिका प्लासी के मैदान में ही रची गई थी और उसी समय इसका शिलान्यास भी कर दिया गया।

2. आर्थिक शोषण—अंग्रेजों की आर्थिक शोषण नीतियों के कारण ही लाखों भारतीय अंग्रेजों के खिलाफ हो गये।

औद्योगिक क्रान्ति के नाम पर जहाँ इंग्लैण्ड में बड़े-बड़े कारखाने स्थापित किये गये वहीं उनके लिए कच्चा माल कहाँ से उपलब्ध कराया जाये चिन्ता का विषय होता उससे पूर्व ही इनका ध्यान अपने नये उपनिवेश की तरफ गया। यहाँ से सारे कच्चे माल मँगा कर भारतीय बाजारों में ऊँची कीमतों पर थोपे जाने लगा। इस नीति का परिणाम यह निकला कि भारत के लघु गृह एवं कुटीर उद्योग समाप्ति पर आने लगे, लोग बेरोजगार होने लगे। इस प्रकार की नीति का सबसे बड़ा असर आम जनता पर पड़ा। यहाँ के उद्योग-धन्धे बन्द होने लगे एवं लोग निर्धनता की ओर अग्रसर होने लगे।

द्वितीय, भूमि सुधार के नाम पर अंग्रेजों ने किसानों पर भारी टैक्स लाद दिया जिससे वे गरीब भुखमरी के कगार पर खड़े होने लगे। इन्होंने जमींदार-जागीरदारों को भी नहीं छोड़ा। उन्हें अधिकारों व भूमियों से वंचित कर, उस करमुक्त भूमि को अपने अधिकार में लेकर उनको गरीब बनाने का प्रयास किया। इस प्रकार की कार्यवाहियाँ विशेषकर लार्ड डलहौजी के समय में ज्यादा की गईं जिससे हजारों व्यक्ति भूमिहीन होकर बेरोजगार हो गये और उनके भूखों मरने की नौबत आ गई।

झाँसी के लक्ष्मी मन्दिरों के करमुक्त ग्रामों पर भी इन्होंने अपना अधिकार जमा लिया जिससे हिन्दूओं की भावनाओं को ठेस पहुँची। इसी प्रकार इन्होंने सन् 1857 में बम्बई की प्रसिद्ध इनाम आयोग के नाम पर करीब बीस हजार जागीरें जब्त कर लीं जिससे वहाँ के जमींदारों की स्थिति शोचनीय हो गई। सन् 1824 में कम्पनी सरकार ने करों का बोझ इतना लाद दिया जिसमें किसान को बाध्य कर दिया कि वह अपनी उपज का 55 प्रतिशत कम्पनी को दे। इसका परिणाम हुआ कि किसान अपने खेतों को ही छोड़ कर भागने लगे। अनेकों जगह तो खेती करना ही बन्द कर दिया।

बतलाया जाता है कि इस नीति के कारण किसानों की हालत भिखमंगों जैसी हो गई। सन् 1835 में इस क्रम में कुछ सुधार किया गया परन्तु इससे भी किसानों को कोई राहत नहीं मिली।

इसी प्रकार बंगाल में नील खेती का मसला उठा। किसानों के विरोध के बाद भी सख्ती से काम लिया गया जिससे बहुत से किसान बीमारी और कर्ज में मर गये। नील का उपयोग भारतीय लोगों में नगण्य रहने के कारण अंग्रेजों से खेती की जहाँ लागत भी वसूल नहीं होती वहीं भविष्य में वे खेत तिलहन खेती के लिए बेकार होकर बंजर बन जाते। इस प्रकार यहाँ के किसान दोहरी मार से या तो बेघर हो गये अथवा समय से पहले मरते गये। (बंगाल में यह नीति किसानों में सबसे ज्यादा असन्तोष का कारण बनी।) कम्पनी के समय में भारत में सात बार अकाल पड़ा जिसमें करीब डेढ़ लाख व्यक्तियों की मृत्यु हो गई। सरकार ने इनकी स्थिति सुधारने के बजाय अपनी शोषण नीति जारी रखी। उपर्युक्त सभी कारणों से किसान वर्ग का जीवन नर्क बनता गया अत: उनके पास अंग्रेजों के खिलाफ विद्रोह करने के अलावा कोई चारा नहीं रहा।

3. भारत का ईसाईकरण—अंग्रेज आरम्भ से ही भारतीयों को हेयदृष्टि से देखते थे। साथ ही इनके धर्म और संस्कृति से नफरत भी करते थे। सन् 1813 में ईसाई मिशनरियों को भारत में स्थापित करने की स्वीकृति मिल जाने के साथ ही इन्होंने अपने धर्म का प्रचार करना आरम्भ कर दिया। प्रारम्भिक स्तर पर इन्हें हिन्दू-मुस्लिम वर्ग के अनेक प्रकार के विरोध भी झेलने पड़े परन्तु जैसे-जैसे इनका वर्चस्व बढ़ता गया वैसे वैसे मिशनरियों के पादरी निरंकुश हो अकाल पीड़ित, बन्दियों, विधवाओं, अनाथ बालक एवं पिछड़ी जाति के लोगों से धड़ाधड़ धर्म परिवर्तन करा उन्हें ईसाई बनाने लगे।

इस तथ्य की पुष्टि में हम लेखक मुहम्मद हाशिम खाफी खाँ को प्रस्तुत करते हैं। वह अपने ग्रन्थ में लिखता है कि ये लोग बड़े अत्याचारी थे। ये लोगों से कृपापूर्ण व्यवहार करते थे परन्तु इनकी बस्तियों मे होकर कोई व्यक्ति निकल नहीं सकता था। इनका सबसे बड़ा अत्याचार तो यह था यदि कोई व्यक्ति इनकी सीमा में रहने वाला हो और वह मासूम बच्चों को छोड़कर मर जाये तो ये लोग उन्हें दास बना लेते थे बाद में उसे ईसाई धर्म स्वीकार करा देते। चाहे वह लड़का सैयदों का हो अथवा ब्राह्मण का हो। (मन्तखब उल लुवाब पृष्ठ 151-246 ईलियट भाग 7।)

ये लोग खुले रूप में हिन्दू धर्म और उसके आचार-विचारों की निंदा कर गरीब लोगों को थोड़ा आर्थिक लाभ देकर भी उन्हें अपने धर्म में लेने का प्रयास करते। ऐसे कार्यों में पादरियों के

अलावा सैनिक और गैर सैनिक अधिकारी भी इनका सहयोग करते। मिशनरी स्कूलों में बाइबल की शिक्षा अनिवार्य थी जहाँ ईसाई धर्म की सर्वोच्चता का पाठ पढ़ाया जाता था।

एक बार ईस्ट इण्डिया कम्पनी के डायरेक्टर बोर्ड के अध्यक्ष मैगल्स ने इंग्लैण्ड की पार्लियामेन्ट में घोषणा की थी कि ''ईसामसीह की विजय पताका हिन्दुस्तान के एक कोने से दूसरे कोने तक फहरनी चाहिये। सबको इस कोशिश में लग जाना चाहिये। किसी भी वजह से शिथिलता नहीं आनी चाहिये।''

रेवरेन्ड कनैडी ने भी इन्हीं दिनों लिखा, ''हमारा काम हिन्दुस्तान की भूमि में ईसाई धर्म को फैलाना है। जब तक कन्याकुमारी से हिमालय तक सारा हिन्दुस्तान ईसाई धर्म को नहीं स्वीकारता एवं हिन्दू-मुस्लिम धर्मों की निंदा आरम्भ नहीं होती, तब तक हमें इस काम के लिये जी तोड़ कोशिश करनी चाहिये। ताकत और अधिकार हमारे हाथ में है। इन सबका इस्तेमाल करना हमारा धर्म है।''

इसी प्रकार लार्ड विलियम बैंटिक जो पहले मद्रास के गवर्नर की हैसियत से बाद में हिन्दुस्तान का गवर्नर जनरल बनकर आया ने भारत को ईसाई बनाने की कोशिशों को खुला प्रोत्साहन और समर्थन दिया। सन् 1832 में इसने एक कानून बनाकर ईसाई बनने में जो कठिनाई आती थी उन्हें दूर कर दिया।

इस पवित्र कहलाने वाले कर्म के वास्ते लार्ड केनिंग ने कम्पनी के खजाने से भारी रकम स्वीकृत की साथ ही ईस्ट इण्डिया कम्पनी के दफ्तरों, जेल, स्कूल, अस्पताल एवं अन्य सेवाओं में ईसाई बनने को उत्साहित किया गया। इसने वे सब उपाय काम में लिये जिनसे इनके पवित्र धर्म की बढ़ोतरी हो।

सन् 1849 में सारे पंजाब को ही एक आदर्श ईसाई सूबा बनाने का प्रयास किया गया। इस कार्य को बढ़ाने में सर हेनरी लारेंस, सर राबर्ट मान्टगुमरी, कर्नल एडवर्ड्स एवं लार्ड डलहौजी सरीखे लोगों के साथ कम्पनी डायरेक्टरों ने सक्रिय भूमिका निभाई।

इंग्लैंड से प्रकाशित पुस्तक 'कॉलेज ऑफ दी इन्डियन रिवोल्ट' के लेखक के अनुसार भारतीय सेना के बहुत से कर्नलों को, भारतीय सैनिकों को ईसाई बनाते समय पकड़ा गया। इनमें से बहुत से जोशीले लोग तो केवल इसलिये भर्ती होते जिससे वे अन्य लोगों को आसानी से ईसाई बना सकें।

इस प्रकार के कृत्यों से लोगों को लगने लगा कि ये लोग हिन्दू-मूस्लिमों को ईसाई बनाकर सम्भवत: भारत में एक ही धर्म स्थापित करना चाहते हैं जबकि हिन्दू-मुसलमान अपने-अपने धर्मों को जीवन का मुख्य स्रोत व अस्तित्व की नींव समझते थे, लिहाजा इन दोनों वर्गों का अंग्रेजी सरकार के विरुद्ध होना कोई आश्चर्य नहीं। क्योंकि सभी लोग अपने अपने धर्म को प्रेम, लगाव एवं जीवन की ऊर्जा समझते हैं। सारांश में यह कहा जा सकता है कि अंग्रेजों ने अपने धर्म के प्रचार-प्रसार में हर सम्भव हथकंडों का सहारा लेते हुए भारतीयों का धर्म परिवर्तन किया। महम्मद और राम को दगाबाज और बदमाश कहा। लोगों को ईसाई बनने के लिए बड़े-

बड़े लोभ, रिश्वत और पदोन्नति के द्वार खोले। इस अपवित्र कार्य के लिए बड़े-बड़े अधिकारियों ने अपने पद का दुरुपयोग करके बड़ी बेशर्मियों का प्रदर्शन भी किया परन्तु हिन्दू-मुस्लिम संस्कृति को भारत से नष्ट नहीं कर पाये।

विषयवस्तु के साथ कहना चाहूँगा कि आज भी इन लोागें की मिशनरियाँ उपर्युक्त सभी सम्भव हथकण्डों को अपनाते हुये दूसरी जाति के लोगो से धर्म परिवर्तन करा रही हैं। ऐसे समाचार अनेकों बार मीडिया की सुर्खी भी बन चुके। भारत सरकार को इतिहास की भूलों से सबक लेकर ऐसी हरकतों पर तुरन्त पाबन्द लगानी चाहिये।

ऐसे कृत्यों को प्रोत्साहन देने वाली चाहे कोई भी संस्था मिशनरी अथवा जमात ही क्यों न हो, तुरन्त पाबन्दी लगाते हुये अपराधी घोषित करना चाहिये अन्यथा इनके दूरगामी परिणाम देश के लिए घातक सिद्ध हो सकते हैं।

किसी विद्वान ने कहा है, ''लोगों की भीड़ से किसी धर्म का गौरव नहीं बढ़ता जब तक उसके अनुयायी त्यागी, चरित्रवान एवं मानवता के उपासक नहीं होंगे।''

द्वितीय बात, अंग्रेजों ने भारतीय जनता के साथ अभद्र ही नहीं बल्कि अमानवीय व्यवहार करने में कहीं चूक नहीं की क्योंकि ये लोग अपनी जाति की श्रेष्ठता और भारतीयों की हीनता में विश्वास करते थे। इस तथ्य को बहुत से अंग्रेज लेखकों ने भी स्वीकारते हुये लिखा है कि कोई भी आत्मसम्मान युक्त जाति ऐसे व्यवहारों को एक घन्टे भी सहन नहीं कर सकती। अंग्रेज अधिकारियों के पास आमतौर पर भारतीय नौकर थे जिनसे इनका व्यवहार एक दास से कम नहीं था। ये लोग अपने अधीनस्थ नौकर, सिपाही एवं भारतीय निवासियों के साथ अक्सर गाली-गलौच करते थे। सन् 1818 में मुनरो ने लिखा-''किसी ने इसके पहले सारी जाति को विश्वास के अयोग्य, बेईमान नहीं समझा था। हम उन्हें नीची जाति का समझते हैं और हम ही उन्हें पतित आवरण में पहुँचाते हैं फिर हम ही उन्हें घृणा की दृष्टि से देखते है।'' अंग्रेजों ने अपने दोहरे कानूनों से भी भारतीय जनता में नफरत की बू छोड़ी हुई थी।

उपर्युक्त सभी परिस्थितियों से भारतीय लोगों का सामाजिक जीवन नरक बनने लगा। आर्थिक दृष्टि से तो इन्होंने पहले से ही कमर तोड़ी हुई थी ऐसी स्थिति में भारतीयों के पास एकमात्र विद्रोह के अलावा कोई चारा भी तो नहीं रहा। मरता क्या नहीं करता, भारतीयों के हृदय में आग तो सुलग ही रही थी। बस इन्तजार था तो केवल उसे भड़काने का। चर्बी के कारतूसों के प्रयोग के आदेशों ने आग में घी का काम कर दिया जिसका परिणाम यह रहा कि समूचे देश में क्रान्ति की आग फैल गई।

4. सन्धियों को भंग करते अपहरण नीति का अनुमोदन—भारत में प्राचीन काल से यह व्यवस्था चली आई कि शासक वर्ग ही प्रजा का उत्तरदायी हुआ करता था। प्रजा की हर खुशी राजा के ऊपर ही निर्भर हुआ करती थी। इस प्रकार शासक ही उस समय प्रजा का यथार्थ में नेता हुआ करता था, यह व्यवस्था अंग्रेजी शासनकाल में भी रही।

अंग्रेजों की 'पालिसी ऑफ लेप्स' नीति ही इस क्रान्ति का एक सशक्त कारण बनी जिसे लार्ड डलहौजी ने अपनी साम्राज्य विस्तारवादी नीति के अन्तर्गत कठोरता से क्रियान्वित कराया।

अंग्रेजी शासन ने समय-समय पर भारत की रियासतों के साथ इकरारनामे, सन्धियाँ किये जिनकी पालना शासकों द्वारा पूरी निष्ठा और विश्वास के साथ की जाती रही परन्तु जैसे-जैसे अंग्रेजों के मुँह में साम्राज्य विस्तारवादी नीति की लार टपकने लगी वैसे-वैसे ही इन न्यायप्रिय कहलाने वाले लोगों ने उन तथाकथित सन्धियों का उपहास ही नहीं किया बल्कि साहस के साथ तोड़ना भी आरम्भ कर दिया और उनका बलात अपहरण करना इनका दस्तूर बन गया।

इस अपहरण नीति के अनुसार यदि कोई राजा बिना उत्तराधिकारी के गुजर जाये तो उसका राज्य कम्पनी के राज्य में मिला लिया जाता था। राजाओं के खर्च पर ही उनकी सुरक्षा के लिये रखी हुई सहायक सेना कम्पनी के प्रतिनिधियों की इच्छा को पूरा करने के लिए हमेशा तैयार रहती। सन् 1834 में इस नीति का आरम्भ हुआ। उस समय कम्पनी के डायरेक्टरों ने गवर्नर जनरल को लिखा था यह आपकी इच्छा पर ही निर्भर है कि आप गोद लेने के अधिकार को स्वीकार करें अथवा नहीं। अपवादस्वरूप ही किसी-किसी शासक को ऐसी स्वीकृति मिली।

इस नीति के अनुसार कोलवा, मांडवी और अम्बाला के राज्य डलहौजी के समय से पूर्व ही कम्पनी राज्य में मिला लिये गये थे। लार्ड डलहौजी ने इस लाभदायक नीति को जारी रखा और सतारा, नागपुर, झाँसी, सम्बलपुर, जैतपुर, तंजौर तथा कर्नाटक के समृद्ध राज्यों को उत्तराधिकारियों के अभाव में अंग्रेजी राज्य में मिला लिया।

बहुत से शासकों ने अपने मरने से पूर्व ही दत्तक पुत्र गोद लेकर उन्हें अपना उत्तराधिकारी भी घोषित किया परन्तु इन्होंने उसे बिल्कुल नहीं स्वीकारा। इससे स्पष्ट है कि यह अपहरण नीति तथाकथित कहलाने वाली दोस्ती सन्धियों के प्रतिकूल होने से सम्बन्धित सभी रियासती सरदारों के हृदयों में असन्तोष की आग भड़कने लगी जिसका प्रभाव रियासतों की जनता पर भी पड़ा।

अंग्रेजों ने अपने बढ़ते वर्चस्व को देखकर ही स्वयं के वचनों को भंग करना अब एक दस्तूर बना लिया। इन्हें रियासतों का वैभव एवं उनमें भरी अकूत सम्पत्ति बहुत अखरती थी। उसे प्राप्त करने के लिए इन्होंने निम्न से निम्न हथकंडों को अपनाने में कोई कोर-कसर नहीं छोड़ी।

सतारा का राजा छत्रपति शिवाजी का वंशज था। सन् 1848 में डलहौजी ने इसे दुर्नीति का शिकार बनाया। पेशवा को सन् 1818 में गद्दी से अलग करते हुए ऐलान किया कि कम्पनी मराठा राज्यों में किसी प्रकार का हस्तक्षेप नहीं करेगी और न उनके उत्तराधिकारी मामलों में कोई दखलन्दाजी ही करेगी। सतारा का राजा मराठा मंडल का मुखिया माना जायेगा तथा पूना की जगह सतारा इनकी राजधानी होगी, परन्तु बाद में अंग्रेजों ने क्या किया यह किसी से छुपा नहीं रहा। राबर्ट नाइट बतलाता है-''ऐलान के वायदों और सतारा के राजा की पुनः स्थापना, इन दोनों ने मिलकर पेशवा का नाश कर दिया और अब हमारा जानबूझ कर उन वायदों से फिर जाना जो हमने उस समय किये थे एक ऐसा काम है जिसे कोई भी ईमानदार आदमी निन्दनीय ठहराये बगैर नहीं रह सकता चाहे ऐसे वचन भंगों के लिए कितनी ही ऊपरी दलीलें दें, सब बेकार हैं।''

इसी प्रकार सन् 1854 में नागपुर को भी हड़प लिया जबकि 10 वर्ष पूर्व रेजीडेंस के नाम एक पत्र द्वारा गवर्नर जनरल ने राजा की मृत्यु के बाद रानी को दत्तक पुत्र लेने का अधिकार स्वीकृत किया था परन्तु अब उसी गवर्नर जनरल के सिपाही बलात ही नागपुर के महलों में घुसकर लूटने लगे, यहाँ तक की महलों के फर्श तक उखाड़ दिये गये। महलों की सारी सम्पत्ति जिसमें रानियों के हीरे, जवाहरात, आभूषण एवं रोजमर्रा काम में आने वाले कपड़े, सोने-चाँदी की तश्तरियाँ तथा बर्तन, हाथी, घोड़े, ऊँट, गाय, बैल आदि शामिल थे बाहर लाकर सस्ते दामों पर महारानी के समक्ष नीलाम कर दिये।

झाँसी के अपहरण की कहानी कम शर्मनाक नहीं। सन् 1817 में राजा रामचन्द राव और कम्पनी के मध्य जो संधि हुई थी उसे अंग्रेजों ने बिल्कुल तोड़ दिया था। इस कहानी की भयंकरता से मालूम पड़ता है कि इस नवयौवना झाँसी की बहादुर रानी ने सन् 1857 की जनक्रान्ति में इतनी प्रमुखता से भाग क्यों लिया? (पढ़ें अगले पृष्ठों पर 'झाँसी का विप्लव-रानी की कहानी' शीर्षक में) अन्य रियासतों के अपहरण की कहानियाँ भी कुछ इसी प्रकार की रहीं।

महाराजा रणजीत सिंह के साथ अंग्रेजों ने जो विश्वासघात किया उसके लिए सिर्फ संकेत कर देना ही पर्याप्त है। सन् 1849 में लाहौर दरबार में गन्दी से गन्दी साजिशें की गईं। दलीपसिंह और उसकी माता महारानी जिन्दाकौर के साथ कमीना व्यवहार किया गया। दलीपसिंह को जहाँ ईसाई बनाकर ब्रिटेन भिजवा दिया गया वहीं महारानी से अंग्रेजों ने कोहिनूर हीरा हड़प लिया। सिखों को अपमानित करने के लिए डलहौजी उनके पवित्र दरगाह साहब अमृतसर में जूतों से गया। इन सभी कारणों से सिखों के हृदय में इनके प्रति सख्त नफरत पैदा हो गई।

राजाओं और राज्यों के अलावा जागीरदार, ताल्लुकेदार एवं जमींदार भी इनकी घिनौनी अमर्यादित नीतियों से बच नहीं पाये। अवध के नवाब आरम्भ से ही अंग्रेजों के समर्थक रहे उपरान्त भी वाजिद अलीशाह पर कुप्रबन्धन का आरोप लगा कर 22 फरवरी, 1856 को अवध को अंग्रेजी राज्य में मिला लिया और वाजिद अलीशाह को कलकत्ता में कैद में डाल दिया।

अवध के अन्तर्गत ज्यादातर ताल्लुकेदार और जमींदार सब हिन्दू ही थे, इन सबकी जागीरें और ताल्लुकेदारियाँ भी जब्त कर लीं। इन कृत्यों से अवध में कुछ समय तक घोर आतंक छाया रहा। वहाँ जो अन्याय और अमानुषिकता की गई उनको अनेक अंग्रेज इतिहासकारों ने ही साफ शब्दों में स्वीकारा है। इतिहासकार सर जान ने तो इसे जबरदस्त अन्याय बतलाया है और भारतीय दृष्टिकोण से इसे मानवता का कलंक कह सकते हैं। ऐसी हैवानियत का तांडव अकेले अवध क्षेत्र में ही नहीं किया बल्कि सभी छोटी बड़ी जमींदारियों को इसी दुर्नीति का शिकार बनाया गया। डलहौजी ने इनाम कमीशन के नाम पर एक कमेटी का गठन किया जिसके माध्यम से देश में स्थित 35000 जागीरों और इनामों की स्थिति के बारे में जाँच कराई। इस जाँच के माध्यम से डलहौजी ने दस वर्ष में 21000 पैतृक जागीरें और जमींदारियों को जब्त कर लिया। मद्रास कौसिंल के तत्कालीन सदस्य जान सलिबान ने अपनी पुस्तक में लिखा, "इन जागीर और जमींदारियों की जब्ती का नतीजा क्या हुआ? एक देशी राज्य को समाप्त करने के बाद एक अंग्रेजी कमिश्नर के नाम से उस राजा का स्थान ले लेता था। दर्जनों देशी अधिकारियों की जगह

3-4 अफसर नियुक्त किये जाते, जिन हजारों सैनिकों का भरण-पोषण उस राज्य में होता उनकी जगह कुछ सैनिक अंग्रेज ले लेते, वहाँ का छोटा सा दरबार खत्म हो जाता, राजधानी मुरझा जाती, वहाँ की जनता गरीबी की शिकार बनती और अंग्रेज पनपने लगते। गंगा के किनारे से सारी सम्पत्ति चूसकर स्पंज की तरह टेम्स के किनारे ले जाकर निचोड़ देते।'' इसी प्रकार के षड्यंत्र दिल्ली बादशाह के खिलाफ भी चलाये जा रहे थे। इन्होंने धीरे-धीरे उसके सारे अधिकार, सम्मान आदि समाप्त कर दिये बल्कि इसके विरुद्ध बेईमानी, झूठ, रिश्वत और लूट का बाजार भी गर्म करने लग गये। अब बादशाह की किसी बात को स्वीकार करना अभिशाप मान लिया। बादशाह यदि कुछ माँग करे तो उसे व्यंग्यात्मक अथवा कड़वी बात कहकर समाप्त करना इन्होंने अपनी आदत बना ली। बादशाह के बुढ़ापे का फायदा उठा कर इन्होंने कौन से कार्य नहीं किये, बल्कि खुले में बेगमों की माँग तक कर डाली। सन् 1856 के अन्त तक अंग्रेजों ने इसे मात्र दर्शनीय हुन्डी के रूप में लाकर खड़ा कर दिया। अब तो अंग्रेजों की एक लालसा थी जल्दी से जल्दी कैसे लाल किला इस बूढ़े बादशाह से खाली कराया जाये।

इसी प्रकार की नीतियाँ पेशवा बाजीराव द्वितीय के दत्तक पुत्र घोड़ोपत। (नाना साहब) के साथ डलहौजी ने अपनाई। इनको पेंशन देना बन्द कर दिया बल्कि पेशवा के गुजरने के बाद नाना साहब को स्पष्ट कहलवा दिया कि वे अपनी बिठूर की जागीर को खाली करने की तैयारी करें। इस अन्यायपूर्ण कृत्य से नाना साहब अंग्रेजों के प्रबल शत्रु बन गये। उपर्युक्त कारणों के अलावा सन् 1854-56 के मध्य हुए क्रीमीया युद्ध ने भी भारतीयों के हौसलों को बुलन्द किया। इस युद्ध में अंग्रेजों की शक्तिहीनता ने प्रेरित किया भारतीयों को अंग्रेजों के खिलाफ मैदान ए जंग में उतरने के लिए, क्रीमिया की तरह हथियार उठाने को।

इस युद्ध में शामिल अजीमुल्ला खाँ और अन्य सैनिकों को स्पष्ट हो गया था कि हम लोग भी अंग्रेजों को परास्त कर सकते हैं लिहाजा भारतीयों ने अंग्रेजों की क्रूर बर्बरता के खिलाफ हथियार उठाने में कोई संकोच नहीं किया।

सैनिक विद्रोह के कारण

उपर्युक्त कारण ही किसी जनक्रान्ति के लिए पर्याप्त हैं परन्तु इस क्रान्ति का अगुवा कौन बने? यह प्रश्न रह-रह कर भारतीयों के दिलो दिमाग को असन्तुलित किये हुये था। प्रथम तो आम भारतीयों के पास हथियार, गोला-बारूद ही नहीं थे, द्वितीय, उनमें रणकौशल का अभाव था इसलिये ही सन् 1857 से पूर्व ढेरों विद्रोह अंग्रेजों के खिलाफ हुये जो कहीं जनता, संस्था और समूहों के नेतृत्व में किये गये। वे सब मात्र उपर्युक्त कारणों से ही असफल होते चले गये।

इन कारणों ने निश्चय ही जनक्रान्ति की बारूद तो तैयार कर दी परन्तु उसे चिंगारी कौन लगाये? इसके लिए सैनिकों से ज्यादा कौन सहायक हो सकता था। भारतीय फौज में गोरों के अलावा देशी सैनिक भी थे जो अंग्रेजों के व्यवहार, भेदपूर्ण नीति आदि के कारण असन्तोष की ओर बढ़ रहे थे जिन्हें भड़काने का काम भी स्वयं अंग्रेजों ने निम्न प्रकार से किया जो आगे चलकर सैनिक विद्रोह से जनक्रान्ति के रूप में परिवर्तित हो गया।

(अ.) सेना का पुनर्संगठन–अंग्रेजों ने सन् 1796 में भारतीय सेना का पुनर्संगठन किया जिसमें अनुभवी अधिकारियों को वापिस ब्रिटेन भेज दिया गया वहीं हजारों भारतीय सैनिकों को बगैर कारण घर बैठा दिया गया जिससे वे बेरोजगार हो असहाय बन गये। उम्र के मध्य पड़ाव पर न तो वे मजदूरी करके पेट ही भर सकते थे और न उन्हें इतना वेतन ही दिया गया जिससे बचत कर अपने शेष जीवन को सुखद कर सकते, और खेती करना वे जानते नहीं थे। लिहाजा उनमें अंग्रेजों के प्रति प्रतिशोध की भावना जाग्रत होने लगी। जिसने समय आने पर इन्हें प्रेरित किया अंग्रेजों के खिलाफ विद्रोह की तलवार उठाने को।

(ब.) भेदपूर्ण नीतियाँ–भारतीय सेना में काले-गोरे सिपाहियों में आरम्भ से ही असमानता का व्यवहार किया जाता रहा। गोरे सिपाहियों को जहाँ वेतन ज्यादा, पदोन्नति के अवसर एवं खानपान की अच्छी सुविधा के साथ ड्यूटी भी कम देनी होती वहीं भारतीय सैनिकों को कम वेतन ही नहीं बल्कि पर्याप्त भोजन भी नहीं मिलता, ड्यूटी ज्यादा और पदोन्नति के अवसर नगण्य।

द्वितीय, सेना में नये अफसर आने से नये-नये कानून बनने और बदलने लगे जिन्हें केवल देशी सैनिकों पर ही लागू किया गया। उदाहरण के तौर पर सिपाहियों को आदेश दिये गये कि वे दाढ़ी नहीं रखें, तिलक न लगायें, कानों में बालियाँ नहीं पहनें एवं पगड़ी के स्थान पर टोप का प्रयोग करें। एक अन्य आदेश के तहत सिपाहियों को ऐसे टोप लगाने को कहा गया जिनमें चमड़े का तुर्रा होता था। यह तुर्रा गाय सुअर की खालों से बनाया जाता था। ऐसे आदेशों ने सिपाहियों के हृदयों में अंग्रेजों के प्रति नफरत की आग जला दी।

भारतीय सैनिकों की स्थिति बहुत ही दयनीय थी। इनको पदोन्नति के अवसर यदा-कदा ही मिल पाते। नियम था कि सेना में अधिकारी केवल अंग्रेज ही हो सकता था। इनको वेतन मात्र सात रुपये मिलता जिसमें से वर्दी भोजन आदि का खर्च काट कर मात्र डेढ़-दो रुपये ही हाथों में मिल पाते जिससे इनके परिवार का पेट भरना भी असम्भव था।

भारतीय सैनिकों को समुद्र पार भेजा जाता, जिससे इनकी धार्मिक और सामाजिक भावनाओं को चोट पहुँचती। उस समय भारतीय समाज में रिवाज था समुद्र से पार जाने वाले व्यक्ति को बिरादरी से निष्कासित कर दिया जाता था।

तृतीय, भारतीय सैनिक अधिकतर उच्च जाति के थे जिनसे अंग्रेज अत्यन्त अभद्रता का व्यवहार करते। भद्दी-भद्दी गालियाँ तक देते। काला आदमी कह कर उसका मजाक भी उड़ाते। भारतीयों को वे निम्न स्तरीय जानवर समझ कर सदैव इनसे दूर रहते। यही सब कारण थे जिनसे प्रेरित होकर भारतीय सैनिक समय-समय पर विद्रोह कर अपनी भावनाओं को स्पष्ट करते रहे। सन् 1806 में वैल्लोर में, 1824 बैरकपुर में, 1830 शोलापुर में, 1842 हैदराबाद में एवं सन् 1842-43 में सिन्ध के सैनिकों ने उपर्युक्त कारणों को लेकर विद्रोह किये। अंग्रेजों ने कठोरतापूर्वक सम्बन्धित विद्रोहों का दमन तो कर दिया परन्तु सैनिकों के हृदयों में आक्रोश निरन्तर जमा होता ही रहा।

(स) चर्बी वाले कारतूस–लार्ड राबर्ट्स, अपनी पुस्तक में तत्कालीन प्रधान सेनापति एन्सन द्वारा गवर्नर जनरल लार्ड केनिंग को विद्रोह हो जाने के बाद लिखे एक पत्र का अंश उद्धृत करते लिखता है, "नये कारतूसों को देखने के बाद मुझे इस बात पर तनिक भी आश्चर्य नहीं हुआ कि भारतीय सिपाहियों ने उनका उपयोग करने पर आपत्ति की। मुझे तो ख्याल ही न था कि उनमें इतनी अधिक और ऐसी चिकनाई का उपयोग किया गया है जो कि बिल्कुल चर्बी ही दिखलाई पड़ती है। इन कारतूसों की गोली छूटने के बाद बन्दूक की सारी नाली चर्बी से भर जाती है। इससे पता चलता है कि इन कारतूसों से भारतीय सिपाहियों की धार्मिक भावनाओं की कितनी उपेक्षा की गई।" (भारत के इकतालीस साल, पृष्ठ 94-431)

उपर्युक्त तथ्य से सिद्ध होता है कि भारतीयों की धार्मिक भावनाओं को आघात पहुँचाने की दृष्टि से, ऐसे कारतूस उपयोग में लाने के लिए सिपाहियों को दिये गये जिससे उनके मन में घृणा पैदा हो गई इसलिये वे इन्हें लेने से मना भी करते रहे और बहुत से सैनिकों ने स्पष्ट तौर पर लेने से इन्कार कर दिया। अंग्रेजों ने आदेशों की अवमानना करने वाले को दस वर्ष की सजा का प्रावधान निश्चित किया हुआ था।

अंग्रेजों की इस जोर-जबरदस्ती वाली (धर्मभ्रष्टता) नीति से ही क्रोधित होकर 29 मार्च, 1857 को बंगाल के बैरकपुर स्थान पर भारतीय वीर सिपाही मंगल पांडे ने इन्हीं कारतूसों का पहला शिकार एक अंग्रेजी अधिकारी को बनाते हुए अंग्रेजों के खिलाफ विद्रोह का बिगुल बजा दिया। यह घटना ही भविष्य में जनक्रान्ति रूपी यज्ञ की प्रथम आहुति बनी जिसने समूचे देश को अपने आगोश में ले लिया।

3

जनक्रान्ति का सूत्रपात

इस जनक्रान्ति की आधारशिला तो प्लासी के युद्ध के साथ ही रख दी गई थी जिसे अंग्रेजों ने ही अपनी फरेबी नीति एवं षड्यंत्रों के माध्यम से मजबूती प्रदान की। यदि अंग्रेज किसी इन्सानियती मापदंड के आधार पर भारत में काबिज होने का प्रयास करते तो भारतीय लोग शायद ही राष्ट्रव्यापी क्रान्ति का आह्वान करते। चूँकि इनकी प्रवृत्ति शताब्दियों से गुलाम बने रहने की थी, वहीं मुगलसत्ता अपने आप में खोखली होती जा रही थी परन्तु अंग्रेजों ने अपने अत्याचार, अमानवीय कृत्यों तथा विश्वासघाती षड्यंत्रों के माध्यम से यहाँ के जनजीवन को ऐसा रौंद डाला कि भारतीयों को इनके खिलाफ खड़े होने के अलावा अन्य कोई चारा नजर आता नहीं दिखलाई पड़ा। उपर्युक्त तथ्य की पुष्टि हमें मेटकाफ के उस पत्र से होती है जिसे उसने जनक्रान्ति के 33 वर्ष पहले लिखा जब वह सन् 1835-36 में भारत का गवर्नर जनरल था-

> ''पूरा भारत हर घड़ी यही मनाया करता है कि हमारा तख्त
> पलट जाये, हमारे नाश पर हर जगह लोग खुशियाँ मनायेंगे
> और ऐसे लोगों की कमी नहीं जो उस घड़ी को नजदीक
> लाने में पूरी शक्ति लगा देंगे''

इस पत्र से यह स्पष्ट होता है कि सन् 1835-36 से पूर्व इन्होंने देश का शोषण ही नहीं किया बल्कि लाखों व्यक्तियों को जहाँ भूखों मरने के वास्ते बाध्य किया वहीं बाद में रियासती सामन्तों के साथ की गई सन्धियों को भंग करते हुए उनकी इज्जतों को सरे आम लूटा, लुटवाया, जिससे आम जनता के हृदय में असन्तोष की आग सुलगने लगी। लोग समय का इन्तजार कर रहे थे कि अचानक 29 मार्च, 1857 को बैरकपुर छावनी में मंगल पांडे नामक एक स्वाभिमानी भारतीय सैनिक ने अंग्रेजों को सावधान करते बतला दिया कि हम नौकर हो सकते हैं परन्तु पालतू गुलाम नहीं। उसने तड़ातड़ उसी चर्बी वाले कारतूस से एक अंग्रेज अधिकारी को ढेर करके राष्ट्रव्यापी जनक्रान्ति का श्रीगणेश कर दिया, जिन कारतूसों को नई रायफलों के साथ इन्हें दिया जा रहा था। दूसरा तथ्य जो हमें मिलता है वह है भग्न रियासतों का समयानुसार चिन्तन एवं अंग्रेजों के खिलाफ संगठित होना।

जैसे-जैसे रियासतों का अपहरण कर अंग्रेज इनकी प्रतिष्ठा को धूमिल करते आ रहे थे वैसे-वैसे ही देशी रजवाड़ों की नसों में पूर्वजों का खून उबाल लेने लगा अतः कुछ उत्साही, स्वाभिमानी नायकों ने मिलकर गुप्त मंत्रणा की और यह निष्कर्ष निकाला कि अब समय आ गया है इस क्रूर जाति को देश से खदेड़ देने का, इन्हें निकाले बगैर हमारा धर्म तो क्या राष्ट्र भी सुरक्षित नहीं।

पाठकों को यहाँ यह अवगत कराना असंगत नहीं रहेगा कि देश में यही वह प्रथम वर्ग था जिसने परस्पर युद्धों से बचने, मुगलसत्ता की लूट से एवं स्वयं की शानोशौकतों में किसी प्रकार का व्यवधान उत्पन्न न हो, इन सभी शंकाओं की मुक्ति हेतु सबसे पहले अंग्रेजों को अपना आका बना अप्रत्यक्ष रूप से उन्हें अपनी रियासतें समर्पित कर दीं, उन्हें देवतुल्य सम्मान दिया एवं उनकी खातिरदारी में अपनी ही गरीब जनता पर टैक्सों का अतिरिक्त बोझ डाला। आज उन्हीं आकाओं ने अपनी भेदपूर्ण नीतियों के माध्यम से इन्हें जमीन पर खड़ा कर दिया था।

इतना सब कुछ होने के उपरान्त भी ढेरों ऐसी वफादार रियासतें रहीं जिन्होंने सन् 1857 की राष्ट्रव्यापी जनक्रान्ति में तन-मन-धन से अंग्रेजों की मदद कर अपने ही लोगों की हत्यायें कराईं।

कहाँ गई उन नरेशों की राजपूती आन और देश के प्रति वफादारी जिनके पूर्वजों ने देश के लिए पीढ़ी दर पीढ़ी लोहू बहाया था और इन्होंने मात्र सोने-चाँदी के मेडल और रियासती कर्जों से मुक्ति हेतु अपने ही लोगों की हत्यायें करवाकर गद्दारी की।

अब हम अपनी मूल बात पर आते हैं। तथाकथित नरेशों ने गुप्त रूप से योजना बनाते हुये 31 मई, 1857 से देशव्यापी जनक्रान्ति के आह्वान के साथ अंग्रेजों के खिलाफ हथियार उठाने का निर्णय लिया, साथ ही तय किया गया कि सभी शासक वर्ग जनता का सहयोग लेकर अपने-अपने क्षेत्रों से इन्हें खदेड़ना आरम्भ कर दें, इस पवित्र काम में किसी प्रकार की उदासीनता नहीं बरती जाये। बेचारी जनता का सहयोग तो इन्हें बिना कहे मिलना ही था चूँकि शताब्दियों से यही वर्ग जनता का पथ प्रदर्शक अन्नदाता अथवा अगुवा रहा।

अपनी योजनाओं को प्रसारित करने में नेताओं ने तो अहम श्रम किया ही, तत्कालीन अखबारों ने भी इनकी नीतियों, घोषणाओं को प्रचारित करने में किसी प्रकार का भय नहीं माना बल्कि कफन को सर पर बाँध कर क्रान्ति के जंगे मैदान में कूद पड़े, जिनमें पयामे आजादी, सादिकुल एवं सुधावर्षण की टिप्पणियाँ अन्य अखबारों से ज्यादा प्रभावी रहीं।

पयामे आजादी—यह दिल्ली से प्रकाशित होने वाला हिन्दी उर्दू का दैनिक अखबार था जिसका आरम्भ ही क्रान्तिकारियों की नीतियों के आधार पर फरवरी, 1857 से बादशाह बहादुरशाह के पौत्र मिर्जा बेदारवक्त ने किया। इस पत्र में खास तौर से नेताओं के लेख, अपील, घोषणायें जैसी सामग्री प्रकाशित होती। बादशाह के पत्र जो देशी राजाओं और प्रजा को लिखे गये, भारतीय नरेशों की एकता के सम्बन्ध में अजीमुल्ला खाँ का महत्वपूर्ण वक्तव्य भी इसी पयामे आजादी में छपा। कहने का मतलब कि देश की स्वाधीनता के लिये यह अखबार एक भारतीय की सच्ची आवाज थी। यह अखबार बादशाह के जलावतन के साथ ही अन्त कर दिया गया और इसके सम्पादक मिर्जा बेदारवक्त को सुअर की चर्बी मल कर फाँसी पर चढ़ा दिया गया।

पाठकों को यहाँ उक्त अखबार में दी गई एक टिप्पणी प्रस्तुत कर रहे हैं जो उस समय अत्यन्त जोखिम भरी बात थी। हिन्द के वाशिन्दों! आपको जिस घड़ी का इन्तजार था, आजादी की वह पाक घड़ी आन पहुँची है। हिन्दुस्तान के वाशिन्दे अब तक धोखा खाते रहे और अपनी तलवारों से अपनों के गले काटते रहे। अब हमें मुल्कफरोशी के इस गुनाह का कुफ्रकारी करना चाहिये। अंग्रेज अब भी अपनी पुरानी दगाबाजी से काम लेंगे। वे हिन्दुओं को मुसलमानों के खिलाफ, मुसलमानों को हिन्दुओं के खिलाफ भड़काने की कोशिश करेंगे। लेकिन भाइयों, इनके जाल में और फरेबों में न फँसना। हिन्दू और मुसलमान भाइयों! अपने छोटे से छोटे तफरकों को भूल जाओ और मैदाने जंग में एक झंडे के नीचे खड़े हो जाओ। जो भी शख्स इस कौमी जंग की मुखालफत करेगा, वह खुद अपने सर पर कुल्हाड़ी मारेगा और खुदकुशी का गुनाह करेगा।

फिजातुल अखबार में एक समाचार प्रकाशित हुआ कि तमाम मुसलमानों का कर्त्तव्य है कि वे कटिबद्ध होकर ईरान के सम्राट की सहायता करें और कर्त्तव्यपरायणता के साथ शस्त्र सँभालने में सहयोग दें तथा अंग्रेजों के साथ संघर्ष करें ताकि इन्हें नष्टभ्रष्ट कर पारितोषिक प्राप्त करें।

दैनिक समाचार पत्र समाचार सुधावर्षण—यह हिन्दी में निकलने वाला पहला दैनिक समाचार पत्र था जो कलकत्ता से सन् 1885 में निकलना आरम्भ हुआ परन्तु अपनी तीखी कलम के कारण लार्ड केनिंग ने सन् 1857 का 11वां अधिनियिम बना कर 13 जून, 1857 को प्रेस पर प्रतिबन्ध लगाकर इसे अल्प अवधि में ही समाप्त कर दिया। 18 मई 1855 को इसने लार्ड डलहौजी के व्यवहार पर सम्पादकीय कुछ इस प्रकार लिखा—"हम लोग के गवर्नर जनरल लार्ड डलहौजी बहादुर ने नागपुर राज्यापहरण कर राजराणियों का गहना और सब खजाना लूट लाके कलकत्ता महानगर के तोपखाने में रखा है। नागपुर की महाराणियाँ जिस महल में वास करती उन्हें उस महल से निकाल कर दूर कहीं और एक छुद्र स्थान में वास कराने की इच्छा करता हैं। यदि यही बात सत्य है तो ब्रिटिश गर्वनमैंट ने भारतवर्ष निवासी राजाओं पर अन्याय अत्याचार

और जोराबरी करने को, जो आरम्भ किया है इसकी हद हो चुकी है। काहे से कि धन, गहना और कपड़ा लूट के उनका झौपड़ा भी अब छीनने का इरादा किया इससे अधिक क्या जोराबारी करनी होती, नागपुर राज्य पर जो अत्याचार बलात्कार किया ऐसा किसी राज्य पर प्रकाश नहीं पड़ता, विधवा राणियों को नाना प्रकार की यातना देते हैं क्या यह उचित हैं?''

उपरोक्त तथ्य मासिक पत्रिका नया समाज कलकत्ता सन् 1957 से लिये गये हैं।

सादिकुल अखबार–यह भी दिल्ली से निकलने वाला पुराना अखबार था। इसमें भड़काऊ समाचारों के साथ अंग्रेजों की खिलाफत की बातें ज्यादा स्थान पाती थी। बादशाह पर मुकदमे के दौरान इस अखबार की ढेरों प्रतियाँ बतौर गवाह के प्रस्तुत की गईं। ईरान के शाह का फरमान भी इसी अखबार में प्रकाशित हुआ था।

इस प्रकार क्रान्तिकारियों ने अखबारों के माध्यम से भी भारतीय जनता को प्रेरित किया अंग्रेजों के विरुद्ध संघर्ष करने के लिए। जून, 1857 में प्रतिबंध लगा देने से जहाँ बहुत सी घटनायें लुप्त हो गईं वहीं क्रान्तिकारियों के सम्पर्क सूत्रों में कमी भी आई। तात्यां टोपे, नाना साहब एवं अजीमुल्ला खाँ इस जनक्रान्ति के पहले अगुआ बने। इन्होंने तीर्थ यात्रा के बहाने समूचे भारत की यात्रा की। इस यात्रा में संदेह न हो इसलिये ये लोग अंग्रेज अधिकारियों के साथ-साथ रजवाड़ों और सिपाहियों से सम्पर्क स्थापित करते आते। अजीमुल्ला खाँ ने तो विदेशी सहायता के लिए भी यत्न किया। बतलाते हैं इटालियन नेता गेरीबाल्डी इसको वचन भी दे चुका था परन्तु स्वयं के देश की आन्तरिक अशान्ति को देखते हुए यह भारत नहीं आ सका। शाह ईरान का फरमान भी जनक्रान्ति के पक्ष में आया था जिसे दिनांक 19 मार्च, 1857 को दिल्ली की मस्जिदों पर चिपकाया गया था जिसके संक्षिप्त सार का यहाँ रूपान्तर दिया जा रहा है–

> ''जो लोग इस्लाम का दावा करते हैं उनका फर्ज है कि ईसाइयों को मदद न दें और मुसलमानों की तरक्की में अपनी तमाम ताकत लगा दें। वह वक्त पास आ रहा है कि माबदौलत हिन्दुस्तान के तख्त पर बैठेंगे और अपनी प्रजा को उतना ही सुखी बना देंगे जितना कि अंग्रेजों ने दुखी बना रखा है। हम खुद उनकी तरक्की की तरफ ध्यान देंगे। हम किसी धर्म में कोई रुकावट नहीं डाला करते और न वहाँ डालेंगे।''

इस क्रम में सादिकुल अखबार का सम्पादक बतलाता है कि यह ऐलान जिस पर छपा था उस पर तलवार और ढाल की शक्ल के चिह्न बने हुए थे। यह ऐलान मोहम्मद सादिक नामक किसी व्यक्ति द्वारा कराया गया था। सम्पादक की राय में यह फरमान संदिग्ध था, इसमें कोई सच्चाई प्रतीत नहीं होती फिर भी दिल्ली के अंग्रेज अधिकारी ने मोहम्मद सादिक को गिरफ्तार करने के आदेश कर दिये कि इसमें सहयोग करने वाले को मुँहमाँगा इनाम दिया जायेगा। (सादिकुल अखबार, देहली, 23 मार्च, 1857 से)

क्रान्तिकारी लोग गुप्त सभायें करते जिनमें नकाबपोश बकुता होते। मौलवी और पंडित के भेष में जनता में जाकर प्रचार करते, बतलाया जाता है कि उन दिनों में सांकेतिक भाषा में लिखे गये इन लोगों के बहुत सारे पत्र पकड़े भी गये। स्थान-स्थान पर पीले चावल बाँटे गये तो कहीं चपातियों के माध्यम से निमंत्रण भिजवाये। देशी पलटनों में चुपचाप हाथों हाथ कमल का फूल घुमाया गया।

उपर्युक्त सभी बातें निरर्थक और आकस्मिक नहीं कही जा सकतीं बल्कि ये सभी बातें देशव्यापी स्तर पर एक गुप्त संगठन का अस्तित्व प्रमाणित करती हैं और इस तथ्य को चार्ल्स मेटकाफ जैसे लोगों ने स्वीकारा भी।

जो तारीख इस संगठन द्वारा जनक्रान्ति का बिगुल बजाने के लिए तय की गई वह निश्चित रूप से सभी स्थानों पर नहीं पहुँच पाई जिसके कारण अनेकों प्रान्तों में भिन्न-भिन्न समय पर क्रान्ति हुई। सूचना के अभाव में ही 29 मार्च को बैरकपुर में चिन्गारी फूटी जिसने बाद में मेरठ, दिल्ली, झाँसी, कानपुर, अवध, बंगाल, हैदराबाद आदि स्थानों को अपनी चपेट मे ले लिया।

अंग्रेजों के अस्थायी शासन में फौजी बगावत नहीं हुई, ऐसी बात नहीं। पहले सैनिकों में असमानता, भेदभावपूर्ण नीति, वेतन आदि को लेकर अनेकों बार इनके विरुद्ध विद्रोह हुए जिन्हें समय-समय पर कभी सख्ती से तो कभी कोरी सहानुभूति का मलहम लगा कर शान्त करते रहे परन्तु बैरकपुर का गोलीकांड उपर्युक्त बगावत के बिल्कुल विपरीत था। इसका मुख्य कारण चर्बी वाले कारतूसों को बतलाया गया जिन्हें सिपाहियों को जबरदस्ती उपयोग में लाने के लिए बाध्य किया जा रहा था। आदेशों की अवहेलना करने पर दस-दस साल की सजा की धमकी दी जा रही थी। इससे सिपाहियों के हृदय में जो भेदभाव वाली नीति के कारण असन्तोष व्याप्त था, इन कारतूसों ने उसमें और जहर भर दिया। सिपाहियों में बदले की भावना जोर पकड़ती जा रही थी।

एक रोज बैरकपुर जेल परिसर में दोपहर बाद जब सैनिकों की अंग्रेजी अफसर द्वारा परेड ली जा रही थी उस समय नई रायफल के साथ चर्बी वाले कारतूस भी वितरण किये जा रहे थे, नहीं लेने पर कठोर दण्ड का प्रावधान पहले से ही सिपाहियों को सुनाया हुआ था लिहाजा बेचारे सिपाही खून का सा घूँट पीते उन्हें लेते जा रहे थे।

इसी दौरान एक तरफ से तड़ातड़-तड़ातड़ की आवाज आई और परेड लेने वाला अधिकारी मौके पर ही ढेर हो गया। कहने का मतलब एक काले फौजी के हाथों एक सुन्दर न्यायप्रिय कहलाने वाले गोरे अधिकारी की नृशंस हत्या ड्यूटी समय में वह भी सुरक्षित कहलाने वाले जेल परिसर ग्राउंड में हो गई। परेड तितर-बितर हो गई।

हत्यारा भागता नहीं है बल्कि विजयोत्सव में वहीं खड़ा रह कर घोषणा करता है ''ऐसे जालिमों की हत्या होनी ही चाहिये, धर्म यज्ञ में यह प्रथम आहुति है, जब तक यज्ञ का पूरी तरह समापन न हो ऐसी नर बलि चढ़ती ही रहेगी, भारत माता ऐसे अधर्मियों का खून चाहती है, जय हिन्द जय भारतमाता...।''

इस हत्या करने वाले युवक को तुरन्त ही संगीनों के जोर पर गोरे सिपाहियों ने ऐसे पकड़ लिया मानो किसी पागल शेर को पकड़ा हो। उनके चेहरों पर प्रसन्नता, इनाम, इकराम की प्रतीक्षा थी। युवक को तुरन्त गिरफ्तार कर सलाखों के पीछे डाल दिया गया। उससे यह पूछने वाला कोई नहीं था कि बन्दे तूने यह क्या किया, क्यों किया? किसके आदेश से? ये कैसा यज्ञ और यह कैसी आहुति?

फौजी कोर्ट के समक्ष उसे प्रस्तुत किया गया जहाँ पूछा गया कि तुमने यह जुल्म क्यों और किसके इशारे पर किया? पता है इसका क्या परिणाम होगा? उस काले युवक ने बगैर भय और संकोच के कहा...

"मुझे मेरे कृत्य पर किसी प्रकार का पछतावा नहीं... बल्कि खेद है कि मैं अपने कर्त्तव्य का भलीभाँति पालन नहीं कर सका... किसी ने गुमराह नहीं किया बल्कि अन्तर्रात्मा ही इसका प्रेरणास्रोत है।

सच्चाई तो यह है जो व्यक्ति अथवा शासन दूसरों के धर्म को बलात ही धोखे से नष्ट करने का प्रयास करे तो हमारी नीति कहती है कि उसके साथ उसी प्रकार का व्यवहार करना न्यायोचित है जिससे वह भविष्य में किसी के साथ इस प्रकार की जोर जबरदस्ती नहीं कर सके... चाहे ऐसे लोगों के तार लंदन से जुड़े हुये हों अथवा फोर्ट विलियम दुर्ग से अनुबन्धित हों। जिन्होंने भारतीयों के धर्म को नष्ट करने के लिए ही कारतूसों में चर्बी का प्रयोग किया, इन्कार करने पर प्रताड़ित किया जाता रहा, धमकियाँ दी गईं... ये लोग ऊपर से जितने सभ्य और गोरे दिखलाई पड़ते हैं उतने ही उनके हृदयों में कालिख लगी हुई है।

हिन्दूओं के लिए जैसे गाय माता पूज्य है उसी प्रकार मुस्लिम भाइयों को सुअर से नफरत होती है... ये जालिम एक तीर से दो शिकार करना चाहते थे परन्तु ध्यान रखें यह तो आरम्भ होने वाले यज्ञ की प्रथम आहुति है यदि शीघ्र षड्यंत्रों पर अंकुश नहीं लगाया गया तो यह यज्ञ ही राष्ट्र का माह अनुष्ठान बन समूची गोरी सरकार को अपने में समाहित कर लेगा अर्थात् उस महायज्ञ में ऐसे अपराधियों को काट-काट कर आहुतियाँ देने का क्रम आरम्भ हो जायेगा जब तक माँ भारती का स्वतंत्रता रूपी खप्पर पूरी तरह से भर नहीं जाता।"

वह युवक फिर जोर से कहता है, "मैंने कोई अपराध नहीं किया बल्कि नीतिगत सचेत ही किया है। मैंने वही किया जो त्रेता में भगवान राम ने धर्मभ्रष्ट रावण के साथ किया। द्वापर में पांडवों ने सत्ता में मदहोश कौरवों के साथ किया।

महोदय, जानवर भी गन्दगी से अपना मुँह मोड़ लेता है जिसमें हम उन ऋषियों की सन्तानें हैं जो मात्र झूठ बोलने पर भी प्रायश्चित करना अपना धर्म समझते थे... फिर यहाँ तो डन्डे के बल पर चर्बीयुक्त कारतूसों को मुँह से खोलने को बाध्य किया जा रहा है जो धर्म के विरुद्ध ही नहीं हैवानियत की पराकाष्ठा है... क्या हम जानवरों से भी गिरे हुये हैं? जिन्हें परहेज न हो। मैंने जो भी किया वह स्वयं के हित में धर्म की रक्षार्थ एवं सम्पूर्ण समाज को सतर्क करने के लिए किया... मुझे गर्व है अपने इस कृत्य पर।"

फौजी कोर्ट ने युवक द्वारा दी गई दलीलों पर कोई ध्यान नहीं दिया, देते भी क्यों? सुअर, गाय की चर्बी लगे कारतूसों के उपयोग का षड्यंत्र भी तो इन्हीं का था, इन्होंने तो केवल यह देखा कि एक गुलाम व्यक्ति की इतनी हिम्मत जिसने ड्यूटी पर रहते सरकारी बन्दूक से अपने ही अधिकारी अंग्रेज की हत्या कर दी?

फौजी ज्यूरी ने अपना संक्षिप्त निर्णय देते हुए कहा, ''आरोपी ने दिनांक 19 मार्च, 1857 को बैरकपुर जेल परिसर में ड्यूटी देते समय जानबूझकर अपने एक अधिकारी की हत्या कर संगीन जुर्म किया है... लिहाजा इसे प्राणदंड की सजा प्रस्तावित की जाती है। दिनांक 18 अप्रैल का दिन इस कार्य के लिए मुकर्रर किया जाता है।''

दुनिया भर में न्यायदूत के रूप में पहचान बनाने वाली जाति के इन हुक्मरानों ने यह भी विचार नहीं किया कि दूसरों को धर्मभ्रष्ट करने का किसी को क्या अधिकार है? ऐसा षड्यंत्र किसने और किसके कहने पर किया... वास्तव में कारतूसों पर चर्बी का इस्तेमाल किया गया जिसके कारण एक भारतीय सैनिक की उत्तेजना इतनी तीव्र हो गई कि उसने बिना कुछ सोचे एक अधिकारी की हत्या कर डाली?

उपर्युक्त सब तथ्यों का निष्कर्ष निकालने के लिए एक स्वस्थ एवं जागरूक न्यायपालिका को अपना निर्णय सुनाने से पूर्व एक जाँच कमेटी अथवा आयोग का गठन करना चाहिये था एवं उसकी रिपोर्ट का इन्तजार करना चाहिये था परन्तु ऐसा कुछ नहीं किया गया। चूँकि ज्यूरी के सदस्य भी उसी बेल के फल थे जो अमरबेल की भाँति भारतीय जनता पर फैल रही थी। ये लोग पूरी तरह आश्वस्त थे कि यह चर्बी वाला षड्यंत्र हमारा एवं हमारे लंदन में बैठे आकाओं का तो है, किसके खिलाफ बैठाते जाँच कमेटी?

ध्यान रखें जाँच कमेटी एवं आयोग हमेशा से ही अधीनस्थों (गुलामों) को फँसाने एवं समाज को भ्रमित करने के लिए ही बैठाये जाते रहे। सत्ता क्या किसी को स्वयं के विरुद्ध जाँच करने के आदेश करेगी? क्या कोई सक्षम अधिकारी स्वयं के खिलाफ जाँच कमेटी बैठाता है? यानि स्वयं के लिये कोई खड्डा खुदवाना पसंद नहीं करता जहाँ रिश्वत का बाजार गर्म अथवा स्वार्थपरस्त राजनीति का प्रशासन में हस्तक्षेप रहता हो।

जब बात जाँच कमेटी अथवा आयोगों की चल रही हो वहाँ वर्तमान सन्दर्भ में भी इनकी यथार्थता पर चिन्तन करना कोई असंगत बात नहीं होगी। स्वतंत्र भारत में भी इसी प्रकार की कमेटियाँ गठन करने की परम्परायें हैं जिनकी रिपोर्ट्स ब्रिटिश पैटर्न पर अथवा विपरीत भी हो सकती हैं। यहाँ यह आरोपी की हैसियत पर भी निर्भर कर सकता है, यह बात कुछ अटपटी अथवा कड़वी लग सकती है परन्तु सत्यता यही है कि ऐसी सभी कमेटियों, आयोगों का गठन ही ब्रिटिश पद्धति पर किया गया जहाँ सत्तासीन व्यक्ति इसके प्रभाव से सदैव मुक्त रहा।

हमारे देश का मीडिया समय-समय पर सत्ताधारी लोगों के अनैतिक कृत्यों को लेकर जनता को अवगत कराते हुये उन्हें कटघरों में खड़ा करता रहा। कभी-कभी ये परस्पर ही कुछ संगीन तथ्यों को उगल जाते, परिणाम में अखबारों के पृष्ठ रंग जाते परन्तु प्रजातंत्र के इतिहास में

अपवाद ही कोई शीर्ष नेता रहा हो जिसे थर्ड क्लास जेल यातनायें मिली हों अथवा जिनके यहाँ कभी छापे मारे गये हों? जबकि अधिकारी, कर्मचारी, व्यापारियों पर ऐसे शिकंजे कसे जाते रहे। इससे एक बार तो यह महसूस होता है कि इस देश में मात्र हमारे नेता ही देवतुल्य, ईमानदार, देशभक्त, चरित्रवान एवं संविधान प्रतिपालक रहे और शेष लोग येनकेन कहीं अपराधी तो हैं ही।

लोग कहते हैं कि वर्तमान राजनीति वह ब्रह्मास्त्र है जो सभी प्रकार के आपराधिक शस्त्रों से व्यक्ति विशेष को सुरक्षित रखता है अर्थात् जिसे किसी भी कानून से, हड़ताल-नारेबाजी से तोड़ा नहीं जा सकता बल्कि ज्यादा शोरगुल करने पर लम्बी अवधि का आयोग बैठा उसे ठण्डे बस्तों में सुरक्षित कर दिया जायेगा। द्वितीय, मीडिया भी दो-चार सुर्खी दिखलायेगा फिर स्वत: बन्द हो जायेगा। रही बात कानून की। उसके बनाने वालों का कोई आयात तो होगा नहीं... घर की मुर्गी फिर दाल बराबर तो रहेगी ही।

यही एक कारण है कि आज बड़े-बड़े पद वाले अधिकारी भी अपनी नौकरियों को सुरक्षित नहीं समझते हुये ही राष्ट्रसेवा भाव को अंगीकार कर रहे हैं जिससे स्वयं तो सुरक्षित होते ही हैं साथ ही अवैध आय भी सुरक्षा के घेरे में आ जाती है।

दूसरे शब्दों में कहा जा सकता है कि हमारा प्रजातन्त्र शुद्ध धन बल पर देश को रिश्वत, जातिवाद और आपराधिक प्रवृत्तियों की हवा से पाल रहा है। ऐसे ही अंग्रेजों ने कम्पनी के नाम पर जिन्हें भारत भेजा था वे तर्कसंगत रूप से इतने लफंगे और क्रूर स्वभाव के थे कि दूसरों को कैसे निचोड़ा जाये, वे अच्छी प्रकार से जानते थे परन्तु वापिस अपने देश जाने पर उन्हें मक्खी की तरह दूध से निकाला गया।

उस युवक को फाँसी का हुक्म देते समय ही निश्चित कर लिया गया था कि इस प्रकरण को पोशीदा ही रखा जाये। और रखा भी गया।

बतलाया जाता है कि अंग्रेज लोग अपना वचन कभी भंग नहीं करते परन्तु यह भी कहा गया है कि प्रतिशोध की ज्वाला क्या से क्या नहीं करा सकती। इन्होंने लालच और प्रतिशोध में वे सभी कर्म किये जो एक इन्सान कहलाने वाले व्यक्ति को कभी नहीं करने चाहिये। अंग्रेजों के हृदय में 29 मार्च को हत्या की प्रतिशोधाग्नि जल रही थी। उस युवक से बदला तो उसी दिन लिया जा सकता था परन्तु इससे अन्य देशी सैनिकों को बगावत करने का अवसर मिलता गया। दूसरे, इनकी न्याय प्रियता के खिताब पर झूठ के छींटे भी पड़ते इसलिये गुप्त स्थान पर कोर्ट बैठाकर फैसला सुनाया।

मजे की बात यहाँ यह रही कि कोर्ट द्वारा फाँसी देने की तारीख तय करने के दस दिन पूर्व ही उस निर्भीक भारतीय युवक को फाँसी के फन्दे पर लटका दिया। 8 अप्रैल, 1857 को। यह रही अंग्रेजी की न्यायशीलता और वचनबद्धता। बहादुरशाह ने कौन सा अपराध किया जिसे काले पानी की सजा दी गई। झाँसी की रानी, नानासाहब, हजरत महल आदि लोगों ने अपना अधिकार ही माँगा जो इनका जन्मसिद्ध अधिकार था। कहने का मतलब है कि जो व्यक्ति, शासन ज्यादा न्यायप्रियता का ढोल पिटवाते हैं उनकी नींव में बदनीयती, क्रूरता, अत्याचारों की

गंध पहले से ही कूट-कूट कर भरी रहती है, इन दुष्कर्मों की गंध बाहर नहीं निकले इसलिये महकदार न्याय का गुटखा मुँह में डाले रहते हैं।

जिस युवक की जो कहानी हम ऊपर कहते आये हैं वह भारतीय स्वाधीनता संग्राम का प्रथम नायक था जिसे भारतीय इतिहास में मंगलसिंह पाण्डे के नाम से स्वर्णाक्षरों में उत्कीर्ण किया हुआ है। यह बलिया जनपद के नगवाँ गाँव का रहने वाला था। बचपन में इसे मंगल्या के नाम से पुकारा जाता था। बड़ा होने पर गाँव के मुखिया की पहल पर अंग्रेजी फौज में बतौर सैनिक के रूप में भर्ती हुआ। निर्भीक एवं स्वाभिमान का धनी होने के कारण ही इसने धर्म की रक्षार्थ 29 मार्च, 1857 को बंगाल के बैरकपुर नामक छावनी में ड्यूटी देते समय एक अंग्रेज अधिकारी की हत्या कर दी थी जिसके जुर्म में इसे 18 अप्रैल के स्थान पर 8 अप्रैल को चुपचाप फाँसी के फन्दे पर लटका दिया।

क्रान्तिकारियों की योजनानुसार इस राष्ट्रव्यापी जनक्रान्ति का शुभारम्भ सैनिक विद्रोह से होना ही तय हुआ था जो 31 मई से प्रभावी होना था परन्तु बैरकपुर कांड में क्रान्तिकारी मंगल पांडे की शहादत (8 अप्रेल, 1857) के समाचारों ने भारतीय सिपाहियों के दिलोदिमाग में अंग्रेजों के प्रति पल रही नफरत को विस्फोटक बना दिया, असन्तोष के साथ प्रतिशोध की ज्वाला धधकने लगी जिसकी प्रतिक्रिया सबसे पहले मेरठ छावनी में बगावत के रूप में घटित हुई। यहीं से फिर वह सम्पूर्ण देश में क्रमश: फैलता गया।

दिनांक 9 मई, 1857 को जब अंग्रेज अधिकारी मेरठ छावनी में सैनिकों की परेड ले रहा था उस समय बैरकपुर की भाँति यहाँ पर नई रायफलों के साथ चर्बी वाले कारतूस सिपाहियों को थोपे जा रहे थे जिससे उनके मन विचलित हो गये। तीसरे रिसाले के सिपाहियों ने सम्बन्धित कारतूसों के उपयोग करने से स्पष्ट इन्कार कर दिया, इस अवमानना पर इन्हें दस-दस साल की सजा सुना दी गई। इनमें से कुछ नौजवानों को केवल 5-5 साल की सजा सुनाते हुए सभी सिपाहियों को कैद में डाल दिया। अंग्रेजों ने जिस प्रतिशोध की भावना से सैनिकों को सजा सुनाई वह शराफत की गहरी भावनाओं को ठेस पहुँचाने वाली थी।

उपर्युक्त कांड का देखा हुआ हाल, केन अपनी पुस्तक 'हिस्ट्री ऑफ सिपायवार' में इस प्रकार से करता है-"बन्दूकधारी सन्तरियों के पहरे में इन सिपाहियों को जो अभी भी वर्दीधारी थे, जनरल के सामने लाया गया और उन्हें उनकी सजा का हुक्म पढ़कर सुनाया गया जिसने उन्हें सिपाहियों से अपराधी बना दिया। उनके शरीर पर से वर्दियाँ और तमगे आदि उतरवा लिये गये और उनके पुराने साथियों के सामने ही लुहारों को बुला कर हथकड़ी बेड़ी पहनवा दी गई। हथकड़ी बेड़ी जकड़े जिल्लत और अपमान से पस्त इन सिपाहियों को इनके साथियों के सामने खड़ा देख बड़ा तरस आता था। उनके चेहरों पर भी प्रतिकूल प्रतिक्रिया के भाव दिखलाई पड़ रहे थे। उन्होंने हाथ जोड़ कर ऊँचे स्वर में जनरल से दया की भीख माँगी और इतनी कड़ी सजा नहीं देने की अनुनय-विनय की। जब इनकी विनय पर कोई सुनवाई नहीं हुई तो उन्होंने अपने साथियों को अन्य साथियों के साथ हुये अपमानजनक बर्ताव को चुपचाप सह लेने के लिये भला-बुरा कहा जिससे सभी को क्षोभ का अनुभव हुआ परन्तु भरी हुई तोपों, नई-नई रायफलों

और चमचमाती तलवारों के सामने शायद उनमें इसका विरोध करने की हिम्मत नहीं हुई। बाद में सभी कैदियों को कोठरियों में बन्द कर दिया गया और एक हिन्दुस्तानी संतरी पहरा देने के लिए तैनात कर दिया गया।'' (सन् 1880, खंड 4 अनुच्छेद 2)।

10 मई, 1857 यानि दूसरे दिन दो देशी पलटनों और एक देशी रिसाले ने मिलकर अपने साथियों की सजा के प्रतिशोध में उस जेल को तोड़ दिया, जिसमें पिछले दिन सैनिकों को हथकड़ी बेडी डाल कर रखा गया था, और अपने साथियों को मुक्त करा लिया। उपरान्त इस समूह ने अपने अधिकारियों के डेरे जला दिये और जो भी गोरा सामने आया उसे तुरन्त मार डाला। बाद में ये सभी विद्रोही सैनिक दिल्ली की तरफ कूच कर गये (सर हेनरी कनिंघम द्वारा लिखित 'अर्ल केनिंग' तथा 'दी अक्सफोर्ड हिस्ट्री ऑफ इण्डिया' पृष्ठ 715)

मेरठ से सिपाहियों की भारी भीड़ हथियारों से लैस होकर दिल्ली की तरफ चली। रास्तों में ऐसे असंख्य लोग इस भीड़ में सम्मलित हो गये जिन्हें किन्हीं कारणों से अंग्रेजों से विरोध था। इस भीड़ में कुछ ऐसे लोग भी मिल गये जिन्हें मात्र कुछ लूट-खसोट की इच्छा थी अथवा आंतक व्याप्त करने की गरज से सिपाहियों के साथ मिल गये। रास्ते में जो भी गोरा मिला उसे मारते चलते गये।

दिल्ली पर कब्जा

इस समय बादशाह बहादुरशाह दिल्ली के किले के अन्दर अपनी हुकूमत कर रहा था। दुर्ग के बाहर एक गज जमीन पर भी इसका कोई अधिकार नहीं रहा बल्कि अंग्रेजी हुकूमत का ठंडा दिल्ली में जोर-जबरदस्ती से पुज रहा था। बादशाह के पास नौकर-चाकरों के अलावा सुरक्षा की भी कोई खास व्यवस्था नहीं थी।

मेरठ से आने के बाद विद्रोहियों ने दिल्ली में क्या किया इस बारे में मिर्जा गालिब हमें बतलाते हैं कि 16 रमजान हिजरी 1273 यानि 11 मई, 1857 की प्रातःकाल अचानक दिल्ली शहरपनाह और किले की दीवारों में एक भीषण भूकम्प सा आया। यह सारा शोरगुल मेरठ छावनी से आये कुछ बागी सिपाहियों का था जो भाग कर यहाँ आ गये थे। ये सब के सब बगावत पर कमर कसे हुये थे साथ ही अंग्रेजों के खून के प्यासे भी थे। फसील के पहरेदारों ने उनका स्वागत किया एवं शहर के दरवाजे उन लोगों के लिए खोल दिये गये। ये लोग दीवानों की भाँति शहर में हर तरफ दौड़ने लगे। जहाँ-जहाँ इन्होंने अंग्रेजों को पाया, कत्ल कर डाला और उनकी कोठियों में आग लगा दी।

शहर के नागरिक इस भयंकर विपत्ति से घबरा गये। मजबूर और लाचार होकर अपने-अपने घरों में ऐसे छुप गये मानो मकानों में भी कोई न हो। बागी सिपाहियों का एक दल किले में घुस गया जहाँ बादशाह को घेर कर उसे अपना शहंशाह घोषित करते स्वयं को उसकी प्रजा कहा। इसी दौरान किसी ने एजेन्ट बहादुर का किले में कत्ल कर दिया। कहने का तात्पर्य है कि इन विद्रोही सिपाहियों ने शहर की कोई गली-कूची ऐसी नहीं छोड़ी जिसमें खून न बहा हो। सवार प्यादों से शहर के मोहल्लों में गश्त चालू कर दी। अंग्रेज इस अचानक हुये हमले से अपना

विवेक खो बैठे और यत्र-तत्र पलायन करने लगे। शाम होते-होते सिपाहियों ने शहर के विभिन्न इलाकों में ही अपने डेरे नहीं डाले बल्कि किले में शाही बाग, अस्तबल, यहाँ तक कि शाही महल को भी अपने आराम की जगह बना ली।

मिर्जा गालिब साहब यह भी बतलाते हैं कि दूसरे स्थानों से भी अंग्रेज हाकिमों को कत्ल करने के समाचार आ रहे थे जहाँ किसान और सिपाही बड़े शौक से एक-दूसरे के साथ मिलकर बगावत पर कमर बाँध रहे थे।

दिल्ली में हजारों की संख्या में फौज इकट्ठी हो रही थी। अंग्रेजों के कत्ले आम की घोषणा हो चुकी थी। सर्वत्र भय-आतंक का साम्राज्य स्थापित हो रहा था। शहर के बड़े बड़े हाकिम सेठ लोग चुपचाप पलायन करते जा रहे थे। इनके बड़े-बड़े मकान बेमालिकों के गुलामों से भरे जा रहे थे। मोहल्ले वीरान हो गये और बाजार लूट के मैदान बन गये।

मिर्जा गालिब साहब कहते हैं कि जमाने का रंग देखिये कि जो कल हुकूमत कर रहे थे आज अपने सायों से डरते हैं और कल के नकीब चोबदार सब पर हुकूमत करते हैं।

विद्रोही सिपाहियों ने शहर में घुसने के बाद, लूट का माल जो साथ लाये थे सबको शाही खजाने में जमा करा दिया और स्वयं को बादशाह का आज्ञाकारी होने की घोषणा की। शहर के भीतर और बाहर करीब 5000 सवार और प्यादे इकट्ठे हो गये। इस भारी फौज को रोक कर काबू में करना बादशाह के बाहर की बात थी बल्कि स्वयं बादशाह एक प्रकार से इनकी कैद में आ गया। ये लोग तो जहाँ से गुजरते वहाँ जेलों से कैदियों को छोड़ते जाते। यदि गोरा मिले तो उसकी हत्या करना अपना ध्येय बनाया हुआ था। दिल्ली अंग्रेजों से खाली सी हो गई। अंग्रेजों के पास दिल्ली में सिवा उस पहाड़ी के जो शहर की बगल में है कुछ शेष नहीं रहा।

इस क्रान्ति का एक असर यह हुआ कि जो सामन्त-सरदार अभी तक बादशाह को हेय दृष्टि से देखते थे अब वे नजरें लिये कदमों में खड़े रहने लगे। फर्रुखाबाद का हाकिम तफज्जुल हुसैन खाँ जो बादशाह को मानता ही नहीं था उसने भी इस क्रान्ति के साथ ही एक खत भेजकर अपनी वफादारी प्रकट की। बरेली के खान बहादुर खाँ ने 100 अशर्फियाँ और सजे हाथी-घोड़े बादशाह को नजर किये। इसी प्रकार लखनऊ से भी भारी नजराने की रकम दिल्ली आई।

इस बदलते नजरिये से बादशाह को अपनी कामयाबी की काफी उम्मीदें नजर आने लगीं फिर तो इसने भी देशी राजाओं और समस्त देशवासियों से अपीलें की कि वे इस पाक कार्य में निर्भय होकर कूद पड़ें और अंग्रेजों को भारत से खदेड़ कर ही दम लें...

परन्तु किसने किसका भाग्य पढ़ा है? चूँकि अभी अंग्रेज शहर के बाजू वाली पहाड़ी पर दमदमे बनाकर मोर्चा सँभाले हुये थे, तोपों को पहाड़ी पर लगा रखा था।

बागियों का पलायन-दिल्ली पर गोरों का कब्जा-

इधर क्रान्तिकारियों ने किले में मोर्चा सम्भाला हुआ था तो दूसरी तरफ अंग्रेजों ने बाजू वाली पहाड़ी पर अपनी तोपें लगाई हुई थीं। दोनों तरफ से गोलाबारी शुरू होती। मई जून की

गर्मी जिसमें धूप भी तेज पड़ती है में क्रान्तिकारियों की भीड़ रोज सुबह अंग्रेजों से लड़ने निकलती और सूरज ढलने के बाद साथ वापिस लौट आती। यह क्रम रोज चलता रहा। इस दौरान न तो क्रान्तिकारियों ने अंग्रेजों को परास्त करने के लिए हथियारों की ही शक्ति बढ़ाई और न ही बाजू वाली पहाड़ी को जुल्मियों से मुक्त करा सके उपरान्त भी इनका दिल्ली पर ठीक 124 दिन (11 मई से 13 सितम्बर 1857) तक वर्चस्व रहा।

14 सितम्बर को अंग्रेजी फौज ने बड़े जोर के साथ कश्मीरी गेट पर गोलाबारी आरम्भ कर दी जिससे क्रान्तिकारियों में अफरातफरी मच गई, ये लोग इधर-उधर भागने लगे, अवसर का फायदा उठाते हुए गोरी फौज शहर में घुस आई जहाँ इन्होंने चलते लोगों की हत्यायें करना आरम्भ कर दिया। इससे इलाके में आतंक और भय व्याप्त हो गया। समझदार और बड़े लोग अपने-अपने घरों में ऐसे घुस गये मानो समाधि ले ली हो। अप्रशिक्षित क्रान्तिकारियों की भीड़ शहर से भागने लगी। इस प्रकार की हत्याओं का सिलसिला करीब तीन दिनों तक चलता रहा उसी कश्मीरी गेट के चारों तरफ। अब क्रान्तिकारियों के कब्जे में मात्र तीन (अजमेरी, तुर्कमान, दिल्ली) दरवाजे ही रह गये।

अंग्रेजों ने बेगुनाहों के खून से हाथ रंगने जहाँ आरम्भ किये वहीं घरों में आग लगाना भी शुरू कर दिया। रईस इज्जतदार लोग यहाँ से पलायन करने लगे। इस तरह का तांडव नृत्य पूरे दिल्ली क्षेत्र में 17 सितम्बर तक चलता रहा जिसमें हजारों बेगुनाहों का कत्ल हुआ और क्रान्तिकारियों की भीड़ भी छँटती गई। अन्त में 18 सितम्बर को क्रान्तिकारी दिल्ली को छोड़ अन्यत्र पलायन कर गये। अंग्रेजों ने सही 128 दिन बाद पुनः दिल्ली पर वर्चस्व कायम कर लिया।

बादशाह को जलावतन- जिस दिन अंग्रेजी फौज ने दिल्ली पर दुबारा अधिकार जमाया उसी दिन से संदिग्ध लोगों की गिरफ्तारी का जोरों से अभियान चलाया गया जिसका मुख्य उद्देश्य उन सभी लोगों रईसों को गिरफ्तार कर अपने प्रतिशोध को शान्त करना था जिन्होंने प्रत्यक्ष अथवा अप्रत्यक्ष रूप में क्रान्तिकारियों तथा बादशाह को सहयोग किया। दूरदराज से ढेरों रईसों को पकड़वा कर, उन्हें दिल्ली की जेलों में भरा गया जिनमें से बहुत से लोगों को फाँसी पर लटकवाया गया।

तैमूरी शहजादों में से कुछ तो बगावत के दौरान मारे गये, कुछों को जेलों में डाल दिया गया। कुछ ऐसे थे जो अपनी जान बचाकर भाग गये थे। अंग्रेजों ने इसी अभियान के तहत बूढ़े बादशाह के साथ इसके शेष लड़कों की गिरफ्तारी के आदेश निकाले।

बादशाह को जीनतमहल के मकान से गिरफ्तार कर डोली में बैठाकर किले में ले आये जहाँ इस पर सख्त पहरा लगा दिया।

बादशाह के चार लड़के भय के मारे हुमायूँ के मकबरे में छुपे हुये थे। मेजर हडसन ने इन्हें बड़े अपमान के साथ समर्पण के लिए मजबूर किया। इन्हें गिरफ्तार कर बैलगाड़ी में बैठा कर किले में उस स्थान पर लाये जहाँ क्रान्तिकारियों ने अंग्रेज औरत और बच्चों की हत्या की थी।

उस स्थान पर खड़ा कर, बगैर कुछ पूछे और बतलाये तड़ातड़ इन्हें गोलियों से भून दिया गया। इनके सर काटकर, सुन्दर तश्तरियों में रखवा कर और रेशमी वस्त्र से ढकवा कर बादशाह के पास भिजवाया और कहलवाया 'लो यह तुम्हारी पैंशन है। बादशाह ने वस्त्र हटा कर देखा तो गश खाकर गिर पड़ा।

बादशाह को 27 जनवरी, 1858 को फौजी कोर्ट के समक्ष प्रस्तुत किया गया जहाँ इस पर राजद्रोह का मुकदमा चलाया गया। पूरे इक्कीस दिन मुगलिया ताजदार कोर्ट के समक्ष एक अपराधी की तरह चक्कर काटता रहा। अन्त में इस पर जो भी आरोप लगाये गये थे उन्हें गवाहों के बयानों से सिद्ध कर बादशाह को दोषी करार दिया गया। 17 अक्टूबर, 1858 को बादशाह को जलावतन कर रंगून भेज दिया गया। उस समय इसके साथ जीनतमहल और इसका बड़ा बेटा जवाबख्त भी गये जहाँ बादशाह ने 7 नवम्बर, 1862 को 89 वर्ष की उम्र में अन्तिम साँस ली।

सन् 1857 की जनक्रान्ति के एक और प्रेरक व्यक्ति अन्तिम पेशवा बाजीराव द्वितीय के दत्तक पुत्र धोड़ोपंत नाना साहब हुए।

सन् 1818 में अंग्रेजों ने बाजीराव पेशवा के राज्य को एक सन्धि के तहत अपने राज्य में मिला लिया था। उस समय यह तय किया गया था कि पेशवा बाजीराव तथा उसके परिवार एवं आश्रितों के भरण-पोषण के लिये आठ लाख रुपया सालाना इनको दिया जाता रहेगा साथ ही रहने के लिए कानपुर के पास बिठूर नामक स्थान बतौर जागीर इन्हें दिया गया। इस समय करीब आठ-दस हजार आदमी प्रत्यक्ष और अप्रत्यक्ष रूप से पेशवा पर निर्भर होकर बिठूर में रह रहे थे।

रानी लक्ष्मीबाई के पिता मोरोपंत भी अपनी पत्नी के गुजर जाने के बाद एकमात्र इकलौती बेटी मनु (लक्ष्मीबाई) के साथ यहीं आकर स्थायी तौर से रहने लगे, इस प्रकार मनु का बाल्यकाल काशी की बजाय में बिठूर में ही निकला और यहीं से इसकी शादी झाँसी के श्रीमंत सरकार गंगाधर राव से हुई।

पेशवा बाजीराव के कोई सन्तान नहीं थी इसलिये इन्होंने वंश परम्परा को बनाये रखने की दृष्टि से सन् 1827 में धोड़ोपंत नाम के तीन वर्षीय बालक को गोद ले लिया जो आगे चलकर लक्ष्मीबाई का मुँहबोला भाई बना और नाना साहब के नाम से प्रसिद्ध हुआ।

सन् 1851 में पेशवा बाजीराव की मृत्यु हो गई, वसीयत के अनुसार नाना साहब पेशवा के उत्तराधिकारी हुये। यह व्यक्ति बहुत ही व्यवहारकुशल, शान्तिप्रिय और सामन्ती बनावटों से दूर रहने वाला था, इसके चरित्र के बारे में 'सरजान के' का कहना है कि नाना साहब एक शांतचित्त युवक था जिसमें किसी तरह की बनावट नहीं थी और अंग्रेज अधिकारियों की प्रत्येक बात को मानने वाला था। क्यों न इसी दौरान तात्यां (असली नाम रामचन्द्र था सन् 1814 में नासिक में इसका जन्म हुआ था) अपने पिता के साथ जो पेशवा बाजीराव का पुरोहित था बिठूर चला आता है। यह व्यक्ति युद्धकला में महारथ हासिल किये हुये था विश्वास किया जाता है कि इसने ही नाना साहब और लक्ष्मीबाई को घुड़सवारी के साथ हथियार चलाने की कला सिखाई हो। जैसा कि इनकी अगली घटनाओं से विदित होता है।

पेशवा बाजीराव के मरने के बाद सालाना मिलने वाली पेंशन लार्ड डलहौजी ने बंद कर दी साथ ही पिछली बकाया जो रकम रह गई थी उसे भी देने से स्पष्ट इन्कार कर दिया और नाना साहब को यह भी कहलवाया गया कि उन्हें अपनी बिठूर की जागीर भी वापिस करनी होगी इसलिये तैयार रहना चाहिये।

नाना साहब ने जब देखा कि भारत में कम्पनी के आदमी उनके साथ न्याय करने को तैयार नहीं हैं तब अजीमुल्ला खाँ जो इनका परामर्शदाता और सहायक था, को लन्दन में ब्रिटिश महारानी और उनकी सरकार से न्याय माँगने को भेजा। जब अजीमुल्ला खाँ को लन्दन में कोई सहायता नहीं मिली तो इसके दिमाग में अंग्रेजों के खिलाफ आन्दोलन करने की योजना बनने लगी। हालाँकि बड़े-बड़े सभी अंग्रेज इतिहासकार (सर जान के, चार्ल्सवाल, ट्रेवीलियन एवं मार्टिन सरीखे) स्वीकारते हैं कि नाना साहब न्याय की बात कह रहे थे और उन्हें न्याय मिलना भी चाहिये परन्तु लम्बी दौड़धूप के बाद भी जब न्याय नहीं मिला तो नाना साहब अंग्रेजों के दुर्व्यवहार, कपट और विश्वासघात से चिढ़ गये जिसने इनके हृदय में गोरों के खिलाफ दुर्भावना पैदा कर दी, बस यही वह कारण था जिसने नाना साहब को सन् 1857 की महान् जनक्रान्ति का नायक बना दिया।

कानपुर की क्रान्ति-

कहावत है राजनीति साम से आरम्भ होकर दण्ड पर समाप्त होती है। नाना साहब जब अंग्रेजी सरकार को समझा-बुझा कर अपने पक्ष में नहीं कर सके तो अब इन्होंने चौथा उपाय काम में लाना आवश्यक समझा। लिहाजा इन्होंने तात्यां टोपे, अजीमुल्ला खाँ एवं लक्ष्मीबाई के सहयोग से एक योजना बनाई जिसके अनुसार संन्यासियों, फकीर और दरवेशों के भेष में अपने दूत सभी बड़ी-बड़ी रियासतों में भेजकर अंग्रेजों के खिलाफ विद्रोह के लिए प्रेरित किया गया। बहुत से ऐसे ठिकाने भी थे जिन्होंने सहयोग तो करना दूर बल्कि अंग्रेंजों को इनकी योजनाओं से सतर्क भी कर दिया हो तो कोई आश्चर्य नहीं। इसके बावजूद भी नाना साहब अपनी मंडली के साथ भारत के दौरे पर निकले, इस दौरान दिल्ली बादशाह से भी मिले, फिर अम्बाला होते हुये 18 अप्रेल, 1857 को लखनऊ पहुँचे जहाँ इनका स्वागत शानदार जुलूस ने किया। अन्त में दल कानपुर लौट आया।

कानपुर में कुछ अंग्रेज जहाँ इन पर शंका की निगाह डाले हुये थे वहीं कुछ अंग्रेज इनकी व्यवहारकुशलता से नि:शंक भी रहते थे। इनमें कलेक्टर कानपुर भी एक था जो नाना साहब पर विश्वास करता था।

उस समय अंग्रेजी छावनी तो वर्तमान शहर में थी और शस्त्रागार पुराने शहर से करीब दो फर्लांग दूर था। छावनी में सिपाहियों की दो पैदल पलटनें और एक रिसाला था जिसमें 6 तोपें और 61 तोपची भी थे।

नाना साहब के निमंत्रण पर बाहर से आकर लोग कानपुर में एकत्रित होने लगे। कलेक्टर के पूछने पर उसे आश्वस्त कर दिया कि समय आने पर यह फौज भी आपकी मदद करेगी।

दूसरी तरफ कम्पनी के सैनिक और अधिकारियों को तोड़कर अपनी संगठन शक्ति इस प्रकार मजबूत कर ली जैसे सुभाषचन्द्र बोस ने भारतीय कम्पनी के सैनिकों को तोड़कर आजाद हिन्द सेना का गठन किया।

4 जून को छावनी से तीन बार बन्दूक चला कर इशारा किया गया जिससे छावनी की पलटनें भी नाना साहब के लोगों में मिल गईं। शस्त्रागार पर पहले से ही अधिकार होने से अब हथियारों की इनके पास कोई कमी नहीं रही। नाना साहब ने अपनी इस सेना का नाम मुक्तिसेना रखा। सारी व्यवस्था देखने और समझने के बाद नाना साहब ने अंग्रेजों के खिलाफ युद्ध की घोषणा करते हुए पहली गोलाबारी कानपुर किले पर 6 जून, 1857 को करवाई। लम्बे संघर्ष के बाद 26 जून को किले के कमान्डर ने आत्मसमर्पण कर दिया। इस युद्ध में नाना साहब की जीत हुई। इन्होंने किले पर कब्जा करके अगले रोज उस पर बादशाही झंडा लहरा दिया। इस प्रकार कानपुर पर नाना साहब का अधिकार हो गया और बिठूर में स्वयं को पेशवा घोषित कर दिया।

28 जून को कानपुर में मुगल बादशाह बहादुरशाह के नाम पर 101 तोपों की सलामी से दरबार आरम्भ किया गया साथ ही 21 तोपों से नाना साहब को सलामी दी गई एवं विजयोत्सव में एक लाख रुपया सैनिकों को वितरित किया गया। पहली जुलाई को फिर पेशवा का झंडा फहराया गया।

कानपुर छोड़ने के बाद अंग्रेज भी शान्त नहीं रहे। इन्होंने इलाहाबाद से सेना का भारी हुजूम मँगाया। और फिर कानपुर पर पूरी ताकत से हमला कर दिया। इस हमले से नाना साहब की मुक्तिसेना के कान खड़े हो गये। भीषण संग्राम हुआ। काफी नुकसान उठाने के बाद अंग्रेज कानपुर पर पुनः अधिकार करने में सफल हो सके। क्रान्तिकारी यत्रतत्र पलायन कर गये।

कानपुर पर अधिकार करने के बाद अंग्रेजों ने साधारण जनता पर घोर अमानवीय अत्याचारों की मुहिम छेड़ दी। हजारों बेगुनाह राह चलते लोगों को मौत के घाट उतार दिया। जवान स्त्रियों को पतित कर हत्या कर दी गई। नील नामक अंग्रेज अधिकारी ने तो इलाहाबाद से कानपुर आते समय ही वह तांडव नृत्य किया जो संसार में कहीं देखने को शायद ही मिले। इलाहाबाद से कानपुर मार्ग में जो भी बस्ती मिली, वहाँ के लोगों को पकड़-पकड़ कर वृक्षों से लटकवा कर फाँसी देता आया। उस समय शायद ही ऐसा कोई वृक्ष रास्ते का रहा हो जिस पर दो-चार लाशें न लटकी हों। कहने का तात्पर्य इस समय कानपुर और इर्दगिर्द का दृश्य दिल दहलाने वाला बना हुआ था। सर्वत्र आतंक और मौत का डर व्याप्त था।

कानपुर पर पूरी तरह कब्जा करने के बाद अंग्रेजों ने 19 जुलाई, 1857 को नाना साहब की जागीर बिठूर पर हमला बोल दिया। महलों में जहाँ आग लगा दी वहीं भयंकर लूटमार के साथ कानपुर जैसे नरसंहार का खुला खेल यहाँ भी खेला गया। सम्पत्ति केलोभ में महलों की एक-एक ईंट को उखड़वा कर उसे खंडहर बना दिया।

गोरों ने नाना साहब को बर्बाद करने में कोई कसर बाकी नहीं रखी। अच्छी आबादी वाले बिठूर को लाशों के ढेर से श्मशान बना दिया। यहाँ से पेशवा बाजीराव की सारी सम्पत्ति (सोना,

चाँदी, जवाहरात एवं लाखों नकदी रुपया) को समेट कर ले गये। बतलाया जाता है कि यहाँ इतनी सम्पत्ति थी जिसे गोरे लोग एक साथ नहीं ले जा सके।

नाना साहब के कानपुर से पलायन करने के बाद अंग्रेजों ने उनका बहुत पीछा किया परन्तु जनवरी, 1858 के बाद उनका इनको कोई पता नहीं चला। कुछ लोगों की मान्यता है कि वह नेपाल चले गये, परन्तु नेपाल नरेश अंग्रेजों का मित्र होने से यह सम्भव प्रतीत नहीं होता। ऐसा विश्वास किया जाता है कि वे इस कांड के बाद कश्मीर की तरफ चले गये।

कानपुर कांड में हुई अन्धाधुन्ध हत्याओं की गूँज विलायत तक पहुँची जहाँ 31 जुलाई, 1857 को शोक प्रकट करते एक हुक्म निकाला गया कि गाँवों को नहीं जलाया जाये और न ही किसी निहत्थे व्यक्ति को भगोड़ा कहकर दंड दिया जाये क्योंकि प्राणदंड के अधिकार का भयंकर रूप से दुरुपयोग किया गया है।

अगले घटनाक्रमों पर जब हम नजर डालते हैं तो ऐसा कहीं प्रतीत नहीं होता कि इन पागल कुत्तों ने चलते राहगीर अथवा बेगुनाहों को अपना शिकार न बनाया हो। यह आदेश मात्र भारतीयों के प्रति सहानुभूति प्रदर्शित करने हेतु ही प्रसारित किया गया था जिसका उनके अनुयायियों पर कोई असर नहीं पड़ा।

▣▣▣

4

सरकार का स्वरूप

स्वतन्त्रता संग्राम की पूर्णाहूति के समापन के साथ 15 अगस्त, 1947 को अपना देश भारत विश्व के इतिहास पर एक राष्ट्र के रूप में उदित हुआ एवं 26 जनवरी, 1950 का दिन विश्व इतिहास में स्वर्ण अक्षरों में लिखा गया। इसी दिन राष्ट्र के लिए देश का संविधान लागू किया गया। संविधान के अनुसार अपने देश भारत को एक सम्पूर्ण प्रभुत्व-सम्पन्न लोकतन्त्रात्मक गणराज्य (Sovereign Democratic Republic) के रूप में मान्यता प्राप्त हुई। अपना संविधान आज स्वतन्त्राता का अधिकार पत्र माना जाता है। 26 जनवरी का दिन इसी कारण गणतन्त्रा के रूप में मनाया जाता है। गणतन्त्रा का मुख्य समारोह देश की राजधानी, नई दिल्ली, में आयोजित किया जाता है। प्रदेशों की राजधानियों में भी गणतन्त्र दिवस पूर्ण गरिमा के साथ मनाया जाता है जबकि 15 अगस्त का दिन प्रतिवर्ष सारे देश में स्वतन्त्राता दिवस के रूप में मनाया जाता है।

भारत की संविधान सभा ने जहाँ राष्ट्र को संविधान दिया वहीं अपने राष्ट्र को एक राष्ट्रीय ध्वज और राष्ट्र चिन्ह भी प्रदान किये। संविधान सभा ने 22 जुलाई, 1947 को अशोक चक्रांकित तिरंगे को भारत का ध्वज और महान अशोक के अशोक स्तम्भ के ''सिंहों'' को राष्ट के चिन्ह के रूप में अंगीकृत कर लिया।

सरकार की परिभाषा

प्राय: राज्य और सरकार शब्दों को एक-दूसरे का पर्यायवाची माना जाता है। इतना ही नहीं, दोनों शब्दों का प्रयोग भी एक ही अर्थ में किया जाता है जबकि राज्य और सरकार में बड़ा ही अन्तर है। सरकार राज्य का एक ऐसा अंग है जो राज्य की इच्छा को प्रकट करता है। इस प्रकार सरकार राज्य अथवा देश के कार्यों (Functions) का संचालन करने वाला एक संगठन है। **प्रो. गार्नर** के शब्दों में ''राज्य अधिक या थोड़े संख्या वाले उस समुदाय को कहते हैं जो स्थाई रूप से एक निश्चित भू-भाग पर रहते हों और बाहरी नियन्त्राण से पूर्णत: अथवा लगभग मुक्त हों और जिसकी एक सुसंगठित सरकार हो, जिसकी आज्ञा का वहाँ के अधिकांश निवासी स्वाभाविक रूप से पालन करते हों।'' राज्य के निम्नलिखित पाँच आवश्यक तत्त्व माने गये हैं-

(1) जनसंख्या,

(2) निश्चित भू-भाग,

(3) संगठित सरकार,

(4) प्रभुता,

(5) स्वाभाविक आज्ञा पालन करना।

राज्य, दो एवं राष्ट्र

बहुत से लोग तीनों शब्दों से एक ही अर्थ निकालते हैं और भ्रमवश एक-दूसरे को एक-दूसरे का पर्याय मानकर उनमें अन्तर नहीं कर पाते किन्तु ऐसा कदापि नहीं है। दो भौगोलिक स्थिति का परिचायक है जबकि राज्य का सम्बन्ध राजनैतिक संगठन और राजनैतिक परिधि से होता है।ञ देश का राजनैतिक संगठन से किसी प्रकार का सम्बन्ध नीं होता। एक देश में अनेक राज्य हो सकते हैं। इतना ही नहीं एक राज्य में भी अनेक देश हो सकते हैं। भारत अनेक राज्यों का एक देश है जबकि संयुक्त राज्य (United Kingdom), जिसे सामान्यत: ब्रिटेन के नाम से जाना जाता है, में इंग्लैण्ड स्कॉटलैंड और आयरलैंड तीन देश सम्मिलित हैं। इसीलिए उसे संयुक्त राज्य कहते हैं और इसीएि संयुक्त राज्य के राष्ट्र-ध्वज में तीन रंग तीनों देशों के प्रतीक हैं। संयुक्त राज्य अमेरिका, जिसे आज केवल अमरीका के नाम से जाना जाता है, में पचास राज्य (States) सम्मिलित हैं। अपने भारत दो में छब्बीस प्रदेश और पाँच केन्द्र शासित राज्य हैं।

राष्ट्र और दो एक दूसरे से भिन्न हैं। राष्ट्र का अपना एक ध्वज, एक राष्ट्रगीत और एक राष्ट्र चिन्ह होता है जबकि देश में ऐसा कुछ भी नहीं होता। देश राष्ट्र में निहित रहता है, राष्ट्र देश में नहीं। राष्ट्र के समस्त कार्य देशवासी देश प्रेम की भावना से प्रेरित होकर करते हैं। राष्ट्र में प्रभुसत्ता की भावना निहित होती है, देश में नहीं। राष्ट्र आत्मिक एवं राष्ट्र-प्रेम की भावना का द्योतक होता है। राष्ट्र का आधार है एकता की भावना। उदाहरण स्वरूप

यह कहा जा सकता है कि 15 अगस्त, 1947 के पूर्व भारत एक देश था जिसका अपना न कोई राष्ट्रीय ध्वज था, न राष्ट्र-गान और न राष्ट्र-चिन्ह। संयुक्त राष्ट्र के राष्ट्र-गीत, राष्ट्रीय ध्वज और राष्ट्र-चिन्ह अपने देश पर आरोपित कर दिये गये थे किन्तु 15 अगस्त, 1947 से अपना भारत देश एक स्वतन्त्रा देश है और 26 जनवरी, 1950 से एक सम्पूर्ण प्रभुता-सम्पन्न लोकतन्त्रात्मक गणराज्य है। स्वतन्त्र देश है और 26 जनवरी, 1950 से एक सम्पूर्ण प्रभुता-सम्पन्न लोकतन्त्रात्मक गणराज्य है।

(ख) केन्द्र सरकार व राज्य सरकार

सरकार राज्य की वह मशीनरी है जिसके द्वारा राज्य का सम्पूण कार्य चलाया जाता है। सरकार राज्य का वह महत्त्वपूर्ण तत्त्व है जिसके द्वारा जनता राज्य के बाह्य स्वरूप के दर्शन करती है। सरकार का स्वरूप ही एक ऐसा तत्त्व है जो राज्यों के वर्गीकरण का मुख्य आधार बन सकता है। आधुनिक काल में सरकार का कार्य क्षेत्र पूर्व की भाँति सीमित नहीं रह गया है अपितु आज के युग में तो सरकार का कार्य-क्षेत्र अधिक विस्तृत हो गया है फिर भी सरकार पर संसद का नियन्त्रण रहता है। संसार में लोकतान्त्रिक सरकार को, संसदीय सरकार तथा अध्यक्षात्मक सरकार, दो श्रेणियों में रखा गया है। लोकतन्त्र बहुधा **विधि का शासन** कहा जाता है। विधि का शान व्यक्तियों की इच्छा के विरुद्ध चलाई जाने वाली सरकार से भिन्न है। दूसरे शब्दों में लोकतन्त्रात्मक सरकार वह शासन है जिसमें नागरिकों के अधिकारों की स्पष्ट व्याख्या की गयी होती है। संसदीय लोकतन्त्र में कार्यपालिका और व्यवस्थापिका से घनिष्ठ सम्बन्ध रहते हैं जबकि अध्यक्षात्मक सरकार में ये दोनों अंग एक-दूसरे से स्वतन्त्र रहते हैं।

संसदीय सरकार

संसदीय सरकार कार्यपालिका और विधान मण्डल के सहयोग पर आधारित रहती हैं। इस सरकार में विधान मण्डल का स्थान कार्यपालिका से श्रेष्ठ होता है। कार्यपालिका को मन्त्रि परिषद् (Council of Ministers) कहते हैं। इसमें सभी मन्त्री सम्मिलित होते हैं। इसका नेता प्रधान मन्त्री होता है। प्रधान मन्त्री इनमें से कुछ वरिष्ठ मन्त्रियों को मन्त्रिमण्डल में सम्मिलित कर लेता है। मन्त्रिमण्डल में प्रायः उन मन्त्रियों को सम्मिलित किया जाता है जो महत्त्वपूर्ण मन्त्रालयों के अध्यक्ष होते हैं। संसद के बहुमत से ही विधेयक पारित किये जाते हैं। संसदीय प्रणाली में सरकार संसद के बहुमत दल से बनती है। इसलिए सरकार जो भी कानून बनवाना चाहती है संसद सदा उन्हीं को स्वीकार करती है।

अध्यक्षात्मक सरकार

अध्यक्षात्मक सरकार में शक्ति विभाजन के सिद्धान्त को लागू किया जाता है जिसमें कार्यपालिका तथा व्यवस्थापिका एक दूसरे से स्वतन्त्र होते हैं। राज्य का प्रधान एक अध्यक्ष या राष्ट्रपति होता है। राष्ट्रपति या अध्यक्ष अपनी सहायता के लिए कुछ मन्त्रियों की नियुक्ति करता है जो राष्ट्रपति अथवा अध्यक्ष के प्रति उत्तरदायी होते हैं। राष्ट्रपति और उसके

मन्त्री दोनों ही व्यवस्थापिका के प्रति उत्तरदायी नहीं होते। अध्यक्षात्मक सरकार में राष्ट्रपति मन्त्रियों को अपदस्थ कर सकता है। अध्यक्षात्मक सरकार में व्यवस्थापिका का निर्वाचन एक निश्चित अवधि के लिए जनता द्वारा किया जाता है। राष्ट्रपति पर व्यवस्थापिका का कोई नियन्त्रण नहीं होता। अध्यक्षात्मक सरकार में व्यवस्थापिका का कार्य कानून बनाना होता है जिन्हें कार्यपालिका राष्ट्रपति के नेतृत्व में लागू करती है।

संघात्मक सरकार

संसदीय सरकार कार्यपालिका और विधान मण्डल के सहयोग पर आधारित रहती हैं। इस सरकार में विधान मण्डल का स्थान कार्यपालिका से श्रेष्ठ होता है। कार्यपालिका को मन्त्रि परिषद् (Council of Ministers) कहते हैं। इसमें सभी मन्त्री सम्मिलित होते हैं। इसका नेता प्रधान मन्त्री होता है। प्रधान मन्त्री इनमें से कुछ वरिष्ठ मन्त्रियों को मन्त्रि मण्डल में सम्मिलित कर लेता है। मन्त्रि मण्डल में प्राय: उन मन्त्रियों को सम्मिलित किया जाता है जो मत्त्वपूर्ण मन्त्रालयों के अध्यक्ष होते हैं। संसद के बहुमत से ही विधेयक पारित किये जाते हैं। संसदीय प्रणाली में सरकार संसद के बहुमत दल से बनती है। इसलिए सरकार जो भी कानून बनवाना चाहती हैं संसद सदा उन्हीं को स्वीकार करती है।

अध्यक्षात्मक सरकार

अध्यक्षात्मक सरकार में शक्ति विभाजन के सिद्धान्त को लागू किया जाता है जिसमें कार्यपालिका तथा व्यवस्थापिका एक दूसरे से स्वतन्त्र होते हैं। राज्य का प्रधान एक अध्यक्ष या राष्ट्रपति होता है। राष्ट्रपति या अध्यक्ष अपनी सहायता के लिए कुछ मन्त्रियों की नियुक्ति करता है जो राष्ट्रपति अथवा अध्यक्ष के प्रति उत्तरदायी होते हैं। राष्ट्रपति और उसके ममन्त्री दोनों ही व्यवस्थापिका के प्रति उत्तरदायी नहीं होते। अध्यक्षात्मक सरकार में राष्ट्रपति मन्त्रियों को अपदस्थ कर सकता है। अध्यक्षात्मक सरकार में व्यवस्थापिका का निर्वाचन एक निश्चित अवधि के लिए जनता द्वारा किया जाता है। राष्ट्रपति पर व्यवस्थापिका का कोई नियन्त्रण नहीं होता। अध्यक्षात्मक सरकार में व्यवस्थापिका का कार्य कानून बनाना होता है जन्हें कार्यपालिका राष्ट्रपति के नेतृत्व में लागू करती है।

संघात्मक सरकार

अपने देश भारत की शासन व्यवस्था सर्वोच्च स्तर पर केन्द्रीय सरकार है। उसे संघ सरकार भी कहते हैं। देश की संघीय व्यवस्था में प्रत्येक प्रदेश की अलग-अलग सरकार है। जिसे राज्य सरकार कहते हैं। संघात्मक सरकार की स्थापना विभिन्न राज्यों वाले देशों में की जाती है। इसमें सत्ता विकेन्द्रित रहती है और शासन के समस्त अधिकार संघ तथा राज्यों के बीच विभाजित रहते हैं जिनका सम्बन्ध सम्पूर्ण देश से होता है जबकि अन्य कार्य राज्य की सरकारों द्वारा सम्पन्न किये जाते हैं। दोनों के कार्य-क्षेत्र अलग-अलग होते हैं। संघ की व्यवस्थापिका, कार्यपालिका तथा न्यायपालिका अलग होती है और प्रत्येक राज्य की अलग। संघ सरकार पूर्ण प्रभुत्व-सम्पन्न होती है। संघात्मक सरकार में एक लिखित

संविधान होता है जिसमें संघ तथा राज्यों के कार्यों एवं उनकी शक्तियों का विस्तृत रूप से उल्लेख रहता है। संविधान को सरकार की शक्ति तथा सत्ता का ेत माना जाता है। संविधान में यह बताया जाता है कि सरकार के विभिन्न अंगों की शक्तियाँ क्या हैं? इसीलिए संविधान देश में सबसे महत्त्वपूर्ण दस्तावेज होता है।

केन्द्रीय सरकार

भारत में सरकार की संरचना का संविधान में विस्तार से वर्णन किया गया है। केन्द्र सरकार के तीन अंग हैं—व्यवस्थापिका (विधानांग अथवा विधान मण्डल, कार्यपालिका कार्यांग) तथा न्यायपालिका (न्यायांग)। केन्द्रीय सरकार के इन तीनों अंगों का विस्तृत वर्णन ततीय अध्याय में किया जा रहा है। केन्द्रीय विधान मण्डल को संसद कहते हैं। कार्यपालिका में राष्ट्रपति, प्रधान मन्त्री तथा मन्त्रि-मण्डल सम्मिति होते हैं। न्यायपालिका का अर्थ है सर्वोच्च न्यायालय।

राज्य सरकार

(क) संघ की इकाइयाँ (Units of Union)-जैसाकि लिख आये हैं कि भारत में रकार की संघीय व्यवस्था अर्थात् देश में सरकार के दो रूप हैं—केन्द्रीय सरकार और राज्य सरकार। यद्यपि राज्य सरकारों का स्वतन्त्र अस्तित्व तथा संवैधानिक स्तर है तथापि भारत की संघीय व्यवस्था में केन्द्रीय सरकार अधक शक्तिशाली है। भारतीय संघ में छब्बीस राज्य हैं और पाँच केन्द्र शासित क्षेत्र हैं। संविधान के अन्तर्गत राज्यों की अपनी-अपनी लोकतान्त्रिक सरकारें हैं। केन्द्र शासित क्षेत्रों पर केन्द्र सरकार का नियन्त्रण रहता है। राज्य स्वायत्त हैं जबकि केन्द्र शासित क्षेत्र केन्द्र शासन के अधीन हैं। पहले राज्यों का वर्गीकरण काफी जटिल था किन्तु अब राज्यों को भाषा के आधार पर गठित किया गया है। यही कारण है कि अब राज्यों को भाषायी राज्य कहा जाता है।

(ख) राज्य सरकारों का संचालन (Organisation of the State Governments)—राज्यों की सरकारों की संरचना बहुत कुछ केन्द्रीय सरकार के समान ही है। कार्यविधि भी समान ही है। राज्य सरकार अंशत: स्वायत्त हैं। देश के संविधान ने सरकार की शक्तियों का विभाजन तीन सूचियों में किया है। एक पर केन्द्र का पूर्णरूपेण अधिकार है तो दूसरी पर ाज्यों का एकाधिकार है। तीसरी सूची के विषयों पर केन्द्र तथा राज्य दोनों ही सरकार कानून बना सकती है। यदि दोनों सरकारों ने किसी एक ही विषय पर कानून बनाये हों और यदि उनमें कोई संघर्ष उत्पन्न हो जाए तो ऐसी परिस्थिति में केन्द्रीय कानून ही लागू माना जाता है।

राज्यों में भी केन्द्र के समान ही संसदीय प्रणाली अपनायी गई है। राज्यों के अतिरिक्त देश में कई केन्द्र शासित क्षेत्र है जो स्वायत्त नहीं है। उनका प्रशासन केन्द्रीय सरकार के अधीन तथा उसी के निरीक्षण में चलाया जाता है। केन्द्र शासित क्षेत्र के प्रशासन का प्रधान उप-राज्यपाल अथवा मुख्य आयुक्त होता है जिसकी नियुक्ति राष्ट्रपति करता है।

आधुनिक दृष्टिकोण के अनुसार राजनीति विज्ञान की परिभाषा, उसके अध्ययन के क्षेत्र व उसके स्वरूप के विवेचन के प्रकरण में जैसा हमने देखा, आधुनिक व्यवहारवादी राजनीतिवैज्ञानिक राजनीति विज्ञान को केवल राज्य, सरकार जैसी राजनीतिक संस्थाओं व उनसे सम्बन्धित मनुष्य के क्रिया कलाप का ही अध्ययन नहीं मानते, वरन् वे उसे उस सम्पूर्ण परिवेश का अध्ययन मानते हैं, जिनमें मनुष्य की राजनीतिक अर्थात् राज्य, सरकार, ... अन्य राजनीतिक संस्थाओं व राजनीतिक प्रक्रियाओं आदि से सम्बन्धित गतिविधियाँ, उसकी सामाजिक, आर्थिक, धार्मिक व नैतिक आदि गतिविधियों को प्रभावित करते हुये और उनसे स्वयं प्रभावित होते हुये संचालित होती है। व्यवहारवादियों द्वारा प्रतिपादित राजनीति विज्ञान की क्षेत्र सम्बन्धी इस धारणा में निहित मुख्य विचार उस व्यापक परिवेश से सम्बन्धित विचार है जिसके विभिन्न अंगों के रूप में विद्यमान अनेक संगठनों के माध्यम से व्यक्ति की गतिविधियाँ चालित होती हैं तथा जो राज्य व सरकार के क्षेत्र से निश्चय रूप से व्यापक होता है तथा जिसे समष्टि रूप से राजनीतिक व्यवस्था (Political system) कहा जाता है।

राजनीतिक व्यवस्था की अवधारणा

राजनीतिक व्यवस्था से क्या तात्पर्य है तथा उसकी परिधि में कौन-कौन से संगठन आते हैं, इसके सम्बन्ध में विभिन्न विचारकों ने विभिन्न प्रकार के विचार व्यक्त किये हैं। उदाहरणार्थ, **पिनॉक व स्मिथ** ने लिखा है कि ''राज्य राजनीतिक व्यवस्था या राजव्यवस्था नामक बड़े संगठन का एक अंग है। राजनीतिक व्यवस्था समाज की एक उप-व्यवस्था या उसका एक पहलू है। इसमें किसी समाज-विशेष के सब सदस्य सम्मिलित होते हैं, पर उनके सभी पारस्परिक सम्बन्ध या उनके आचरण को प्रभावित करने वाले सभी तत्त्व इसमें सम्मिलित नहीं होते।'' डेविड ईस्टन ने राजनीतिक व्यवस्था को दो भागों-मुख्य राजनीतिक व्यवस्था व सह राजनीतिक व्यवस्थाओं में विभाजित किया है और कहा है कि ''समूहों व संगठनों की आन्तरिक राजनीतिक व्यवस्थाओं को मैं सह राजनीतिक व्यवस्थायें (Para Political Systems) कहूँगा और राजनीतिक व्यवस्था की धारणा को विश्लेषण किये जाने वाले समाज में समाहित राजनीतिक जीवन की सबसे अधिक समावेशी इकाई (राज्य) के लिये सुरक्षित रखूँगा।'' ब्लौण्डेल ने राजनीतिक व्यवस्था के विषय में कहा है कि ''राजनीतिक व्यवस्था का निर्धारण इस आधार पर होता है कि कौन शासन करता है, किस रूप में शासन करता है और किस उद्देश्य से शासन करता है।'' आमण्ड व कोलमैन ने लिखा है कि, ''राजनीतिक व्यवस्था समाज में वैध व्यवस्था बनाये रखने वाली अथवा परिवर्तन लाने वाली पद्धति है।'' कार्ल डब्ल्यू. डायस ने राजनीति व्यवस्था को कुछ निश्चयात्मक ढंग से परिभाषित किया है और कहा है कि, ''राजनीतिक व्यवस्था स्पष्ट रूप से पहचानी जाने योग्य उन इकाइयों की समष्टि होती है जो परस्पर अभिन्न व भिन्न होते हुये भी सुसम्बद्ध होती हैं।''

राजनीतिक व्यवस्था के विषय में भिन्न-भिन्न विचारकों के उक्त विचारों को यदि देखा जाय तो सबका निष्कर्ष यह निकलता है कि राजनीतिक व्यवस्था का तात्पर्य राजनीतिक क्षेत्र में कार्यरत विविध समुदायों और संगठनों से होता है, जो राजनीतिक निर्णयों में प्रत्यक्ष या अप्रत्यक्ष रूप से भाग लेते हैं।

राजनीतिक व्यवस्था का स्वरूप व उसका क्षेत्र

राजनीतिक व्यवस्था का स्वरूप व क्षेत्र वस्तुत: सदा एक-सा नहीं रहा है। नगर राज्यों (City State) के समय में राजनीतिक व्यवस्था का क्षेत्र नगर राज्य व उसका स्वरूप उसके संगठन में आने वाली संस्थाओं- राज्य, सरकार- आदि से मिलकर बनता था। उस समय राज कार्य में जनता का एक भाग ही सक्रिय रहता था। अत: जनता के उसी भाग की गतिविधियाँ राजनीतिक व्यवस्था को प्रभावित करती थी। नगर राज्य की राजनीतिक व्यवस्था में परिवर्तन हुआ और उसका स्थान जब राष्ट्रीय राज्यों (National State) ने लिया, तो राजनीतिक व्यवस्था का क्षेत्र व्यापक हुआ। लोकतन्त्रीय राज्यों के उदय के साथ राजकाज में भाग लेने वाली जनता का आकार बढ़ा, राजनीतिक दल अस्तित्व में आये तथा राजनीति व राजनीतिक व्यवस्था का क्षेत्र राज्य, सरकार, आधुनिक ढंग के उसके विविध अंग, राजनीतिक दल आदि तक व्यापक हो गया। यहाँ यह ध्यान देने की बात है कि परिवर्तन के इस चरण तक राजनीतिक व्यवस्था के परिवेश में केवल वे ही संगठन आये, जिनका सम्बन्ध मनुष्य के परम्परागत एवं विशुद्ध रूप से राजनीतिक समझे जाने वाले कार्यकलापों से था तथा जिनका कोई सम्बन्ध मनुष्य के आर्थिक व सामाजिक आदि कार्यकलापों से नहीं था। पर अब राज्य के समाजवादी रूप की अवधारणा के विकास के साथ राजनीति व राजनीतिक व्यवस्था के रूप व क्षेत्र सम्बन्धी धारणा में पुन: परिवर्तन आया है तथा वह और अधिक व्यापकतर हो गया है।

आधुनिक युग में राजनीति हमारे जीवन को पूरी तरह घेरे हुए है। हमारा जीवन अब इतना अधिक राजनीतिमय हो गया है कि अनेक वे विषय, भूतकाल में जिनका राजनीति से कोई सम्बन्ध नहीं होता था अथवा प्रत्यक्ष रूप से जिनमें राजनीति की कोई बात नहीं होती थी, अब राजनीतिक प्रश्न माने जाते हैं और उनसे सम्बन्धित निर्णय अब जन संगठनों के माध्यम से व उनके द्वारा राजनीतिक प्रक्रिया के रूप में होते हैं। हमारे जीवनयापन की छोटी से छोटी बातों से लेकर बड़ी से बड़ी बातों तक सब राजनीतिक परिवेश के भीतर आ गई हैं।

हम कैसा पानी पियें, कैसी हवा में सांस लें, कैसे मकानों में रहें, हमारी सड़कों की चौड़ाई कितनी व गलियों की सुरक्षा व सफाई कैसी हो, हमारे समाज के पिछड़े अंगों को समाज का उपयोगी अंग कैसे बनाया जाय, हमारे बालकों का लालन-पालन कैसे हो, हमारे युवकों की शिक्षा-दीक्षा कैसी हो, हमारे वृद्धों के स्वास्थ्य की रक्षा कैसे हो, हमारे स्थानीय, क्षेत्रीय व केन्द्रीय स्तर के विविध राजनीतिक व प्रशासनिक निकायों का संगठन कैसे किया जाय, उनके लिये मताधिकार कैसा व मतदान किस प्रकार हो, उनकी कार्य विधि क्या हो, मजदूरी की दर क्या हो, सार्वजनिक उपयोग की वस्तुओं के मूल्य, उनके उत्पादन का ढंग व उनके वितरण की व्यवस्था क्या हो, रोजगार व व्यवसायों की व्यवस्था को किस प्रकार समाज की दृष्टि से उपयोगी बनाया जाय, उत्पादन के किन साधनों को वैयक्तिक क्षेत्र (Private sector) और किन-किन को सार्वजनिक क्षेत्र (Public Sector) में रखा जाय तथा जनता के स्तर पर व देश के स्तर पर किस राज्य की जनता व किस देश से कैसे सम्बन्ध रखे जायँ,

आदि वे सब बातें हैं, जिन से सम्बन्धित निश्चय राजनीतिक निर्णयों के परिणाम होते हैं। इसके अतिरिक्त इन निर्णयों को शासन के लिये उत्तरदायी व्यक्ति स्वतन्त्र रूप से ही नहीं करते, वरन् उन्हें सामाजिक, आर्थिक, धार्मिक व अन्य अनेक प्रकार के हितों के प्रतिनिधि समूहों के निरन्तर चलने वाले दबाव में रहते हुये करना पड़ता है। इस प्रकार अब जब राजनीति का क्षेत्र इतना व्यापक हो गया है, राजनीति व्यवस्था का रूप उतना ही व्यापक व उसका क्षेत्र उतना ही विस्तृत हो गया है तथा संगठन की वे सब इकाइयाँ– व्यक्ति, परिवार, ग्राम सभा, ग्राम पंचायत, क्षेत्र समितियाँ, नगर पालिकायें, क्षेत्रीय स्तरके राजकीय व प्रशासकीय संगठन व केन्द्रीय स्तर के राजकीय व प्रशासकीय संगठन, राजनीतिक दल व उनके विविध स्तरों के संगठन, आर्थिक उत्पादन व वितरण का सम्पूर्ण ढाँचा, विविध व्यावसायिक व उपभोक्ता संघ, श्रमिक संघ तथा आर्थिक, सामाजिक, व धार्मिक क्षेत्र में कार्यरत अनेक दबाव समूह, विविध राष्ट्र, राष्ट्र समूह तथा अन्तर्राष्ट्रीय संगठन आदि– जिनकी गतिविधियाँ प्रत्यक्ष या अप्रत्यक्ष रूप से किसी देश की राजनीति को प्रभावित करती है, राजनीतिक व्यवस्था के अंग माने जाते हैं। इस सम्बन्ध में स्मरणीय है कि उपर्युक्त अनेक संगठन ऐसे हैं, जिनके सब कार्य सामान्यत: राजनीतिक नहीं होते और राजनीतिक व्यवस्था से उनका कोई सम्बन्ध व उस पर उनका कोई प्रभाव नहीं होता। ऐसी दशा में ऐसे संगठन केवल उसी सीमा तक राजनीतिक व्यवस्था के अंग होते हैं, जिस सीमा तक उनके कार्यों के प्रभाव का सम्बन्ध राजनीति से होता है।

राजनीतिक व्यवस्था व समाज व्यवस्था

राजनीतिक व्यवस्था के रूप को समझने के लिये हमें यह समझना भी आवश्यक है कि राजनीतिक व्यवस्था बहुत हद तक सामाजिक व्यवस्था को और सामाजिक व्यवस्था बहुत हद तक राजनीतिक व्यवस्था को निर्धारित व प्रभावित करती है, तथापि वे दोनों अलग-अलग होती हैं। उदाहरणार्थ समाज में विद्यमान अनेक सम्बन्ध जैसे विवाह सम्बन्ध-ऐसे हैं जिनका रूप पूर्णत: वैयक्तिक होता है। पर उन सम्बन्धों के विषय में जब स्थिति ऐसी हो जाती है कि उनका नियमन राज्य द्वारा किया जाना आवश्यक होता है, तो उनका रूप राजनीतिक हो जाता है और वे राजनीतिक व्यवस्था का अंग बन जाते हैं। इसी प्रकार अनेक सामाजिक व्यवस्थायें व प्रथायें ऐसी होती हैं जिनके अनुसार राज्य को अपनी व्यवस्था बनानी पड़ती है।

राजनीतिक व्यवस्था व आर्थिक व्यवस्था

राजनीतिक व्यवस्था व आर्थिक व्यवस्था का सम्बन्ध भी पारस्परिक सम्बद्धता का होते हुये भी पारस्परिक भिन्नता का है। यह ठीक है कि राजनीतिक व्यवस्था बहुत हद तक समाज की आर्थिक व्यवस्था का नियमन करती है, तथा आर्थिक व्यवस्था से भी बहुत हद तक राजनीतिक व्यवस्था के रूप का निर्धारण होता है, परन्तु वे दोनों ही व्यवस्थायें सामान्यत: अलग-अलग हैं। आर्थिक व्यवस्था के संगठनों का रूप राजनीतिक तभी होता है जब उनके कार्यों का नियमन राज्य द्वारा किया जाना आवश्यक हो जाता है तथा उसी हद तक उनका रूप राजनीतिक व्यवस्था के अंग का होता है। उदाहरणार्थ, श्रमिक अपने कारखाने के मालिक

का कार्य करते हैं, वे उसके लिये वेतन, भत्ते व बोनस लेते हैं। इस प्रकार जब तक यह कार्य उन दोनों पक्षों के बीच तक सीमित रहता है, उसका राजनीति व राजनीतिक व्यवस्था से कोई सम्बन्ध नहीं होता, परन्तु जब श्रमिक संगठित होकर मालिक से अपनी मांगों को मनवाने के लिये आन्दोलन या हड़ताल करने लगते हैं, तो उनका यह कार्य राजनीतिक हो जाता है और राज्य द्वारा उसके नियमन की आवश्यकता स्पष्ट हो जाने के कारण उस हद तक श्रमिक संगठन राजनीतिक व्यवस्था के अंग बन जाते हैं।

राजनीतिक व्यवस्था व राज्य

राजनीतिक व्यवस्था के रूप को समझने के लिये यह भी आवश्यक है कि हम राजनीतिक व्यवस्था व राज्य के अन्तर व उनके पारस्परिक सम्बन्ध को समझ लें।

बहुत समय से राज्य, शासन अथवा राष्ट्र शब्दों का प्रयोग राजनीतिक व्यवस्था के समानार्थी के रूप में किया जाता रहा है। पर अब यदि राजनीतिक ढ़ाँचे के व्यापक रूप के लिये राजनीतिक व्यवस्था शब्द का प्रयोग किये जाने पर जोर दिया जाता है, तो इसका कारण यह है कि प्राचीन शब्दों व आधुनिक शब्दों में नाम के भेद के अतिरिक्त कुछ अर्थ का भेद भी है। राजनीतिक व्यवस्था का रूप व्यापक व राज्य का रूप सीमित होता है। राज्य या शासन या राष्ट्र की व्यवस्था का अर्थ सामान्यत: उसके संस्थात्मक रूप में सीमित होता है। राज्य की बात करते समय हमारा ध्यान अमूर्त रूप से राज्य संस्था के अस्तित्व व मूर्तरूप में उनके शासन की व्यवस्था की ओर जाता है, जिसमें किसी समाज के राजनीतिक जीवन के क्षेत्र में कार्यरत शासकीय रूप से मान्य संस्थाओं का एक समूह सम्मिलित होता है। पर जब हम राजनीतिक व्यवस्था (Politicial System) की चर्चा करते हैं, तो हमारा तात्पर्य राज्य व शासन तथा राजकीय रूप से मान्य राजनीतिक संस्थाओं के क्षेत्र से व्यापकतर उस क्षेत्र से होता है जिसमें राज्य, शासन, औपचारिक रूप से शासन द्वारा मान्य अन्य राजनीतिक संस्थाओं के अतिरिक्त राजनीतिक क्षेत्र की औपचारिक संस्थायें तथा सामाजिक, आर्थिक व धार्मिक एवं अन्तर्राष्ट्रीय आदि क्षेत्रों की वे संस्थायें भी सम्मिलित होती हैं, जिनके कार्य प्रत्यक्ष या परोक्ष रूप से राजनीति को प्रभावित करते हैं। **आमण्ड व पावेल** ने कहा है कि ''राजनीतिक व्यवस्था के अन्तर्गत व्यवस्थापिका, न्यायालय और शासन के अभिकरण जैसे सरकारी संस्थायें ही सम्मिलित नहीं होतीं, वरन् अपने राजनीतिक पहलू की दृष्टि से सभी संगठन सम्मिलित होते हैं। उसमें रक्त सम्बन्ध और जाति समूह जैसे पारम्परिक संगठन भी होते हैं और हत्या, दगें, उपद्रव और प्रदर्शनों से सम्बन्धित तत्त्व तथा दलों, हित-समूहों व संचार साधनों जैसे औपचारिक संगठन भी सम्मिलित होते हैं।'' इस प्रकार यह स्पष्ट है कि राजनीतिक व्यवस्था की धारणा राज्य और जो कुछ राजकीय है उससे व्यापकतर है।

राजनीतिक व्यवस्था की धारणा राज्य की धारणा से अधिक गतिशील भी है- राज्य की धारणा में राजनीतिक जीवन में जो कुछ है, यदि वह निहित है, तो राजनीतिक व्यवस्था की धारणा में इसके अतिरिक्त उसमें जो हो सकता है, वह भी सम्मिलित होता है। राजनीतिक व्यवस्था का सम्बन्ध विविध राजनीतिक व सम्बन्धित गैर-राजनीतिक संगठनों

(Organisations) संघटकों, (Structures) समुदायों (Groups) आदि की निरन्तर परिवर्तनीय स्थिति से भी होता है। उसके अध्ययन में राजनीतिक जीवन में परिवर्तनों को सम्भव बनाने वाले तत्त्वों को भी सम्मिलित माना जाता है तथा उनसे सम्बन्धित अध्ययन का विचारणीय विषय यदि यह भी होता है कि वांछित दिशा में होने वाले परिवर्तनों को किस प्रकार सम्भव बनाया जाये, तो यह भी होता है कि अवांछित दिशा में होने वाले परिवर्तनों को कैसे रोका जाय। इस प्रकार हम देखते हैं कि राज्य की धारणा की तुलना में राजनीतिक व्यवस्था की धारणा एक स्थिर धारणा (Static Concept) न होकर एक गतिशील धारणा (dynamic concept) है।

राजनीतिक व्यवस्था में विभिन्न संगठनों का अध्ययन

कार्ल डब्ल्यू. डायस ने कहा है कि, "कोई व्यवस्था उस सामान्य समूह के विपरीत जिसे किसी बाहरी साधनों में एक बनाये जा सकता है, अपने भीतर से ही एक बनी रहती है।" किसी व्यवस्था का निर्माण पारस्परिक पर निर्भरता से होता है, **आमण्ड व पावेल** ने भी व्यवस्था के इसी लक्षण पर बल दिया है और कहा है कि ,"व्यवस्था में व्यवस्था के अंगों की पारस्परिक पर निर्भरता का भाव निहित होता है।" यह बात राजनीतिक व्यवस्था के विषय में भी पूर्णतया सत्य है। ऐसी दशा में राजनीतिक व्यवस्था में सम्मिलित विविध अंगों का अध्ययन पूर्णतः अलग अस्तित्व वाले घटकों के रूप में नहीं किया जा सकता, वरन् सही रूप में उनका अध्ययन परस्पर घनिष्टतया सम्बद्ध अनेक किन्तु एकता में बंधे संघटनों से बनी व्यवस्था के रूप में ही किया जा सकता है। राजनीतिक व्यवस्था में विविध संघटकों (structures) की स्थिति शरीर के विविध अंगों की तरह पारस्परिक पर निर्भरता की होती है तथा शरीर के विविध अंगों की स्थिति की तरह ही राजनीतिक व्यवस्था के विविध संघटकों में से किसी एक में हुये परिवर्तनों का प्रभाव दूसरे संघटकों पर अवश्य पड़ता है। अतः किन्हीं भी सार्वजनिक रूप से प्रभावकारी परिवर्तनों के प्रभाव को पूरी तरह समझने के लिये यह आवश्यक है कि राजनीतिक व्यवस्था के उन सभी संगठनों का अध्ययन सम्बद्ध रूप में एक व्यवस्था के रूप में किया जाय, जिन पर उस परिवर्तन का प्रभाव परिलक्षित होता हो।

उदाहरणार्थ, यदि किन्हीं दबाव गुटों की स्थिति में अन्तर होता है तो उसका प्रभाव सम्पूर्ण राजनीतिक व्यवस्था पर होता है। इसके विपरीत अनेक राजनीतिक निर्णयों का प्रभाव व्यवस्था में विद्यमान सभी प्रकार के दबाव समूहों व हित समूहों पर पड़ता है। सामाजिक व आर्थिक व्यवस्था के संघठनों में होने वलो परिवर्तनों के साथ राजनीतिक व्यवस्था के संघटकों में तथा राजनीतिक व्यवस्था के संघठनों में होने वाले परिवर्तनों के साथ सामाजिक व आर्थिक व्यवस्था के संघठनों में परिवर्तन होता है। उदाहरणार्थ, अमेरिका व इंगलैण्ड सदियों से द्विदल प्रणाली वाले देश रहे हैं तथा उनकी राजनीतिक व्यवस्था का रूप उस प्रणाली के अनुसार रहा है। पर यदि वहाँ की दलीय व्यवस्था में कोई परिवर्तन आये और वहाँ बहुदल व्यवस्था पनप जाये, तो वहाँ की राजनीतिक व्यवस्था में पाया जाने वाला स्थायित्व का तत्त्व

अवश्य कम होगा। इसी प्रकार भारत में विद्यमान रक्त व जाति सम्बन्धी बन्धनों में यदि कोई परिवर्तन आये तो उसका प्रभाव निश्चय ही भारतीय राजनीतिक व्यवस्था में परिवर्तन लायेगा।

राजनीतिक व्यवस्थाओं की सामान्य विशेषतायें

विश्व में समय-समय पर जो भी राजनीतिक व्यवस्थायें होती हैं, वे अनेक प्रकार से भिन्न व अनेक प्रकार से अभिन्न होती हैं। फिर भी उनकी कुछ सामान्य विशेषतायें होती हैं, जिन्हें हम निम्न प्रकार रख सकते हैं:

1. राजनीतिक व्यवस्थायें परिवर्तनशील होती हैं:

परिवर्तनशीलता सभी राजनीतिक व्यवस्थाओं की एक प्रमुख विशेषता होती है। सभी राजनीतिक व्यवस्थायें निरन्तर होने वाले परिवर्तनों के दौर से गुजरती रहती हैं। अनेक बार वे परिवर्तन स्पष्ट और अनेक बार वे अस्पष्ट होते हैं। परिवर्तन की प्रक्रिया में भी राजनीतिक व्यवस्थाओं के रूप पूरी तरह बदल जाते हैं। यही कारण है कि अब तक विश्व के सामने अनके प्रकार की राजनीतिक व्यवस्थायें आ चुकी हैं।

2. राजनीतिक व्यवस्थाओं में राजनीतिक साधनों का वितरण प्रायः असमान होता है:

व्यक्ति व व्यक्तियों के वर्ग अपने समाज की राजनीति में भाग कुछ साधनों के आधार पर लेते हैं। वे साधन जिनके आधार पर लोग राजनीति में भाग लेते हैं- अर्थात् जिनसे सम्पन्न होने पर वे राजनीति में अपने को प्रभावी बनाते हैं- उनमें शक्ति, धन, सामाजिक स्तर, शिक्षा, जन बल, वैचारिक श्रेष्ठता, कूट बुद्धि आदि अनेक वस्तुयें आती हैं। यही कारण है कि यह कहा जाता है कि राजनीति धनवानों की है, वह शक्तिशालियों की है, वह बड़े लोगों की है, वह बहुसंख्यकों की है, वह कुटिल लोगों की है अथवा वह बुद्धि वालों की है। वास्तविकता इस सम्बन्ध में यह है कि ये संसाधन सब लोगों को समान रूप से प्राप्त नहीं होते। उदाहरणार्थ, आर्थिक आधार पर सभी समाजों में प्राय: उच्च वर्ग, मध्ययम वर्ग (उच्च मध्यम वर्ग व निम्न मध्यम वर्ग) तथा निम्न वर्ग नामक तीन वर्ग होते हैं तथा राजनीति पर उन तीन वर्गों का प्रभाव उनकी आर्थिक स्थिति के अनुसार होता है।

राजनीतिक संसाधनों की इस प्रकार की असमान प्राप्ति के अनेक कारण होते हैं। यह असमानता जन्म के कारण, उत्तराधिकार के कारण, योग्यता व क्षमता के कारण, शिक्षा के कारण, पर्यावरण आदि के कारण होती है। हितों की समानता के कारण, अनेक लोग जब एकताबद्ध हो जाते हैं, तो उन्हें जन समर्थन का एक राजनीतिक संसाधन प्राप्त हो जाता है। राजनीतिक व्यवस्थाओं का राजतन्त्रीय होना, कुलीन तन्त्रीय होना, जन तन्त्रीय होना, अधिनायकतन्त्रीय होना, पूँजीवादी होना तथा समाजवादी होना, राजनीतिक संसाधनों के असमान वितरण के ही परिणाम का परिचायक है।

3. राजनीतिक व्यवस्थाओं में काफी लोग राजनीतिक रूप से प्रभावी होने के लिए सचेष्ट रहते हैं:

यद्यपि सब लोग राजनीति में प्रत्यक्ष भाग नहीं लेते और बहुत से लोग राजनीति के प्रति उदासीन रहते हैं, फिर भी एक बड़ी संख्या में लोग, विशेषतः आधुनिक व्यवस्थाओं में, राजनीति में अपने को प्रभावी बनाने के लिये सचेष्ट रहते हैं, जिससे राजनीतिक व प्रशासकीय निर्णय उनके हितों के अनुकूल हों तथा राजनीतिक व्यवस्था से प्राप्त होने वाले लाभ उन्हें अधिक से अधिक मिल सकें।

4. राजनीतिक व्यवस्थाओं में राजनीतिक प्रभाव सबको समान रूप से प्राप्त नहीं होताः

जो लोग राजनीति में प्रभावी होने के लिये सचेष्ट होते हैं, वे उसमें समान रूप से सफल नहीं होते। इसका परिणाम यह होता है कि सभी राजनीतिक व्यवस्थाओं में राजनीतिक प्रभाव का वितरण असमान रूप से रहता है। राजनीतिक प्रभाव की यही असमानता राजनीतिक रूप से प्रभावशाली लोगों को शासक व अप्रभावशाली लोगों को शासित बना देती है। इस बात को मानवीय जीवन में प्रारम्भ से अब तक के काल के इतिहास में लगातार देखा जा सकता है।

5. राजनीतिक व्यवस्थाओं में संघर्षों के समाधान की एक प्रक्रिया चलती रहती है:

राजनीतिक संसाधनों की प्राप्ति के लिये प्रयत्नरत लोगों में एक प्रतियोगिता सदा चलते रहने के कारण अनेक वैचारिक व व्यवहारिक संघर्ष चलते रहते हैं। राजनीतिक व्यवस्था में इन सघर्षों के समाधान की एक प्रक्रिया सदा चलती रहती है। इन द्वन्द्वों के समाधान अनेक बार मध्यस्थता से, अनेक बार पंच निर्णय से अनेक बार आपसी वार्ता से, अनेक बार आन्दोलनों से तथा अनेक बार आन्तरिक गृह-युद्धों तथा अन्तर्राष्ट्रीय युद्धों से होते हैं। इन द्वन्द्वों के समाधान अनेक बार केवल राज्येत्तर संस्थाओं के बीच में हो जाते हैं, तो अनेक बार वह राजकीय व्यवस्था के माध्यम से होते हैं।

6. राजनीतिक व्यवस्थाओं के विविध अंग अपनी-अपनी दृष्टि से औचित्यपूर्ण ढंग से कार्य करते हैं:

राजनीतिक व्यवस्था के सभी अंग अपने-अपने उद्देश्यों को औचित्यपूर्ण समझते हुये उन्हें अपनी-अपनी दृष्टि से औचित्यपूर्ण ढंगों से सिद्ध करने का प्रयत्न करते हैं। व्यवस्था के सभी अंग चाहें वे कितने ही अधिक शक्तिशाली क्यों न हों, अपने उद्देश्यों की सिद्धि बलपूर्वक ही नहीं कर सकते। राज्य स्वयं राजनीतिक व्यवस्था का सबसे अधिक शक्तिशाली अंग होता है, व्यवस्थापिका उसके उद्देश्यों की सिद्धि के अनुकूल निर्णयों के अनुसार विधियों का निर्माण करती है तथा शासन उसके निर्णयों का क्रियान्वय करने वाला अभिकरण होता है। पर सामान्यतः राज्य की विधियों के निर्माण के ऐसे कोई उद्देश्य नहीं हो सकते जो औचित्यपूर्ण न हों, उसकी ओर से व्यवस्थापिका कोई ऐसी विधियाँ नहीं बना सकती जिनका आधार औचित्यपूर्ण न हो तथा शासन उन्हें ऐसे ढंगों से क्रियान्वित नहीं कर सकता जो उचित न हों। यही कारण

है कि राज्य जब ऐसे किसी कार्य को अपना उद्देश्य बना लेता है जिसका कोई सामाजिक औचित्य न हो, या व्यवस्थापिका ऐसी कोई विधि बना देती है जो सामाजिक नैतिकता व विश्वास के प्रतिकूल हो, अथवा शासन की ओर से कोई ऐसे आदेश जारी कर दिये जाते हैं, जो सामान्य औचित्य पर आधारित न हों, तो राजनीतिक व्यवस्था के अन्य अंगों की ओर से उन सबका विरोध होता है, जो वैधानिकता व शान्तिप्रियता की सीमा को पार करके कभी-कभी अवैधानिक व हिंसापूर्ण भी हो जाता है।

7. प्रत्येक राजनीतिक व्यवस्था का कोई सामान्य दर्शन होता है :

राजनीतिक दृष्टि से प्रभावशाली राजनीतिक व्यवस्था के अंग अपने कार्यों की औचित्यपूर्णता सिद्ध करने के लिये किसी एक सामान्य दर्शन का प्रतिपादन किया करते हैं। सामान्यत: जन कल्याण प्रत्येक राजनीतिक व्यवस्था का उद्देश्य होता है। पर जिस प्रकार के दर्शन को आधार बनाकर चलने से जन कल्याण के उद्देश्य की साधना हो सकती है, प्रत्येक राजनीतिक व्यवस्था के प्रभावशाली अंग उसका प्रतिपादन व प्रचार करते हैं, जिससे जन-साधारण का सहयोग व समर्थन उन्हें प्राप्त होता रहे। इन दर्शनों का रूप बदलता रहता है तथा यही कारण है कि राजनीतिक व्यवस्था को 'बहुजन हिताय व बहुजन सुखाय' बनाने के लिये राजनीति में अब तक अनेक वादों (Isms) का प्रतिपादन हो चुका है। ये दर्शन अलग-अलग राजनीतिक व्यवस्थाओं में अलग-अलग भी होते हैं। उदाहरणार्थ पश्चिम के देशों की लोकतन्त्रीय राजनीतिक व्यवस्थाओं के दर्शन को यदि 'विकासवादी समाजवाद'(Evolutionary Socialism) का दर्शन कहा जाता है, तो साम्यवादी राजनीतिक व्यवस्थाओं के दर्शन को 'क्रान्तिवादी समाजवादी' (Revolutionary Socialism) कहा जाता है। एक ही राजनीतिक व्यवस्था में किन्हीं क्षेत्रों में एक ही समय पर दर्शनों के किसी विशुद्ध रूप के स्थान पर एक से अधिक दर्शनों की बातें मान्य हो सकती हैं। जैसे भारत में आर्थिक क्षेत्र में एक ऐसे दर्शन को मान्यता प्रदान की जाती रही है जिसमें छोटे उद्योगों के संचालन के लिये वैयक्तिक क्षेत्र (Private Sector) तथा बड़े उद्योगों के संचालन के लिये सरकारी क्षेत्र (Public or Government Sector) की व्यवस्था को उचित माना गया है और इस कारण जिसे मिश्रित व्यवस्था (Mixed Economy) का दर्शन कहा जाता है।

8. राजनीतिक व्यवस्थायें एक दूसरे को प्रभावित करती रहती हैं:

कोई भी राजनीतिक व्यवस्था अन्य राजनीतिक व्यवस्थाओं से अलग एकाकी स्थिति में नहीं रह सकती। सभी राजनीतिक व्यवस्थायें एक दूसरे को अनेक दृष्टियों से प्रभावित करती रहती हैं। उदाहरणार्थ पश्चिमी ढंग के एक समय के पूँजीवादी लोकतन्त्रों को यदि समाजवादी लोकतन्त्रों के अस्तित्व के कारण अनेक समाजवादी आर्थिक कार्यक्रमों को अपनाकर यदि विकासवादी समाजवाद को अपनाना पड़ा है, तो पूर्व के क्रान्तिकारी लोकतन्त्रों को भी अपने यहाँ अब तक प्रचलित सैन्यीकृत (regimented) जीवन में ढील देकर और लोगों को वैयक्तिक स्वतन्त्रतायें प्रदान करके अपने लोकतंत्रों को राजनीतिक लोकतन्त्र भी बनाने के लिए बाध्य होना पड़ा है। राजनीतिक व्यवस्थायें अन्य व्यवस्थाओं को पूर्वापररूप में भी

प्रभावित करती हैं। एक व्यवस्था समाप्त होकर दूसरी व्यवस्था प्रचलन में आ जाती है, पर बाद की व्यवस्था में पहली व्यवस्था के कुछ तत्त्व बने रह जाते हैं। उदाहरणार्थ, इंग्लैण्ड में राजतन्त्रीय राजनीतिक व्यवस्था समाप्त होकर वहाँ अब लोकतन्त्रीय व्यवस्था का प्रचलन हो गया है, परन्तु फिर भी राजतन्त्रीय व्यवस्था का एक प्रतीक सम्राट्-पद वहाँ अब भी बना हुआ है।

राजनीतिक्र व्यवस्थाओं का वर्गीकरण

जिन सामान्य विशेषताओं का विवेचन ऊपर किया गया है, उनकी दृष्टि से राजनीतिक व्यवस्थायें समान होती हैं, तथापि उनमें कुछ महत्त्वपूर्ण असमानतायें भी होती हैं और उन असमानताओं के आधार पर उनका वर्गीरकरण किया जाता है।

एक समय था जब राजनीतिक व्यवस्था का क्षेत्र राज्य व उसके शासन की व्यवस्था तक ही सीमित माना जाता था। राजनीतिक व्यवस्था की उस प्रकार की धारणा के समय व्यवस्थाओं के वर्गीकरण भी उसी दृष्टिकोण के अनुसार किये गये। अरस्तू ने राजनीति विज्ञान की उस शाखा की नींव रख कर जिसे उन्होंने 'शासन व राजनीति का तुलनात्मक अध्ययन' (Comparative Government of Politics) का नाम दिया, राजनीतिक व्यवस्थाओं का जो वर्गीकरण किया, वह राजनीतिक व्यवस्थाओं से सम्बन्धित उसी दृष्टिकोण पर आधारित था। इस प्रकार के दृष्टिकोण पर आधारित राजनीतिक व्यवस्थाओं के वर्गीकरण का प्रचलन अरस्तू के समय से पूरे मध्य काल में प्रचलित रहा और आधुनिक काल में भी प्रचलित है। राजतन्त्र (Monarchy), कुलीनतन्त्र (Aristocracy), व लोकतन्त्र (Democracy) के रूपों में किया गया शक्ति के औपचारिक एकत्रीकरण (Formal concentration of power) पर आधारित वर्गीकरण, एकात्मक (Unitary) व संघीय (Federal) शासनतन्त्रों के रूप में शक्ति के क्षेत्रीय वितरण (territoriol distribution of power) पर आधारित वर्गीकरण, तथा सभात्मक (Conventional), राष्ट्रपतीय या अध्यक्षीय (Presidential) व संसदीय (Parliamentary) शासन तन्त्रों के रूपों में शासन के विविध अंगों के पारस्परिक सम्बन्ध पर आधारित वर्गीकरण और अधिनायकतन्त्र (dictatorship) के रूप में जोड़ा गया शक्ति के वास्तविक केन्द्रीकरण पर आधारित शासन का वर्ग राजनीतिक व्यवस्था की पारम्परिक धारणा पर आधारित वर्गीकरण के अन्तर्गत आने वाले राजनीतिक व्यवस्थाओं के प्रकार हैं।

आधुनिक दृष्टिकोण पर आधारित वर्गीकरण

राजनीतिक व्यवस्था की आधुनिक धारणा के अनुसार अब उनके विविध रूपों का विवेचन व वर्गीकरण भी आधुनिक धारणा के अनुसार किया जाने लगा है तथा कुछ विद्वानों द्वारा नये प्रकार के वर्गीकरण प्रस्तुत किये गये हैं।

मैक्स वैबर का वर्गीकरण

ऐसा एक प्रयत्न समाजशास्त्री मैक्सवेबर द्वारा किया गया है। उसने राजनीतिक व्यवस्थाओं का वर्गीकरण शासकों की सत्ता की प्रवृत्ति के आधार पर किया है, यद्यपि ऐसा करने में

उसने केवल औचित्यपूर्ण राजनीतिक व्यवस्थाओं पर ही विचार किया है। शासकों की सत्ता की प्रकृति के आधार पर औचित्यपूर्ण राजनीतिक व्यवस्थाओं के मैक्सवेबर ने दो प्रकार बताये हैं जिन्हें उसने परम्परावादी (Traditional) व करिश्मावादी (Charismatic) राजनीतिक व्यवस्थाएँ कहा है।

औचित्यपूर्ण परम्परावादी राजनीतिक व्यवस्था- किसी राजनीतिक व्यवस्था में अधीनस्थ लोग जब सत्ताधारियों द्वारा बनायी जाने वाली विधियों, उनके द्वारा जारी किये जाने वाले आदेशों व निर्देशों का पालन इस विश्वास के साथ करते हैं कि वे सब वैधानिकता पर आधारित हैं, तो उस वयवस्था को औचित्यपूर्ण राजनीतिक व्यवस्था कहा जाता है और जब इस प्रकार की राजनीतिक व्यवस्था में सत्ताधारियों की विधियाँ व उनके आदेश व निर्देश मान्य सामाजिक परम्पराओं पर आधारित होते हैं, तो ऐसी औचित्त्वपूर्ण राजनीतिक व्यवस्था को परम्परावादी (Traditional) राजनीतिक व्यवस्था कहा जाता है।

औचित्यपूर्ण करिश्मावादी राजनीतिक व्यवस्था- जब किसी औचित्यपूर्ण राजनीतिक व्यवस्था में सत्ताधारियों द्वारा निर्मित विधियों व उसके आदेशों व निर्देशों का पालन अधीनस्थ लोग सत्ताधारी व्यक्ति के व्यक्तित्व की महानता, उसके गुणों की मान्यता व उसकी लोकप्रियता के जादू या करिश्मा के कारण करते हैं, तो ऐसी राजनीतिक व्यवस्था को औचित्यपूर्ण करिश्मावादी राजनीतिक व्यवस्था कहा जाता है।

वेबर का वर्गीकरण आधुनिक अवश्य है किन्तु वह वैज्ञानिक नहीं है। उसका रूप आनुभाविक (emprical) है, क्योंकि वह किन्हीं बाहरी तत्त्वों को महत्त्व न देकर शासन के प्रति शासितों की धारणा के आधार पर राजनीतिक व्यवस्थाओं पर विचार करता है। पर उसे वैज्ञानिक नहीं कहा जा सकता, क्योंकि उनमें उन अन्य अनेक आधारों की उपेक्षा कर दी गई है जिनसे राजनीतिक व्यवस्थाओं के विविध रूपों का निर्धारण होता है और उसमें राजनीतिक व्यवस्थाओं के उन सभी प्रकारों को स्थान नहीं दिया गया है जिनका अध्ययन राजनीतिशास्त्र के आधुनिक विद्यार्थी को करना पड़ता है।

रोबर्ट ए. डाहल का वर्गीकरण

डाहल ने राजनीतिक व्यवस्थाओं के वर्गीकरण को एक कठिनाईपूर्ण कार्य माना है। फिर भी उन्होंने उनका वर्गीकरण तीन आधारों पर किया जाना उचित बताया है-

(1) वर्गीकरण का पहला आधार डाहल ने शासन व उसके कर्णधारों की शक्ति के औचित्य की मान्यता की स्थिति को माना है। इस आधार पर डाहल के अनुसार यदि शासन व उसके कर्णधारों की शक्ति की मान्यता इस कारण होती है कि उसे लोग औचित्यपूर्ण मानते हैं, तो ऐसे शासन को औचित्यपूर्ण राजनीतिक व्यवस्था कहा जायेगा तथा यदि उनकी मान्यता शासन व उसके कर्णधारों के आतंक के कारण होती है तो ऐसी राजनीतिक व्यवस्था को आतताई राजनीतिक व्यवस्था माना जायेगा।

(2) वर्गीकरण का दूसरा आधार डाहल ने उन लोगों की संख्या को माना है जिनका प्रभाव राजनीतिक व्यवस्था की गतिविधियों पर पड़ता है अथवा यह कहना चाहिये कि जिनका प्रभाव राजनीतिक व्यवस्थाओं के निर्णयों पर पड़ता है। इस आधार के अनुसार राजनीतिक व्यवस्था के निर्णयों को प्रभावित करने वाले व्यक्तियों की संख्या एक, कुछ या बहुल हो सकती है तथा इस आधार पर भी राजनीतिक व्यवस्थाओं के प्रकार भिन्न हो सकते हैं।

(3) उप-व्यवस्थाओं की संख्या व उन्हें प्राप्त स्वायत्तता के आधार पर भी डाहल ने राजनीतिक व्यवस्थाओं का वर्गीकरण किया है। इस आधार पर जिन राजनीतिक व्यवस्थाओं में उप-व्यवस्थाओं की संख्या अधिक तथा जिन्हें प्राप्त स्वायत्तता की मात्रा भी अधिक होती है, उन्हें बहुलवादी (Pluralistic) तथा जिनमें उपव्यवस्थाओं की संख्या अपेक्षाकृत कम व उन्हें प्राप्त स्वायत्तता भी कम होती है, उन्हें एकात्मक (Unitary) समझा जाता है।

राजनीतिक व्यवस्थाओं के वर्गीकरण शक्ति, प्रभाव, आर्थिक क्षमता, जनसंख्या, राजनीतिक संस्कृति और नेतृत्व आदि अन्य आधारों पर भी किए गये हैं।

5

भारतीय राजनीति में प्रशानिक स्वरूप

समाज के क्रिया-कलापों को गतिशील बनाये रखने और सामाजिक सुख-सुविधाओं की व्यवस्था करने का सम्पूर्ण उत्तरदायित्व सरकार के कंधों पर होता है। समाज और उसके अंग मानव जीवन के प्रत्येक कार्य पर सरकार की छाप देखने को मिलती है। मानव को स्वयं भी अपने विकास एवं दैनिक कार्यों को सम्पन्न करने के लिए सरकार का सहारा लेना पड़ता है। सरकार अपना दायित्व प्रशासन द्वारा वहन करती है। यदि यों कहा जाए कि सरकार और प्रशासन एक-दूसरे के पर्याय होकर रह गये हैं तो अतिशयोक्ति न होगी। अधिकांशत: सफल सरकार भी वही मानी जाती है जिसका प्रत्येक नागरिक सहज ी सरकार के प्रत्येक क्रिया-कलाप को सहर्ष स्वीकार कर ले एवं सभी नागरिकों की उनके अपने विश्वासों और आकांक्षाओं के अनुकूल जीवन व्यतीत करने में समर्थ बनाये जिसके लिए यह आवश्यक है कि जनता सरकार के सभी प्रकार के क्रिया-कलापों में अपनी पूर्ण रूप से रुचि प्रदर्शित करे एवं सहयोग दे। समाज अपने कल्याण और हितों के लिए जिन कार्यों की सरकार से अपेक्षा रखता है उन्हें केवल सरकार के माध्यम से ही मूर्त रूप दिया जा सकता है। दक्ष, कुशल, सक्षम और अनुभवी प्रशासन तन्त्र के अभाव में सरकार के उच्च से उच्च आदर्शों एवं सिद्धान्तों को मूर्त रूप देकर सफल नहीं बनाया जा सकता। परिणामत: प्रत्येक देश की सरकार की सफलता और लोक प्रियता वहाँ के प्रशासन पर ही निर्भर करती है क्योंकि जनता का कल्याण करना ही प्रशासन का मुख्य उद्देश्य रहता है।

प्रशासन एक इकाई मात्र है जो एक विशालतम यन्त्र के समान है। लोकतन्त्रात्मक सरकार में यह तथ्य एक विशेष महत्त्व रखता है कि प्रशासन को जनता के विभिन्न विचारों, दृष्टिकोणों, आवश्यकताओं एवं महत्त्वाकांक्षाओं आदि जैसी प्रवृत्तियों की भली-प्रकार जानकारी हो। इसके अभाव में प्रशासन अपने लक्ष्य और उद्देश्य की प्राप्ति में कभी सफल नहीं हो सकता।

साधारणतः किसी संस्था के कार्य-क्षेत्र की देखभाल को ही प्रशासन कहा जाता है। जब प्रशासन का कार्य-क्षेत्र किसी परिवार अथवा संगठन आदि की कार्यविधि तक ही सीमित नहीं रहता बल्कि वह राज्य, राष्ट्र, नगर-पालिका, नगर-परिषद अथवा इसी प्रकार की अन्य सरकारी और सार्वजन्कि संगठनों को अपनी सीमाओं में आबद्ध कर लेता है तो उसी को सरकारी प्रशासन के नाम से सम्बोधित किया जाता है और जब सरकार का प्रत्येक प्राणी अथवा कर्मचारी अपनी सीमाओं में कोई कार्य सम्पन्न करता है तो उसे लोक प्रशासन का अंग अथवा इकाई माना जाता है।

मनुष्य समाज के एक सदस्य के रूप में जब कोई ऐसा कार्य करता है जिसका सम्बन्ध अन्य व्यक्तियों से हो अथवा अन्य व्यक्तियों पर उसका प्रभाव पड़े तभी उसे प्रशासन के नाम से सम्बोधित किया जाता है। सार्वजनिक नीति को पूरा करना और उसे व्यवहारिक रूप देना ही प्रशासन का मुख्य उद्देश्य है। इस प्रकार इस दिा में की जाने वाली समस्त कार्यवाही को प्रशासन माना जा सकता है। संसद या धारा-सभा द्वारा स्वीकृत कानूनों को अमल में लाने की दिशा में सरकार जो कार्य करती है उसी को प्रशासन का नाम दिया जा सकता है।

प्रशासन का क्षेत्र

कार्यपालिका दो प्रकार की होती है—अस्थायी और स्थायी कार्यपालिका। अस्थायी कार्यपालिका में प्रशासन का राजनैतिक स्रूप ही आता है जबकि स्थायी प्रशासन के अन्तर्गत सरकार के प्रशासनिक ढाँचे को समाविष्ट किया जाता है। राजनैतिक कार्यपालिका में राज्य के मुखिया अथवा प्रधान, मन्त्रिगण एवं नीति निर्धारक अधिकारी होते हैं। प्रशासनिक विभाग में उच्च कोटि के सरकारी अधिकारी होते हैं जिन पर अस्थायी कार्यपालिका द्वारा निर्धारित नीतियों को मूर्त रूप देने एवं कार्यान्वित करने का उत्तरदायित्व रहता है। प्रशासनिक विभाग को भी आन्तरिक प्रशासन और बाह्य प्रशासन दो भागों में विभाजित किया जा सकता है। बाह्य प्रशासन को भी अन्य दो उप-खण्डों में बाँट सकते हैं—**एक**, नियन्त्रण का कार्य, **दो**—जनता की प्रत्यक्ष सेवा का कार्य।

आन्तरिक प्रशासन का कार्य प्रशासन की अपनी माँगों एवं आवश्यकताओं की पूर्ति करना होता है जबकि बाहय प्रशासन का उद्देश्य जनता को वे सुख-सुविधाएँ सुलभ कराना है जिनके लिए विभाग की स्थापना की जाती है। बाह्य प्रशासन का निन्त्रण प्रधान कार्यालय करता है जबकि जनता की सेवा का कार्ा अधीन कार्ालयों की देखरेख में सम्पन्न किा जाता है। आन्तरिक प्रशासन का कार्य करने वाले अधिकारी बाह्य प्रशासन को संचालित नहीं कर

सकते। इसी प्रकार बाह्य प्रशासन को गतिशील बनाये रखने वाले अधिकारी आन्तरिक प्रशासन में सदैव असफल ही होते देखे गये हैं।

प्रशासन के आधारभूत सिद्धान्त

सरकार के कार्य-क्षेत्र और उत्तरदायित्व को दृष्टि में रखकर प्रशासन की विभिन्न शाखाओं और उप-शाखाओं का स्वरूप निर्धारित किया जाता है। इन्हीं शाखाओं और उप-शाखाओं को प्रशासन विज्ञान में विभाग और उप-विभागों के नाम से सम्बोधित किया जाता है। ज्ञान-विज्ञान के दैनिक विकास के कुछ कायदे-कानून, नियम-विनियम होते हैं। इसी प्रकार प्रशासन के भी कुछ अपने विधि-विधान एवं सिद्धान्त होते हैं जिनके आधार र प्रशासन का दैनिक कार्य चलता है। देश की शासन व्यवस्था चाहे किसी भी आधार पर क्यों न टिकी हो, प्रशासन का संचालन निर्धारित विधि-विधान और सिद्धान्तों के अनुसार ही चलाया जाता है। प्रशासन के विधि-विधान और सिद्धान्तों की उपेक्षा करके यदि कोई सरकार अपना स्वार्थ सिद्ध करने में तल्लीन रहती है तो देश में अराजकता फैल जाएगी और चारों ओर हा-हाकार मच जाएगा। प्रशोसन को सुचारु रूप से चलाने के लिए निम्नलिखित सिद्धान्तों को सदैव ध्यान में कराना होगा। यथा-

1. कर्त्तव्य की भावना एवं कार्य में रुचि—यदि सरकार महान् लक्ष्य को दृष्टि में राकर अपना कार्य करती है तो उसे पूरी लगन और निष्ठा के साथ कार्य करना पडेगा। जब अधिकारी और कर्मचारी कर्त्तव्य की भावना के साथ कार्य करेंगे तभी प्रशासन के क्षेत्र में उच्च-कोटि का कार्य हो सकता है क्योंकि प्रशासन पर सारे देश का प्रबन्ध व्यवस्था को सक्रिय बनाये रखने का उत्तरदायित्व होता है।

2. उत्तरदायित्व की अनुभूति—प्रत्येक कार्य के परिणाम की जिम्मेदारी प्रशासक को अपने ऊपर लेनी पड़ती है। इसलिए प्रशासन को सुव्यवस्थित रूप में चलाने के लिए यह आवश्यक है कि उत्तरदायित्व का समस्त भार एक ह प्रशासक के कन्धों पर न हो। उत्तरदायित्व को जब तक समान रूप से अपने सहयोगियों में विभाजित नहीं किया जाएगा तब तक एक अच्छे प्रशासन की आशा रखना एकदम निरर्थक हैं। इसलिए प्रशासक को संकुचित विचारधारा एवं निजी स्वार्थ को तिलांजलि देकर व्यापक दृष्टिकोण अपनाना होगा।

3. अधिकारों का उपयोग—प्रशासन का कार्य चलाने वाले अधिकारी को इतनी स्वतन्त्रता एवं कार्य करने की इतनी छूट रहनी चाहिए कि वह अपनी इच्छानुसार कार्य कर सके और अपने अधिकारों का उपयोग करते हुए अपने अधीनस्थ कर्मचारियों से अपनी इच्छानुसार प्रशासन के कार्य को संचालित करा सके।

4. श्रम विभाजन—अच्छे प्रशासन के लिए एवं अपने उद्देश्यों की प्राप्ति के लिए सरकार को अनेकों विभागों, अनुभागों और कार्यालयों की स्थापना करनी पड़ती है जिससे श्रम का समान रूप से विभाजन हो सके। यदि ऐसा नहीं होगा तो विभाग कार्यभार से दब जाएगा और सरकार जितना कार्य विभाग से कराना चाहती है उतना करा नहीं पाएगी।

5. अनुशासन एवं आदेश—अधिकारों का उपयोग तभी सफल माना जाएगा जबकि विभाग में अनुशासन और कर्मचारी आदेश का पूर तरह पालन करें। अनुशासन बनाये रखने का कार्य एवं उत्तरदायित्व पूर्ण रूप से अधिकारी पर होता है। आदेशों को पूरी तरह पालन कराने के लिए यह भी आवश्यक है क सभी कर्मचारी अनुशासन में रहें और अनुशासन के नियमों का पूरी तरह से पालन करें।

6. विभागों में समन्वय—प्रशासन के सभी विभागों में परस्पर सहयोग एवं परामर्श होते रहना चाहिए ताकि विभिन्न विभागों में समन्वय बना रहे। प्रशासन के प्रत्येक विभाग मं एक मुख्य प्रशासक होता है जो अपने विभाग के सभी उप-विभागों के सभी प्रशासकों से सम्पर्क बनाये रखता है जिससे सभी प्रशासकों के कार्य में तालमेल और समन्वय स्थापित हो पाता है।

प्रशासन का संचालन

देश के दैनिक क्रिया-कलापों के संचालन को ही प्रशासन कहा जाता है किन्तु सफल और सुव्यवस्थित प्रशासन के संचालन के लिए प्रशासक को अनेकानेक साधन एवं श्रोतों की आवश्यकता पड़ती है जिनमें से निम्न का स्थान सर्वोपरि है। यथा

(क) **कार्यक्रम (Programme)**—प्रशासक का दूरदर्शी ेाना परमावश्यक है ताकि वह अपने प्रत्येक कार्य एवं आदेश के दूरगामी परिणाम का जायजा ले सके और उसके परिणाम का अनुमान लगा सके। विभाग के सफल प्रशासन के संचालन हेतु कार्यक्रम तैयार करने के निमित्त विशद अनुभव, जानकारी, व्यावहारिक बुद्धि, कौशल एवं चातुर्य, सूझ-बूझ, सहयोग, समन्वय शक्ति, दूरदर्शिता एवं प्रशासनिक क्षमता की आवश्यकता होती है।

(ख) **पहल एवं निर्देशन (Initiation & Direction)**—प्रशासन को गतिशील बनाये रखने के लिए अधिकारियों में कार्य को मूर्ता देने मं पहल करने की भावना होनी चाहिए। अगर अधिकारी को कार्यक्रम को आरम्भ करने के लिये पहल करने में किसी प्रकार की हिचकिचाहट होगी तो प्रशासन लड़खड़ा जाएगा।

निर्देशन के बिना उचित दिशा में पग बढ़ाना कठिन कार्य होता है। कार्यक्रम को मूर्त देने के लिए पहल किस प्रकार की जाए, कब और किस प्रकार कार्यक्रम को लागू किया जाए, मार्ग में आने वाली कठिनाइयों का भान तथा उन पर अधिकार पाने के उपायों पर विचार करना, आदेश जारी करना एवं उनका पालन कराना आदि जैसी अन्य बातों का समावेश निर्देशन में निहित रहता है।

(ग) **क्रियात्मक पहलू (Execution of Powers)**—तैयार किये गये कार्यक्रम को मूर्त रूप देने के लिए उसके क्रियात्मक पक्ष को भी ध्यान में रखना

पड़ता है। प्रत्येक कार्यवाही पर सावधानी बरतना, निर्देशन की उत्तम व्यवस्था, कुशल और योग्य प्रशासक, अधिकारी एवं कर्मचारियों के कार्य में तालमेल, अधीनस्थ कर्मचारियों के उत्तरदायित्वपूर्ण कार्य करने की भावना, निजी स्वार्थ एवं व्यक्तिगत हितों की उपेक्षा तथा भूल सुधार का आभास क्रियात्मक पहलू के मूल मन्त्र हैं।

(घ) **नियन्त्रण (Control)**—प्रशासन के कर्मचारियों पर नियन्त्रण रखना परमावश्यक होता है। प्रशासन के किसी भी विभाग पर नियन्त्रण रखने वाले अधिकारी पर उच्च अधिकारियों का अनावश्यक दबाव नहीं होना चाहिए ताकि वह अपने उद्देश्य एवं कार्य में सफल हो सके। साथ ही अधिकारी को अपने अधीनस्थ कर्मचारियों के कार्यों में अनावश्क हस्तक्षेप भी नहीं करना चाहिए।

(घ) प्रशासन एवं विभाग में समन्वय

प्रशासन की आधारशिला विभिन्न विभागों और उनके कार्यक्षेत्र पर निर्भर रहती है। इसके अनेक अंग होते हैं जैसे विभाग, प्रभाग, शाखा, अनुभाग तथा अन्य कार्यालय। अधिकारियों एवं अधीनस्थ कर्मचारियों की अनेकानेक श्रेणियाँ होती हैं। पद की गरिमा के आधार र विभाग के अधिकारियों के अधिकारों का एक समान अनुपात में विभाजन किया जाता है। इस प्रकार कह सकते हैं कि प्रशासन एक पूर्ण इकाई न होकर एक जटिल यन्त्र के समान होता है। अतः प्रशासन के विभिन्न विभागों की एकता को भी प्रशासन एवं विभाग का समन्वय कहा जाता है।

6

संघीय कार्यपालिका

किसी भी सरकार के निम्नलिखित तीन अंग होते हैं। इन तीनों अंगों द्वारा सरकार अपना सारा राजकाज सम्पन्न करती है। यथा—

1. व्यवस्थापिका अथवा विधानांग (The Legislative)
2. कार्यपालिका अथवा कार्यांग (The Executive)
3. न्यायपालिका अथवा न्यायांग (The Judiciary)

आगे के परिच्छेदों में सरकार के इन तीनों अंगों की विस्तृत व्याख्या दी जा रही है।

1. व्यवस्थापिका अथवा विधानांग

व्यवस्थापिका का कार्य समस्त देश के लिए विधि-विधान बनाना और कानूनां का निर्माण करना होता है ताकि सभी नागरिकों का जीवन नियमित हो सके। इस प्रकार व्यवस्थापिका सरकार का सबसे महत्त्वपूर्ण अंग हैं। यह देश के लिए और शासन के कार्य-क्षेत्र एवं नागरिकों के कर्त्तव्यों व अधिकारों का निर्माण करने में अधिकारों का निश्चय करने के लिए विभिन्न प्रकार के कानून बनाती है। इन कानूनों के गुणावगुणों पर ही जनता का

भविष्य निर्भर रहता है। हमारे देश में जनता ही व्यवस्थापिका के सदस्यों का निर्वाचन करती है। संसार के अनेक देशों में व्यवस्थापिका सभा के उच्च सदन और निम्न सदन (Upper House & Lower House) नामक दो सदन होते हैं। हमारे देश में उच्च सदन को राज्य सभा और निम्न सदन को लोक सभा के नाम से सम्बोधित किया जाता है। देश के अन्य राज्यों में इन्हीं दो सदनों को विधान परिषद् (Legislative Council) और विधान सभा (Legislative Assembly) कहा जाता है।

2. कार्यपालिका अथवा कार्यांग

कार्यपालिका का कार्य कानूनों को लागू करना तथा जनता से उनका पालन कराना है। सरकार के सारे कार्यों को सम्पन्न कने का सारा उत्तरदायित्व कार्यपालिका (कार्यांग) के कंधों पर ही होता है। इसी कार्यपालिका को आगे चलकर प्रशासन के नाम से सम्बोधित किया जाता है।

कार्यपालिका किसी भी सरकार का दूसरा महत्त्वपूर्ण अंग है। कार्यपालिका सरकार का वह अंग है जो व्यवस्थापिका द्वारा बनाये गये कानूों को कार्यान्वित करती है और सकार के सम्पूर्ण प्रशासन का संचालन करती है। इस प्रकार कार्यपालिका सरकार के दैनिक कार्य चलाने वाले व्यापक यंत्र—मशीनरी—का नाम है।

व्यापक अर्थ में कार्यपालिका के अन्तर्गत कार्यपालिका का प्रधान अर्थात् राष्ट्रपति अथवा राजा, उसके मन्त्रिगण (ministers) तथा सम्पूर्ण कर्मचारी आ जाते हैं। इस व्यापक अर्थ में गाँव के चौकीदार तथा लेखपाल से लेकर राष्ट्रपति तक सभी अधिकारी एवं कर्मचारी कार्यांग के ही अंग माने जाते हैं। संकुचित अर्थ में कार्यपालिका के अन्तर्गत केवल सरकार के प्रधान तथा मन्त्रियों को ही सम्मिलित किया जाता है। इस संकुचित अर्थ में अपने देश भारत में कार्यपालिका के अन्तर्गत राष्ट्रपति तथा उसका मन्त्रि मण्डल ही आता है।

व्यवस्थापिका तथा कार्यपालिका दोनों ही सरकार के महत्त्वपूर्ण अंग है। शासन का सम्पूर्ण कार्य मुख्यतः इन दोनों ही अंगों द्वारा सम्पादित किया जाता है। इस नाते दोनों ही अंगों में काफी घनिष्ठता है। इसीलिए दोनों अंग एक दूसरे पर अवलम्बित रहते हुए अपना-अपना कार्य सम्पन्न करते हैं।

3. न्यायपालिका अथवा न्यायांग

न्यायालय का कार्य उन लोगों को दण्ड देना है जो व्यवस्थापिका द्वारा प्रतिपादित कानूनों और विधि-विधान का उल्लंघन करते हैं। इस प्रकार न्यायपालिका सरकार का तीसरा प्रमुख अंग है। न्यायपालिका के अभाव में नागरिकों को कानूनों से वास्तविक न्याय प्राप्त नहीं हो सकता क्योंकि न्यायपालिका का कार्य नागरिकों से न्याय कराना होता है। जो लोग कानूनों का उल्लंघन करते हैं। न्यायपालिका उनको दण्ड देती है। जब कभी व्यवस्थापिका या कार्यपालिका नागरिकों के अधिकारों का हनन करती है तो न्यायपालिका ही नागरिकों के अधिकारों की रक्षा करती है। इसी उद्देश्य की पूर्ति के लिए राज्य में अनेक न्यायालयों

की स्थापना की जाती है। देश के सभी नागरिकों के ऊपर एक सर्वोच्च न्यायालय है जिसे उच्चतम न्यायालय कहा जाता है। उच्चतम न्यायालय दो के सभी न्यायालयों के निर्णयों की अपीलों पर भी सुनवाई करता है। न्यायालयों का संगठन एक क्रमिक श्रृंखला के समान होता है।

कार्यपालिका

कार्यपालिका सरकार के शासन एवं प्रशासन की धुरी है। कार्यपालिका अथवा कार्यांग पर शासन का भारी उत्तरदायित्व है। इसी भारी उत्तरदायित्व को वहन करने के दृष्टिकोण से कार्यांग के कार्यों का निम्न प्रकार वर्गीकरण किया गया है। यथा-

1. राजनयिक कार्य

इनके अन्तर्गत राजनीति, कूटनीति तथा अन्तर्राष्ट्रीय सम्बन्धी विषय आते हैं जिनमें विदेशों से संधि करना, युद्ध की घोषणा करना, अन्य देशों में राजदूतों की नियुक्ति करना, अन्तर्राष्ट्रीय संस्थाओं में प्रतिनिधि भेजना, विदेशी व्यापार सम्बन्धी समझौते करना जैसे कार्य निहित रहते हैं।

2. विधायी कार्य

विधायी कार्यों में कार्यपालिका के व्यवस्थापिका से सम्बन्धित कार्यों की गणना की जाती है। इन कार्यों में व्यवस्थापिका या संसद की बैठक बुलाना, उसे विसर्जित करना, भंग करना, कानूनों का रूप निर्धारित करना, विधेयक रखना, अध्यादेश (Ordinance) जारी करना तथा कानूनों के अन्तर्गत उप-नियम बनाना जैसे कार्य निहित रहते हैं।

3. सैनिक कार्य

कार्यपालिका का प्रधान ही देश की जल-थल-नभ सेनाओं का सर्वोच्च सेनापति होता है। वही सैनिक अधिकारियों की नियुक्ति करता है तथा सैनिक नियमों का निर्माण करता है।

4. प्रशासनिक कार्य

इसके अन्तर्गत व्यवस्थापिका द्वारा बनाये गये कानूनों को लागू करना, जनता से उनका पालन कराना, देश में शान्ति बनाये रखना, सरकारी अधिकारियों व कर्मचारियों की नियुक्ति करना, उन्हें निलम्बित करना, पदच्युत करना तथा कर वसूलना आदि कार्य निहित हैं।

5. न्यायिक कार्य

न्यायालयों का गठन तथा न्यायाधीशों की नियुक्ति कार्यपालिका द्वारा ही की जाती है। कार्यपालिका न्यायालयों द्वारा दण्डित अपराधियों को क्षमा भी कर सकती है।

6. विकास सम्बन्धी कार्य

कार्यपालिका देश की उन्नति के लिए कृषि व उद्योगों के विकास से सम्बन्धित अनेक कार्य सम्पन्न करती है। पंचवर्षीय जैसी विकासात्मक योजनाएँ बनाती हैं, बाँध बनवाती है, बिजली तथा सिंचाई का प्रबन्ध करती है, वन सम्पदा का अनुसंधान करती है, कारखानों का संचालन करती है आदि जैसे अन्य अनेक कार्य।

7. लोकहित सम्बन्धी कार्य

कार्यपालिका सार्वजनिक हिताहित के अनेक कार्य सम्पन्न करती है। जैसे सड़कें बनवाना, पुलों का निर्माण, सार्वजनिक भवनों का निर्माण, प्रचार-प्रसार का कार्य, डाक-तार एवं टेलीफोन की सुविधाएँ उपलब्ध कराना, अल्प संख्यकों, परिगणित एवं पिछड़ी जातियों के विकास के लिए विशेष सुविधाएँ प्रदान करना जैसे न जाने कितने ही लोक हित के अन्यान्य कार्य सम्पन्न करना कार्यपालिका के मुख्य कार्य हैं।

कार्यपालिका के सरकारी तन्त्र के प्रशासन को मोटे तौर पर तीन खण्डों में विभाजित किया जा सकता है। यथा-

(एक) कार्यांग (The Executive)

(दो) वित्तीय प्रणाली (Financial System)

(तीन) संविधानाधीन स्थापित सांविधिक अधिकारी (Statutory Authority setup under the Government)

इन तीनों खण्डों में से अन्तिम दो खण्डों का सविस्तार वर्णन आगे के अध्यायों में किया जाएगा। प्रथम खण्ड का वर्णन आगे के परिच्छेदों में दिया जा रहा है।

संघीय कार्यालय

अपने देश भारत में राष्ट्रपति संविधान के अनुसार सर्व-शक्ति सम्पन्न सर्वोच्च शक्ति है किन्तु व्यवहार में राष्ट्रपति अपनी शक्तियों का प्रयोग एक सीमा तक ही करता है क्योंकि भारत में राष्ट्रपति औपचारिक या नाम-मात्र की कार्यपालिका है। कार्यपालिका की वास्तविक सत्ता तो मन्त्रि-परिषद् के हाथों में रहती है जो जनता के प्रति उत्तरदायी है। राष्ट्रपति के नाम पर मन्त्रि-परिषद् सरकार की समस्त कार्यपालिका शक्तियों का उपभोग करती है अर्थात् राष्ट्रपति के नाम से कार्यपालिका का समस्त कार्य किया जाता है। भारतीय संविधान में मन्त्रि-परिषद् को सांविधिक मान्यता प्रदान की गयी है। प्रधान मन्त्री जहाँ मन्त्रि-परिषद् का प्रधान होता है वहीं प्रधानमन्त्री भारत सरकार का प्रधान होता है।

संसद पद्धति तथा अध्यक्षात्मक पद्धति की सरकारों का होना शासन तन्त्र का प्रमुख वर्गीकरण है जो व्यवस्थापिका तथा कार्यपालिका के पारस्परिक सम्बन्धों का परिणाम है। जब कार्यपालिका व्यवस्थापिका के नियन्त्रण में कार्य करती है और उसके प्रति उत्तरदायी

होती है तो उस सरकार को संसदीय सरकार (Parliamentary Form of Government) कहते हैं। इसके विपरीत अगर कार्यपालिका तथा व्यवस्थापिका दोनों एक-दूसरे से अलग स्वतन्त्र रूप में कार्य करती हैं तो उसे अध्यक्षात्मक सरकार (Presidential Form of Government) कहते हैं। संसद तथा अध्यक्षात्मक सरकारों के मौलिक भेद को **बेजहॉट** (Bagehot) ने इन शब्दों में प्रकट किया है—''व्यवस्थापिका तथा कार्यपालिका शक्तियाँ को एक-दूसरे की स्वतन्त्रता अध्यक्षात्मक सरकार का विशिष्ट लक्षण हैं और इन दोनों का एक-दूसरे से संयोग संसद सरकार का।'' भारतीय संविधान मूलतः संसदीय शासन प्रणाली को अपनाता है।

केन्द्रीय सरकार

भारत में सरकार की संरचना का संविधान में विस्तार से वर्णन किया गया है। केन्द्र सरकार की संसद की समीक्षा एवं उसके संगठन का विस्तार से आगे के परिच्छेदों में व्याख्या दी जा रही है।

संसद

केन्द्रीय व्यवस्थापिका अथवा विधानांग विधानपालिका को संसद कहते हैं। संसद देश में कानून बनाने वाली सर्वोच्च स्तर की संस्था है। इसमें दो सदन होते हैं। निम्न सदन को लोक सभा और उच्च सदन को राज्य सभा कहा जाता है। राष्ट्रपति को औपचारिक दृष्टिकोण से संसद का अंग माना जाता है। राष्ट्रपति ही दोनों सदनों के अधिवेशन बुलाता है और राष्ट्रपति ही इनका सत्रावसान करता है। संसद का मुख्य कार्य कानून बनाना है।

लोक सभा

लोक सभा और राज्य सभा की रचना पृथक्-पृथक् प्रणाली से होती है। अतः दोनों की शक्तियाँ भी भिन्न-भिन्न हैं। लोक सभा अधिक शक्तिशाली सदन है। लोक सभा की कार्यवाही का संचालन करने के लिए उसका क अध्यक्ष होता है। लोक सभा का एक उपाध्यक्ष भी होता है जो अध्यक्ष की अनुपस्थिति में सदन की अध्यक्षता करता है।

राज्य सभा)

भारतीय संसद के उच्च सदन को राज्य सभा कहते हैं। राज्यों के प्रतिनिधि राज्य सभा के सदस्य माने जाते हैं। राज्य सभा एक स्थायी सदन है जिसको कभी भंग नहीं किया जा सकता। राज्य सभा की अध्यक्षता देश का उप-राष्ट्रपति करता है। अतः उप-राष्ट्रपति राज्य सभा का पदेन सभापति होता है। राज्य सभा अपने सदस्यों में से एक उप-सभापति भी निर्वाचित करती है जो सभापति की अनुपस्थिति में राज्य सभा की अध्यक्षता करता है।

विधेयक

प्रस्तावित कानूनों को विधेयक कहते हैं। संसद में विधेयक पर तीन बार विचार किया जाता है। इस प्रक्रिया को तीन वाचन कहते हैं। यदि साधारण बहुमत से विधेयक

पहले सदन में पारित हो जाता है तो उसे दूसरे सदन में भेज दिया जाता है। वहाँ भी तीन वाचन के पश्चात विधेयक पर मतदान होता है। यदि दूसरा सदन भी साधारण बहुमत से विधेयक को स्वीकार कर देता है तो वह सदन द्वारा पारित समझा जाता है। उसके पश्चात् विधेयक को राष्ट्रपति की स्वीकृति के लिए राष्ट्रपति के पास भेज दिया जाता है। विधेयक पर राष्ट्रपति के हस्ताक्षर हो जाने के उपरान्त विधेयक कानून का रूप धारण कर लेता है।

धन सम्बन्धी विधेयक (Financial Bill) एक अन्य प्रक्रिया से स्वीकृत किये जाते हैं। धन विधेयक वह विधेयक है जिसमें सरकार को धन एकत्रित करने ऋण लेने या धन व्यय करने की आज्ञा देने की व्यवस्था होती है। इस प्रकार सरकार का आय व्यय से सम्बन्धित विधेयक धन विधेयक कहलाता है। धन विधेयकों के सम्बन्ध में लोक सभा कुछ अधिक ही शक्तिशाली है।

राष्ट्रपति

भारतीय संविधान में यह स्पष्ट निर्देश है कि भारत का क राष्ट्रपति होगा। केन्द्रीय कार्यपालिका शक्ति राष्ट्रपति में ही निहित होगी तथा उसका प्रयोग वह संविधान के अनुसार स्वयं अथवा अधीनस्थ अधिकारियों के द्वारा करेगा। संघ के रक्षा-दलां का सर्वोच्च कमान राष्ट्रपति में निहित होगा। भारतीय संविधान में राष्ट्रपति पद के लिए योग्यताओं, निर्वाचन, पदावधि, पद-च्युति तथा अधिकारों का स्पष्ट उल्लेख किया गया है।

अपने पद के अधकारों तथा शक्तियों का प्रयोग करते हुए राष्ट्रपति जो भी कार्य करता है। उनके विरुद्ध राष्ट्रपति पर किसी भी प्रकार का किसी भी न्यायालय में अभियोग नहीं चलाया जा सकता। यद्यपि भारतीय संघ के सभी कार्य राष्ट्रपति के नाम पर किये जाते हैं तथापि उन कार्यों के लिए राष्ट्रपति व्यक्तिगत रूप से उत्तरदायी नहीं होता है। अत: देशवासी राष्ट्रपति के कार्यों के लिए केवल **भारत संघ** के विरुद्ध मुकदमा चला सकते हैं। इस प्रकार ाष्ट्रपति पद राष्ट्रपति की गरिमा अथवा राष्ट्रपति के व्यक्तित्व के विरुद्ध कोई भी व्यक्ति अभियोग नहीं चला सकता। निष्कर्षत: किसी भी प्रकार के अभियोग के लिए न तो राष्ट्रपति को कैद ही किया जा सकता है और न ही राष्ट्रपति की गिरफ्तारी के लिए अधिपत्र (warrant) ही जारी किया जा सकता है।

राष्ट्रपति के अधिकार तथा कार्य

संविधान द्वारा राष्ट्रपति को अनेक व्यापक शक्तियाँ प्रदान की गयी हैं। यथा—

1. कार्यपालिका शक्तियाँ

संघ की सर्वोच्च कार्यपालिका शक्ति राष्ट्रपति में निहित है जिनका प्रयोग राष्ट्रपति स्वयं अथवा अपने अधीनस्थ अधिकारियों द्वारा करता है। संविधान राष्ट्रपति को उसके कार्यों के सम्पादन के लिए तथा सहायता एवं परामर्श देने के लिए मंत्रिपरिषद् की व्यवस्था करता है जिसका एक प्रधान मंत्री होता है। राष्ट्रपति को अनेक प्रशासनिक तथा कार्यपालिका

शक्तियाँ संविधान द्वारा प्रदान की गयी हैं।

2. विधायिनी शक्तियाँ

संघ के लिए एक संसद होगी जो राष्ट्रपति, राज्य सभा तथा लोक सभा नामक दो सदनों से मिल कर बनती है। भारत का राष्ट्रपति संसद का अंग होगा। संसद का सदस्य न होने पर भी राष्ट्रपति को अनेक विधायिनी शक्तियाँ प्राप्त हैं।

3. न्यायिक शक्तियाँ

भारत के राष्ट्रपति को कतिपय न्यायिक शक्तियाँ भी प्राप्त हैं।

4. वित्तीय शक्तियाँ

राष्ट्रपति को अनेकानेक वित्तीय शक्तियाँ भी प्रदान की गयी हैं। जैसे संसद मे वार्षिक बजट प्रस्तुत किया जाना। राष्ट्रपति की अनुमति बिना कोई भी वित्त विधेयक संसद में प्रस्तुत नहीं किया जा सकता जैसे अन्यानेक वित्तीय शक्तियाँ राष्ट्रपति को प्रदान की गयी है।

5. आपातकालीन शक्तियाँ

संकट कालीन तथा आकस्मिक परिस्थितियों से निपटने के लिए राष्ट्रपति को महत्त्वपूर्ण शक्तियाँ प्रदान की गयी हैं।

6. अस्थायी शक्तियाँ

देश के संविधान में राष्ट्रपति को तीन प्रकार की अस्थायी शक्तियाँ भी प्रदान की गयी हैं। यथा—

(i) सन् 1935 के संविधान से नये संविधान को लागू करने के संक्रमण काल (Transitional Period) में उत्पन्न रुकावट तथा बाधाओं को दूर करना। ये शक्तियाँ अब समाप्त कर दी गयी हैं।

(ii) कतिपय मामलों के सम्बन्ध में उस समय तक समुचित व्यवस्था करना जब तक कि संसद अन्यथा व्यवस्था न कर दे।

(iii) संविधान के लागू होने से दस वर्ष की कालावधि में लोक सभा के सदस्यों के रूप में दो एंग्लो-इण्डियन प्रतिनिधियों को नामजद करना।

मन्त्रि-परिषद् एवं मन्त्रि-मण्डल

भारत में वास्तविक कार्यपालिका का प्रयोग मन्त्रि-परिषद् करती है। इसी प्रकार मन्त्रि-परिषद् की वास्तविक कार्यपालिका है। राष्ट्रपति को सहायता तथा परामर्श देने के लिए प्रधान मन्त्री के नेतृत्व में एक मन्त्रि-परिषद् का गठन किया जाता है। इसी मन्त्रि-परिषद्

के परामर्श से राष्ट्रपति को कार्य करना पड़ता है। मन्त्रि-परिषद् का प्रधान और केन्द्रीय सरकार का वास्तविक अध्यक्ष प्रधान मन्त्री ही होता है। प्रधान मन्त्री के परामर्श पर राष्ट्रपति अन्य मन्त्रियों की नियुक्ति करता है जो विधान पालिका अर्थात् संसद में से चुने जाते हैं। देश की समस्त नीतियाँ मन्त्रि-परिषद् में विचार विमर्श के उपरान्त ही निश्चित की जाती हैं जो किसी मन्त्री विशेष की नीति न होकर समस्त मन्त्रि-परिषद् की नीति कही जाती है। मन्त्रि-रिषद् मं तीन प्रकार के मन्त्री होते हैं। यथा—

1. मन्त्रि मण्डलीय मन्त्री

मन्त्रि मण्डल में सम्मिलित किये जाने वाले मन्त्री प्रथम श्रेाी के मन्त्री होते हैं। मन्त्रि मण्डल के मन्त्रि कसी न किसी प्रमुख विभाग अथवा मन्त्रालय के अध्यक्ष होते हैं।

2. राज्य मन्त्री

राज्य मन्त्री मन्त्रि-मण्डल के सदस्य न होते हुए भी अपने-अपने विभाग के अध्यक्ष होते हैं। प्रधान मन्त्री की आमन्त्रणा पर राज्य मन्त्री मन्त्रि-मण्डल की बैठकों में भाग लेते हैं तथा समय-समय पर प्रशासन के सम्बन्ध में मन्त्रि-मण्डल को सुझाव भी देते हैं। इसीलिए राज्य मन्त्री को द्वितीय श्रेणी का मन्त्री कहा जाता है।

3. उप-मन्त्री

उप-मन्त्री तृतीय श्रेणी के मन्त्री होते हैं और ये विभागीय मन्त्रियों एवं राज्य मन्त्रियों को उनके कार्यों में सहायता पहुँचाते हैं। उक्त वर्णित तीन श्रेणियों के मन्त्रियों के अतिरिक्त मन्त्रि-परिषद् में कुछ ऐसे मन्त्री भी होते हैं जो किसी विभाग से सम्बन्धित नहीं होते किन्तु मन्त्रि-मण्डल के सदस्य अवश्य ही होते हैं। इन्हें निर्विभागीय मन्त्री (Minister without Portfolio) कहा जाता है। ऐसे मन्त्रियों की नियुक्ति किसी विशेष प्रकार के कार्य को सम्पादित करने के लिए की जाती हैं।

संसदीय सचिव

संसदीय सचिव उप-मन्त्रियों से कम स्तर के होते हैं जो विभागीय मन्त्रियों को प्रशासन तथा संसदीय कार्यों के सम्बन्ध में सहायता पहुँचाते हैं। यों संसद सचिव का कोई विशेष कार्य नहीं होता। वह केवल मन्त्रियों द्वारा सौंपे गये कार्यों को ही सम्पादित करता है।

मन्त्रि-परिषद् तथा मन्त्रि-मण्डल में अन्तर

मन्त्रि-परिषद् एक वृहत संस्था है जिसमें सभी श्रेणी के मन्त्री सम्मिलित रहते हैं। इस प्रकार मस्त मन्त्रियों के सामूहिक संगठन को गन्त्रि-परिषद् कहा जाता है। मन्त्रि-परिषद् की सामूहिक बैठक कभी नहीं होती। सभी मन्त्री अपने-अपने विभाग से मतलब रखते हैं। मन्त्रि-मण्डल को भारतीय शासन प्रणाली का हृदय माना जाता है। मन्त्रिमण्डल वह धुरी है जिस पर प्रशासन का चक्र घूमता है और शासन प्रणाली को कता प्रदान करता है। इस

प्रकार मन्त्रि-मण्डल देश की सर्वोच्च कार्यपालिका संस्था है। वास्तव में मन्त्रि-मण्डल वह धुरी है जिसके चारों ओर सम्पूर्ण शासन घूमता है। मन्त्रि-मण्डल मन्त्रि-परिषद् के अन्तर्गत एक छोटा सा समूह मात्र है। इसमें केवल महत्त्वपूर्ण विभागों के मन्त्री ही सम्मिलित किये जाते हैं जिन्हें प्रधान मन्त्री चुनता है। मन्त्रि-मण्डल मन्त्रि-परिषद् की आत्मा है। मन्त्रि-मण्डल शासन का परिचालक यन्त्र है जिसमें सभी महत्त्वपूर्ण विभागों के राजनीतिक अध्यक्ष सम्मिलित रहते हैं। मन्त्रिमण्डल एक सामूहिक इकाई के रूप में कार्य करता है।

प्रधान मन्त्री

प्रधान मन्त्री को भारत सरकार तथा शासन का बिन्दु माना जाता है। प्रधान मन्त्री का चयन अप्रत्यक्ष रूप से होता है। जिस दल का प्रधान मन्त्री नेता होता है उसको जनता प्रत्यक्ष चुनाव में निर्वाचित करती है। प्रधान मन्त्री ही मन्त्रि-परिषद् और मन्त्रि-मण्डल का नेता होता है। इसलिए उसकी स्थिति अन्य सभी मन्त्रियों से अधिक शक्तिशाली और सर्वप्रमुख होती है। प्रधान मन्त्री लोक सभा में बहुमत दल का नेता होता है। जब तक उसके दल में अनुशासन है और उसके नेतृत्व को कोई चुनौती नहीं है उसकी स्थिति सुदृढ़ रहती है। संसदीय कार्यपालिका में प्रधान मन्त्री एक अनिवार्य घटक है। सरकार की नीति को प्रधानमन्त्री निर्धारित करता है। प्रधान मन्त्री योजना आयोग का अध्यक्ष होता है। प्रधान मने ही राष्ट्रपति का प्रमुख परामर्शदाता है। प्रधान मन्त्री मन्त्रि-मण्डल और राष्ट्रपति के मध्य की एक मात्र कड़ी है।

निष्कर्षत: कहा जा सकता है कि प्रधान मन्त्री सम्पूर्ण मन्त्रि-मण्डल में सबसे अधिक महत्त्वपूर्ण और शक्तिशाली होता है। प्रधान मन्त्री को पूरे राष्ट्र का नेता माना जाता है। इसलिए देश के कुशल शासन के लिए प्रधानमन्त्री को ही उत्तरदायी ठहराया जाता है। सरकार की सफलता और विफलता के लिए प्रधानमन्त्री को ही उत्तरदायी माना जाता है।

मन्त्री

कुशल प्रशासन के दृष्टिकोण से पूरे शासन को अनेक विभागों में बाँट दिया जाता है। प्रत्येक विभाग को एक मन्त्रालय कहा जाता है। प्रत्येक मन्त्रालय का कार्यभार एक मन्त्री को सौंप दिया जाता है। मन्त्री की सहायता के लिए राज्य मन्त्री और उप मन्त्री होते हैं। मन्त्री अपने मन्त्रालय के कुशल संचालन के लिए पूर्ण रूप से उत्तरदायी होता है। मन्त्री ही अपने मन्त्रालय का प्रधान होता है। मन्त्री अपने मन्त्रालय की समस्त कार्यवाही को मन्त्रिमण्डल के समक्ष प्रस्तुत करता है। यदि किसी मन्त्रालय की कार्यविधि में गतिरोध उत्पन्न होता है तो मन्त्री को ही सदस्यों की आलोचना का शिकार होना पड़ता है। कोई भी मन्त्री एक या एक से अधिक मन्त्रालयों का प्रधान हो सकता है। राजनीतिक स्तर पर मन्त्रालय का सर्वोच्च अधिकारी मन्त्री ही होता है। मन्त्री की सहायता के लिए एक या अधिक राज्य मन्त्री या उप-मन्त्री हो सकते हैं। किसी मन्त्रालय की क्या नीति होगी इसका निर्णय मन्त्री ही करता है। अधिकारीगण उसकी नीतियें को केवल क्रियान्वित ही कर सकते हैं।

मंत्रालय

मन्त्रि-परिषद् के मन्त्रियों द्वारा सरकारी काम को व्यवस्थित ढंग से सम्पन्न करने के लिए तथा शासन की सुविधा की दष्टि से भारतीय संविधान के अनुच्छेद 77(3) के अधीन एक कार्य संचालन नियमावली (Rules of Business) बनायी गयी है जिसके तहत संघ सरकार का सारा प्रशासन कार्य विभिन्न मन्त्रालयों में विभाजित कर दिया गया है। इस प्रकार के विभाजन में इस तथ्य को दृष्टि में रखा जाता है कि किस मन्त्रालय के आधीन कौन-कौन से कार्यों का समावेश किया जाए। मन्त्रि-परिषद् के सदस्य अर्थात् मन्त्रिगण विभिन्न सरकारी विभागों के कार्यों की देखभाल करते हैं। ऐसे प्रत्येक विभाग को मन्त्रालय कहा जाता है। एक मन्त्रालय अपने उत्तरदायित्व के क्षेत्र में सरकारी नीति का निर्धारण करने व उसको कार्यान्वित करने तथा समीक्षा करने के लिए पूर्णरूप से उत्तरदायी होता है। किसी मन्त्रालय का गठन उसके कार्य अथवा सघ सरकार के प्रशासन के कार्य, उसकी प्रक्रिया, विषय एवं कार्य-क्षेत्र को दृष्टिगत कर किया जाता है। संघ सरकार के प्रशासन के मन्त्रालयों का वर्गीकरण निम्नलिखित तथ्यों के आधार पर किया जाता है—

1. आधारभूत मन्त्रालय,
2. समाज कल्याण मन्त्रालय,
3. आर्थिक सुरक्षा के मन्त्रालय,
4. व्यावसायिक मन्त्रालय।

प्रशासनिक परिस्थितियों, आवश्यकताओं एवं देश-काल के अनुसार उक्त वर्गीकरण में परिवर्तन किया जा सकता है। अधिक कार्यभार से दब जाने के कारण एक ही मन्त्रालय को दो मन्त्रालयों में भी विभाजित किया जा सकता है। प्रत्येक मन्त्रालय अपने उत्तरदायित्व के क्षेत्र में सरकार की रीति-नीति एवं प्रक्रिया के लिए पूर्णरूप से उत्तरदायी होता है। प्रत्येक मन्त्रालय पर उत्तरदायित्व होता है कि वह अपने कार्यक्षेत्र एवं अधिकार क्षेत्र से सरकार की नीतियों को निर्धारित करे एवं समय-समय पर आवश्यकतानुसार उन पर विचार करता रहे। इस प्रकार मन्त्रालय ही सरकार की नीति का निर्धारण करने, उसे कार्यान्वित करने तथा उसकी समीक्षा करने के लिए पूर्णरूप से जिम्मेदार होता है।

मन्त्रालय के कुछ मामले प्रधान मन्त्री, मन्त्रि-मण्डल अथवा मन्त्रि-परिषद् और समिति के समक्ष भी प्रस्तुत किये जाते हैं। मन्त्रालय के कुछ मामले ऐसे भी होते हैं जिन्हें राष्ट्रपति की जानकारी में लाना परमावश्यक होता है। यदा-कदा मन्त्रालय विशेष को किसी जटिल मामले पर एक या अधिक मन्त्रालयों से उनकी राय एवं परामर्श लेना आश्यक समझा जाता है। इतना ही नहीं यदि किसी मामले पर दो मन्त्रालयों के मध्य मतभेद उपस्थित हो जाए तो वह मामला अन्तिम रूप से निस्तारण के लिए मन्त्रि-मण्डल के समक्ष प्रस्तुत किया जाता है। सामान्यत: मन्त्रालय का प्रशासनिक अध्यक्ष (Administrative Head) सचिव होता है तथापि मन्त्रालय के प्रत्येक कार्य एवं रीति-नीति के लिए मन्त्रि-मण्डलीय मन्त्री ही

पूर्णरूप से उत्तरदायी होता है जिसकी सहायता के लिए राज्य-मन्त्री एवं उप-मन्त्री रखे जाते हैं।

सचिवालय

मन्त्री अथवा मन्त्रालय के तत्त्वावधान में सभी अधिकारियों एवं कर्मचारियों को सामूहिक रूप से सचिवालय कहा जाता है। सरकारी कार्य को संचालित करने के लिए एवं मन्त्रि परिषद् की सहायतार्थ सचिवालय की स्थापना की जाती है। सचिवालय का सर्वोच्च अधिकारी सचिव होता है। सचिव अपने मन्त्रालय के मन्त्री का सरकारी परामर्शदाता एवं सहायक होता है। सचिव की सहायता के लिए अतिरिक्त सचिव नियुक्त किया जाता है। सचिव अथवा अतिरिक्त सचिव की मदद के लिए दो या दो से अधिक संयुक्त (सह) सचिव नियुक्त किये जाते हैं। संयुक्त सचिवों के तत्त्वावधान में मन्त्रालय के विभिन्न विभाग कार्य करते हैं। संयुक्त सचिव की सहायता के लिए उप-सचिव, उप-सचिव की सहायता के लिए अवर-सचिव और अवर-सचिव की सहायता के लिए अनुभाग अधिकारी नियुक्त किये जाते हैं। अनुभाग अधिकारी को किसी-किसी कार्यालय में अधीक्षक (Superintend-ent) नाम से भी सम्बोधित किया जाता है। उप-सचिव अपने विभाग, अवर-सचिव अपनी शाखा अथवा प्रभाग एवं अनुभाग अधिकारी अपने अनुभाग के कार्य के लिए पूर्णरूप से उत्तरदायी होते हैं। एक सचिव के साथ दो संयुक्त सचिव, एक संयुक्त सचिव के साथ दो उप-सचिव और एक उप-सचिव के साथ दो अवर-सचिव और एक अवर-सचिव के साथ दो अनुभाग अधिकारी कार्य करते हैं। अनुभाग अधिकारी अपने अनुभाग की स्वयं देख-रेख करता है जिसके नीचे एक या दो सहायक, एक उच्च श्रेणी लिपिक, एक अवर श्रेणी लिपिक एक टंकक, एक दफ्तरी और एक चपरासी कार्य करते हैं। उप-सचिव, संयुक्त सचिव, अतिरिक्त सचिव एवं सचिव की सहायता के लिए उनके निजी सचिव (Private Secretary), वैयक्तिक सहायक (Personal Assistant), वैयक्तिक सचिव (Personal Secretary) एवं आशुलिपिक और आशु टंकक (Steno-grapher & Stenotypist), अरदली एवं चपरासी होते हैं। मन्त्री के तत्त्वावधान में कार्य करने वाले अधिकारी एवं कर्मचारी वर्ग का राजनीति से किसी प्रकार का सम्बन्ध नहीं होता और न ही सिविल-सेवा आचरण नियमावली के तहत सरकारी अधीकारी या कर्मचारी किसी प्रकार की राजनैतिक गतिविधि में भाग ही ले सकता है। सचिवालय के अधिकारी एवं कर्मचारी प्रशासन के स्थायी सदस्य होते हैं। इन सदस्यों में विभाग के सचिव और सरकार के अन्य सभी अधिकारी सम्मिलित रहते हैं। विभाग का प्रशासनिक प्रमुख सचिव ही होता है और समस्त अमला उसी की देख-रेख में कार्य करता है। इस तथ्य को भुला नहीं देना चाहिए कि मन्त्रालय के सभी मन्त्री राजनैतिक नेता होते हैं जबकि सचिव अपनी समस्त सेवा अवधि में स्थायी रूप से विभाग के कार्य का संचालन करता है। सचिव किसी प्रकार भी राजनैतिक नही हो सकता। इस प्रकार सचिव निष्पक्ष रूप में स्वतन्त्र विचारों का व्यक्ति होता है और उसे राजनीति से कुछ लेना-देना नहीं होता। अतिरिक्त सचिव एवं संयुक्त सचिव सीधे ही मन्त्री तक पहुँच सकते हैं।

अनुभाग

अनुभाग सचिवालय या मन्त्रालय की सबसे छोटी इकाई होते हुए भी प्रशासन की रीढ़ होता है क्येंकि मन्त्रालय में प्राप्त होने वाला समस्त पत्र-व्यवहार र्सप्रथम अनुभाग में ही प्राप्त किया जाता है तदुपरान्त अनेक सीढ़ियाँ चढ़कर अपने गन्तव्य स्थान पर पहुँच कर पुनः उन्हीं सीढ़ियों से उतरता हुआ अनुभाग में लौट आता है जहाँ पर उसका अन्तिम निस्तारण किया जाता है।

सरकारी काम-काज को सम्पादित करने एवं उसको अन्तिम रूप से निस्तारित करने के लिए अनुभाग सबसे छोटी इकाई है। दो अनुभागों का संयुक्त नाम एक शाखा है, दो शाखाओं से एक प्रभाग, दो प्रभागों से एक स्कन्ध एवं दो स्कन्ध से एक विभाग बनता है। किसी एक सचिवालय में आवश्यकतानुसार दस-बीस-पचास अर्थात् कितने ही अनुभाग हो सकते हैं। आवश्यकता पड़ने पर एवं परिस्थितिवश आये दिन अनेकानेक नये-नये अनुभाग विभाग में संस्थापित किए जाते हैं अथवा एक ही विषय से सम्बन्धित एक ही अनुभाग को उप-अनुभागों में विभक्त किया जा सकता है। उदाहरणार्थ प्रशासन1, अनुभाग, प्रशासन-2 अनुभाग, प्रशासन-3 अनुभाग अथवा परीक्षा-1 अनुभाग, परीक्षा-2 अनुभाग, हिन्दी-1 अनुभाग, हिन्दी-2 अनुभाग आदि।

अपने देश भारत में सरकार का कार्यभार इतना बढ़ गया है कि उसे अनेक विभागों में विभाजित किये बिना सरकार को अपना कार्य सम्पन्न कर पाना आज की परिस्थिति में कठिन ही नहीं असम्भव हो गया है। इसीलिए प्रशासन में अनुशासन बनाये रखने के लिए विभागों को अनुभागों में एवं अनुभागों को उप-अनुभागों में विभाजित करना ही पडता है। अन्ततः आकार-प्रकार में वृद्धि एवं विस्तार होते-होते विभाग मन्त्रालयों का रूप धारण कर लेते हैं।

कार्यालय

सामान्यतः केवल उस स्थान को कार्यालय का नाम दिया जाता है जहाँ कर्मचारी एवं अधिकारी संयुक्त रूप से कार्य करते हैं तथा विभिन्न प्रकार का अभिलेख रखा जाता है किन्तु कार्यालय की परिभाषा इस परिभाषा से कहीं अधिक विस्तृत, व्यापक और महत्त्वपूर्ण है। आज कार्यालय को किसी संस्थान अथवा संगठन (Organisation) का केन्द्र बिन्दु या धुरी माना जाता है क्योंकि आधुनिक संगठनों में कार्यालय महत्त्वपूर्ण भूमिका निभाते हैं। संगठन अथवा संस्थान में घटित होने वाली प्रत्येक घटना गतिविधि, क्रिया-प्रतिक्रिया, चर्चा-प्रतिचर्चा किसी न किसी रूप में सम्पन्न की ही जाती है। इतना ही नहीं कार्यालय में कार्यरत अधिकारियों व कर्मचारियों की स्थिति, संगठन के साथ लेन-देन एवं पत्र-व्यवहार करने वाले पक्षों की जानकारी रखने आदि जैसी अनेक महत्त्वपूर्ण सूचनाओं को सुरक्षित रखना जैसे अनेकानेक कार्य किये जाते हैं। संगठन अथवा संस्थान के समस्त पत्र-व्यवहार को कार्यालय द्वारा ी चलाया जाता है तथा कार्यालय ही इनका रिकार्ड रखता है। सरकारी

एवं कानूनी विभागों को समुचित जानारी जुटाना एवं आदेशों का पालन करना कार्यालय का प्रमुख कार्य है। संगठन के प्रबन्धक अथवा अधिकारी वर्ग भी अपना अन्तिम निर्णय लेने के लिए आवश्यक जानकारी कार्यालय से ही प्राप्त करते हैं। संगठन का अम ला यदि कोई नीति र्निाय या प्रतिक्रिया व्यक्त करना चाहता है ो उसे उच्च अधिकारियों तक पहुँचाने का कार्य भी कार्यालय द्वारा ही सम्पन्न किया जाता है। कार्यालय ही संस्थान अथवा संगठन की सम्पत्ति का लेखा-जोखा रखता है, उसकी देखभाल करता है और उसके उद्देश्यों की प्राप्ति के लिए सभी प्रकार के नैत्यिक कार्य (Routine work) करता है।

निष्कर्षत: कह सकते हैं कि कार्यालय किसी भी संगठन का वह अभिन्नअंग है जहाँ सभी सम्बन्धित सूचनाएँ, पत्र-व्यवहार किया जाता है और विभिन्न प्रकार की जानकारी एकत्रित की जाती है। जहाँ समस्त कार्य का लेखा-जोखा और अभिलेख रखा जाता है उसे कार्यालय नाम से सम्बोधित किया जाता है। इस प्रकार आज के कार्यालय का अभिप्राय उस समस्त व्यवस्था से है जिसमें सरकार की समस्त कार्य-प्रणाली एवं प्रक्रिया शामिल है। किसी भी कार्यालय के कार्यों की गतिविधियों को निम्न रूप में प्रदर्शित किया जा सकता है। यथा—

(क) मुख्य कार्य–

1. पत्र-व्यवहार करना,
2. टंकन एवं बहुप्रतिलिपिकरण (Typing & Duplicating)
3. फाइल बनाना व अनुक्रमणिका तैयार करना,
4. वित्तीय लेखा तैयार करना,
5. टेलीफोन-टेलैक्स से सूचनाएँ प्राप्त करना,
6. स्वागत-कार्य,
7. लेखन सामग्री की सुरक्षा,
8. विविध कार्य—(अवकाश आदि का ब्यौरा रखना, वेतन का ब्यौरा रखना, सम्पत्तियों की देखभाल करना आदि जैसे अनेकों कार्य)

(ख) गौण कार्य–

1. सामान्य व सांविधिक रिकार्ड रखना,
2. आवश्यक जानकारी एकत्रित करना,
3. निर्णय, योजनाएँ एवं कार्यक्रम बनाना तथा उनका क्रियान्वयन करना-कराना,

4. प्रगति रिपोर्ट तैयार करना एवं उसका प्रस्तुतीकरण,

5. सम्पर्क कार्य,

6. विभिन्न विभागों के कार्यों में समन्वय।

सम्बद्ध एवं अधीनस्थ कार्यालय

मन्त्रालयों एवं सचिवालयों के अन्तर्गत केन्द्रीय कार्यालय होते हैं जिनका कार्यक्षेत्र सारे देश में फैला होता है। इसीलिए उनके अन्तर्गत सम्बद्ध (संलग्न) और अधीनस्थ कार्यालयों की भी संस्थापना की जाती है। सरकार की नीतियों को सुचारू रूप से संचालित करने के लिए, कार्यकारी निदेों के विकेन्द्रीकरण हेतु एवं क्षेत्रीय अभिकरणों की स्थापना करने के लिए मन्त्रालय अथवा विभाग के अधीन कुछ उप-संगठनों की स्थापना की जाती है जिन्हें अलग-अलग नामों से पुकारा जाता है। यथा—

अधीनस्थ कार्यालय

अपने मन्त्रालय या सचिवालय की प्रशासनिक नीति के कार्यान्वयन निमित्त अधीनस्थ कार्यालय संस्थापित किये जाते हैं। भारत सरकार के अन्तर्गत ये क्षेत्रीय सिब्बन्दियों (Field establishments) के रूप में कार्य करते हैं। सरकारी निर्णयों को सुचारू से एवं व्यवस्थित रूप में अमल में लाने का उत्तरदायित्व अधीनस्थ कार्यालयों पर ही होता है।

सम्बद्ध (संलग्न) कार्यालय

सम्बद्ध-कार्यालय कार्यान्वयन सम्बन्धी निर्दो भी जारी करते हैं। सम्बद्ध कार्यालय विभाग द्वारा निर्धारित नीतियों को अमल में लाने के लिए आवश्क निर्देश देते हैं। सम्बद्ध कार्यालय तकनीकी जानकारी भी विभाग के समक्ष प्रस्तुत करते हैं।

बोर्ड (परिषद्)

जहाँ कार्यपालिका की शक्ति एक से अधिक व्यक्तियों के हाथों में केन्द्रित रहती है वहाँ ऐसे संस्थान को बोर्ड के नाम से सम्बोधित किया जाता है। बोर्ड में अनेक सदस्य होते हैं और उन्हें अपने अधिकार क्षेत्र के अन्तर्गत आने वाले किसी भी विषय पर सामूहिक निर्णय लेना पड़ता है।

ब्यूरो

जब कार्यपालिका अनेकों के हाथां में न होकर केवल एक ही अधिकारी में केन्द्रित कर दी जाती है तो उस व्यवस्था को ब्यूरो व्यवस्था के नाम से सम्बोधित किया जाता है।

आयोग

आयोग और बोर्ड शब्दों को एक-दूसरे का पर्याय माना जाता है। आयोग में सभी सदस्यों को सामूहिक रूप से किसी विषय पर निर्णय लेना पड़ता है। आयोग का प्रत्येक सदस्य किसी न किसी विभाग का अध्यक्ष होता है।

संविधानाधीन संस्थापित सांविधानिक प्राधिकारी

अपने देश के संविधान में कुछ ऐसे सांविधिक प्राधिकारियों (Authorities) और आयोगों की नियुक्ति अथवा संगठन की आवश्यकता पर बल दिया गया है जो सरकार को विधि-सम्मत मामलों में समय-समय पर परामर्श एवं सलाह-मशरा दे सकें, लोक सेवाओं में निष्पक्ष नियुक्तियाँ करा सकें, संसद और विधान मण्डलों का संगठन करा सकें तथा अनुसूचित जातियों तथा कबीलों व जन-जातियों के हितों की रक्षा की व्यवस्था कर सके। इन सभी प्रकार के कार्यों को सम्पन्न करने तथा सरकार पर अंकुश रखने के लिए निम्न प्राधिकारी और आयोग नियुक्त किए गए हैं। यथा—

भारत का महान्यायवादी

भारत के महान्यायवादी की नियुक्ति राष्ट्रपति द्वारा की जाती है जो कानूनी मामलों में सरकार का सर्वोच्च सलाहकार और परामर्शदाता होता है। ऐसे सभी महत्त्वपूर्ण मामलों में भारत के महान्यायवादी की सलाह और परामर्श लिया जाता है जिनका सम्बन्ध संविधान और अन्य विधि-सम्मत मामलों का वास्तविक भावार्थ लगाने से होता है। भारत का महान्यायवादी महत्त्वपूर्ण मुकदमों और अभियोगों के संचालन के लिए सरकार की ओर से देश के उच्चतम न्यायालय में भी उपस्थित होता है। वह नियमों एवं अधिनियमों की व्याख्या करता है। भारत के महान्यायवादी को संसद की कार्यवाही में भाग लेने एवं स्वयं को सरकार के नाते विचार व्यक्त करने का पूर्ण अधिकार होता है। वह अपने इस अधिकार का तभी प्रयोग करता है जब संसद में कानूनी पहलू से सम्बन्ध रखने वाले मामलों पर विचार होता है।

संघ लोक सेवा आयोग

संघ लोक सेवा आयोग के कार्य-कलापों की संविधान के अनुच्छेद 320 में विस्तार से व्याख्या की गयी है। संघ लोक सेवा आयोग के अयक्ष की नियुक्ति राष्ट्रपति करता है। राज्यों में लोक सेवा आयोगों के अध्यक्ष की नियुक्ति तत्सम्बन्धी राज्य के राज्यपाल द्वारा की जाती है। भारत सरकार की सेवाओं के लिए ेग्य एवं उपयुक्त अधिकारियों एवं कर्मचारियों के चयन के निमित्त एक संघीय लोक सेवा आयोग की स्थापना की गयी है। यह आयोग सरकारी अधिकारियों एवं कर्मचारियों के कार्य-क्षेत्र तथा उनकी अनुशासिक बाध्यताओं का भी नियन्त्रक एवं परामर्शदाता होता है। इस आयोग का कार्य भारत सरकार की सेवाओं के लिए प्रतियोगिता परीक्षाओं को आयोजित करना, सैनिक तथा असैनिक सेवाओं में भरती करने के लिए नियम-विनियम, सिद्धन्तों एवं पद्धतियों को सुनिश्चित करना तथा उनके अनुसार योग्य और उपयुक्त व्यक्तियों का निर्वाचन करना है।

निर्वाचन आयोग

संविधान में निर्वाचन आयोग की स्वतन्त्रता की पूर्णरूप से रक्षा की गयी है ताकि सरकार या सत्ताधारी दल निर्वाचन के संचालन को प्रभावित न कर सके। निर्वाचन आयोग के मुख्य कार्य इस प्रकार हैं—संसद तथा राज्यों के विधान मण्उलों के लिए निर्वाचक नामावली तैयार करने के कर्त्तव्य का अधीक्षण करना, उसका निर्देशन एवं नियन्त्रण करना, संसदों तथा विधान मण्डलों के निर्वाचनों का संचालन करना, देश के राष्ट्रपति एवं उप-राष्ट्रपति का निर्वाचन कराना, संसद तथा विधान मण्डलों के निर्वाचनों से उत्पन्न सन्देह एवं भ्रम तथा विवादों को निपटाने के लिए निर्वाचन, न्यायाधिकरणों की नियुक्ति करना जैसे अन्यान्य कार्य।

अनुसूचित जातियों और अनुसूचित कबीलों का आयोग

भारत के संविधान के अनुच्छेद 338 के अधीन अनुसूचित जातियों और जनजातियों व कबीलों का आयुक्त नियुक्त किया जाता है। भारत के संविधान के अनुच्छेद 340 के खण्ड (i) के अधीन अनुसूचित जातियों और अनुसूचित जन-जातियों एवं कबीलों के लिए नियुक्त आयोग की सिफारिशों पर वह अपना कार्य करता है। इतना ही नहीं यही आयोग आंगल-भारतीयों के लिए संविधान के तहत दिये गये सुरक्षणों से सम्बन्धित सभी मामलों की जाँच तथा छानबीन करता है। राष्ट्रपति के निर्देश पर समय-समय पर वह राष्ट्रपति को अपनी रिपोर्ट भी प्रस्तुत करता है।

7

मानवाधिकार एवं कर्त्तव्य: मौलिक तत्व

मानव-अधिकार वे अधिकार हैं जो हमारी प्रकृति या स्वभाव में निहित हैं। इनके अभाव में हम मानव के रूप में अपना जीवन व्यतीत नहीं कर सकते हैं। मानव अधिकार और मौलिक स्वतंत्रताएँ हमकों पूर्णरूप से विकसित होने के लिये अवसर प्रदान करती हैं। साथ ही इनके द्वारा मानवीय गुणों, प्रतिभाओं तथा चेतना का सदुपयोग किया जाता है। यह अधिकार मानवता पर आधारित है। **जे. ई. एस. फॉसेट** के अनुसार,"मानव अधिकार कभी-कभी मौलिक अधिकार या मूल अधिकार या प्राकृतिक अधिकारों के नाम से पुकारे जाते हैं। मौलिक अधिकार वे अधिकार हैं जिनकों किसी व्यवस्थापिका द्वारा छीना नहीं जा सकता है। प्राकृतिक अधिकार मनुष्य तथा नारी दोनों से सम्बन्धित हैं। साथ ही वे उनके स्वभाव के अनुकूल होते हैं।" मानव अधिकारों की सर्जना नहीं की जाती है वरन् इनकी स्थिति स्वाभाविक होती है। अधिकार हमारे सामाजिक जीवन की अनिवार्य आवश्यकताएं हैं जिनके बिना न तो व्यक्ति अपने व्यक्तित्व का विकास कर सकता है और न ही समाज के लिए उपय्रोगी कार्य कर सकता है। वस्तुतः अधिकारों के बिना मानव जीवन के अस्तित्व की कल्पना नहीं की जा सकती है। इस कारण वर्तमान में प्रत्येक राज्य के द्वारा अधिकाधिक

विस्तृत अधिकार प्रदान किए जाते हैं और लॉस्की के शब्दों में कहा जा सकता है कि "एक राज्य अपने नागरिकों को जिस प्रकार के अधिकार प्रदान करता है उन्हीं के आधार पर राज्य को अच्छा या बुरा कहा जा सकता है।" प्रकृति के द्वारा मनुष्य को विभिन्न प्रकार की शक्तियाँ प्रदान की गयी हैं, लेकिन इन शक्तियों का स्वयं अपने और समाज के हित में उचित रूप से प्रयोग करने के लिए कुछ बाहरी सुविधाओं की आवश्यकता होती है। राज्य का सर्वोच्च लक्ष्य व्यक्ति के व्यक्तित्व का पूर्ण विकास है, इस प्रकार राज्य के द्वारा व्यक्ति को ये सुविधाएं प्रदान की जाती हैं और राज्य के द्वारा व्यक्ति को प्रदान की जाने वाली इन बाहरी सुविधाओं का नाम ही 'अधिकार' है।

परिभाषाएँ

मानवाधिकारों को संरक्षण आज विश्व के समक्ष सबसे बड़ी चुनौती है। संपूर्ण मानव जाति शोषण हत्याचार, उत्पीड़न एवं आतंकवाद से पीड़ित है। मानवाधिकारों के संरक्षण के लिये। मैग्नार्काटा, बिल ऑफ राइट्स तथा मानवाधिकार घोषणा पत्र जारी हुये। लेकिन जनसाधारण के लिये मानवाधिकार आज भी मृगतृष्णा बने हुये हैं। मानवाधिकारों के संदर्भ में अन्तर्राष्ट्रीय मानवाधिकार घोषणापत्रों का उल्लेख किया जाना समीचीन होगा। मानवाधिकार घोषणापत्रों का इतिहास अतीत का एक महत्त्वपूर्ण दस्तावेज है। इन दस्तावेजों में मानवाधिकारों को एक अहम अधिकार प्रदान किया गया है। मानवाधिकार विषय घोषणा पत्रों एवं चार्टरों में "संयुक्त राष्ट्र चार्टर" का अपना अनूठा स्थान है। इस चार्टर में मानवाधिकारों को महत्त्वपूर्ण स्थान प्रदान किया गया है। चार्टर की प्रस्तावना में मानवाधिकारों के प्रति अटूट विश्वास व्यक्त किया गया है। संयुक्त राष्ट्र संघ का यह मुख्य उद्देश्य है कि वह मानवाधिकारों तथा मूलभूत स्वतंत्रताओं को बिना जाति, धर्म, लिंग अथवा भाषा के भेदभाव के लागू एवं प्रोत्साहित करें। अनुच्छेद 55 में हस प्रकार की व्यवस्था की गई है। चार्टर के अनुच्छेद 56 में संयुक्त राष्ट्र संघ के सभी सदस्य राष्ट्रों में यह संकल्प लिया है कि वे अनुच्छेद 55 में निहित उद्देश्यों की प्राप्ति के लिए हरसंभव संयुक्त एवं पृथक प्रयास करेंगे। चार्टर में आर्थिक तथा सामाजिक परिषद् को मानवाधिकारों तथा मूलभूत स्वतंत्रताओं को प्रोत्साहित करने के लिए विपुल शक्तियाँ प्रदान की गई। चार्टर में एक प्रन्यासी प्रणाली का सृजन कर उस पर यह दायित्व अधिरोपित किया गया है कि वह मानवाधिकारों तथा मूलभूत स्वतंत्रताओं को प्रन्यासी क्षेत्रों में लागू करने का हर सम्भव प्रयास करें।

लुइस हेन्किन का अपनी कृति-"दी युनाइटेट नेशन्स एण्ड ह्यूमन राइट्स इन्टरनेशनल आर्गेनाइजेशन" में यह कहना है कि-

"संयुक्त राष्ट्र संघ किसी भी कथा में अर्थात् प्रत्येक कथा में मानवाधिकारों का महत्त्वपूर्ण स्थान होगा।"

लाटर पेंट का मानना है कि-"संयुक्त राष्ट्र संघ चार्टर मानवाधिकारों के विषय में राज्यों पर कतिपय उत्तरदायित्व अधिरोपित करता है।"

प्रो. जॉन हम्पी कहते है–"संयुक्त राष्ट्र संघ में मानवाधिकारों के विषय में कतिपय नियम एवं मानदण्ड स्थापित किये हैं। राज्यों का यह उत्तरदायित्व है कि यह विषय में सहयोग करें।"

अधिकार का अभिप्राय राज्य द्वारा व्यक्ति को दी गई कुछ कार्य करने की स्वतंत्रता अथवा सकारात्मक सुविधा प्रदान करना है जिससे व्यक्ति अपनी शारीरिक, मानसिक एवं नैतिक शक्तियों का पूर्ण विकास कर सके।

लॉस्की के अनुसार "अधिकार सामाजिक जीवन की वे परिस्थितियाँ हैं जिनके अभाव में सामान्यतः कोई भी व्यक्ति अपने व्यक्तित्व का विकास नहीं कर पाता है।"

बाइल्ड के अनुसार "अधिकार कुछ विशेष कार्यों को करने की स्वाधीनता की उचित मांग है।"

बोसांके के अनुसार "अधिकार वह मांग है जिसे समाज स्वीकार करता है और राज्य लागू करता है।"

भारतीय विद्वान श्रीनिवास शास्त्री के अनुसार "अधिकार समुदाय के कानून द्वारा स्वीकृत वह व्यवस्था नियम अथवा रीति है जो नागरिक के सर्वोच्च नैतिक कल्याण में सहायक हो।"

सृष्टि के इतिहास का एक ऐसा काल बिन्दु, जब प्राण का एक यंत्र विशेष, जिसे मानव कहा जाये, यह वह बिन्दु है जिसे एक क्षीण-सी विभाजन रेखा द्वारा उस मानव प्राण को अन्य जीवधारियों से पृथक् कर सकें। एक सामान्य धारण है कि निम्न क्षुद्र पशुप्राण से मानव प्राण की रचना हुई और मानव प्राण कुछ संश्लिष्ट यौगिक तत्त्वों का एक उत्कृष्ट संघात है अथवा यह प्राण के विकास की चरम अवस्था है। डार्विन आदि विद्वानों की अवधारणाएँ कुछ इसी प्रकार की हैं कि सघन जल प्रदेशों में सूर्य के उत्ताप से और जल में उसके विकिरण के प्रभाव से कुछ कोशिकाओं के समूह से प्राणियों की रचना जल में प्रारम्भ हुई। संसार के अनेकों दर्शन जल को जीवन की मूल सत्ता मानते हैं। यूनान में दर्शन का प्रारम्भ थेल्स (585 बी.सी.) से माना जाता है और थेल्स ने जल को सृष्टि का मूल तत्त्व माना है। ये नितान्त सम्भव है कि जिस मूल सत्ता को जल माना गया हो वह पेयजल न होकर जल की कोई पूर्वावस्था या और भी पूर्वतर व्यवस्था रही हो। वेदों से सम्बन्धित शास्त्रों में नारायण की कल्पना जल की मूल सता के रूप में की गई। नारा का अर्थ जल है तथा जल का नियमन करने वाली सत्ता का नाम नारायण है। अयण शब्द प्रदेश, क्षेत्र या विभाग का अर्थ रखता है। अतः जलीय तत्त्वों की आदि शक्ति नारायण के रूप में प्रतिष्ठित है। पौराणिक अवतारों के प्रसंग में मत्स्य, कूर्म, वाराह और नृसिंह अवतार स्पष्टतः जलसृष्टि से प्रारम्भ कर पृथ्वी पर अर्द्धमानव तक प्राण की श्रृंखला का इतिहास है। वैज्ञानिकों ने भी यही स्वीकार किया है कि जल सृष्टि और थल सृष्टि में प्रथम चतुष्पादों की सृष्टि हुई और इस बिन्दु तक की यात्रा में भी अनेक जैविक योनियों की कल्पना की

गई है और की जा सकती है। जल और थल सृष्टि के संधिकाल में अनेकों रेंगने वाले और अनेकों दोनों क्षेत्रों में प्राण धरने वाले जीवों की कल्पना सम्भव है और तार्किक भी। चतुष्पादों में विकास होकर उस बर्बर प्राणी की रचना सम्भव हुई होगी जिसे नृसिंहावतार का अर्द्धमानव और अर्द्धपशु चरितार्थ करता है। ये नृसिंहावतार जैविक विकास में होम्यो सैफ्यिन कहे जाने वाले प्राणी का वर्णन है और यह स्वाभाविक है कि इस बिन्दु के पश्चात् मानव का विकास उसकी बुद्धि का विकास रहा है और बुद्धि के विकास के कारण ही तत्पश्चात् उस नृसिंह जैसे प्राणी के स्वरूप और स्वभाव में शनैः-शनैः विकास हुआ। बुद्धि ने उसे हाथों से काम लेना सिखाया और वह श्रम का अभ्यस्त हो गया। यहीं से वह प्राण की एक नयी परम्परा बनकर प्रतिष्ठित हुआ और मानव कहा जाने लगा।

शताब्दियों तक यह मानव अव्यवस्थित रहा होगा। किसी संयोग से परिवार की स्थापना हुई होगी और श्रम की जिज्ञासा और बुद्धि के उपयोग ने निश्चित आवास में जीवनयापन करना प्रारम्भ किया होगा। संविदा सिद्धान्त के तीनों विद्वान (हॉब्स, लॉक, रूसो) इस पर सहमत हैं कि मानव का यह जीवन प्राकृतिक अवस्था में था जहाँ मानव स्वावलम्बी और सम्पूर्ण था, अपनी समस्याओं का स्वयं ही समाधान करता था और अपने विवादों का स्वयं ही निर्णायक था। इस प्राकृतिक अवस्था के स्वरूप के विषय में तीनों विद्वानों में मतभेद है। हॉब्स के मत में मानव की यह बर्बर अवस्था थी और जीवन क्षुद्र, अल्प और कुत्सित था, लॉक के मत में मानव का यह सौम्य और शान्त जीवन था। रूसो का विचार इन दोनों विचारों के मध्यमार्ग को स्वीकार करता है, रूसो ने माना कि मानव का यह जीवन अज्ञान का जीवन था, विधि से उसका कोई परिचय न था, विधि के अभाव में अनैतिक और नैतिक जैसी अवधारणाएँ विद्यमान नहीं थी किन्तु मानव जीवन रक्षा और उदरपूर्ति के साधनों के भटकाव में अवश्य था। आत्मरक्षा के लिए अन्य व्यक्तियों अथवा जन्तुओं पर आक्रमण करना आवश्यक हो जाता था और अन्य जन्तु न केवल सुरक्षा की दृष्टि से वरन् क्षुधा की दृष्टि से भी मानव पर आक्रमण किया करते थे। भारतीय सिद्धान्त इन तीनों के मिश्रित स्वरूप को स्वीकार करता है। मनु, महाभारत और कौटिल्य तीनों ही सन्दर्भों में इस अवस्था को मत्स्य न्याय के रूप में लक्ष्य किया गया है। किन्तु यह अर्थ एकरूपक है। जल सृष्टि में तो वस्तुतः यही होता है कि बड़ा मत्स्य को निगल जाता है किन्तु मानवीय सन्दर्भ में इसका अर्थ केवल बल की प्रधानता है। बलवानों ने निर्बलों को पाराभूत करना प्रारम्भ किया और तभी आचार के नियमन और सामाजिक व्यवस्था की ओर ध्यान आकृष्ट हुआ। राज्य नामक संस्था का उदय इसी बिन्दु से हुआ और राज्य संस्थाओं के उदय से ही व्यक्ति की गरिमा का बोध होने लगा। अराजक अवस्था में व्यक्ति की कोई गरिमा न थी। व्यक्ति की दृष्टि में व्यक्ति का कोई मूल्य न था। जीवन और सम्पत्ति की सुरक्षा से यह मूल्यबोध हुआ और मूल्यों के संरक्षण के निमित्त शासन व्यवस्था का जन्म हुआ। जिन व्यक्ति विशेषों को शासन धारण करने के निमित्त निर्वाचित किया गया। वे राजा कहलाने लगे और वे प्रजा में व्यक्ति के जीवन और सम्पत्ति की सुरक्षा करने लगे। जीवन और सम्पत्ति यही उस युग के मौलिक और प्रारम्भिक मूल्य थे। अन्य मूल्यों का विकास नहीं हुआ था और इसी प्रकार इन

प्रारम्भिक राज्यों का स्वरूप और कार्यकलाप संक्षिप्त रहा होगा। स्मृति साहित्य में, विशेषत: अतिचर्चित मनुस्मृति में, धर्म के विशाल और विशालतम ग्रन्थ रामायण और महाभारत में तथा राज्यतंत्र के अमरग्रन्थ अर्थशास्त्र में राज्यविहीन अवस्था को मत्स्य न्याय की संज्ञा दी गई है। जहाँ प्राणीमात्र भयभीत रहता है और उस अवस्था में प्राण ही एक प्रथम और अन्तिम मूल्य होता है। यहाँ किसी भी निर्बल को प्रबलतर प्राणी से, प्राण का भय सदैव ही बना रहता है। मात्स्य न्याय कहकर इसे जलचर जन्तुओं के व्यवहार की उपमा दी गई है। प्राण ही प्राण का भोजन है, यह उक्ति जल जगत में ही सबसे अधिक चरितार्थ होती है। वहाँ सबल मच्छ निर्बल को निगलकर ही जीवित रह पाता है। इस आतंक की अवस्था को समाप्त करने के निमित्त राज्य संस्थाओं का जन्म हुआ। राज्य का व्याकरणिक अर्थ शासन से है। शासन को धारण करने वाले अथवा शासक ही राजा कहलाये। इसके समानान्तर पाश्चात्य दर्शन की इसी के समकक्ष यह मान्यता है कि यह अवस्था प्राकृतिक अवस्था थी और यहाँ जीवन की संज्ञा पतित, क्षुद्र और क्षणभंगुर थी। हॉब्सा ने इसे नैस्ट्री, ब्रूटिश और शार्ट कहा है। यह बर्बर युग था। इहिास में इसे पूर्व-पाषाण से भी पूर्वतरकाल के रूप में लक्ष्य किया जा सकता है। इसकी काल गणना असम्भव होने के कारण पाश्चात्य राजनीतिशास्त्र में इसे स्टेट ऑफ नेचर कहा गया है। हिन्दी व्याकरण में जो प्राकृतिक है वही दैविक है। देव संज्ञा प्राकृतिक तत्त्वों के लिए ही प्रयुक्त होती है। स्पष्ट है कि यह प्राकृतिक अथवा दैविक अवस्था हीशासन व्यवस्था की जननी है। अत: पश्चात्य और भारीतय चिन्तन में सये समान रूप से स्वीकार कर लिया गया कि राज्य व्यवस्था प्राकृतिक होने के कारण एक दैवीय व्यवस्था है। ऋषियों और मुनियों ने शासन व्यवस्था में देवत्व का पुट होने के कारण शासकों को भी दिव्य अलौकिक गुणों से मण्डित कर दिया। सूक्ष्म दृष्टि से देखने पर राज्य के दैवीय सिद्धान्त का अर्थ उसका कालातीत बोध है। अनादि व्यवस्था को ही दैवीय व्यवस्था इसलिए मान लिया जाता है कि वो अज्ञात होती है, अज्ञात का ही अर्थ देव है। दैवीय व्यवस्था वह केवल इसलिए है कि इस व्यवस्था के मानवीय कृत होने का केवल अनुमान है कोई प्रमाण नहीं है। भारत में कौटिल्य ने और पश्चिम में सामाजिक संविदा के विचारकों ने यह अनुमान तो किया है कि यह व्यवस्था मानवीय सहमति के आधार पर च्रलित हुई है। स्वयं मनु ने भी स्वीकार किया है कि उनके पास एक शिष्ट मण्डल आया और उसने उनसे व्यवस्था के विषय में जिज्ञासा की। कौटिल्य ने यहाँ तक स्वीकारा है कि उस शिष्ट मण्डल ने इन्हीं मनु को प्रथम राजा नियुक्त किया। यहाँ तक दैवीय व्यवस्था के विषय में भारतीय और पाश्चात्य मत में कोई विरोध नहीं है। यह व्यवस्था मानवीय व्यवस्था है। अत: मानवों द्वारा ही सम्पन्न हुई होगी, तथापि इसके वास्तविक प्रारम्भ का बिन्दु काल में अज्ञात होने के कारण इसे अनादि या दैवीय स्वीकार कर लेने में कोई आपत्ति नहीं है। इस विचार में भारतीय और पाश्चात्य चिन्तन में जा भेद का बिन्दु है वह यह कि पाश्चात्य देशों में इस सिद्धान्त ने राजाओं को निरंकुश बनाया वहीं भारत में इस दैवीय सिद्धान्त का अर्थ राजा द्वारा प्रजा का रंजन माना गया है। पाश्चात्य और भारत दोनों ही सन्दर्भों में राजा की दैवीय उत्पत्ति की धारणा धर्म से संयुक्त हो गई और दोनों प्रकार के दैवी सिद्धान्त धर्म से अत्यधिक प्रभावित रहे। दोनों ओर के इस व्यावहारिक भेद के कारण पाश्चात्य देशों में धर्म लगभग

राज्याश्रित हो गया जबकि इसके विपरीत भारत में राज्यधर्म के आश्रित रहा। भारत में दैवी सिद्धान्त का केवल एक अर्थ रहा है कि व्यवस्था स्वयं एक दैवी पद्धति है और अन्तत: सब कुछ निस्सार और केवल व्यवस्था ही अनादि अनश्वर सिद्ध होती है। इस संसार में सब कुछ नश्वर है। जो जन्म लेता है उसकी मृत्यु निश्चित है, जिसका निर्माण होता है उसका नाश निश्चित है किन्तु इस सार्वभौमिक सत्य का प्रमाण ही व्यवस्था है। जन्म-मृत्यु, उत्पत्ति-विनाश, रात्रि-दिवस, ग्रह-नक्षत्रों की सन्तुलित गति, ऋतु परिवर्तन, वार और तिथियों की स्थिति, सब कुछ सुनिश्चित और व्यवस्थित है। यह एक स्वयंभू व्यवस्था है, एक स्वचालित व्यवस्था है। मानव की शक्ति और स्वेच्छा से पर होने के कारण यह दैवीय है। व्यवस्था के इस दैवीय स्वरूप के अनुरूप ही राज्य व्यवस्था की अवधारणा ने जन्म लिया और भारतीय चिन्तन का निरन्तर यही प्रयत्न रहा कि राज्य व्यवस्था और सामाजिक संरचना विश्व में परिचालित दैवीय व्यवस्था के ही सर्वथा अनुरूप और अनुकूल हो। यम, इन्द्र, वरूण, वायु, कुबेर, सूर्य, चन्द्र आदि-आदि सृष्टि की व्यवस्था के प्रमुख तंत्र हैं। इन्हीं तंत्रों की स्वनिहित ऊर्जा और इन्हीं की केन्द्रस्थ शक्ति से विश्व की व्यवस्था में सुनिश्चितता वर्तमान रहती है। भूगोल की व्यवस्था को खगोल की इस व्यवस्था से अनुकूलन के महान् मन्तव्य से प्रेरित ऋषि-मुनियोने राजा में दैवीय व्यवस्था के उन संचालक तत्त्वों का सन्निवेश किया। इन शक्तियों के सन्निवेश से राजा उन्हीं गुणों का अनुसरण करने में साधक बना और जिस प्रकार ये शक्तियाँ संसार की सेवा में रत हैं उसी प्रकार राजा भी सामाजिक व्यवस्था के प्रति समर्पित रहा। भारतीय चिन्तन में धर्म और राज्य में न कभी कोई समझौता हुआ न साझेदारी। इस चिन्तन की प्रधान विलक्षणता यह रही, यहाँ राजा और प्रजा दोनों को ही धर्म का भय रहता था। पाश्चात्य देशों में इस अवधारणा का दुरुपयोग इस सीमा तक हुआ कि जन्मजात नरेश स्वयं को ईश्वर ही मान बैठे और सर्वशक्तिमान होने के गर्व में प्रजा पर अन्याय करने लगे। वहाँ धर्म राजाओं से सहयोग करता रहा और अन्तत: समाज दो विपरीत वर्गों में विभाजित होकर रह गया। एक वर्ग सम्पन्नों, सबलों और सम्भ्रान्तों का दूसरा वर्ग निर्बलों, विपन्नों और दरिद्रों का।

इस मौलिक भेद का एक प्रभाव यह हुआ कि भारतीय दर्शन में मानव की गरिमा एक सुचिन्ति और सुनिश्चित तत्व के रूप में सदैव प्रतिष्ठित रही। इतिहास और पुराणों ने, स्मृतियों और शास्त्रों ने मानवीय गरिमा को शासन व्यवस्था का एक मूल मन्तव्य माना। दूसरी ओर पाश्चात्य देशों में धर्म और राज्य की दुरभि सन्धि के कारण वर्गभेद ने समाज को झकझोर दिया और विश्व में प्रख्यात क्रान्तियाँ हुईं। इन भीषण क्रान्तियों और भयंकर रक्तपातों के पश्चात् वहाँ मानवीय गरिमा को प्रत्याभूत किया गया। राज्य सत्ता और धर्म, ये दो तत्त्व, पाश्चात्य सभ्यता के इतिहास में मध्ययुग की दो प्रबलतम अनीतियाँ थीं। राजा मानवीय गरिमा के प्रति नितान्त उदासीन हो गये और धर्म ने इस विशृंखल व्यवस्था का कभी विरोध नहीं किया। भारत भी दुर्भाग्य से विदेशी शक्तियों से शासित और पराधीन हो गया और विदेशी शासन ने मानवीय गरिमा की भारतीय मान्यताओं को ध्वस्त कर दिया। विश्व की प्रमुख क्रान्तियों से प्रेरणा ग्रहण कर भारत में भी लगभग एक शताब्दी तक स्वाधीनता के

लिए क्रान्ति होती रही और स्वाधीनता के पश्चात् जिस नये संविधान ने जन्म लिया उसमें मानवीय गरिमा को पुनः प्रतिष्ठित किया गया।

मानवीय गरिमा का आधुनिक परिवेश और मानवीय गरिमा के राजनीतिक आयाम इन विश्व क्रान्तियों की ही देन हैं। इन विश्व क्रान्तियों की वैचारिक पृष्ठभूमि का निर्माण वैज्ञानिक चेतना से हुआ। विज्ञान ने जीव-जगत के विकास में रुचि लेकर विकासवाद के नाम से एक वैचारिक क्रान्ति का सूत्रपात किया। विश्व की अन्य गतिविधियों में भी इसी प्रकार अनुसंधान हुए और सृष्टि में जैविक विकास के दो सिद्धान्त स्थिर हुए—गति और शक्ति। गति और शक्ति के समायोजन और सन्तुलन से ही सृष्टि की समस्त वस्तुओं और संसार के सभी प्राणियों की रचना सम्भव हो पायी। शनैः-शनैः यही सिद्धान्त सामाजिक विकास के इतिहास में लागू किया जाने लगा। जैविक और भौतिक संसार के समान ही समाज को एक परिवर्तनशील सत्ता के रूप में लक्ष्य किया जाने लगा। इस प्रकार भौतिक विज्ञान से गतिशास्त्र का सिद्धान्त समाज विज्ञान में प्रवेश कर गया। सृष्टि की परिवर्तनशील सत्ता में विज्ञान ने जिस प्राकृतिक शक्ति का अन्वेषण किया, समाजशास्त्र में राज्यशक्ति को उसी का प्रतिमान मान लिया गया और सामाजिक व्यवस्था में भी सामाजिक गति और राज्यशक्ति के सन्तुलन और समायोजन की अपेक्षा होने लगी। वैचारिक क्रान्ति का जन्म वैज्ञानिक अनुसंधान के कारण हुआ और वैचारिक क्रानित का सूत्रपात राजनीतिक क्रान्ति का आधार बना। वैचारिक क्रान्ति के फलस्वरूप, दार्शनिक और समाजशास्त्री मानवीय जीवन, मानवीय मूल्यों और मानवीय समस्याओं के प्रति आकृष्ट होने लगे। कल्पनाओं का स्थान तर्क ने ले लिया और समाज में नयी चेतना आ गयी। सामाजिक गति और राजनीतिक शक्ति के सन्तुलन की आवश्यकता ने विकासवाद के सिद्धान्त को राजनीतिशास्त्र में विस्थापित कर दिया और यह माना जाने लगा कि जिस प्रकार जैविक और भौतिक सृष्टि एक क्रमिक विकास का परिणाम हैं। उसी प्रकार राज्य संस्थाएँ भी सामाजिक विकास का परिणाम हैं। राज्य का सामाजिक संविदा सिद्धान्त इसी वैचारिक क्रान्ति की देन है।

इस वैचारिक क्रान्ति का सूत्रपात मूलतः इंग्लैण्ड में हुआ और तत्पश्चात् फ्रांस इस वैचारिक क्रान्ति से प्रभावित हुआ। इंग्लैण्ड में थॉमस हॉब्स और जॉन लॉक तथा फ्रांस में जीनजैक्वी रूसो ने राज्य संचालन में समाज की साझेदारी के सिद्धान्त का प्रतिपादन किया। यद्यपि इन तीनों चिन्तकों के मत में न्यूनाधिक भेद हैं किन्तु तीनों की मौलिक प्रस्थापनाओं में अन्तर नहीं है। इन तीनों ने ही विज्ञान के गति सिद्धान्त के आधार पर सामाजिक परिवर्तनों का आकलन किया और शक्ति सिद्धान्त के समीकरण से इन्होंने राज्य सत्ता के वास्तविक स्रोत का अनुसंधान किया। क्रान्तियों का जन्म इसी वैचारिक पृष्ठभूमि में हुआ। इस वैचारिक क्रान्ति के प्रवर्तन से जो राजनीतिक क्रान्तियाँ हुईं, उनमें दो मान्यताएँ स्थिर हुईं—प्रथम यह कि क्रान्तियाँ ही मानवीय गरिमा की अग्रदूत हैं और द्वितीय यह कि मानवी गरिमा की मूलभूत शर्त राजसत्ता में मानव की भागीदारी है। राजनीतिक क्रान्तियों में इस द्वितीय सूत्र की महत्त्वपूर्ण भूमिका रही और यह इसी सूत्र से स्पष्ट हुआ कि राजनीतिक शक्ति का स्रोत कोई राजपुरुष नहीं वरन् जनता जनार्दन है। राजा शक्ति का अधिष्ठान हो सकता है किन्तु

शक्ति का अधिनायक नहीं। सामाजिक संविदा सिद्धान्त के सभी विचारकों का समान रूप से यही मत है कि शक्ति का अधिनायक प्रजा वर्ग है। प्रजा गण में व्याप्त शक्ति ही शासक को प्राप्त होती है और इस प्राप्त होने की एक प्रक्रिया को इन विचारकों ने सामाजिक संविदा का नाम दिया। मान्यता यह हो गई कि शासन की संरचना संविदात्मक है और इस संविदा के आधार पर शासक के प्रति शासितों द्वारा सत्ता सम्प्रदान होता है।

संविदा सिद्धान्त की मान्यता से नरेशों की दैवी उत्पत्ति का विश्वास समाप्त हो गया। वैज्ञानिक चेतना ने यह सिद्ध कर दिया कि राजा न कोई देवता है न ईश्वर। 1588 से 1688 तक इंग्लैण्ड में चली गौरव क्रान्ति, 1775-1783 तक चली अमेरिका की स्वाधीनता क्रान्ति, 1789 से 1799 तक चली फ्रांस की राज्य क्रान्ति का लक्ष्य प्रधानता: नरेशों के दैवी उत्पत्ति के सिद्धान्त का खण्डन करना और उनके निरंकुश अधिकारों की आस्था को छिन्न-भिन्न करना था। इस सभी क्रान्तियों का राजनीतिक लक्ष्य एक नवीन सामाजिक दर्शन की स्थापना था और इस नये सामाजिक दर्शन का आधार मानवीय गरिमा था। जीव जगत से मानवीय गरिमा तक के इतिहास की यह दार्शनिक पृष्ठभूमि है। इन क्रान्तियों के मर्म में अन्तर्भूत प्रश्न यह था कि मानवीय गरिमा के आधुनिक सन्दर्भों की सुरक्षा के लिए राज्यसत्ता जनता में निहित होनी चाहिए और राज्य शक्ति का संचालन जनता द्वारा निर्वाचित प्रतिनिधि मण्डल के द्वारा होना चाहिए और तृतीय यह कि इस प्रतिनिधि मण्डल का वचन अन्तिम वचन के रूप में मान्य हो। इन प्रश्नों को एक वैचारिक और वास्तविक क्रान्ति का लक्ष्य बनाकर, इंग्लैण्ड में ट्यूडर वंश के राजाओं और संसद में भयंकर संघर्ष की स्थिति आ गई और गौरव क्रान्ति के नाम से यह क्रान्ति 1588 से 1688 तक सम्पूर्ण शताब्दी तक प्रचलित रही। मानवीय गरिमा के आधार पर चलायी गयी यह क्रान्ति 1689 में बिल ऑफ राइट्स के अधिनियम से अपना उद्देश्य पूरा कर पायी। मानव की गरिमा का प्रमाणीभूत यह दस्तावेज मानव की गरिमा के वर्तमान लोकतांत्रिक स्वरूप का एक मूर्तिमत्त सिद्धान्त है। मानव की राजनीतिक चेतना ने उसकी गरिमार का विस्तार किया और गरिमा के वृक्ष को शाखा-प्रशाखाओं में विभक्त किया। गरिमा के लोकतांत्रिक स्वरूप में गरिमा बहुमुखी हो गयी और उसके नितनूतन विभिन्न स्वरूप प्रकट होने लगे। इंग्लैण्ड की क्रान्ति का एकमात्र साध्य सामाजिक संविदा सिद्धान्त में जनता की निर्वाचकीय शक्ति को सर्वोपरि स्थान प्रदान करना था। सामाजिक सविदा सिद्धान्त के दो महान चिन्तक इस क्रान्तिकाल में सक्रिय थे—थॉमस हॉब्स और जॉन लॉक। 1689 के बिल ऑफ राइट्स का अधिनियम स्वयं के स्वरूप में था तथा संसद और सम्राट के मध्य यह प्रथम संविधानिक अनुबन्ध था। इस क्रानित की चरम उपलबिध यह थी कि राजाओं की दैवी उत्पत्ति का सिद्धान्त आपादमस्तक ध्वस्त हो गया और मानवीय गरिमा राजनीतिक गतिविधियों में जगमगाने लगी। इसी वर्ष जॉन लॉक के 'सिविल गवर्नमेण्ट' नामक ग्रन्थ के दोनों खण्ड प्रकाशित हुए और इससे भी पूर्व हॉब्स का 'लेवियाथन' 1651 में प्रकाशित हो चुका था। हॉब्स ने यद्यपि सामाजिक संविदा के दर्शन को जन्म दिया तथापि इसके सामान्य सिद्धान्त सम्राट पक्षी थे। मूल्यांकन की दृष्टि से यह ग्रन्थ गृहयुद्ध का प्रणेता न होकर गृहयुद्ध की

आशंका से ग्रस्त था। उस समय हॉब्स, लार्ड हाड़विक नामक सरदार का शिक्षक था। 1640 में चार्ल्स प्रथम के शासन में संसद का एक दीर्घ अधिवेश चला और संसद का एक दीर्घ अधिवेशन चला और संसद ने सम्राट पक्षी व्यक्तियों को बन्दी बना लिया। हॉब्स के पूर्व प्रकाशित ग्रन्थ 'थूसी डाइसिस' जो सन् 1628 में प्रकाशित हुआ में हॉब्स ने लोकतंत्र की निन्दा की थी। अतः वह इस क्रान्ति से भयभीत था और कुछ काल के लिए फ्रांस चला गया। यह नितान्त सम्भव है कि फ्रांस में सोशल कान्ट्रेक्ट के प्रणेता रूसो के सिद्धान्तों के मूल बीज हॉब्स ने ही अपने फ्रांस के प्रवास काल में बो दिये हों।

1588 से पूर्व इंग्लैण्ड में संसद की शक्ति नगण्य थी। परिणाम यह था कि मानवीय गरिमा कुण्ठित थी और राजा लोग उसे विकसित नहीं होने देते थे। उस समय संसद पर ट्यूडर वंश के सम्राट की ही आज्ञा चलती थी। 1588 में एक विख्यात युद्ध हुआ था जिसमें स्पैनिश आर्मडा की पराजय हो गयी थी। जनता द्वारा सम्राट की सत्ता को नकारना वहीं से प्रारम्भ हो गया था। जेम्स प्रथम की संसद से कभी बनी नहीं और 1625 में अपनी मृत्यु तक उसने किसी संसद को अपना कार्यकाल पूरा नहीं करने दिया और लगातार संसदों को भंग करता रहा। 1628 में चार्ल्स प्रथम के समक्ष संसद ने पिटीशन ऑफ राइट्स के नाम से एक याचिका प्रस्तुत की जो उसने स्वीकार तो कर ली किन्तु संसद को तत्काल भंग कर दिया। परिणाम यह हुआ कि वह 1629 से 1640 तक बिना किसी संसद के ही राज्य करता रहा। परिणामस्वरूप गृहयुद्ध छिड़ गया जो एक वर्ष चला और 1649 में चार्ल्स प्रथम का सिरच्छेद कर दिया गया। इसके पश्चात् भी 1688 तक स्थिति में कोई सुधार नहीं हुआ और जेम्स द्वितीय की निरंकुशता ने स्थिति को हीनतर बना दिया और उसके समक्ष भी लगभग वही स्थिति आ गई जो चार्ल्स प्रथम के समक्ष थी। अतः वह प्राण रक्षा के निमित्त फ्रांस की ओर पलायन कर गया।

1689 में सर्वप्रथम पिटीशन ऑफ राइट्स को बिल ऑफ राइट्स के नाम से अधिनियमित कर दिया गया और अन्ततः 1701 में एक्ट ऑफ सैटिलमेण्ट के द्वारा संसद ने राजसत्ता पर पूर्ण अधिकार कर लिया। तात्पर्य यह है कि संसद को राजा के मनोनयन और राजा को पदच्युत करने का अधिकार भी प्रकारान्त से प्राप्त हो गया। 1775 ई. में अमेरिका के 13 उपनिवेशों की जनता ने इंग्लैण्ड के शासन के विरुद्ध स्वाधीनता अभियान प्रारम्भ कर दिया। इस अभियान का प्रारम्भ 1620 में ही हो गया था। 1620 में इंग्लैण्ड के नरेश ने कुछ धर्मगुरुओं को निर्वासित कर दिया था और उन्हें अमेरिका के किसी उपनिवेश में एक पोत में भेजा जा रहा था। इस पोत का नाम 'मेफ्लावर' था। इसी पोत पर उन धर्मगुरुओं ने पारस्परिक निष्ठा से ईश्वर को साक्षी मानकर एक संविदा का गठन किया और मानवीय गरिमा सामाजिक संविदा सिद्धान्त का एक मौलिक सिद्धान्त बन गयी।

वर्तमान लिखित संविधानों की प्रस्तावनाएँ इसी 'मेफ्लावर' पोत में ली गई शपथ के प्रारूप का शब्दभेद से अनुकरण मात्र होती हैं। लिखित संविधानों की परम्परा में मानव की गरिमा इस संविदा का निमित्त और इस संविदा का प्रतिफल है। इन प्रस्तावनाओं में

उन मूल्यों का प्रायः समावेश और उल्लेख रहता है जो कि उस देश और काल में मानव की गरिमा के जाने माने आयाम हों। अमेरिका के इन 13 उपनिवेशों में स्वाधीनता के लिए प्रथम युद्ध इंग्लैण्ड के सम्राट के विरुद्ध 1775 में हुआ और 1783 तक चलकर वारसाई की सन्धि में समाप्त हुआ। उसी वर्ष प्रथम लिखित संविधान, संयुक्त राज्य अमेरिका का, निर्माण होने के क्रम में आया और एक अधिवेशन के पश्चात् उसी वर्ष पारित हो गया। इस संविधान की प्रस्तावना का प्रारूप लगभग वही है जो 'मेफ्लावर' पोत में निर्वासित धर्मगुरुओं ने निर्मित किया था। यह संविधान 4 मार्च, 1789 को प्रभाव में आया और उसी वर्ष फ्रांस में क्रान्ति प्रारम्भ हो गई। क्रान्तिकारी फ्रांस के नरेश लुई 16वें के महल में घुस पड़े और रानी एण्टोइनी सहित उसकी हत्या कर दी और उस संविदा पर, जो वे साथ ले गये थे, राजा और रानी के राक्त से उन क्रान्तिकारियों ने हस्ताक्षकर कर दिए। 1791 में फ्रांस का प्रथम संविदात्मक संविधान प्रभाव में आया। यहाँ ध्यातव्य तथ्य यह है कि रूसो का 'सोशल कान्ट्रेक्ट' 1762 में ही प्रकाशित हो चुका था। हॉब्स और रूसो के सामाजिक संविदा सिद्धान्त में भेद का मूल लक्षण यही है कि जहाँ हॉब्स का ग्रन्थ सम्राटपक्षी होकर गृहयुद्ध की आशंका से ग्रस्त था, वहीं रूसो का ग्रन्थ प्रजापक्षी होकर क्रान्ति का प्रणेता था। सम्राटपक्षी हॉब्स की यह मान्यता थी कि सामाजिक संविदा सिद्धान्त में सत्ता का हस्तान्तरण केवल एक बार और सदैव के लिए होता है और संविदा के सम्पन्न हो जाने के पश्चात् सत्ता के सम्प्रदान को निराकत नहीं किया जा सकता तथा रेश को सत्ताच्युत नहीं किया जा सकता। रूसो ने सामाजिक संविदा में नरेश की न कोई आवश्यकता समझी और न कोई उपयोगिता बताई। सामाजिक संविदा मूलतः और अन्ततः नागरिकों का समझौता, नागरिकों के लिए और नागरिकों द्वारा किया हुआ समझौता है। इस सिद्धान्त का सार यह है कि मानवीय गरिमा के निर्णायक किसी देश के नागरिक हैं और ये नागरिक स्वयं ही अपने शासक हैं और स्वयं से अन्य उन्हें और किसी का शासन स्वीकार्य नहीं। मानवीय गरिमा के इसी स्वरूप का बज्रघोष करके अब्रहाम लिंकन ने गैटिसबर्ग में दिये गये अपने विश्वविख्यात भाषण के अन्तिम शब्दों में प्रजातंत्र को परिभाषित करते हुए यह कहा था कि, "प्रजातंत्र, प्रजा का, प्रजा के लिए, प्रजा द्वारा शासन होता है।" मानवीय गरिमा का प्रथम सूत्र राजनीतिक स्वाधीनता इन्हीं क्रान्तियों की देन है। इस शताब्दी में रूस की क्रान्ति 27 जनवरी, 1905 को अपने प्रखर स्वरूप में आयी। उस दिन धर्मगुरु गैपन एक विशाल जनसमूह को लेकर गोलियों की बौछार का सामना करते हुए जार के महल में धुस गये और रूस की यह बोलशेविक क्रान्ति अन्ततः 15 मार्च, 1917 को सफल हो गई और उस दिन रूस के प्रतापी राज का पद समाप्त होकर रूस का प्रथम संविदात्मक संविधान अस्तित्व में आया।

1857 से 1947 तक भारत में स्वाधीनता के लिए संघर्ष किया और अन्ततः अंग्रेजों के शासन से मुक्त हो स्वाधीनता ग्रहण की और दिसम्बर, 1946 में संविधान सभा में संविधान के निर्माण का कार्य प्रारम्भ हो गया और 26 जनवरी, 1950 को इस संविधान को अधिनियमित, अंगीकृत और आत्मार्पित घोषित किया गया। मानवीय गरिमा का प्रखरतम

रूप इस संविधान की उद्देशिका में निखरा है और इसमें विश्वक्रान्तियों के परिप्रेक्ष्य में समाकलित मानवीय मूल्यों का स्पष्ट निरूपण हुआ है। उपर्युक्त जिन क्रान्तियों का सन्दर्भ है वे क्रूर और रक्तपातमय क्रान्तियाँ थीं किन्तु इनका लाभ यह हुआ कि व्यक्ति की गरिमा ने अपनी एक सांविधानिक पहचान बना ली। व्यक्ति की गरिमा राजनीतिक जगत में सत्ता का मूल आधार बन गई। गरिमा के विषय में जनमत प्रबुद्ध हो गया और तत्पश्चात् बिना क्रान्ति और बिना रक्तपात के भी व्यक्ति की गरिमा के नाम पर स्वाधीनता प्राप्त हो गई। क्रान्ति के इस दौर में अनेकों देशों ने सम्प्रभुता प्राप्त की और संविधानों का निर्माण किया। उन संविधानों में सभी में व्यक्ति की गरिमा के मूल्य को संविधान की उद्देशिका में, राज्य की निदेशक नीतियों के प्रसंग में अथवा राज्य के विरुद्ध नागरिक के अधिकारों के रूप में प्रकट किया गया है और इसे अन्तर्निहित मान लिया है। विश्व के सभी राष्ट्रों द्वारा इसकी मान्यता वर्तमान में इसे अन्तर्राष्ट्रीय स्तर तक ले आयी है। जीव-जगत से मानवीय गरिमा के इतिवृत्त की इस पृष्ठभूमि में गरिमा के शास्त्रीय स्वरूप की विवेचना में सुविधा रहेगी।

8

भारतीय संविधान

संविधान का सामान्य अर्थ भारतवर्ष की उस संवैधानिक व्यवस्था से है, जिसके अनुसार नागरिकों के अमर्यादित आचरण के विरुद्ध आपराधिक मामलों का विधान और सिविल मामलों का विधान लागू किया गया है। इसके लिए राष्ट्रीय सुरक्षा एजेंसी, पुलिस इत्यादि तथा न्यायालयों की स्थापना की गई है।

संविधान–अर्थ और परिभाषा

राज्य का लक्ष्य मानव कल्याण की उचित व्यवस्था करना है, किंतु इस लक्ष्य की प्राप्ति तभी की जा सकती है जबकि राज्य के नागरिक अपने जीवन में आचरण के कुछ सामान्य नियमों का पालन करते हों। अतः राज्य अपने नागरिकों के जीवन के संचालन हेतु नियमों का निर्माण करता है, जिनका पालन करना व्यक्ति के लिए आवश्यक होता है और जिनका पालन न करने पर व्यक्ति दण्ड का भागी होता है। राज्य द्वारा निर्मित और लागू किए जाने वाले इन नियमों को ही संविधान कहते हैं।

संविधान की कुछ प्रमुख परिभाषाएँ इस प्रकार हैं–

ऑक्सफोर्ड शब्दकोश में संविधान की परिभाषा ''सत्ता द्वारा आरोपित आचार-व्यवहार के नियम'' के रूप में की गई है।

प्रसिद्ध विधानशास्त्री **ऑस्टिन** के अनुसार ''संविधान संप्रभु की आज्ञा है।''

पाउण्ड के शब्दों में ''न्याय के प्रशासन में जनता और नियमित न्यायालयों द्वारा मान्यता प्राप्त लागू किए गए नियमों को संविधान कहते हैं।''

प्रो. सालमण्ड के अनुसार ''संविधान नियमों का वह समूह है जिसे राज्य मान्यता देता है और न्याय-व्यवस्था के प्रशासन में लागू करता है।''

उपर्युक्त परिभाषाओं के आधार पर कहा जा सकता है कि संविधान वे नियम हैं जिन्हें राज्य के द्वारा निर्मित या स्वीकृत किया जाता है और जिनका पालन न करने पर राज्य के द्वारा दण्डित किया जाता है।

संविधान के उद्गम और स्रोत

संविधान के स्रोत से तात्पर्य उन साधनों से है जो प्रत्यक्ष रूप से संविधान के निर्माण में सहायता देते हैं। आधुनिक राज्यों में साधारणतः विधानमण्डल द्वारा संविधान का निर्माण किया जाता है, किंतु विधानमण्डल के अतिरिक्त भी संविधान के अनेक स्रोत है, जिनका उल्लेख निम्न प्रकार से किया जा सकता है :

1. रीति-रिवाज अथवा परंपराओं

रीति-रिवाज संविधान का प्राचीनतम तथा एक महत्वपूर्ण स्रोत है। रीति-रिवाजों का निर्माण नहीं होता, वरन धीरे-धीरे उनका विकास होता है। ये समाज के वे प्रचलित नियम होते हैं, जिन्हें समाज के सभी सदस्य लंबे समय से मानते चले आ रहे हैं। इन रीति-रिवाजों के पीछे सामाजिक संगठन का नियंत्रण तथा समाज का नैतिक बल रहता है। जब ये रीति-रिवाज समाज में अधिक मान्य तथा प्रचलित हो जाते हैं, तब राज्य उन्हें संविधान का रूप देता है और रीति-रिवाजों पर आधारित इन संविधानों को प्रथागत संविधान कहा जाने लगता है। रोम, में 'ट्वेल्व टेबिल' (Twelve Table) भारत में 'स्मृतियाँ' तथा इंग्लैण्ड में 'कामन लॉ' इसी स्रोत की देन हैं। एक राज्य की वैधानिक व्यवस्था में रीति-रिवाजों का महत्व स्पष्ट करते हुए मैकाइवर ने लिखा है कि ''संविधान के विशाल ग्रंथ में राज्य केवल कुछ ही नए वाक्य लिखता है और कहीं-कहीं एक आध पुराना वाक्य काट देता है, इस ग्रंथ के अधिकांश भागों की रचना में राज्य का कभी कोई हाथ नहीं रहा है परंतु राज्य इस सम्पूर्ण ग्रन्थ से मर्यादित होता है।''

2. धर्म (Religion)

संविधान के विकास में परंपरा की ही भाँति धर्म का भी महत्वपूर्ण स्थान रहा है। धर्म परंपरागत संविधान को धार्मिक विश्वास की मान्यता देकर उसे सबल बनाता है और इस दृष्टि से ये दोनों घनिष्ठ रूप से संबंधित हैं। इतना ही नहीं, धर्म ने प्रत्यक्ष रूप से भी संविधान को जन्म दिया है। प्राचीन काल में ईश्वर को ही समस्त सत्ता और संविधान का उद्गम माना जाता था। इस प्रकार धर्माधिकारियों तथा धर्म-शासकों के माध्यम से अभिव्यक्त

संविधानों का स्वरूप दैवीय होता था। प्राचीन समाज में धर्म तथा संविधान इतने घुले-मिले थे कि जीवन के सभी नियमों के पीछे धार्मिक मान्यता का बल पाया जाता था। विल्सन के अनुसार, ''रोम का प्रारंभिक संविधान धार्मिक नियमों का ही एक संग्रह था।'' आज भी हिंदुओं का संविधान मनु की व्यवस्था के आधार पर टिका हुआ है।

3. न्यायिक निर्णय (Judicial Decision)

जैसे-जैसे सामाजिक व्यवस्था जटिल होने लगी, वैसे-वैसे विभिन्न रीति-रिवाजों में संघर्ष उत्पन्न होने लगा और इस संघर्ष के कारण रीति-रिवाजों की वैधता में संदेह किया जाने लगा। इस स्थिति में कभी-कभी ऐसे विवाद भी खड़े हो जाते थे, जिनका रिवाजों के पास कोई समाधान नहीं था। अतः ऐसे विवाद को सुलझाने के लिए समाज के उन सबसे बुद्धिमान व्यक्ति अथवा व्यक्तियों की सलाह ली जाती थी, जिनका निर्णय सबको स्वीकार हो। ऐसे व्यक्तियों के निर्णयों ने 'संविधानी दृष्टांतों' का रूप धारण कर लिया। बाद में उत्पन्न विवाद सुलझाने के लिए इन पूर्व दृष्टांतों का अनुसरण किया जाने लगा और इस प्रकार न्यायिक निर्णय संविधान के स्रोत बन गए। आज भी न्यायिक निर्णय संविधान के विकास में पर्याप्त सहायक सिद्ध होते हैं।'' संभवतः इसी बात को दृष्टि में रखकर जस्टिस होल्म्स ने लिखा है कि ''न्यायाधीश संविधान बनाते हैं और उनको इसका अधिकार भी है।''

4. संविधानी टीकाएँ (Commentaries)

प्रत्येक देश में संविधान के प्रसिद्ध ज्ञाता कठिन संविधानों के अर्थ को स्पष्ट रूप से समझने के लिए संविधान की व्याख्या करते हुए ग्रंथ रचना करते हैं जिन्हें संविधानी टीकाएँ कहा जाता है। न्यायशास्त्रियों और विधिशास्त्रियों की टीकाएँ भी संविधान का स्रोत होती हैं। टीकाकार संविधान के आधारभूत अमूर्त सिद्धांतों की विवेचना करते हुए उनके यथार्थ स्वरूप पर प्रकाश डालते हैं। न्यायालय में न्यायाधीश इन टीकाओं को मान्यता देते हैं तथा अपने निर्णयों में इनका आदर के साथ उल्लेख करते हैं। इस प्रकार ये टीकाएँ संविधान के विकास में सहायक सिद्ध होती हैं। हिंदुओं में 'मिताक्षरा' अथवा 'दाय भाग' और मुसलमानों में 'फतवा आलमगीरी' संविधान पर टीकाओं के प्रभाव के उल्लेखनीय उदाहरण हैं।

5. साम्य नीति या औचित्य (Equity)

औचित्य भी एक अन्य स्रोत है, जिससे संविधान का उद्भव हुआ है। न्यायाधीशों के समक्ष कभी-कभी ऐसे विवाद उपस्थित हो जाते हैं जिनके संबंध में संविधान कोई प्रकाश नहीं डालता। ऐसी स्थिति में न्यायाधीश विवेक, न्यायशास्त्र के अनुभव और न्याय की साधारण मान्यताओं के आधार पर निर्णय देते हैं और ये निर्णय ही 'औचित्य निर्णय' कहलाते हैं।

6. व्यवस्थापन (Legislation)

व्यवस्थापन संविधान का सबसे अधिक प्रत्यक्ष और महत्वपूर्ण स्रोत है। प्राचीन काल में व्यवस्थापन का कार्य राजा अथवा उसके गिने-चुने लोगों द्वारा होता था और एक

समय संपूर्ण जनता के द्वारा प्रत्यक्ष रूप से व्यवस्थापन भी किया जाता था, किंतु आज लगभग सभी राज्यों में व्यवस्थापन का कार्य व्यवस्थापिका (विधान मण्डल या संसद) द्वारा किया जाता है। व्यवहार रूप में प्रत्येक देश में प्राय: सभी संविधान विधान मण्डल द्वारा बनाए जाते हैं और व्यवस्थापन संविधान के सर्वप्रमुख स्रोत का रूप धारण करता जा रहा है। संविधान के प्रारंभिक स्रोतों का महत्व यद्यपि आज कम हो गया है, किंतु आज भी वे व्यवस्थापन की अति पर अंकुश रखने का कार्य करते हैं।

संविधान के उद्देश्य अथवा कार्य

(Objects or Functions of Law)

नागरिक और राजनीतिक जीवन के कुछ लेखकों द्वारा संविधान के उद्देश्यों के संबंध में अपने विचार व्यक्त किए गए हैं। आर.पाउण्ड (R. Pound) के द्वारा संविधान के चार प्रमुख उद्देश्य बताए गए–

अ. राज्य में शांति प्रस्थापना

ब. समानता की स्थापना

स. व्यक्तिव की रक्षा तथा उसका विकास

द. मनुष्य की आवश्यकताओं की पूर्ति।

इन विचारधाराओं के आधार पर संविधान के निम्नलिखित उद्देश्य या कार्य बताए जाते हैं–

1. राज्य में शांति प्रस्थापना

संविधान का सर्वप्रथम उद्देश्य राज्य में शांति और व्यवस्था स्थापित करना होता है, जिसके अभाव में मनुष्यों के द्वारा किसी प्रकार का कार्य किया ही नहीं जा सकता।

2. मनुष्य की उन्नति करना

संविधान मानव जीवन के लिए ही होते हैं और मनुष्यों को उन्नति की ओर बढ़ाना संविधान का एक प्रमुख उद्देश्य होता है।

3. मानव आवश्यकताओं की पूर्ति

संविधान का उद्देश्य एक ऐसी व्यवस्था करना होता है जिसमें मनुष्यों की सभी आवश्यकताओं की पूर्ति हो सके। जब तक इन आवश्यकताओं की पूर्ति होती रहेगी तभी तक मनुष्यों के द्वारा शारीरिक, मानसिक और नैतिक उन्नति का कार्य किया जा सकता है।

4. नागरिकों को समान अवसर प्रदान करना

संविधान की दृष्टि में सभी समान होते हैं और संविधान का एक उद्देश्य सभी नागरिकों को समान अवसर प्रदान करना होता है। संविधान के द्वारा बिना किसी भी प्रकार के भेद के सभी व्यक्तियों को समान अवसर और सुविधाएँ प्रदान की जानी चाहिए।

5. मानव अधिकारों की रक्षा करना

संविधान का अंतिम किंतु एक महत्वपूर्ण उद्देश्य मानव अधिकारों की रक्षा करना होता है। संविधान नागरिकों के सामान्य तथा मौलिक, दोनों ही प्रकार के अधिकारों की रक्षा करते हैं। अन्य राष्ट्रों की भाँति भारतीय संविधान संहिता का उद्देश्य भी निम्न अवधारणाओं की पूर्ति करता है।

6. लिखित संविधान व्यवस्था द्वारा नागरिकों के मूल अधिकारों की रक्षा करना।

7. नागरिकों के अमर्यादित व विधि विरुद्ध आचरणों के लिए उन पर वाद प्रस्तुत करना और निर्धारण दण्ड प्रक्रिया विधान के तहत सजा देना।

8. प्रत्येक नागरिक को समानता के आधार पर न्याय व्यवस्था प्रदान करना, ताकि अपराध व अपराधियों के विरुद्ध सुरक्षा प्रदान की जा सके।

9. सरकारी सुरक्षा निकायों की स्थापना द्वारा अपराधों की रोकथाम।

संविधान के तत्व

(Elements of Law)

संविधान के प्रमुख रूप से निम्नलिखित पाँच तत्व बताए जा सकते हैं–

1. संविधान के लिए नागरिक समाज का अस्तित्व आवश्यक है क्योंकि नागरिक समाज ही सुव्यवस्थित संगठन है और इस संगठन के संचालन हेतु ही नियमों की आवश्यकता होती है।
2. संविधानों के निर्माण तथा उनकी क्रियांविति के लिए संप्रभुत्वपूर्ण सत्ता का अस्तित्व आवश्यक है।
3. संविधानों का संबंध व्यक्ति के बाहरी आचरण से होता है, उनकी आंतरिक भावनाओं से नहीं।
4. नागरिकों को संविधान का अनिवार्य रूप से पालन करना होता है और संविधान का उल्लंघन करने पर वे राज्य द्वारा दण्ड के भागी होते हैं।
5. संविधान ऐसे होने चाहिए, जिनका पालन न केवल दण्ड के भय से वरन् सामाजिक हितों की भावना से किया जाए।

संविधान की आवश्यकता

आज हर हाल में सार्वजनिक तथा निजी मामलों में सबसे बड़ी जरूरत संविधान के ज्ञान की होती है।

आज यह भी सच है कि आम आदमी के काम आने वाले संविधानों की संख्या बढ़ गई है और वे जटिल भी हो गए हैं। इसलिए यह बेहद जरूरी हो गया है कि जन-साधारण में संविधान के प्रति समझ-बूझ पैदा की जाए। इससे हरेक आदमी को ये लाभ प्राप्त हो सकेंगे–

– संविधान की अच्छी तरह जानकारी होने पर तमाम तरह की मुसीबतों और झंझटों से बच सकेंगे।

– इससे आम आदमी अपने-आप को मजबूत और सुरक्षित अनुभव करेगा।

– संविधान की जानकारी होने से उसे किसी का मुँह नहीं ताकना पड़ेगा और बिना किसी जोखिम के अपना रास्ता खुद तलाश कर लेगा।

संविधान के बारे में जानना जरूरी क्यों?

आज का युग विज्ञान और तकनीकी का युग है। दुनिया में जटिलताएँ बढ़ती जा रही हैं और हम हर समय यह मानकर नहीं चल सकते कि सब-कुछ अपने-आप ठीक-ठाक चलता ही रहेगा। इसलिए यह बहुत महत्वपूर्ण है कि नागरिक के रूप में हम अपने अधिकारों को जानें-समझें। अगर हम किसी मुश्किल स्थिति में फँस ही जाएँ, तो हमें पता हो कि संविधानी दृष्टि से हमारी स्थिति क्या है।

संसद और राज्यों के विधानमण्डल सैकड़ों संविधान बनाते हैं। खुद वकील भी उनमें से ज्यादातर संविधानों की जानकारी नहीं रख पाते; लेकिन वे इतना जरूर जानते हैं कि जरूरत पड़े, तो उन्हें कहाँ देखा या पाया जा सकता है, इसलिए जब कोई विशेष समस्या उठ खड़ी होती है, तो वह संविधानों का अध्ययन कर लेता है। यह काम हममें से सब लोग नहीं कर सकते। इसलिए जब कोई संविधानी समस्या उठ खड़ी होती है या लगने लगती है कि समस्या आपके काबू से बाहर हो गयी है, तो किसी वकील से सलाह मशविरा करना ही पड़ता है। वरना आप जो भी कहेंगे या करेंगे-या करने में कोताही बरतेंगे, तो आप अपना ही मुकदमा खराब कर लेंगे।

आपकी निष्ठा में कोई खोट नहीं है, या आपकी आत्मा साफ है, अथवा आपने लिखित में कोई बात या शर्त स्वीकार नहीं की है, तो भी आप पूरी तरह सुरक्षित नहीं हैं। अगर मामला अदालत में है, तो आप जो भी कहते हैं या यों ही चर्चा में किसी बात का जिक्र कर जाते हैं, उससे आपको परेशानी का सामना करना पड़ सकता है। यह पुस्तक किसी वकील की जगह नहीं ले सकती। इसमें संविधान की सिर्फ आम कैफियत दी गई है, जिससे कोई समस्या उठ खड़ी होने पर आप अपनी स्थिति को बेहतर ढंग से जान-समझ

सकें। आप अनुभव करेंगे कि अधिकांश संविधान जनहित में बने होते हैं लेकिन इसमें कई ऐसे भी हैं, जिनका व्यावहारिकता से कोई लेना-देना नहीं है, इसलिए कोई समस्या पेश आने पर आप वकील की मदद बगैर कुछ नहीं कर सकते।

यदि आप यह जानते हैं कि आपके मौलिक अधिकार क्या हैं? और उनकी रक्षा के लिए क्या कदम उठाए जाने चाहिए, तो आप वकील के पास अनजान व्यक्ति की तरह नहीं जाएंगे। जब आप किसी वकील से अपनी समस्या पर बातचीत करेंगे, तो आप उस विषय में एकदम अज्ञानी न लगेंगे। उस हालात में वकील आपकी बात को अहमियत देगा और आपको मुकदमें की सावधानी के साथ पैरवी करेगा। इसके अलावा संविधान के बारे में जानकारी न होने से अदालतों और संविधान के प्रति डर पैदा होता है। यदि आप संविधान के महत्वपूर्ण पहलुओं को जानते हैं, तो आप मुश्किल हालात पेश आने पर पूरी मजबूती और आत्मविश्वास से उसका सामना कर सकते हैं।

इतना ही नहीं, अगर आपको संविधान की जानकारी है, तो संविधानी समस्याओं का समाधान खोज सकते हैं। बाइज्जत जिंदगी जीने के लिए सबसे अच्छा यही है कि संविधानी झंझटों से दूर ही रहा जाए। इस पुस्तक का उद्देश्य मुकदमेबाजी की भावना पैदा करना नहीं है बल्कि आपको संविधानी लटकों-झटकों से बचने से मदद करना ही है। तमाम सावधानियाँ बरतने के बाद भी अगर आपको अदालत में घसीट ही लिया जाए, तो यह पुस्तक आपको अपना संभव बचाव खोजने में मदद करेगी।

संविधान की जानकारी होने से आप अपने प्रतिपक्षी से बेहतर ढंग से सौदेबाजी कर सकते हैं। उदाहरण के लिए, यदि आपको संविधान की खास-खास बातें पता हैं तो आपका अफसर आपको झाँसा नहीं दे सकता या काम से निकाल नहीं सकता। वह आपसे समझौता करने के लिए तैयार हो जाएगा।

प्रजातंत्र-प्रणाली के नागरिक के नाते भी हमारा यह कर्तव्य है कि हम यह जानें कि क्या-क्या संविधान है। इसका कारण यही है कि सरकारें अक्सर नागरिकों के अधिकारों को हड़पने की ताक में रहती हैं। आतंकवाद विरोधी संविधानों द्वारा पुलिस के सिपाहियों और छुटभैये अफसरों के हाथों में अधिकार दे दिए जाते हैं। ये लोग अपने अधिकार की सीमाओं को लांघकर कार्यवाइयाँ करते हैं, जिससे आम आदमी की जिंदगी तबाह कर देते हैं। अगर इन ज्यादतियों के शिकार लोग यह जानते हों कि उनके अधिकार क्या हैं या कम से कम उन्हें यह पता हो कि कहाँ से मदद ली जानी चाहिए तो उन्हें इतनी मुसीबतों का सामना न करना पड़ेगा। हालाँकि मुकदमेबाजी से दूर रहने के बहुत से उपयोगी कारण होते हैं, फिर भी उससे एकदम डरिए भी नहीं। अदालतों की भाँति हमारे अस्पतालों, स्कूलों और बसों में भी भीड़ ही भीड़ रहती है, लेकिन जरूरत पड़ने पर हम उनका उपयोग करना छोड़ तो नहीं देते। अगर अदालतों में इतनी भीड़ रहती है तो इसका कारण यही है कि लाखों लोगों ने वकील की फीस, फैसले होने में विलंब और फैसले की अनिश्चित स्थिति होने पर भी, अदालत से न्याय पा सकने की आशा अभी छोड़ी नहीं है। इस पुस्तक में संविधान की

मोटी-मोटी बातें ही दी गई हैं। किसी समस्या के आने पर आपको उससे संबंधित संविधान-विशेष को पढ़ना-समझना चाहिए। इसके लिए बड़ी-बड़ी किताबें खरीदने की आवश्यकता नहीं। आपको तो मूल अधिनियम देखने की ही जरूरत है जिनकी प्रतियाँ संविधानी पुस्तकों की किसी दुकान से आसानी से कम कीमत पर खरीदी जा सकती हैं।

राज्य सरकारें भी संविधान पारित करती हैं, जो उसी प्रदेश में लागू होते हैं। राज्य सरकारें फैसले और आदेश भी जारी करती हैं और ये मुख्यत: उसी प्रदेश में प्रभावी होते हैं। इसलिए किरायेदारी सेवा शर्तें या बिक्रीकर जैसे मामलों में समस्याएँ पेश आने पर अपने राज्य के संविधान के बारे में जानकारी होना जरूरी है।

कंप्यूटर और इंटरनेट आने से संविधानी दस्तावेज अब आसानी से उपलब्ध है। सरकार और न्यायपालिका ने भी केंद्रीय संविधानों और उच्चतम न्यायालय के फैसलों के बारे में जानकारी कंप्यूटर पर उपलब्ध करा दी है। सरकारी स्रोतों के जरिए इनसे संबंधित सी.डी. भी हासिल की जा सकती है। आप इन्हें इंटरनेट पर भी पढ़ सकते हैं। उच्चतम न्यायालय और कुछ उच्च न्यायालय के आदेश अब कुछ ही दिनों में वेबसाइट पर उपलब्ध हो जाते हैं। आप विश्व में कहीं भी हों, उच्चतम न्यायालय और उच्च न्यायालयों से हर दिन सुनवाई के लिए सूचीबद्ध मामलों की जानकारी हासिल कर सकते हैं। इसी तरह आप टेलीफोन या वेबसाइट के जरिए किसी-किसी मामले की स्थिति के बारे में भी जानकारी ले सकते हैं। अदालतें वीडियो-कॉन्फ्रेंसिंग का उपयोग करती हैं। लेकिन इसका इस्तेमाल उन्हीं मामलों में किया जाता है, जब संबंधित पक्ष अदालत आने में असमर्थ हो या कैदियों को न्यायालय तक लाना जोखिम भरा और खर्चीला हो। संविधान में इलेक्ट्रोनिक माध्यमों का उपयोग न्यायिक प्रणाली में क्रांतिकारी बदलाव है।

क्या नागरिक संविधान पालन से इंकार कर सकते हैं?

संविधान पालन के अंतर्गत ही एक प्रश्न यह उत्पन्न होता है कि क्या किन्हीं परिस्थितियों में व्यक्ति के द्वारा संविधान का पालन करने से इंकार किया जा सकता है? वैधानिक दृष्टि से तो व्यक्तियों के द्वारा संविधानों का पालन करने से इंकार किया ही नहीं जा सकता। किंतु नैतिकता की दृष्टि से व्यक्तियों के द्वारा कुछ परिस्थितियों में संविधान पालन से इंकार किया जा सकता है। यदि व्यक्तियों को इस बात का विश्वास हो जाए कि विद्यमान संविधान सार्वजनिक हित में नहीं है, तो प्रथमत: उनके द्वारा सभी संभव संवैधानिक साधनों के आधार पर इस संविधान में परिवर्तन कराने का प्रयत्न किया जाना चाहिए। लेकिन यदि इस प्रकार के प्रयत्न में उन्हें सफलता प्राप्त न हो और यदि वे सार्वजनिक हित के लिए की संविधान ही अवहेलना करना नितांत आवश्यक समझें, तो इस प्रकार की विशेष स्थिति में उनके द्वारा संविधान का पालन करने से इंकार किया जा सकता है। लेकिन इस संबंध में यह ध्यान रखा जाना चाहिए कि व्यक्तियों के द्वारा संविधान पालन से अत्यंत विशेष परिस्थितियों में ही इंकार किया जा सकता है, सामान्य परिस्थियितों में नहीं। बर्क के शब्दों में-''विरोध का अधिकार शरीर के लिए औषधि है, प्रतिदिन का भोजन नहीं।'' वस्तुत: यह न केवल

औषधि वरन् एक प्रकार की शल्य क्रिया (Operation) है जिसका बिना सोचे-समझे प्रयोग करने पर समस्त समाज में अराजकता फैलने की आशंका रहती है।

भारत का संविधान और नागरिक

हमारा संविधान भारत के सभी नागरिकों को सामाजिक, आर्थिक व राजनैतिक न्याय प्रदान करने की मंशा की घोषणा करता है। हमारे देश के सभी संविधान हमारे संविधान द्वारा अधिकृत होते हैं।

भारतीय संविधान द्वारा सामाजिक न्याय दो तरीकों से लागू किया गया है;

- देश की सभी महिलाओं और पुरुषों को कुछ अधिकार प्रदान कर, इन्हें नागरिकों के मूल-अधिकार कहा जाता है।
- सरकार को कुछ सिद्धांतों को लागू करने के निर्देश देकर इन्हें राज्य के नीति-निर्देशक तत्व कहा जाता है।

हम यहाँ नागरिकों के मूल-अधिकारों की बात करेंगे। ये अधिकार बहुत ही व्यापक हैं और छह श्रेणियों में बाँटे गये हैं-

1. समानता का अधिकार,
2. स्वतंत्रता का अधिकार,
3. शोषण के विरोध का अधिकार
4. धार्मिक स्वतंत्रता का अधिकार
5. शिक्षा और संस्कृति का अधिकार
6. संवैधानिक संरक्षण का अधिकार

हमारे देश का संविधान महिलाओं के लिए तीन तरीकों से विशिष्ट मंशा रखता है-

1. संविधान महिलाओं और पुरुषों में लैंगिक भेदभाव मिटाने की मंशा रखता है।

2. संविधान इस बात को तूल देता है कि महिलाओं को पारंपरिक रूप से प्रताड़ित किया गया है तथा हीन समझा गया है। इस अन्याय को समाप्त करने के लिये संविधान सरकार को महिलाओं के हित में विशेष प्रावधान बनाने की अनुमति देता है।

संविधान निहित रूप में यह उम्मीद रखता है कि सरकार सभी कमजोर वर्गों, जिसमें महिलाएँ शामिल हैं, की स्थिति सुधारने के लिए विशेष प्रयत्न करेगी। मूल संवैधानिक अधिकारों में समानता के अधिकार का महिलाओं के लिए विशेष महत्व है। समानता के अधिकार के अनुसार महिलाओं को पुरुषों के साथ

– सार्वजनिक नौकरियों के समान अधिकार हैं,

– समान वेतन का अधिकार है।

यदि किसी नागरिक के मूल अधिकारों की अवहेलतना हो, तो वह संविधान की मदद ले सकता है। इस तरह के केस हाईकोर्ट (उच्च न्यायालय) अथवा सुप्रीम कोर्ट (उच्चतम न्यायालय) में दायर किये जा सकते हैं।

मानवाधिकारों की रक्षा

हम समाचार पत्र पढ़ते हैं या टेलीविजन देखते हैं तो हमें मानवधिकारों के उल्लंघन की ढेरों घटनाएँ देखने को मिलती हैं। कैदियों को यातना, महिलाओं और बच्चों का उत्पीड़न, कारागारों का शोषण तथा जातिवाद से जुड़े क्रूरता, रोजमर्रा के मामलों में शामिल हो गए लगते हैं। ऐसे उदाहरण अक्सर देखने को मिल जाते हैं, जिसमें किसी जाति के नेता ने उसके बनाए नियमों का उल्लंघन करने वालों को निर्वस्त्र कर दंडित किया और गरीब लोगों का गधे पर बैठाकर घुमाया। कभी-कभार सती होने की रिपोर्ट भी मिल जाती है। ऐसा लगता है कि इस तरह की घटनाएँ बढ़ गई हैं लेकिन सच्चाई यह है कि ऐसे मानवाधिकार उल्लंघनों के मामले में खबरों की रिपोर्टिंग का स्तर सुधरा है। हाल तक बंधुआ मजदूरी, महिलाओं को उनके हक से वंचित रखना तथा अन्य भेदभावपूर्ण कार्यों को समाज अपना विशेषाधिकार समझता था, यहाँ तक कि धर्म भी उन्हें इसकी अनुमति देता है। लेकिन अब अंतरराष्ट्रीय समझौतों के जरिए तथा लोकतांत्रिक देशों के संविधानों में ऐसी कार्रवाइयों को प्रतिबंधित कर दिया गया है जिससे मानवाधिकारों का उल्लंघन होता है। इसके अलावा जाति और नस्लीय हिंसा से संबंधित मीडिया रिपोर्टें मिनटों में पूरे विश्व में पहुँच जाती हैं। इससे लोगों में तीखी प्रतिक्रिया होती है और यह आगे मानवाधिकारों के उल्लंघन पर अंकुश का काम करती है।

संविधान का वर्गीकरण

विभिन्न विद्वानों ने संविधानों का वर्गीकरण विभिन्न प्रकार से किया है। कुछ विद्वान संविधान निर्मात्री सत्ता के आधार पर वर्गीकरण करते हैं, कुछ विद्वान निजी एवं सार्वजनिक विशेषताओं के आधार पर, तो अन्य कुछ विद्वान राष्ट्रीयता एवं अंतरराष्ट्रीयता के आधार पर। संविधान के विभिन्न प्रकारों की अलग-अलग व्याख्या निम्न प्रकार से की जा सकती है–

1. व्यक्तिगत संविधान (Private Laws)

ये संविधान व्यक्तियों के पारस्परिक संबंधों को निश्चित करते हैं। उदाहरण स्वरूप, ऋण संबंधी संविधान और संपत्ति खरीदने व बेचने के संविधान इसी श्रेणी में आते हैं।

2. सार्वजनिक संविधान (Public Laws)

इन संविधानों द्वारा व्यक्ति का राज्य या सरकार के साथ संबंध निश्चित किया जाता है। उदाहरण स्वरूप चोरी, डकैती या हत्या करने वालों को दण्ड देने या कर लगाने के

संबंध में जिन संविधानों का निर्माण किया जाता है, उन्हें इसी सूची में सम्मिलित किया जाता है।

3. संवैधानिक संविधान (Constitutional Laws)

संवैधानिक संविधान–उस संविधान को कहते हैं जिसके द्वारा सरकार का ढाँचा निश्चित किया जाता है और जिसके द्वारा राज्य के प्रति नागरिक के अधिकार और कर्तव्यों की विवेचना की जाती है। उदाहरण के लिए भारत में राष्ट्रपति का निर्वाचन, सर्वोच्च न्यायालय गठन और शक्तियाँ तथा राज्यपाल की नियुक्ति से संबंधित संविधान संवैधानिक संविधान के ही उदाहरण हैं।

4. सामान्य संविधान (Ordinary Laws)

नागरिकों के दैनिक जीवन एवं आचरण को नियमित करने वाले संविधानों को सामान्य संविधान कहते हैं। ये व्यवस्थापिका द्वारा निर्मित या रीति–रिवाजों और परंपराओं पर आधारित होते हैं। लचीले संविधान में तो सामान्य संविधान और संवैधानिक संविधान के निर्माण की एक ही प्रक्रिया होती है, किन्तु कठोर संविधान में संवैधानिक संविधान के निर्माण, संशोधन या परिवर्तन की प्रक्रिया सामान्य से भिन्न तथा विशेष प्रकार की होती है।

5. प्रशासकीय संविधान (Private Laws)

किसी–किसी देश में साधारण नागरिकों से पृथक सरकारी कर्मचारियों के लिए अलग संविधान होते हैं। इन संविधानों को प्रशासकीय संविधान कहते हैं। ये वे नियम हैं, जो राज्य के सभी कर्मचारियों के अधिकार तथा कर्तव्यों को निश्चित करते हैं। फ्रांस प्रशासकीय संविधान का सर्वोत्तम उदाहरण है।

6. प्रथागत संविधान (Commnon Laws)

ये देश में प्रचलित रीति–रिवाज तथा संविधान का ही विकास रूप होते हैं और न्यायालय इन्हें मान्यता देकर संविधान का रूप प्रदान करते हैं। इंग्लैण्ड में इस प्रकार के प्रथागत संविधान अधिक प्रचलित हैं।

7. अध्यादेश (Ordinance)

किसी विशेष परिस्थिति का सामना करने के लिए अथवा किसी विशेष उद्देश्य की पूर्ति के लिए कार्यपालिका द्वारा एक निश्चित अवधि के लिए जो अध्यादेश जारी किया जाता है, उसे अध्यादेश कहते हैं।

8. अन्तरर्राष्ट्रीय संविधान (International Laws)

संविधान के उपर्युक्त सभी भेद राष्ट्रीय संविधान के ही उदाहरण हैं, किंतु इसके अतिरिक्त भी एक और संविधान होता है। विश्व के स्वतंत्र राष्ट्रों के पारस्परिक संबंध को नियमित करने वाले संविधानों को अंतरराष्ट्रीय संविधान कहते हैं। ओपनहेम के शब्दों में–

"अंतरराष्ट्रीय संविधान प्रथाओं और परंपराओं का वह समूह है, जो सभ्य राष्ट्रों द्वारा अपने पारस्परिक संबंधों में संविधानी तौर पर मान्य समझा जाता है।" वर्तमान समय तक अंतरराष्ट्रीय संविधान को राष्ट्रीय संविधान की भाँति बाध्यकारी शक्ति प्राप्त नहीं हुई है और इनके पीछे सबसे बड़ी शक्ति अंतरराष्ट्रीय लोकमत की ही है।

अच्छे संविधान के लक्षण

संविधान का उद्देश्य होता है शांति और व्यवस्था प्रस्थापित करना, नागरिक आवश्यकताओं की पूर्ति करना, उनके अधिकारों की रक्षा करना तथा सभी नागरिकों को समान अवसर प्रदान करते हुए उनकी प्रगति का प्रयत्न करना। स्वाभाविक रूप से वे संविधान जो उपर्युक्त उद्देश्यों की सिद्धि में बाधक होते हैं, बुरे संविधान कहे जा सकते हैं।

बेंथम और अन्य विधिशास्त्रियों द्वारा संविधान के संबंध में जो विचार व्यक्त किए गए हैं उनके आधार पर यह कहा जा सकता है कि संविधान में निम्नलिखित लक्षण होने पर ही उसे अच्छा संविधान कहा जा सकता है।

1. सरलता और स्पष्टता

संविधान सरल और स्पष्ट होने चाहिए जिससे आसानी से समझकर उनका पालन किया जा सके। जटिल संविधान का पालन कठिनाई से ही संभव होता है।

2. स्थायित्व

इसका अर्थ है कि संविधान जल्दी-जल्दी नहीं बदलते रहना चाहिए। जब संविधानों में बहुत जल्दी-जल्दी परिवर्तन होते हैं, तो ऐसे संविधानों का जनता को ठीक से ज्ञान नहीं रहता, इन संविधानों की प्रति जनता में सम्मान की भावना नहीं रहती है और इसका पालन करवाने में कठिनाई आती है।

3. व्यापकता

व्यापकता का आशय यह है कि संविधान से संबंधित प्रमुख बातों का विस्तार के साथ उल्लेख किया जाना चाहिए। ऐसा न होने पर संविधान के संबंध में विभिन्न प्रकार के विवाद उत्पन्न होते रहते हैं और उनका पालन उचित रूप में नहीं हो पाता है लेकिन व्यापकता के नाम पर संविधान में आवश्यक विस्तार नहीं होना चाहिए।

4. व्यावहारिकता

संविधान ऐसा होना चाहिए, जिसका पालन सुगमता से किया जा सकता हो। यदि संविधान पालन में लोगों को कष्ट उठाना पड़ता है, तो संविधानों का पालन नहीं होगा। केवल दण्ड शक्ति के आधार पर संविधान का पालन थोड़े समय के लिए ही करवाया जा सकता है, लंबे समय के लिए नहीं।

5. निष्पक्षता

इसका तात्पर्य यह है कि संविधान सभी व्यक्तियों पर समान रूप से लागू होने चाहिए। ऐसा नहीं होना चाहिए कि निर्धन लोगों पर तो संविधान कठोरता से लागू किया जाए, लेकिन धनवान और शक्तिशाली व्यक्ति संविधान के पंजे से बच जाएँ। निष्पक्षता में यह बात निहित है कि यदि कर लगाने से संबंधित कोई संविधान है, तो इसमें विभिन्न व्यक्तियों की कर देने की क्षमता को दृष्टि में रखा जाना चाहिए अर्थात् कर का भार अमीरों पर अधिक पड़ना चाहिए और गरीबों पर कम।

6. नागरिक अधिकारों के रक्षक

संविधान ऐसे होने चाहिए, जिनसे नागरिक अधिकारों की रक्षा संभव हो सके। नागरिक अधिकारों के लिए घातक संविधानों को सामान्यत: अच्छे संविधान नहीं कहा जा सकता।

7. मनुष्यों की सर्वांगीण प्रगति के रक्षक

संविधान ऐसे होने चाहिए जो मनुष्यों के सुख, समृद्धि और उनकी सर्वांगीण प्रगति में सहायक हों। संविधान में निर्धन वर्ग के हितों को विशेष रूप से दृष्टि में रखा जाना चाहिए।

संविधान के पालन का आधार (हम संविधान का पालन क्यों करते हैं?)

अनेक बार यह प्रश्न किया जाता है कि लोग संविधानों का पालन क्यों करते हैं? संविधान पालन के प्रमुख रूप से निम्नलिखित कारण बताए जाते हैं–

1. भय

संविधान ऐसे आदेश होते हैं जिनमें आदेश का पालन न करने वाले व्यक्तियों के लिए दण्ड की व्यवस्था होती है। अत: व्यक्तियों का एक बड़ा भाग इस दण्ड के भय से संविधानों का पालन करता है।

2. तर्क और उपयोगिता

संविधानों का पालन तर्क और उपयोगिता के आधार पर भी किया जाता है। लोग सोचते हैं कि संविधान पालन में ही उसका तथा समाज का हित है और संविधान की अवज्ञा से वे दु:ख और अशांति के भागीदार होंगे। हूगो क्रेब के अनुसार–"संविधान का पालन न करने से दण्ड मिलेगा, इस भय से हम संविधान का पालन नहीं करते वरन् उसका पालन इसलिए करते हैं कि उसे हम न्यायोचित और अच्छा समझते हैं।"

3. सहानुभूति

संविधान पालन का एक कारण सहानुभूति का भाव बतलाया गया है। संविधानों का निर्माण करने वाले व्यक्ति बुद्धिमान तथा सभी के शुभचिन्तक होते हैं। अतः देश के सामान्य व्यक्तियों में इन संविधान-निर्माताओं के प्रति सहानुभूति का भाव होता है और संविधान निर्माताओं के प्रति सहानुभूति का भाव होने के कारण वे उनकी कृतियों अर्थात् संविधानों का पालन करते हैं।

4. स्वभाव

संविधान पालन का एक कारण मनुष्यों का स्वभाव बताया जाता है। बच्चे परिवार में रहते हुए ही आज्ञापालन सीखते हैं और धीरे-धीरे मनुष्यों में आज्ञापालन की आदत पड़ती है। इस प्रकार संविधान का पालन करना मनुष्यों के लिए स्वाभाविक हो जाता है।

5. आलस्य

संविधान-पालन का एक कारण मनुष्यों में आलस्य का भाव भी बताया जाता है। समाज के कुछ व्यक्ति इतने आलसी और काहिल होते हैं कि वे अपने मस्तिष्क पर किसी प्रकार से जोर ही देना नहीं चाहते और जो कुछ भी नियम और संविधान है, वे उनका पालन करते हैं। वस्तुतः उक्त सभी कथनों में आंशिक सत्यता है और संविधान पालन किसी एक कारण का परिणाम नहीं वरन् इन सभी कारणों का सामूहिक परिणाम होता है।

9

भारतीय शासन में संवैधानिक प्रक्रिया

सन् 1857 के सशस्त्र विद्राह के परिणामस्वरूप कम्पनी के शासन का अन्त हो गया। 12 फरवरी 1858 ई. को कॉमन सभा में कम्पनी की समाप्ति और भारतीय शासन को सम्राट को हस्तानान्तरित किये जाने से सम्बन्धित विधेयक प्रस्तुत किया गया। तत्कालीन प्रधानमन्त्री लार्ड पायर्स्टन ने अपने भाषण में कम्पनी के अव्यवस्थित और दोषपूर्ण शासन की आलोचना की। 30 अप्रैल 1858 को कॉमन सभा ने 14 प्रस्ताव स्वीकार कर लिये। इनके आधार पर सरकार ने भारतीयों को श्रेष्ठ शासन देने के लिए 1858 का अधिनियम बनाया।

1858 का अधिनियम पारित होने के कारण

(Circumstance Leading of the Act 1858)

इस अधिनियम के पारित होने के निम्नलिखित कारण थे—

1. द्वैधशासन के दोष—लार्ड पामर्स्टन द्वारा कम्पनी के द्वैधशासन की आलोचना की गई।

2. ब्रिटिश जनमत—ब्रिटिश जनमत के अनुसार भारत के शासन को कुछ व्यापारियों के हाथों में रहना उचित नहीं था, क्योंकि व्यापारिक कम्पनी को जिसका मुख्य उद्देश्य लाभ प्राप्त करना था, भारत जैसे विशाल देश की व्यवस्था कार्य सौंपा नहीं जा सकता।

3. ट्रस्टी का सिद्धान्त-पूर्ववर्ती अधिनियमों में भी भारत को कम्पनी के हाथों ताज की ट्रस्टी बताया गया था।

4. कम्पनी के शासन की असफलता-1857 ई. के विद्रोह से कम्पनी के शासन की असफलता प्रकट हो गयी थी। इसका विकल्प आवश्यक था।

5. विभिन्न तर्क-लार्ड पामर्स्टन ने प्रमुख व्यक्तिवादियों और कम्पनी के कर्मचारियों की कम्पनी के शासन को चालू रखने की सभी दलीलों को बेकार सिद्ध कर दिया। कम्पनी ने विद्रोह के कारणों की विस्तृत जाँच के सम्बन्ध में चुनौती दी थी तथा अपना यह मत प्रकट किया था कि कम्पनी के मामलों पर नियन्त्रण रखे जाने के कारण ब्रिटिश सरकार भी कम्पनी की भूलों तथा असावधानियों के लिए उत्तरदायी हैं।

1858 के भारतीय शासन अधिनियम की मुख्य धारायें

(Main Provision of the Act 1858)

इस अधिनियम की मुख्य धारायें निम्नलिखित थी-

1. ब्रिटिश ताज भारत का शासन-भारत में ईस्ट इण्डिया कम्पनी के शासन को समाप्त करने की घोषणा की गई तथा उसके स्थान पर ब्रिटिश संसद की पूर्ण सत्ता की स्थापना हो गई थी। भारत का शासन कम्पनी के हाथों से लेकर ब्रिटिश ताज को हस्तानान्तरित कर दिया गया। गवर्नर जनरल का नाम वायसराय रख दिया गया।

2. भारत सचिव पर संसद का नियन्त्रण-यह व्यवस्था की गयी कि भारत सचिव प्रतिवर्ष आय-व्यय का ब्यौरा तथा भारत के भौतिक तथा सांस्कृतिक विकास का विवरण संसद के दोनों सदनों में प्रस्तुत करेगा। संसद को भारतीय सचिव से वित्त, भारतीय शासन आदि के सम्बन्ध में प्रश्न पूछने, आलोचना करने और उसे पदच्युत करने का अधिकार प्रदान किया गया।

3. भारत सचिव तथा भारतीय कौन्सिल की स्थापना-नियन्त्रक मण्डल और संचालक मण्डल द्वारा प्रयुक्त अधिकार भारत सचिव को सौंप दिये गये। भारत सचिव को परामर्श देने के लिए 15 सदस्यीय ''भारतीय परिषद्'' की रचना की गई। परिषद् में कम से कम 9 इस प्रकार के व्यक्ति थे जो कम से कम 10 वर्ष तक भारत में रह चुके हो और जिन्हें नियुक्ति के समय भारत छोड़े 10 वर्ष से अधिक न हुए हों। भारतीय परिषद् में सभी निर्णय बहुमत से लिये जाते थे। किन्तु आर्थिक मामलों के सिवाय अन्य मामलों में भारत सचिव परिषद् के निर्णयों की अवहेलना कर सकता था। वह परिषद् की बैठकों का सभापतित्व करता था परन्तु सदस्यों को पृथक् करने का अधिकारी नहीं था।

4. प्रशासनिक नियुक्तियाँ-भारतीय शासन के अन्तर्गत पदों पर नियुक्तियाँ करने की शक्ति सम्राट, भारतीय परिषद्, भारत सचिव और अन्य भारत स्थित उच्च अधिकारियों में विभक्त कर दी गई। गवर्नर जनरल तथा प्रसीडेन्सियों की नियुक्ति का अधिकार संसद को दिया गया। लेफ्टीनेंट गवर्नरों की नियुक्तियों का अधिकार भारत सचिव को दिया गया। परन्तु शर्त यह थी

कि वह ब्रिटिश सरकार की स्वीकृति लेगा। भारत सचिव और उसके परिषद् के सदस्यों को भारतीय परिषद् के सदस्यों की नियुक्ति का अधिकार प्रदान किया गया।

5. भारत सचिव की शक्तियाँ-भारत सचिव की विशेष शक्तियाँ निम्नलिखित थी-

1. परिषद् के निर्णय की अवहेलना-भारत सचिव कुछ विशेष परिस्थितियों में परिषद् के निर्णय की अवहेलना कर सकता था परन्तु यह आवश्यक था कि इसके लिए वह कारणों का स्पष्टीकरण करे।

2. निर्णायक मत-उसे विधेयक पर निर्णायक मत देने का अधिकार था।

3. बाध्यता-भारतीय राजस्व, प्रशासनिक नियुक्तियाँ, भारत सरकार की ओर से ऋण लेने तथा भारतीय सम्पत्ति को खरीदने, बेचने व गिरवी रखने के बारे मं परिषद् के निर्णयों को मानने के लिए बाध्य था।

4. गुप्त पत्र व्यवहार-भारत सचिव को वायसराय से गुप्त पत्र व्यवहार करने का अधिकार था। उसे देशी राजाओं से भी वाइसराय के माध्यम से गुप्त पत्र व्यवहार करने का अधिकार था।

5. नियम निर्माण-उसे भारतीय सिविल सर्विस परीक्षा के बारे में नियम निर्माण करने का अधिकार था।

6. भारतीय राजस्व का भार-भारत सचिव और उसकी परिषद् सम्बन्धी पूर्ण व्यय भारत सरकार द्वारा दिया जाना निश्चित किया गया।

7. भारतीय परिषद् को निकाय घोषित किया गया-भारतीय परिषद् को कारपोरेट निकाय घोषित किया गया वह भारत और ब्रिटेन में मुकदमे दायर कर सकता था। उसके विरुद्ध भी मुकदमे दायर किये जा सकते थे।

अन्य प्रावधान-

1. नियुक्तियाँ-भविष्य में गवर्नर जनरल परिषद् के विधि सदस्य, प्रान्तों के गवर्नरों तथा महाधिवक्ताओं की नियुक्ति राजसत्ता द्वारा की जायेगी, परिषद् के सदस्यों का चुनाव सपरिषद् भारत मन्त्री द्वारा किया जायेगा।

2. सेनायें-कम्पनी की स्थल और जलसेना को राजसत्ता के अधिकार में सौंप दिया गया।

3. सैनिक कार्यवाही-वास्तविक आक्रमण को रोकने तथा उसका प्रतिकार करने या अन्य किसी आकस्मिक या अति आवश्यक बात के सिवाय भारतीय राजस्व का उपयोग भारत की बाहरी सीमा पर की जाने वाली सैनिक कार्यवाहियों का व्यय वहन करने के लिए नहीं किया जायेगा।

4. सन्धियाँ-कम्पनी के द्वारा की गयी समस्त सन्धियाँ राजसत्ता के लिए बन्धनकारी होंगी।

भारतीय शासन में 1858 के अधिनियम का मूल्यांकन

1858 के अधिनियम के विषय में भिन्न-भिन्न विद्वानों द्वारा भिन्न-भिन्न विचार व्यक्त किये गये।

1. दोषपूर्ण शासन का अन्त-इस अधिनियम के द्वारा कम्पनी का दोषपूर्ण शासन समाप्त हुआ तथा उसके स्थान पर सीधे ब्रिटिश सम्राट का नियन्त्रण स्थापित हो गया।

2. द्वैधशासन का अन्त-इसके द्वारा सन् 1784 के 'पिट इण्डिया एक्ट' द्वारा स्थापित "द्वैध शासन" का अन्त कर दिया गया, सारे देश पर सीधे क्राउन का नियन्त्रण स्थापित हो गया।

3. सम्राट का उत्तरदायित्व-इस शासन का प्रधान उद्देश्य भारत का शासन का समस्त उत्तरदायित्व सम्राट को सौंपना था ताकि भारतीय साम्राज्य की देखरेख एक कार्यकारिणी को सौंपी जा सके।

4. भारत परिषद्-भारत परिषद् की रचना महत्त्वपूर्ण कार्य था। इस पूर्ववर्ती संचालक मण्डल भारतीय मामलों से सर्वथा अनभिज्ञ था। इसका कारण यह था कि अधिकांश संचालक कभी भी भारत में आये हुए नहीं होते थे। इसके विपरीत भारत परिषद् के सदस्यों के लिए 10 वर्ष तक भारत में रह चुका होना अनिवार्य था।

5. सम्बन्धों की स्थापना-कानून के द्वारा देशी नरेशों और विदेशी स्वामियों के बीच स्वस्थ सम्बन्ध स्थापित किया गया।

दोष-इस अधिनियम के अधीन किए गए परिवर्तन अर्थात् भारत शासन को क्राउन के हाथों में सौपे जाने भारतीयों को कोई लाभ नहीं हुआ। अभी भी वे परिस्थितियाँ बनी रही, जिनमें 1857 में सशस्त्र विद्रोह हुआ था, इसके अतिरिक्त समस्त शक्तियों का केन्द्र भारत परिषद् और भारत सचिव को बना दिया गया। इसके परिणामस्वरूप भारत सचिव निरंकुश होता ही चला गया। इसके अतिरिक्त भारत सचिव और भारत परिषद् का सारा खर्च भारत राजस्व पर डाल दिया गया, जो अनुचित था। ब्रिटेन की संसद भारत सम्बन्धी मामलों की ओर से उदासीन रही। इस 1858 के अधिनियम में अनेक दोष और कमियाँ होते हुए भी यह अत्यन्त महत्त्वपूर्ण था।

1858 की महारानी विक्टोरिया की घोषणा

1858 का अधिनियम पारित होते ही महारानी विक्टोरिया की ओर से एक महत्त्वपूर्ण घोषणा की गई।

घोषणा-यह महत्त्वपूर्ण घोषणा निम्न प्रकार थी-

"हमारी हार्दिक इच्छा हैं कि भारत की सर्वोन्मुखी उन्नति के लिए फिर से प्रयत्न किया जाए। जनता के हित में सार्वजनिक सुविधाएँ उपलब्ध करायी जाये .... हमारी सारी प्रजा चाहे वह किसी भी धर्म या वंश की हो, बिना किसी भेदभाव के सरकारी पद अपनी शिक्षा और योग्यता के अनुसार पा सके। हमारे सभी कर्मचारियों को आज्ञा हैं कि वे हमारी प्रजा

के किसी धार्मिक विचारों और विश्वासों में किसी प्रकार का हस्तक्षेप न करें। हमारी यह इच्छा नहीं हैं कि हम हमारे साम्राज्य की सीमा और बढ़ायें। हम देशी राजाओं की मान मर्यादा का आदर करेंगे। इस घोषणा को ''महान आज्ञा पत्र'' कहा जाता हैं।''

प्रमुख व्यवस्थाएँ-

इस घोषणा की मुख्य बातों को निम्न प्रकार से लिख सकते हैं-

1. भारतीय राजाओं की स्थिति-भारतीय राजाओं की रियासतें सुरक्षित रहेंगी और उनका मान और प्रतिष्ठा का वैसा ही आदर किया जायेगा जैसा कि अपनों का, यह आश्वासन मात्र ही था।

2. भेद-भाव हीन नियुक्ति-सभी भारतीय बिना किसी भेदभाव के समान रूप से पदों पर नियुक्त किये जाऐंगे, परन्तु इसके 25 वर्ष बाद तक भी वादा पूरा नहीं किया गया।

3. धार्मिक स्वतन्त्रता-प्रत्येक भारतीय को धार्मिक स्वतन्त्रता का आश्वासन दिया गया।

4. आदर-अंग्रेज लोग भारतीय परम्पराओं और रीति-रिवाजों का आदर करेंगे।

5. क्षमादान-विद्राहियों को क्षमादान दे दिया गया।

6. भारतीयों का हित-ब्रिटिश शासन का प्रयोग भारतीयों के हित में किया जायेगा और उन्हें ब्रिटिश साम्राज्य के अन्य नागरिकों के समान अधिकार दिया जायेगा।

घोषणा का महत्त्व-उपरोक्त घोषणा भारतीय इतिहास का एक महान चरण हैं। डॉ. ईश्वरी प्रसाद के अनुसार, ''घोषणा-पत्र ने इस देश के वासियों के लिए धरती पर एक नया आकाश उतार दिया हैं। इससे उन्हें शान्ति और समृद्धि, उनके धर्म की रक्षा, साम्राज्ञी की दूसरी प्रजा के साथ व्यवहार की समानता और इन सबके अतिरिक्त उच्च सेवाओं के भाग का वचन दिया गया।'' इस घोषणा पत्र ने ब्रिटिश शासन की व्यवस्था को स्थापित करने तथा भारतीय लोगों को शान्त करने में सहायता प्रदान की। घोषणा पत्र के अर्न्तनिहित प्रशासकीय नीति आगामी 60 वर्षों तक भारत में ब्रिटिश शासन का आधार बनी रही।

उपरोक्त घोषणा केवल मात्र भारतीयों को भूलावे में डालने के लिए और तत्कालीन बिगड़ी हुई शासन व्यवस्था में सुधार लाने के लिए की गयी थी क्योंकि इसमें किसी भी बात पर क्रियान्वीकरण नहीं किया गया। इस घोषणा के द्वारा ब्रिटिश सरकार यह प्रदर्शित करना चाहती थी कि उसका प्रत्येक कदम भारतीयों के हित के लिए ही हैं।

भारतीय कौन्सिल अधिनियम 1861

भूमिका-भारत के संवैधानिक इहिास में 1861 का अधिनियम महत्त्वपूर्ण हैं। इस अधिनियम के द्वारा प्रथम बार विधि निर्माण के लिए परिषदों में भारतीयों के मनोनयन की व्यवस्था प्रारम्भ हुई। वास्तव में 1858 के अधिनियम में प्रारम्भ हुआ कार्य 1861 के अधिनियम में पूर्ण हुआ।

1861 के अधिनियम निर्माण के कारण

इसके निर्माण के लिए निम्नलिखित कारण थे–

1. जनमत व्यक्त करने वाली संस्थायें–1857 की क्रान्ति के बाद अंग्रेजों को यह ज्ञात हो गया था कि उनके शासन के प्रति जनमत को अवगत कराने वाली संस्थाओं का अभाव उनकी भारी भूल हैं। गवर्नर जनरल की परिषद् के एक सदस्य बर्टिल फैरी ने 1860 में कहा था, ''लाखों लोगों के लिए कानून बनाना, जबकि सरकार को यह जानने के लिए वह अनुकूल हैं या नहीं, केवल लोगों में विद्रोह से ही पता लग सकता हो, एक विपत्तिजनक बात हैं।''

2. भारतीय प्रशासन उपेक्षित–1858 के अधिनियम में केवल भारत मन्त्री की ही व्यवस्था की गयी थी, परन्तु भारतीय प्रशासन के लिए इसमें कोई व्यवस्था नहीं की गयी थी। इस प्रकार भारतीय प्रशासन उपेक्षित ही रहा।

3. प्रान्तों को कुछ अधिकार देना आवश्यक–सर्वोच्च विधान परिषद् के लिए सभी प्रान्तों के लिए नियम बनाना कठिन हो गया था, बिना भारतीय सहयोग के इस विशाल देश के लिए जिसमें विभिन्न भाषायें, परम्पराएँ तथा रीति-रिवाज थीं, कानून बनाना दुष्कर कार्य था। अतः प्रान्तों को अपने लिए कानून बनाने का अधिकार देना भी अत्यन्त आवश्यक हो गया आवश्यक था।

4. कानून बनाने की दोषपूर्ण नीति–1861 के अधिनियम को पारित कराने में तत्कानील कानून बनाने की दोषपूर्ण नीति का भी महत्त्वपूर्ण हाथ था। कानून बनाने का कार्य परिषद् किया करती थी, जिसके पास प्रशासनिक कार्य अत्याधिक था। अतः कार्यपालिका के सदस्य समस्त भारत के लिए कानून बनाने में सक्षम नहीं थे। क्योंकि सरकार को भारत में प्रचलित रीति-रिवाजों की जानकारी नहीं थी। इस प्रकार भारत को विविध स्थितियों, रीति-रिवाजों और परम्पराओं की पृष्ठभूमि में स्वयं भारतीयों की सलाह तथा सहायता के बिना कानून निर्माण असम्भव ही था।

5. प्रतिनिधित्व का अभाव–उपरोक्त तथ्यों के अतिरिक्त गवर्नर जनरल की कानून बनाने वाली परिषद् में भारतीयों का प्रतिनिधित्व करने वाला कोई सदस्य नहीं था। 1857 के बाद सरकार को अपनी त्रुटि का आभास हुआ। इस प्रकार 1858 के अधिनियम के अन्तर्गत कम्पनी का शासन तो समाप्त हुआ परन्तु भारतीय प्रशासनिक संरचना में सुधार कार्य 1861 में अधिनियम के द्वारा किया गया। स्वयं ब्रिटिश प्रशासक यह महसूस कर रहे थे कि भारतीय प्रशासन में कुछ सुधार किया जाये जिससे कि प्रशासन में व्याप्त अक्षमता तथा भ्रष्टाचार से भारतीय जनता में असन्तोष व्याप्त न हो और 1857 की घटना की पुनरावृत्ति न हो।

1861 के अधिनियम की मुख्य धारायें

उपर्युक्त कारणों के फलस्वरूप ब्रिटिश संसद ने 1861 का कौन्सिल अधिनियम पारित किया, जिसकी मुख्य धारायें निम्नलिखि थीं–

1. गवर्नर जनरल की परिषद् की सदस्य संख्या में वृद्धि-पहले गवर्नर जनरल और प्रधान सेनापति को छोड़कर उसकी परिषद् के सदस्यों की संख्या 5 थी। इस अधिनियम के द्वारा कानूनी सदस्य तथा कानून मन्त्री की व्यवस्था की गयी जो कि कोई कानून का महान ज्ञाता हो सकता था।

2. केन्द्रीय विधान परिषद् के सदस्यों की संख्या में वृद्धि-विधि के निर्माण के लिए सर्वोच्च कार्यकारिणी परिषद् के सदस्यों की संख्या में वृद्धि की गई। यह निश्चित किया गया कि विधान परिषद् में कम से कम 6 और अधिक से अधिक 12 सदस्य होंगे, जिनकी नियुक्ति 2 वर्ष के लिए होंगी। इन सदस्यों में कम से कम आधें सदस्य गैर सरकारी लिए जाने चाहिए। सभी गैर सरकारी पर भारतीयों की नियुक्ति का प्रावधान था।

3. गवर्नर जनरल के अधिकार-गवर्नर जनरल को अपनी अनुपस्थिति में सभा का सभापतित्व करने के लिए अध्यक्ष का चुनाव करने का अधिकार था। यह समय-समय पर परिषद् का कार्य सुचारू रूप से चलाने के लिए नियम निर्माण कर सकता था। प्रत्येक विधेयक को अधिनियम का रूप प्राप्त करने के लिए गवर्नर जनरल द्वारा असाधारण स्थिति में किसी प्रकार अध्यादेश जारी किया जा सकता था जो 6 माह तक जारी रह सकता था।

4. कार्यकारिणी के सदस्य-गवर्नर जनरल को कार्यकारिणी परिषद् के व्यक्तिगत सदस्यों को महत्त्वपूर्ण विषयों को सौंपने का अधिकार प्राप्त हो गया था। कार्यकारिणी के सदस्यों को विभिन्न पद प्रदान किये गये।

5. महत्त्वपूर्ण विषय-यह निश्चित किया गया कि सभी महत्त्वपूर्ण विषय गवर्नर के सामने प्रस्तुत किए जायेंगे। गवर्नर जनरल तथा किसी व्यक्तिगत सदस्य के मध्य मतभेद की स्थिति में सम्बन्धित विषय पर सम्पूर्ण परिषद् द्वारा विचार करने की व्यवस्था की गई।

6. प्रान्तों को पुनः निर्माण का अधिकरार-1833 में बम्बई व मद्रास की प्रसीडेन्सीयों से विधि निर्मागण के जो अधिकार छीन लिये गये थे, इस अधिनियम के द्वारा उन्हें वापस कर दिये गये। प्रान्तीय गवर्नरों को यह अधिकार प्राप्त हुआ कि प्रान्तीय परिषदों के विधान परिषद् के कार्यकारिणी सदस्यों व प्रान्तीय अधिवक्ता के अतिरिक्त चार से लेकर आठ तक अतिरिक्त सदस्यों को मनोनीत किया जा सकते हैं। इन सदस्यों की नियुक्ति दो वर्ष के लिए होनी थी। इनमें से कम से कम आधे सदस्य गैर सरकारी होते थे जो साधारणतया भारतीय ही होते थे। तथापि विधि-निर्माण का यह अधिकार नाम मात्र ही था।

अ. किसी विधेयक को पारित होने के लिए प्रान्त के गवर्नर के अतिरिक्त गवर्नर जनरल की स्वीकृति आवश्यक थी।

ब. प्रान्तीय परिषदों को भी बिना गवर्नर की पूर्व स्वीकृति के प्रान्तीय आय से सम्बन्धित किसी भी प्रकार का विधेयक प्रस्तुत करने का अधिकार नहीं मिला।

स. प्रान्तीय अधिनियमों पर केवल गवर्नर के अतिरिक्त गवर्नर जनरल की अनुमति प्राप्त करना अनिवार्य था। इस प्रकार स्वीकृत अधिनियम को सम्राट द्वारा भी अस्वीकृत नहीं किया जा सकता था।

7. प्रान्तों में विधान परिषदों की स्थापना-गवर्नर जनरल को बंगाल, उत्तर-पश्चिमी प्रान्तों और पंजाब में भी विधान परिषदें स्थापित करने का अधिकार दिया गया। इस अधिकार के अन्तर्गत गवर्नर जनरल ने क्रमश: 1962, 1882 और 1897 में इन प्रान्तों में विधान परिषदें स्थापित की।

8. नये प्रान्त बनाने का अधिकार-इस अधिनियम द्वारा गवर्नर जनरल को कानूनी उद्देश्यों की पूर्ति के लिए नये प्रान्त बनाने का अधिकार दे दिया गया।

9. लैफ्टीनेंट गवर्नरों की नियुक्ति-छोटे प्रान्तों के लिए गवर्नरों की नियुक्ति का अधिकार भी गवर्नर जनरल को दे दिया गया।

1861 के अधिनियम के दोष

1861 के अधिनियम के दोष अग्रलिखित हैं-

1. प्रतिनिधित्व नहीं-इस अधिनियम का उद्देश्य विधान-परिषदों में भारतीयों को प्रतिनिधित्व देना नहीं था।

2. प्रभुत्व सम्पन्नता का अभाव-विधान परिषदें सच्चे अर्थों में प्रभुत्व सम्पन्न नहीं बनाई गयीं।

3. निषेधात्मक शक्ति-गवर्नर जनरल को केन्द्र व प्रान्तों में विधान परिषदों की शक्तियों पर निषेधाधिकार प्रदान किया गया था इससे सारी शक्तियाँ वाइसराय में सन्निहित हो गई थी और वह मनमानह कर सकता था।

4. नामदगी दोषपूर्ण-गैरसरकारी सदस्यों की नामजदगी की व्यवस्था त्रुटिपूर्ण थी। इसमें अधिकांश सदस्य भारतीय राजा, धनवान, जमींदार और अवकाश प्राप्त सरकारी कर्मचारी होते थे, जो न तो जनता के नेता थे और न उसकी इच्छा व्यक्त कर सकते थे।

5. उपयोगिता का अभाव-विधान परिषद् के सरकारी सदस्य भारतीयों के लिए उनुपयोगी थे।

विभिन्न विचार

प्रो. कूपलैण्ड ने इस अधिनियम पर अपने विचार व्यक्त करते हुए लिखा हैं कि "भारतीयों को परिषदों में सदस्यता प्रदान करके और प्रान्तों को कानून सम्बन्धी शक्तियाँ वापस देकर भारतीयकरण और विकेन्द्रीकरण की ऐसी नीति का श्रीगणेश हुआ जो आगे चलकर स्वायत्त शासन का आाधार बनीं।" इसके विपरीत आर. सी. मजूमदार के अनुसार, "गवर्नर जनरल के इस अधिकार के द्वारा सरकार को एक ऐसा ब्रह्मबाण प्राप्त हुआ, जिसे उसने अपने शासन के अन्तिम दिनों तक तरकश में रखा।"

तथापि 1861 का अधिनियम भारत के वैधानिक इतिहास में एक आवश्यक अंग हैं। इससे प्रतिनिधित्व वाली संस्थाओं तथा कानून आदि के निर्माण कार्य का आरम्भ हुआ।

भारतीय परिषद् अधिनियम 1892

भारतीय परिषद् अधिनियम 1892 भारत के संवैधानिक विकास की दिशा में महत्त्वपूर्ण चरण कहा जा सकता हैं "यद्यपि यह अधिनियम ब्रिटिश संसद द्वारा बाद में भारत के लिए पास किये अधिनियमों की भाँति बहुत अधिक व्यापक और प्रभावशाली नहीं था फिर भी संवैधानिक विकास के मार्ग पर यह एक निर्णायक पग अवश्य था।"

1892 के अधिनियम के निर्माण के कारण

इस अधिनियम के निर्माण के प्रमुख कारण निम्नलिखित थे-

1. सदस्यता के लिए प्रयास-यूरोप के व्यापारी तथा बम्बई के बड़े-बड़े उद्योगपति भी कौंसिल की सदस्य संख्या और कार्य क्षेत्र की वृद्धि के पक्ष में थे, ताकि वे विधान परिषदों में स्थान प्राप्त कर सकें। और अपने आर्थिक हितों की रक्षा कर सकें।

2. काँग्रेस द्वारा असन्तोष व्यक्त-भारतीय राष्ट्रीय काँग्रेस ने अपने वार्षिक अधिवेशनों में वर्तमान शासन प्रणाली के प्रति असन्तोष प्रकट करने के साथ-साथ कौंसिन में सुधार करने की मांग की तथा उसके विस्तार की मांग की। फलस्वरूप सरकार को इन मांगों पर ध्यान देना ही पड़ा।

3. लार्ड लिटन की नीति-लार्ड लिटन की दमन नीति और अन्य कार्यों से भारत में अशान्ति में वृद्धि हुई। उदाहरणार्थ- आई. सी. एस. परीक्षाओं में बैठने की उम्र 21 वर्ष से घटाकर 19 वर्ष कर दी गई। सूती सामान पर आयत कर घटा दिया गया। प्रेस एक्ट और शस्त्र-एक्ट पारित किए गए जिससे भारतीयों में असन्तोष की स्थिति स्वाभाविक थी। सरकार इस असन्तोष को कम करना चाहती थी।

4. संघर्ष-1885-90 के मध्य की अवधि में भारतीय शासन और गृह सरकार के मध्य संघर्ष चल रहा था। भारत सरकार गृह सरकार की निरकुशता और अपने अनादर से असन्तुष्ट थी। उसका विचार यह था कि यदि परिषद् में भारतीय सदस्यों की वृद्धि की गई तो गृह सरकार की बजाय उसकी स्थिति सुदृढ़ होगी और फिर गृह सरकार उसकी अपेक्षा न कर सकेगी।

5. इलबर्ट बिल-इलबर्ट बिल विवाद से भी भारतीयों को प्रकट हुआ कि ब्रिटिश नौकरशाही से न्याय और उचित व्यवहार की आशा करना व्यर्थ हैं। सरकार इस दावे को गलत सिद्ध करना चाहती थी।

गवर्नर जनरल लार्ड डरफिन के प्रस्ताव-1888 में गवर्नर जनरल लार्ड डरफिन ने परिषदों में सुधार के लिए सशक्त तर्क देते हुए अपने प्रस्ताव ब्रिटिश सरकार को भेजे। लार्ड डरफिन के बाद लार्ड लैन्स डाउन ने भी लार्ड डरफिन के विचारों का समर्थन किया ब्रिटिश

सरकार ने इसे 6 मई 1892 को पारित करके इसे भारतीय परिषद् अधिनियम 1892 का नाम दे दिया।

1892 के अधिनियम की मुख्य धारायें

1892 के अधिनियम की मुख्य धारायें निम्नलिखित हैं–

1. केन्द्रीय व प्रान्तीय विधान परिषदों का विस्तार–इस अधिनियम के द्वारा केन्द्रीय व प्रान्तीय विधान परिषदों के अतिरिक्त सदस्यों की संख्या में वृद्धि कर दी गई।

अ. केन्द्रीय विधान परिषद् में सदस्यों की संख्या में कम से कम 10 और अधिक से अधिक 16 निश्चित हुई।

ब. बम्बई और मद्रास की विधान परिषदों में सदस्यों की अधिकतम संख्या 8 और 20 के बीच निश्चित की गई।

स. बंगाल के लिए अधिकतम सेख्या 20 और उत्तर–पश्चिमी प्रान्त के लिए अधिकतम संख्या 15 निश्चित की गई। इसके अतिरिक्त किसी भी सदस्य सदस्य को मनोनीत किया जा सकता था।

2. गैर सरकारी सदस्यों को स्थान–मनोनीत सदस्यों में कम से कम 10 गैर सरकारी होने चाहिए।

3. गवर्नर जनरल के अधिकार में वृद्धि–भारत सचिव की पूर्ण स्वीकृति से गवर्नर जनरल को **'अतिरिक्त सदस्यों के नामांकन'** के लिए नियम बनाने का अधिकार दे दिया गया। इस अधिकार के अन्तर्गत गवर्नर जनरल ने जो नियम बनाये उससे गैर सरकारी सदस्यों के नामांकन के लिए एक प्रकार से अप्रत्यक्ष निर्वाचन प्रणाली का प्रारम्भ हुआ। प्रान्तीय परिषदों, म्यूनिसिपल बोर्डों आदि की ही सिफारिश पर सदस्य मनोनीत होते थे। सिफारिशें गवर्नर जनरल को मान्य होती थी।

4. गैर सरकारी सदस्यों का मनोनयन–इस अधिनियम के अन्तर्गत यह निश्चित किया गया कि मनोनीत सदस्यों में कम से कम 10 सदस्य गैर सरकारी होंगे।

5. निर्वाचन की व्यवस्था–निर्वाचन की व्यवस्था के लिए प्रमुख सुधार निम्नलिखित किए गये–

अ. अतिरिक्त सदस्यों की संख्या का 25 प्रतिशत सदस्य गैर सरकारी होंगे।

ब. गैर सरकारी सदस्यों के लिए विधिवत चुनाव प्रणाली को सैद्धान्तिक रूप से स्वीकार कर लिया गया।

स. केन्द्रीय अथवा इम्पीरियल लेजिस्लेटिव कौंसिल में 16 अतिरिक्त सदस्यों में से 3 सदस्य सरकारी, 5 सदस्य गैर सरकारी मनोनीत सदस्यों तथा 5 निर्वाचित सदस्यों में से एक

सदस्य को चैम्बर ऑफ कॉमर्स तथा शेष चार सदस्यों को प्रान्तीय विधान-मण्डल के गैर सरकारी सदस्यों द्वारा चुने चाने की व्यवस्था की गई।

द. प्रान्तीय विधान-मण्डलों में निर्वाचित गैर सरकारी निर्वाचित सदस्यों की संख्या निश्चित की गई।

6. सर्वोच्च विधान परिषद् के अधिकारों में वृद्धि-सर्वोच्च विधान परिषद् के सदस्यों के अधिकारों में वृद्धि हुई। इसके सदस्यों को बजट तथा वार्षिक वित्तीय विवरणों वाद-विवाद करने का अधिकार प्राप्त हो गया तथापि यह अधिकार नाम मात्र का था। कीथ ने कहा हैं कि "बजट की हर मद पर एक-एक करके मत देने का अधिकार नहीं दिया गया, वरन् सरकार की वित्तीय नीति की पूर्ण एवं स्वतन्त्र समालोचना करने का अधिकार दे दिया गया।"

7. रिक्त स्थानों को भरने की व्यस्था-यदि कोई अतिरिक्त सदस्य किसी कारणवश लगातार दो माह तक विधान परिषद् की कार्यवाही में भाग नहीं लेता हैं तो गवर्नर अथवा प्रान्तीय गवर्नर उसके स्थान को रिक्त घोषित करके उसके स्थान पर किसी अन्य सदस्य को मनोनीत कर सकता था।

8. स्थानीय निकाय-विश्वविद्यालयों डिस्ट्रिक्ट बोर्डो नगरपालिकाओं वाणिज्य संघों तथा प्रान्तीय परिषदों को कुछ सदस्य निर्वाचित करने का अधिकार दे दिया गया।

सन् 1892 के अधिनियम के दोष

इस अधिनियम के कतिपय गम्भीर दोष निम्न प्रकार थे-

1. प्रजातातन्त्रक निर्वाचन पद्धति-परिषद् में बहुमत मनोनीत सरकारी सदस्यों एवं गैर सरकारी सदस्यों का था। ये मनोनीत गैर सरकारी सदस्य वास्तविक अर्थ में जनता के प्रतिनिधि नहीं थे। आधा दर्जन निर्वाचित सदस्य 43 करोड़ जनता के विचारों, भावनाओं तथा उनके दृष्टिकोण को कठिनाई से व्यक्त कर सकते थे। वस्तुत: ये सदस्य सरकार के समर्थक थे। इन स्थानों की संख्या के अनुपातों का बंटवारा भी अनुपयुक्त था। बम्बई प्रेसीडेन्सी की विधान परिषद् में 7 स्थान थे, जिनमें से दो स्थान यूरोपीय व्यापारियों के लिए थे। शेष 5 स्थानों में से भारतीय व्यापारियों अथवा संसद को एक स्थान नहीं दिया गया था। निर्वाचन पद्धति इतनी पेचीदा थी कि जो व्यक्ति धारा सभाओं में पहुँचते थे उन्हें प्रतिनिधि कदापि नहीं कहा जा सकता था।

2. गैर सरकारी सदस्यों की कम संख्या-20 सदस्यों की केन्द्रीय परिषद् में निर्वाचित और मनोनीत गैर-सरकारी सदस्यों की संख्या 10 थी। इनमें से भी 5 मनोनीत गैर सरकारी सरकारी बहुमत का ही समर्थन करते थे। इस प्रकार की स्थिति में 5 गैर सरकारी सदस्य ही निर्वाचित सदस्य ही शासन की आलोचना का साहस कदापि नहीं कर सकते थे।

3. वर्गों में प्रतिनिधित्व का अभाव-इस अधिनियम के द्वारा जनता के सभी वर्गों को विधान परिषद् में प्रतिनिधित्व प्राप्त हुआ। बम्बई प्रेसीडेन्सी की विधान परिषद् में 8 स्थानों में से

जनता को प्रतिनिधित्व के लिए केवल दो ही स्थान मिले। दो स्थान भी यूरोपीय सौदागरों को दिये गये पर भारतीय सौदागरों को कोई स्थान नहीं मिला। सिन्ध के दो स्थान थे पर पूना और सितारा का एक भी स्थान नहीं था।

4. सीमायें–कौंसिल के सदस्यों पर अनेक सीमाएँ लगा दी गई थी। बजट पर चर्चा की जा सकती थी, लेकिन यह उसी समय सम्भव था जब कार्यकारिणी अनुमानित आँकड़ों को निश्चित कर देती थी।

इसके अतिरिक्त पंजाब को न तो वाइसराय की कौंसिल में कोई स्थान मिला और न ही स्थानीय कौंसिल में ही मिल सका। इस अधिनियम के अन्तर्गत किसी भी गैर सरकारी सदस्य के लिए सरकार द्वारा प्रस्तुत किसी भी विधेयक में कोई भी संशोधन करने का अधिकार नहीं प्राप्त था। सर फिरोजशाह मेहता इस अधिनियम की आलोचना करते हुए लिखते हैं कि "यह भारतीय सरकारी अधिनियम एक ऐसे भाप के ईंजन के समान था, जिसमें से भाप बनाने की सारी सामग्री निकाल ली गई थी और उसके स्थान पर भाप से मिलती हुई धोखा देने वाली गैस भर दी गई थी।"

श्री प्रधान के शब्दों में–"1892 का अधिनियम विधायिनी परिषदों के सम्बन्ध में विरोधी प्रवृत्तियों के बीच एक समन्वय था।"

अधिनियम का महत्त्व

इस अधिनियम का महत्त्व इस प्रकार था–

1. विधान परिषद् में स्थान–प्रथम बार भारतीयों को विधान परिषदों में स्थान दिया गया था। 1861 के अधिनियम के अन्तर्गत भारतीयों को बजट तथा सरकार के वित्तीय विवरणों पर वाद-विवादों करने का अधिकार प्राप्त नहीं था।

2. प्रतिनिध्यात्मक शासन–प्रथम बार निर्वाचन के सिद्धान्त का परोक्ष रूप से श्रीगणेश किया गया। निर्वाचन के सिद्धान्त को आरम्भ कर इस अधिनियम के द्वारा प्रतिनिध्यात्मक शासन की नींव रखी गई।

3. उत्तरदायी सरकार–सदस्यों को सरकारी नीतियों के सम्बन्ध में प्रश्न पूछने का अधिकार प्राप्त हो गया। यद्यपि सदस्यों पर प्रश्न पूछने के सम्बन्ध में काफी सीमायें तथापि कुछ सीमा तक सरकार को विधान परिषद् के प्रति उत्तरदायित्व बना दिया गया।

भारत सरकार का अधिनियम 1909

भूमिका–सन् 1892 के बाद भारत की राजनैतिक स्थिति में आधारभूत परिवर्तन आया। बंगाल विभाजन से उत्पन्न परिस्थितियों का सामना करना ब्रिटिश कूटनीतिज्ञों के लिए एक गम्भीर समस्या थी।

1909 के अधिनियम के पारित होने के कारण

1909 के भारत सरकार अधिनियम के पारित होने के मुख्य कारण निम्न प्रकार थे–

1. 1892 के अधिनियम की कमियां–1892 का अधिनियम भारतीयों के लिए बिल्कुल व्यर्थ था। भारतीय जनमत को विधान परिषद् में कोई विशेष प्रतिनिधित्व प्राप्त न हुआ था। भारतीय राष्ट्रीय काँग्रेस परिषदों में सुधार और विस्तार की मांग निरन्तर करती आ रही थी।

2. उग्रवादियों और आतंकवादियों का बढ़ता हुआ प्रभाव–ब्रिटिश सरकार सुधार अधिनियम पारित कर उग्रवादियों और आतंकवादियों के प्रभाव को नष्ट कर भारतीय जनमत को उग्र राष्ट्रवादियों के प्रभाव से बचाना चाहती थी।

3. लार्ड कर्जन द्वारा उत्पन्न किये असन्तोष को समाप्त करना–लार्ड कर्जन की नीतियों के कारण भारतीयों में काफी असन्तोष उत्पन्न व्याप्त हुआ। सन् 1905 में उसने जनता के विरोध के बावजूद भी बंगाल का विभाजन कर दिया। इसके परिमाणस्वरूप काँग्रेस में उग्रवादी दल का जन्म हुआ। 1909 में काँग्रेस द्वारा पास किया गया स्वराज्य का प्रस्ताव उग्रगवादियों की बढ़ती हुई शक्ति का द्योतक था। ब्रिटिश सरकार की दृष्टि में काँग्रेस को उग्रवादियों से संवैधानिक सुधारों की आवश्यकता थी।

4. असन्तोष व्याप्त–निम्नलिखित कारणों से भारी असन्तोष व्याप्त था जिसका निवारण केवल सुधारों द्वारा ही सम्भव था–

अ. अकाल–1876 से 1900 तक भारत में 18 अकाल पड़े। 1896–97 का अकाल सर्वाअधिक भयंकर था जिसका प्रभाव 7 करोड़ जनसंख्या तथा 70 हजार वर्ग मील क्षेत्र पर पड़ा। इस समय सरकार ने पीडीत लोगों की समुचित सहायता नहीं की इसकी विपरीत रानी विक्टोरिया की जयन्ती में लाखों रुपये खर्च कर दिये गए। इस अकाल के बाद बम्बई में प्लेग फैला किन्तु सरकार ने विशेष ध्यान नहीं दिया। फलत: उग्रवादियों तथा क्रान्तिकारियों को प्रोत्साहन तिला और जनता की सहानूभूति बढ़ती गयी।

ब. आर्थिक नीति–भारतीय उद्योगों को क्षीण करने के लिए आयात को प्रोत्साहन के लिए आयात कर 5 से 3.5 प्रतिशत कर दिया गया। इससे भारतीय उद्योगपति अंग्रेजों के विरुद्ध हो गये।

स. न्याय में पक्षपात–न्याय के मामलों में भी भारतीयों के विरुद्ध इअंग्रेजों के हित में पक्षपात किया जाता था।

अन्य कारण–

अ. प्रोत्साहन–1896 में छोटे से देश एबीसिनिया ने इटली को और जापान ने रूस को पराजित कर दिया था। इससे भारतीयों में अभे नहीं हैं तथा उन्हें देश से बाहर निकलना असम्भव कार्य नहीं हैं।

ब. विद्वानों का योगदान-इसी समय स्वामी विवेकानन्द आदि अनेक विद्वानों ने पाश्चात्य संस्कृति की अपेक्षा भारतीय संस्कृति को बहुत उत्कृष्ट बताया। इससे भारतीयों में आम्तबल और गौरव की वृद्धि हुई। वे यूरोपियन सभ्यता व संस्कृति से घृणा करने लगे।

स. असन्तोष-1892 से लेकर 1904 तक इेग्लैण्ड में अनुदारवादी दल का शासन रहा। इस समय भारत आने वाले वायसरायों ने भारतीयों के प्रति कठोर और दमन की नीति का अनुसरण किया।

द. आतंकवाद-बंगाल, महाराष्ट्र, पंजाब और विदेशों में भी भारतीय स्वतन्त्रता के लिए क्रान्तिकारी आन्दोलन प्रारम्भ कर दिये गये। इन क्रान्तिकारियों द्वारा ब्रिटिश शासन के अधिकारियों के विरुद्ध बम और पिस्तौल का प्रयोग किया।

य. बंगाल का विभाजन-बंगाल के विभाजन का विरोध करने के लिए बंगाल में तीव्र आन्दोलन आरम्भ कर दिया गया जो शीघ्र ही सम्पूर्ण भारत में फैल गया। फिर भी 16 अक्टूबर 1906 को विभाजन की योजना कार्यान्वित कर दी गयी।

मिण्टो-मार्ले सुधार कानून का जन्म

उपरोक्त परिस्थितियों के सम्बन्ध में भारत मन्त्री लार्ड मॉर्ले ने भारत के वायसराय लाडऊ मिण्टो को पत्र लिखा। 1907 में लार्ड मिण्टो ने अपने सुझाव भारत मन्त्री के पास भेजे। लार्ड मार्ले ने इस पर विचार किया तथा उनको सरकारों की प्रतिक्रिया जानने के लिए पुन: भारत भेजा। दो वर्ष के बाद 1909 में ब्रिटिश सरकार ने इस विधेयक पर अपनी स्वीकृ ति दे दी। वह अधिनियम अपने जन्मदाताओं के नाम पर ''मिण्टो-मार्ले'' सुधार कानून कहलाता हैं।

1909 के अधिनियम के मुख्य उपबन्ध

इस अधिनियम के मुख्य उपबन्ध निम्नलिखित थे-

1. केन्द्रीय विधान परिषद् का विस्तार-1909 में केन्द्रीय विधान परिषद् में अब तक अतिरिक्त सदस्यों की संख्या 16 से बढ़ाकर 60 कर दी गई। इस प्रकार केन्द्र की परिषद् में सदस्यों की संख्या 25 से बढ़कर 69 हो गई। इसमें से 37 सरकारी सदस्य थे, जिनमें से 28 वायसराय द्वारा मनोनीत होते थे और शेष 9 पदेन परिषद् के सदस्य होते थे। 32 गैर सरकारी सदस्य थे। इनमें से 6 सदस्य वायसराय द्वारा मनोनीत थे। 27 सदस्य वर्गों से निर्वाचित होते थे। निर्वाचित सदस्यों में 5 मुसलमानों द्वारा, 6 हिन्दू जमींदारों द्वारा, 1 मुसलमान जमींदार द्वारा, 1 बंगाल के चैम्बर ऑफ कॉमर्स द्वारा, 1 बम्बई के चैम्बर ऑफ कॉमर्स द्वारा तथा शेष 13 सदस्य प्रान्तीय विधान परिषदों द्वारा चुने जाते थे।

2. कौंसिल के कार्य-केन्द्रीय विधान परिषद् के सदस्यों के कार्यों में वृद्धि हुई।

अ. सदस्यों को वाद-विवाद करने तथा पूरक प्रश्नों को पूछने का अधिकार प्राप्त हो गया।

ब. विधान परिषद् में बजट पर वाद-विवाद करने के लिए विस्तारपूर्वक नियम बनाये गये।

स. सदस्यों को स्थानीय प्रशासन के लिए अतिरिक्त अनुदान के लिए प्रस्ताव प्रस्तुत करने का अधिकार मिल गया।

द. कौंसिल के सामने वित्तीय विवरण को प्रस्तुत करने से पूर्व इसे वित्तीय समिती के सामने विचार के लिए भेजने की व्यस्था की बयी जिसका अध्यक्ष वित्त मन्त्री होगा। सरकार को यह अधिकार प्राप्त था कि वह कौंसिल के द्वारा प्रस्तुत वित्तीय विवरण अथवा सार्वजनिक महत्त्व के प्रस्तावों को स्वीकार करें या न करें। इस अधिनियम के द्वारा सदस्यों पर भी कुछ सीमायें लगाई गई। पे भारत सरकार की विदेश नीति, देशी राज्यों के साथ सरकार के सम्बन्ध, रेल्वे पर सरकार का व्यय आदि विषयों पर वाद-विवाद नहीं कर सकते थे।

3. निर्वाचन का अधिकार-राजनैतिक अपराधियों पर अयोग्यतायें थोपकर चुनाव में खड़े होने से रोक दिया गया। लेकिन सरकार के सर्वोच्च अधिकारियों को चुनाव में खड़े होने का अधिकार प्राप्त हो गया। बंगाल, बम्बई और मद्रास में प्रान्तीय विधायी परिषदों की सदस्यता प्राप्त करने के लिए नगरपालिका या जिला बोर्ड का सदस्य होना आवश्यक था, किन्तु संयुक्त प्रान्त की विधान परिषसद् की सदस्यता के लिए इस प्रकार की योग्यता सम्बन्धी प्रतिबन्ध नहीं था।

4. गैर सरकारी सदस्य-प्रान्तीय विधान परिषदों की सभाओं को सरकारी सदस्यों की अपेक्षा गैर सरकारी सदस्यों की संख्या बढ़ा दी गई। परन्तु सिवाय बंगाल के सभी प्रान्तों में इन सदस्यों में गैर सरकारी मनोनीत सदस्यों की संख्या निर्वाचित गैर सरकारी सदस्यों की संख्या निर्वाचित सदस्यों से अधिक थी।

5. कोरम-प्रान्तीय व्यवस्थापिका परिषदों के लिए किसी सरकारी बहुमत की व्यवस्था नहीं थी। तथापि सरकार प्रान्तीय व्यवस्थापिका परिषदों में काम चलाऊ बहुमत की व्यवस्था कर दी गई थी।

6. संसदीय परम्परायें-विधि निर्माण के क्षेत्र में संसदीय निर्माण की नींव डाली गयी।

अ. कौंसिल में वार्षिक विवरणों तथा बजट पर सदस्यों को वाद-विवाद का अधिकार प्रदान किया गया।

ब. प्रस्तावों में दलीय अनुमान तथा आक्षेप आदि की चर्चा नहीं होनी चाहिए।

स. निश्चित प्रश्नों पर ही चर्चा की जाये।

7. नवीन परिषदें-नयी परिषदों की स्थापना की व्यवथा भी की गयी। गवर्नर जनरल को, प्रधान मन्त्री को भारत मन्त्री की स्वीकृति से तथा अन्य दूसरे प्रान्त के लैफ्टीनेंट गवर्नर वाले प्रान्त में परिषद् के निर्माण का अधिकार दे दिया गया।

8. भारतीयों को स्थान-कार्यकारिणी परिषद् में प्रथम बार भारतीयों को स्थान प्रदान किया गया। गवर्नर जनरल की कार्यकारिणी में लार्ड सिन्हा को कानूनी सदस्य बनाया गया।

9. साम्प्रादायिक निर्वाचन प्रणाली-साम्प्रादायिक निर्वाचन प्रणाली का सूत्रपात किया गया। तीन प्रकार के निर्वाचन क्षेत्र बनाये गये-

अ. साधारण निर्वाचन क्षेत्र

ब. साम्प्रादायिक निर्वाचन क्षेत्र

स. विशेष निर्वाचन क्षेत्र

1909 के अधिनियम के दोष

मिण्टो-मार्ले सुधार, अन्ततः अपने समग्र रूप में नकारात्मक थे। इस कारण भारतीयों में बड़ी निराशा व्याप्त हुई। इस अधिनियम के प्रमुख दोष इस प्रकार थे-

1. दयापूर्ण निरंकुश तन्त्र की स्थापना-इसके द्वारा भारत में दयापूर्ण निरंकुश तन्त्र की स्थापना की गई। इस अपूर्णता के कारण डॉ. जकारिया ने इसे अर्थ शून्य कहा हैं। मि. मजूमदार ने लिखा हैं कि ये केवल चन्द्रमा की चमक भांति थे।

2. विधान परिषद् की शक्तियाँ सीमित-इस अधिनियम द्वारा विधान-परिषद् की शक्तियाँ सीमित कर दी गयी। सदस्यों को बजट पर वाद-विवाद करने, पेश्न पूछने आदि के अधिकारों पर सीमायें लगा दी गई।

3. सरकारी सदस्यों का बहुमत- केन्द्रीय विधान परिषद् में सरकारी सदस्यों का ही बहुमित रखा गया। अतः गैर सरकारी सदस्यों की स्थिति बड़ी दयनीय थी। विधेयक पर मतदान के अवसर पर सरकारी सदस्य अपने बहुमत के द्वारा विधेयक को अपने पक्ष में पारित कर लेते थे।

4. अनुपयुक्त प्रतिनिधित्व-मद्रास विधायिका सभा के 21 निर्वाचित सदस्यों में 2 सदस्य मुसलमानों के द्वारा, 2 जमींदारों के द्वारा, 3 जमींदारों के अतिरिक्त भूमिधरों के द्वारा, तथा एक-एक सदस्य मद्रस की निगम, मद्रास यूनिवर्सिटी, मद्रास चैम्बर ऑफ कॉमर्स के द्वारा, मद्रास समुदाय तथा नील की खेती करने वाले समुदाय के द्वारा निर्वाचित किए जाते थे तथा शेष 9 सदस्य म्यूनसिपल कौंसिलों, जिला तथा ताल्लुका बोर्डों द्वारा निर्वाचित किए जाते थे।

इसी प्रकार व्यवसीापिका में 35 निर्वाचित सदस्यों में से 6 भूमिधरों को, 5 मुसलमानों को तथा 9 मुसलमान भूमिधरों को तथा 1-1 बंगाल और बम्बई के चैम्बर ऑफ कॉमर्स को प्रदान किए गए। केवल शेष 13 स्थान प्रान्तों की विधायिका सभाओं के गैर सरकारी सदस्यों के द्वारा निर्वाचित होते थें।

5. उत्तरदायित्व का अभाव-इन सुधारों से सरकारी कार्यों में अव्यवस्था हो गई। संसद का रूप प्रदान कर दिया था परन्तु उत्तरदायित्व का, जो संसदीय प्रणाली की आम्ता हैं, अभाव था।

6. सीमित मताधिकार-इस अधिनियम द्वारा प्रदान किया गया मताधिकार अत्याधिक सीमित था। वह अनेक प्रकार के भेदभावों पर आधारित था तथा प्रत्येक प्रान्त में भिन्न था। जैस

केन्द्रीय विधान परिषद् के चुनाव के लिए जमींदार के चुनाव क्षेत्रों में केचल उन जमींदारों को मत देने का अधिकार प्राप्त था जिनकी आय बहुत अधिक थी। मद्रास में यह अधिकार उनको दिया गया जितनकी आय 15 हजार रुपये वार्षिक थी या जो दस हजार रूपया वार्षिक कर देते थे। बंगाल में यह अधिकार उनको दिया गया जिनके पास राजा या नवाब की उपाधि थी। मध्य प्रदेश में यह अधिकार उनको दिया गया जो अवैतनिक मजिस्ट्रेट थे।

7. अप्रत्यक्ष निर्वाचन-निर्वाचन प्रणाली को अप्रत्यक्ष थी जनता स्थानीय संस्थाओं का सदस्यों का निर्वाचन करती थी। स्थानीय संस्थाओं के सदस्य निर्वाचक मण्डल को निर्वाचित करते थें। निर्वाघक मण्डल प्रान्तीय व्यावसीापिका सभाओं के सदस्यों को तथा प्रान्तीय सभायें केन्द्रीय धारा सभा सभा चुनते थे। इस प्रकार जनता को तथा प्रतिनिधियों के मध्य कोई सम्पर्क नहीं रहता था और निर्वाचित सदस्य स्वयं को जनता के प्रतिनिधि नहीं मानते थे।

8. भेदभाव-इस अधिनियम में मताधिकार का अनुचित रूप से भेदभाव किया गया था। पण्डित मदनमोहन मालवीय के अनुसार, "सरकार ने हिन्दुओं के साथ अन्याय किया था। 30 वर्ष पूर्व के हिन्दु, पारसी एवं ईसाई स्नातक गुरूदास बैनर्जी, भण्डारकर, सर सुब्रह्मण्यम रोमर एवं डॉ. रामबिहारी जैसे व्यक्तियों को मताणिकार से वंचित किया गया जबकि 5 वर्ष पूर्व के प्रत्येक मुसलमान को मताधिकार प्राप्त था।" हिन्दु बहुमत वाने प्रान्तों में अल्पसंख्यकों को उनके हितों की रक्षा के लिए मुसलमानों को भारात्मक प्रतिनिधित्व प्रतिनिधित्व प्रदान किया गया, पर मुसलमान बहुमत वाले प्रान्तों -पंजाब, पूर्वी बंगाल और आसाम में हीन्दुओं को इस प्रकार का प्रतिनिधित्व नहीं मिला।

9. साम्प्रदायिक भावना-इस अधिनियम के द्वारा साम्प्रदायिक निर्वाचन प्रणाली का सूत्रपात किया गया। ब्रिटिश सरकार ने 'फूट डालो राज करो' के नीति के आधार पर हिन्दुओं और मुसलमानों के लिए पृथक् निर्वाचन क्षेत्रों की व्यवस्था की। 1919 के अधिनियम के द्वारा सिक्खों को भी पृथक् मतदान का अधिकार मिला 1935 के अधिनियम के द्वारा सभी जातियों को पृथक् मताधिकार प्रदान किया गया। महात्मा गाँधी ने कहा था कि मिण्टो-मार्ले सुधार ने हमारे सब कार्यों पर पानी फेर दिया हैं। यदि पृथक् निर्वाचन प्रणाली स्वीकार न की गई तो हम भेदभावों को अब तक दूर देते।

1909 के अधिनियम का महत्त्व

तथापि इस अधिलिनयम का को अर्थहीन नहीं कहा जा सकता। इस अधिनियम का महत्त्व निम्न था-

1. भारतीयों को सम्मानपूर्ण पदों की प्राप्ति-इसके द्वारा भारतीयों को गवर्नर जनरल की कार्यकारिणी परिषद् में व भारत सचिव की परिषद् में सम्मानजनक स्थान प्रदान किया गया।

2. प्रश्न पूछने का अधिकार-परिषद् के सदस्यों को पूरक प्रश्न पूछने और बजट पर मतदान करने का अधिकार दिया गया।

अतः सन् 1909 के अधिनियम के द्वारा किये गये परिवर्तन प्रगतिशील थे और काँग्रेस के उग्रवादी नेताओं ने प्रारम्भ में इनका स्वागत भी किया था। परन्तु प्रस्तुत अधिनियम की मूल प्रवृत्तियाँ प्रतिगामी थी, इससे भारतीयों की अवस्था में कोई परिवर्तन नहीं आय ।

1919 का भारत सरकार अधिनियम

प्रथम विश्व युद्ध के दौरान भारत ने इंग्लैण्ड सरकार को पूर्ण सहयोग प्रदान किया था तथा धन जन की अपार आहुति दी थी। भारत को यह विश्वास था कि इसके फलस्वरूप इंग्लैण्ड की सरकार भारत में उत्तरदायी शासन की स्थापना करेगी।

1919 के अधिनियम निर्माण के कारण

1. सन् 1909 के अधिनियम के दोष- 1909 के सुधारों से भारतीय जनता को कोई प्रसन्नता नहीं हुई। इसके प्रमुख कारण हैं-

अ. इन सुधारों ने साम्प्रदायिक प्रतिनिधित्व प्रारम्भ कर राजनीति को दूषित कर दिया था।

ब. उसमें उत्तरदायी शासन से भारतीयों को वंचित किया गया था।

2. भारतीयों की आशा-1914 में प्रथम विश्व युद्ध में अंग्रेजों को तन-मन-धन से सहायता करके भारतीयों ने इस आशा से दी थी कि उन्हें विश्व युद्ध के बाद स्वशासन प्रदान किया जायेगा।

3. होम रूल आन्दोलन-तिलक और ऐनीबेसेन्ट ने 1915 में स्वशासन प्राप्त करने के लिए होम रूल आन्दोलन चलाया था।

4. भारतीय दलों की समझौतावादी नीति-1919 में ही उदारवादी और उग्रवादियों का मेल हो गया था। यह आन्दोलन अभूतपूर्व तथा विलक्षण था। सरकार इस आन्दोलन को समाप्त करना चाहती थी।

उपर्युक्त परिस्थितियों में मांटेग्यू ने भारतीयों को सन्तुष्ट करने के लिए 20 अगस्त 1919 को संसद्र में एक महत्त्वपूर्ण घोषण की, जिसके आधार पर ही ब्रिटिश संसद ने 1919 का अधिनियम पारित किया था।

1919 के अधिनियम की मुख्य विशेषताएँ

1919 के अधिनिययम की मुख्य विशेषताएँ निम्न थी-

1. अधिनियम की प्रस्तावना-प्रस्तावना में निम्न प्रकार का विवेचन किया गया था-

1. उत्तरदायी शासन-यह संसद की घोषित नीति हैं कि भारतीय प्रशासन की प्रत्येक शाखा में भारतीयों के अधिकार समबन्ध के लिए और स्वशासी संस्थाओं को क्रमिक परिवर्तन के लिए उपलब्ध करें, जिससे साम्राज्य के एक अखण्ड भाग के रूप में ब्रिटिश भारत में उत्तरदायी शासन धीरे-धीरे स्थापित हो सके।

2. क्रमपूर्वक-उत्तरदायी शासन क्रमपूर्वक या धीरे-धीरे ही दिया जा सकेगा।

3. जनता का कल्याण-प्रत्येक पग का समय और रीति, को संसद द्वारा ही तय किया जा सकता हैं, जिस पर भारत की जनता के कल्याण तथा उन्नति का उत्तरदायित्व हैं।

4. सहयोग-इन मामलों में संसद की कार्यवाही उस सहयोग के अनुसार ही चल सकती हैं जो उन लोगों को प्राप्त हो जिन पर सेवा का नवीन उत्तरदायित्व आयेगा और उस सीमा तक कार्यवाही की जा सकती हैं जिस सीमा तक उनकी उत्तरदायित्व जिस सीमा तक उनकी उत्तरदायित्व की भावना में विश्वास किया जा सके।

5. प्रान्तों की स्वायत्तता-भारत के प्रान्तों में स्वयशासी संस्थाओं के पनपने के साथ-साथ यह उचित हैं कि उन प्रान्तों को प्रान्तीय मामलों में इतनी अधिक स्वतन्त्रता दी जाये जितनी भारत सरकार के अपने उत्तरदायित्वों को चलाने में सुचारू रूप से पूरा करने साथ संगत होनी चाहिए।

ब्रिटिश संसद में भारतीयों द्वारा दिये गये सहयोग और उनके द्वारा प्रदर्शित उत्तरदायित्व की भावना के आधार पर ही भविष्य की राजनैतिक प्रगति सोची जायेगी। वस्तुत: यह एक प्रकार से भारतीयों के विरुद्ध धमकी थी।

2. लिखित एवं अपरिवर्तनशील-1919 का अधिनियम एक लिखित संविधान की भाँति था। कालान्तर में कुछ परम्पराओं का भी प्रादुर्भाव हो गया था, उदाहरणार्थ हस्तानान्तरित विषयों पर विधान परिषद् के निर्वाचित सदस्य ही सलाह देते थे। बहुमत न मिलने की दशा में इन र्निवाचित मन्त्रियों को पद त्यागया होता था। यह अधिनियम अपरिवर्तशील भी था। क्योंकि केवल ब्रिटिश संसद ही इसमें कोई संशोधन कर सकती थी।

3. अनुत्तरदायी केन्द्रीय नगरपालिका-सपरिषद् गवर्नर जनरल को पूर्व की भाँति केन्द्रीय विधान-मण्डल के नियन्त्रण से पूर्णत: मुक्त रखा गया।

4. प्रान्तों में द्वैध शासन-प्रान्तीय शासन दो भागों में विभाजित किया गया एक भाग में सुरक्षित विषय और दूसरे भाग में हस्तानान्तरित विषय।

अ. सुरक्षित विषय-सुरक्षित विषयों को गवर्नर जनरल की कार्यकारिणी परिषदों के सभासदों को सौंपा गया, ये सभासद विधान परिषद् के प्रति उत्तरदायी नहीं थे। वे केवल गवर्नर के प्रति उत्तरदायी थे। सुरक्षित विषय पुलिस, जेल, न्याय, वित्त, राजस्व, सिंचाई आदि थे।

ब. हस्तानान्तरित विषय-हस्तानान्तरित विषय मन्त्रियों को सौंपे गये। ये मन्त्रिगण विधान परिषद् के सदस्यों से निर्वाचित होते थे और उसी के प्रति उत्तरदायी थे। ये विषय कृषि, शिक्षा, स्थानीय स्वशासन, सार्वजनिक-स्वास्थ्य आदि थे। इस विभाजन को द्वैध शासन प्रणाली कहा जाता हैं।

5. गृह सरकार के नियन्त्रण में ढील-1919 का अधिनियम भारत के शासन पर सरकार, भारत मन्त्री और ब्रिटिश सरकार के नियन्त्रण को कम करने के लिए भी बनाया गया था, पर इस सम्बन्ध में कोई निश्चित नियम न बनाकर सब कुछ परम्पराओं के लिए छोड़ दिया गया था।

6. द्विसदनीय केन्द्रीय विधान मण्डल–पहले सदन का नाम भारतीय विधान सभा और दूसरे का नाम राज्य परिषद् था दोनों सदनों का चुनाव प्रत्यक्ष रूप से होता था। केन्द्रीय विधान सभा में 143 सदस्य थे जिनमें से 103 का चुनाव होता था, व शेष मनोनीत होते थे। राज्य परिषद् में 60 सदस्य थे जिनमें से 33 का चुनाव और 27 गवर्नर जनरल द्वारा मनोनीत किए जाते थे।

7. भारत परिषद् में परिवर्तन–भारत परिषद् का पुनर्गठन किया गया। यह व्यवस्था की गई कि इसमें कम से कम 8 तथा अधिक से अधिक 12 सदस्य होंगे जो भारत में कम से कम 10 वर्ष रह चुके हों, किन्तु उन्हें भारत छोड़े हुए 5 वर्ष से अधिक न हुए हों। सदस्यों का कार्यकाल 7 वर्ष से घटाकर 5 वर्ष कर दिया गया सदस्यों की आय 1000 से बढ़ाकर 1200 पौण्ड कर दी गयी तथा भत्ता 600 पौण्ड किया गया।

8. केन्द्रीयकरण से विकेन्द्रीकरण–लार्ड कर्जन से चली आ रही केन्द्रीकरण की नीति समाप्त हो गई। प्रशासन और राजस्व के विषय प्रान्तीय सरकार को सौंप दिये गये। प्रान्तों को ऋण लेने व कर लगाने का अधिकार दे दिया गया। प्रान्तो में आंशिक रूप से उत्तरदायी शासन की स्थापना कर विकेन्द्रीकरण व स्वायत्तता की नीति को पूरा किया गया।

9. प्रान्तीय विधान परिषदों का पुनर्गठन–परिषदों के पुनर्गठन से बड़े प्रान्तों की परिषदों में अधिक से अधिक 140 और छोटे प्रान्तों में 70 सदस्य रखने की व्यवस्था की गयी। इनमें से 80 प्रतिशत निर्वाचित होने आवश्यक थे। सरकारी सदस्य 20 प्रतिशत थे। शेष 10 प्रतिशत गैर सरकारी थे। उन्हे गवर्नर मनोनीत करता था। इस प्रकार विधान सभाओं में निर्वाचित सदस्यों का बहुमत रखा गया तथा उनके अधिकारों में वृद्धि हुई।

10. अधिक भारतीयों की नियुक्ति–प्रान्तीय कार्यकारिणी तथा केन्द्रीय कार्यकारिणी परिषदों में अधिक भारतीयों की नियुक्ति हुई। भारतीय उच्च न्यायालय उन वकीलों को जिन्हें कार्य करते हुए 10 वर्षों से अधिक हो चुकें हों, परिषद् का लॉ मेम्बर होने के योग्य माना गया। इनकी नियुक्ति भारत मन्त्री की सिफारिश पर सम्राट द्वारा की जाती थी।

11. साम्प्रदायिक मताधिकार का विस्तार–साम्प्रदायिक मताधिकार मुसलमानों तक ही सीमित न रहे। पंजाब में सिक्खों को, कुछ प्रान्तों में एंग्लोइण्डियनों को तथा एक प्रान्त में ईसाईयों को भी मताधिकार दिया गया।

12. नरेश मण्डल–माण्डफोर्ट रिपोर्ट में देशी राजाओं के महत्त्व को दृष्टिगत रखते हुए एक नरेश मण्डल बनाया गया। 8 फरवरी, 1921 को इसकी स्थापना के समय इसकी संख्या 121 थी, जिनमें से 109 तो अधिक महत्त्वपूर्ण देशी रियासतों के प्रतिनिधि तथा 12 सदस्य कम महत्त्वपूर्ण देशी रियासतों के प्रतिनिधि थे।

13. निर्वाचन तथा मताधिकार–इस अधिनियम ने प्रत्यक्ष निर्वाचानों का सूत्रपात करने के अतिरिक्त मताधिकार के विस्तार में भी वृद्धि की। नवीन निर्वाचनों नियमों के अनुसार भारत की लगभग 10 प्रतिशत जनता को मताधिकार प्रदान किया गया। साम्प्रदायिक निर्वाचन पद्धति को न केवल मुसलमानों वरन् सिक्खों व यूरोपियनों के लिए भी लागू बनाए रखा।

14. शक्ति विभाजन-केन्द्रीय सरकार तथसा प्रान्तीय सरकारों के मध्य शक्ति का विभाजन भी किया गया-

अ. केन्द्र के विषय-जो विषय सम्पूर्ण भारत या अन्तर्प्रान्तीय हितों से सम्बन्धित थे, जैसे-सेना, रेल, डाक व तार, आयकर, मुद्रा ब्कंण, व्यापार, जहाज-रानी, चुंगी तथा महसूल, दीवानी व फौजदारी कानून आदि केन्द्र के अधीन रखे गये।

ब. प्रान्तों के विषय-अमहत्त्वपूर्ण विषयों जैसे स्थानीय स्वशासन, सार्वजनिक-कार्य, शिक्षा, जनस्वास्थ्य व चिकित्सा, सिंचाई, अकाल पीड़ीत सहायता, राजस्व कर, कृषि, जंगल, जेल व पुलिस तथा न्याय व्यवस्था आदि पर प्रान्तीय प्रशासन का का व्यवस्थापन रहा।

15. संमणकालीन उपाय-यह अधिनियम प्रयोग कालीन व संक्रमणकालीन उपाय था। लार्ड मेस्टन के शब्दों में "स्वेच्छापूर्ण शासन तथा लोकतन्त्र उस समय तक साथ न चलने को बाध्य करे जब तक कि लोकतन्त्र स्वयं चलना न सीख ले और अकेला चलने के योग्य न हो जाये।"

16. अन्य विशेषतायें-इस अधिनियम की अन्य विशेषतायें निम्नलिखित प्रकार थीं-

(अ) मतदान का विस्तार-अधिनियम में प्रत्यक्ष निर्वाचन के साथ मतदान का भी विस्तार हुआ। मतदान का अधिकार 10 प्रतिशत लोगों को ही प्राप्त हुआ।

(ब) हाई कमिश्नर-भारतीय हाई कमिश्नर का निर्माण किया गया और उसे भारत मन्त्री की कुछ शक्तियाँ दे दी गई।

(स) गवर्नर जनरल तथा गवर्नर-गवर्नर जनरल तथा गवर्नर को विशेषाधिकार दे दिये गये।

(द) प्रान्तीय विधान परिषदें-प्रान्तीय हवधान परिषद् के सदस्यों की संख्या में वृद्धि हुई।

(य) संक्रान्ति कालीन-यह अधिनियम प्रयोगकालीन व संक्रान्ति कालीन था। मांटेग्यू ने संसद में कहा था कि यह अधिनियम ब्रिटिश संसद द्वारा संचालित सरकार और भारतीय जनता के प्रतिनिधियों द्वारा चलने वाली सरकार के बीच में एक पुल हैं। इस अधिनियम द्वारा नौकरशाही शासन में सुधार करने का प्रयत्न किया गया था।

अधिनियम के दोष

इस अधिनियम के दोष इस प्रकार थे-

1. साम्प्रदायिक निर्वाचन पर अधिक बल-इस अधिनियम के द्वारा साम्प्रदायिक निर्वाचन का और भही विस्तार किया जिसका कि भारतीय विरोध करते आ रहे थे।

2. कार्यपालिका की निरंकुशता-केन्द्र में कार्यपालिका को पूर्णत: निरंकुश रखा गया था। गवर्नर जनरल को अत्याधिक शक्तियाँ प्रदान की गई थी। केन्द्रीस विणान मण्डल कार्यकारिणी

के विरुद्ध निन्दा प्रस्ताव पारित कर उन्हें हटा नहीं सकता था। इस प्रकार कार्यकारिणी के सदस्य स्वयं को उत्तरदायी अनुभव नही करते थे।

3. द्वैध शासन व्यर्थ-प्रान्तों में द्वैध शासन स्थापित किए गये हैं। द्वैध शासन का कोई औचित्य नहीं था।

4. साम्प्रदायिक प्रतिनिधित्व-माण्टफोर्ड रिपोर्ट में चूनावों को अवांछनीय बताते हुए कहा था कि ये राष्ट्र विरोधी, खसतरनाक, उत्तरदयी शासन के विरुद्ध तथा सच्ची नागरिकता की उत्पत्ति में बाधक हैं तथापि इस पद्धति को बनाये रखा।

5. नौकरशाही-प्रान्तों को शासन पूर्ण नौकरशाही व उत्तरदायी शासन के बीच का रास्ता था। लार्ड मेस्टन के शब्दों में, "स्वेच्छा तन्त्र और लोकतन्त्र का उस समय तक हाथ मिलाकर साथ-साथ चलना आवश्यक था, जब तक कि लोकतन्त्र स्वयं चलना न सीख ले और अकेला चलने के योग्य न हो जाये।"

6. द्वैध प्रणाली दोषपूर्ण-सरकार इस बात को भूल गई थी कि सरकार एक अंगीय हैं और एक जीवित वस्तु के समान हैं। इसके दो भागों (उत्तरदायी और अनुत्तरदायी) में बांठटना भूल थी क्योंकि आँशिक तानाशही और आँशिक लोकतन्त्र साथ-साथ नहीं चल सकते। मन्त्रियों की स्थिति दयनीय थी। वे गवर्नर तथा विधान परिषद् के मध्य लटके त्रिशुंक मात्र थे। गवर्नर को वित्त कानून के निर्माण तथा प्रशासन के विशेष अधिकार प्राप्त थे। मन्त्रियों में आपसी सहयोग का भी अभाव था।

7. सीमित मताधिकार-इस अधिनियश्म के अन्तर्गत मताधिकार को सीमित रखा गया था।

8. शक्तियों का विभाजन दोषपूर्ण-केन्द्र तथा राज्यों के मध्य किया गया शक्तियों का विभाजन स्पष्ट तथा सुनिश्चित था। ये दोनों सुचियों के विषय परस्पर व्याप्त होते दिखलाई पड़ते थे।

1919 के अधिनियम का महत्त्व

उपर्युक्त अनेक दोष होते हुए भी हमें यह स्वीकार करना चाहिए कि यह अधिनियम भारत के संवैधानिक विकास में महत्त्वपूर्ण स्थान रखता हैं। यह एक क्रान्तिकारी अधिनियम था, श्री निवास के शब्दों में, "1919 के अधिनियम के द्वारा ब्रिटिश अधिकारियों ने भारत में संसदीय शासन स्थापित करने का वचन दिया और उसी के द्वारा उत्तरदायी शासन आँशिक रूप से आरम्भ हुआ।"

गृह सरकार व प्रान्तीय सरकार में परिवर्तन

गृह सरकार से अभिप्राय

भारत के शासन को दो भागों मं विभाजित किया गया था-

1. ब्रिटेन से किया जाने वाला शासन

2. भारत में केन्द्रीय एवं प्रान्तीय सरकारों के द्वारा किया जाने वाला शासन।

ब्रिटेन में बैठकर जो मन्त्री भारत का शान करते थे, वे पाँच थे-

1. ब्रिटिश सम्राट,

2. मन्त्रिमण्डल,

3. संसद,

4. भारत मन्त्री,

5. भारत मन्त्री के कौंसिल।

इन सभी शासन अगों का सामूहिक नाम "गृह सरकार" था।

1919 के अधिनियम के द्वारा गृह सरकार में किये गये परिवर्तन

सन् 1919 के अधिनियम के द्वारा गृह सरकार में निम्नलिखित परिवर्तन किये गये-

1. भारत मन्त्री के सम्बन्ध में परिवर्तन-भारत मन्त्री के पद की स्थापना 1858 के अधिणनियम के द्वारा हुई थी। भारत मन्त्री के शासन के लिए ब्रिटिश संसद के प्रति ही उत्तरदायी था और उसे शासन सम्बन्धी वे समस्त शक्तियाँ प्रदान की गई थी जो कम्पनी के शासन में बोर्ड ऑफ डाइरेक्टर्स और बोर्ड ऑफ कन्ट्रोल को प्राप्त थी। वह ब्रिटिश मन्त्रीमण्डल का एक प्रमुख सदस्य था। मन्त्रिमण्डल के साथ उसें भी पद त्याग करना पड़ता था। इस अधिनियम के पूर्व उसके वेतन तथा उसके विभाग पर होने वाला व्यय भारत सरकार के कोष से होता था। 1919 के अधिनियम ने यह व्यवस्था की थी कि भारत मन्त्री तथा उसके पिवभाग पर होने वाला व्यय ब्रिटिश राज कोष पर पारित होगा। इसका स्वाभाविक परिधाम यह हुआ कि संसद इस खर्चे की अनुमति देते समय भारतीय शासन के सम्बन्ध में जांच-पड़ताल करने लगी।

2. भारत मन्त्री की शक्तियों में परिवर्तन-भारम मन्त्री के शक्तियों में अग्रलिखित परिवर्तन किये गये-

1. यह व्यवस्था कर दी गई कि गवर्नर जनरल और उसके प्रान्तीय गवर्नर शासन सम्बन्धी सभी महत्त्वपूर्ण विषयों के सम्बन्ध में भारत मन्त्री को निरन्तर सूचना देंगे और उसके आदेशों का पालन करेंगे।

2. भारतवर्ष के लिए जो भी नियुक्तियाँ की जाती थी (सम्राट द्वारा) उन पर भारत मन्त्री का परामर्श लिया जाता था।

(अ) वह किसी भी अधिकारी को उसके पद से हटा सकता था। किसी महत्त्वपूर्ण पद का निर्माण अथवा उन्मूलन उसके स्वीकृति के बिना नहीं किया जा सकता था।

(ब) सेना पर भारत मन्त्री का नियन्त्रण था।

(स) भारतीय बजट उसी के आदेशानुसार तैयार होता था।

(द) केन्द्रीय विधान मण्डल और प्रान्तीय विधान परिषदों में किसी भी विधेयक को प्रस्तुत करने से पूर्व उसकी स्वीकृति ली जाती थी।

भारत मन्त्री की शक्तियों में कमी-प्रान्तों में जो विषय जनता द्वारा चुने गये प्रतिनिधियों को दिये गये थे, उन पर भारत मन्त्री का नियन्त्रण कम कर दिया गया। उनके कार्यों में यथा सम्भव कम हस्तक्षेप करने के निर्देश दिये गये। स्वायत्तपूर्ण शासन की दिशा में यह एक क्रान्तिकारी परिवर्तन था। भारत मन्त्री का नियन्त्रण निम्नलिखित विषयों तक सीमित रहा-

1. ब्रिटिश साम्राज्य के हितों की देखभाल।

2. स-परिषद् गवर्नर जनरल के कार्यों की देखभाल।

3. प्रान्तों में किसी भी विषय में निर्णय करना जो उनसे निर्णीत न हो सके। प्रान्तों के किसी भी विधेयक की भारत मन्त्री का पूर्ण स्वीकृति के लिए केवल उसी स्थिति में भेजा जायेगा जबकि गवर्नर जनरल उसके पारित होने में कोई बाधा ड़ाले।

3. भारत-परिषद् में परिवर्तन-भारत-परिषद् के सारे खर्चे भारत की बजाय इग्लैण्ड के राजकोष से दिये जाने लगे। उसके संगठन में भी परिवर्तन किया गया। यह व्यवस्था की गई कि परिषद् में 8 से कम और 12 से अधिक सदस्य नहीं होंगे। पहले यह संख्या 10 और 15 के बीच निश्चित थी। इन सदस्यों में आधे सदस्य ऐसे होंगे जो भारत में कम से कम 10 वर्ष तक रह चुके हो या सेवा कर चुके हों। परिषद् के सदस्यों का कार्यकाल भी 7 वर्ष से घटाकर 5 वर्ष कर दिया गया। सदस्यों का वेतन 1000 पौंड से बढ़ाकर 1100 पौंड कर दिया गया।

4. उच्चायुक्त पद की स्थापना-उच्चायुक्त के पद की स्थापना की गई। उसका कार्यकाल 5 वर्ष का था। वह भारत का सेवक था। भारत सरकार के द्वारा उसके कार्यों पर पूरा-पूरा नियन्त्रध रखा जाता था। वह और उसका कार्यालय लन्दन में स्थित था। उसे भारतीय कोष से वेतन दिया जाता था। इस व्यवस्था से पूर्व भारत सरकार के लिनए सभी आवश्यक वस्तुओं (हथियार, फौज के लिए कपड़े, मशीनें, टेलिग्राफ आदि) को भारत सरकार के एजेण्ट के रूप में भरत मन्त्री के सामने रखता था। पर नयी व्यवस्था के अनुसार भारत मन्त्री का यह उत्तरदायित्व उच्चायुक्त को दिया गया। उसकी नियुक्ति स-पिरषद् गवर्नर जनरल ही करता था। वह स्टोर की देखभाल करने के अतिरिक्त, ब्रिटेन में भारतीय विद्यार्थियों के हितों की देखभाल भी करता था।

गवर्नर जनरल-शक्तियाँ एवं महत्त्व

महारानी विक्टोरिया की घोषणा के बाद गवर्नर जनरल को वायसराय का नाम दिया गया। उसकी नियुक्ति प्रधान मन्त्री की सलाह पर (प्रधान मन्त्री, भारत मन्त्री से सलाह लेते थे) ब्रिटिश सम्राट के द्वारा होती थी। साधारणतया उसकी नियुक्ति पाँच वर्ष के लिए होती थी। उसे 2 लाख 56 हजार रुपये वेतन मिलता था और 1, 02, 700 रुपये भत्ते के रूप में मिलते थे।

1919 के अधिनियम में कहा गया कि केन्द्रीय सरकार ब्रिटिश संसद के प्रति ही उत्तरदायी बनी रहे तथा सभी विषयों के सम्बन्ध में उसके अधिकार सुरक्षित रहें, किन्तु व्यवस्थापिका का विस्तार कर उसे शासन पर प्रभाव डालने के लिए अवसर प्रदान किये जायें। 1919 के अधिनियम से गवर्नर जनरल की स्थिति में कोई परिवर्तन नहीं हुआ।

गवर्नर जनरल की शक्तियाँ

गवर्नर जनरल की शक्तियों का उल्लेख निम्नलिखित शीर्षकों के अन्तर्गत किया जा सकता हैं-

1. सम्राट के प्रतिनिधि के रूप में-गवर्नर जनरल ब्रिटिश सम्राट का भारत स्थित सर्वोच्च अधिकारी था इस रूप में उसे न्याय, दया और अनुग्रह की शक्तियां प्राप्त थी। उदाहरणार्थ उसये क्षमा करने की और उपाधियाँ प्रदान करने की शक्तियाँ प्राप्त थी।

2. गृह सरकार के प्रतिनिधि के रूप में-गृह सरकार के प्रतिनिधि के रूप में उसे वे समस्त शक्तियाँ प्राप्त थी जो ब्रिटिश मन्त्रिमण्डल की नीति को कार्यान्वित करने के लिए आवश्यक प्रतीत होती थी।

3. भारतीय प्रशासन के अध्यक्ष के रूप में-इस रूप में गवर्नर जनरल की व्यापक शक्तियों का अध्ययन निम्नलिखत रूप में किया जा सकता हैं-

1. कार्यकारिणी शक्तियाँ-गवर्नर जनरल भारतीय शासन के उच्च शिखर पर था। वह एक ऐसा निरंकुश शासक था जिसका उन लोगों के प्रति कोई उत्तरदायित्व नहीं था जिन पर वह शासन करता था। उसकी कार्यकारिणी शक्तियाँ निम्न प्रकार थी-

1. वह शासन के सैनिक, असैनिक मामलों में निरीक्षण, निवेदव व नियन्त्रण करता था।

2. भारत में ब्रिटिश सम्राट की भाँति वह न्याय का स्त्रोत होता था, उसे क्षमा प्रदान करने तक की शक्ति प्रांप्त थी।

3. गवर्नर जनरल को नियुक्ति सम्बन्धी विस्तृत शक्तियाँ प्राप्त थी। प्रान्तों के गवर्नरों की नियुक्ति सीधे ही सम्राट द्वारा होती थी। शेष 8 ब्रिटिश पभारत के प्रान्तों गवर्नरों की नियुक्तियाँ गवर्नर जनरल करता था।

4. उसकी कार्यकारिणी परिषद् के सदस्यों, न्यायाधीशों तथा अन्य महत्त्वपूर्ण पदाधिकारियों की नियुक्ति उसी के परामर्श के द्वारा की जाती थी।

5. उसे उपाधियाँ देने की शक्ति प्राप्त थी।

6. सम्राट के प्रतिनिधि के रूपमें भी वह देशी नरेशों पर ब्रिटिश अधिसत्ता का प्रयोग करता था।

7. भारत में शान्ति और व्यवस्था बनाये रखने का उत्तरदायित्व स-परिषद् गवर्नर जनरल पर ही था।

8. वह उन मामलों में, जिनका प्रभाव भारत की शान्ति व सुरक्षा तथा साम्राज्य के हितों पर पड़ता था, कार्यकारिणी परिषद् के बहुमत निर्णय के विरुद्ध कर सकता था।

1. परिषद् का स्वामी था।

2. सारी प्रशासनिक, विधायी व वित्तीय शक्तियाँ वास्तव में केन्द्रीय विधान मण्डल या परिषद् के पास न होकर गवर्नर जनरल के पास थी।

3. वह परिषद् की बैठक बुलाता, उनकी अध्यक्षता करता, परिषद् के सदस्यों में कार्य का विभाजन करता, बैठक का कार्यक्रम निश्चित करता था।

4. परिषद् के सदस्य गवर्नर जनरल के साथी न होकर सेवक मात्र थे।

5. उनकी नियुक्ति गवर्नर जनरल के परामर्श पर भारत मन्त्री करता था। 1919 के अधिनियम के अन्तर्गत कार्यकारिणी परिषद् की सदस्य संख्या पर से कानूनी सीमा हटा ली गई तथा साधारण और असाधारण सदस्यों का अन्तर समाप्त कर दिया गया।

2. विधायिनी शक्तियाँ–विधायिनी क्षेत्र में भी गवर्नर जनरल को व्यापक शक्तियाँ प्राप्त थी। केन्द्रीय विधान मण्डल का अधिवेशन आमून्त्रिक करना, स्थगन करना और भेग करना उसी के हाथ में था। वह विधान मण्डल का कार्यकाल बढ़ा सकता था और विणधान मण्डल के किसी एक सदन में या दोनों सदनों में संयुक्त अधिवेशन में घोषणा कर सकता था। उसकी कुछ शक्तियाँ निम्न प्रकार से थी–

1. पूर्व स्वीकृति–कुछ विशेष प्रकार के विधेयकों को पेश करने से पूर्व उन पर स्वीकृति प्रदान करना।

2. सुरक्षित रखना–किसी विधेयक को सम्राट की स्वीकृति के लिए सुरक्षित रखना।

3. शान्ति व सुरक्षा–देश की सुरक्षा व शान्ति के दृष्टिकोण से विधान मण्डल में किसी विधेयक या उसकी धारा पर विवाद करने या संशोधन करने से मना कर सकता था।

4. विधान मण्डल द्वारा पारित विधेयक–विधान मण्डल द्वारा पारित विधेयकों को अस्वीकार करना।

5. प्रस्ताव–किसी भी प्रस्ताव या स्थगन प्रस्ताव को रोक सकना।

6. विधि निर्माण–सदि विधान मण्डल किसी विधेयक को अस्वीकार कर दे और यदि गवर्नर जनरल के विचार में चह देश की शान्ति व सुरक्षा के लिए आवश्यक हो तो उसे अपने हस्तााक्षरों द्वारा कानून का रूप दे सकना।

7. अध्यादेश–असाधारण परिस्थितियों में अध्यादेश जारी कर सकता था। एक बार में अध्यादेश 6 माह के लिए जारी किया जा सकता था। उसकी अवधि में वृद्धि की जा सकती थी। इन अध्यादेशों का वही प्रभाव होता था जो केन्द्रीय विधान मण्डल द्वारा पारित कानूनों का होता था।

8. प्रान्तों में विधायिनी शक्तियाँ-केन्द्र के अतिरिक्त प्रान्तों में भी विधायिनी शक्तियाँ प्राप्त थी। कुछ विधेयकों को पेश करने से पूर्व उसकी स्वीकृति आवश्यक थी। वह प्रन्तों में विधान परिषद् में पारित विधेयकों को अस्वीकृत भी कर सकता था तथा सम्राट की स्वीकृति के लिए सुरक्षित भी रख सकता था।

9. प्रमाणित करने की शक्ति-उसे प्रमाणित करने की महत्त्वपूर्ण शक्ति प्राप्त थी। जब केन्द्रीय नगरपालिका प्रशासन के लिए किसी विधेयक को आवश्यक समझतीं, किन्तु केन्द्रीय विधान मण्डल के दोनों या एक सदन उसे प्रस्तुज करने की अनुमति न देते, उसे अस्वीकार कर देते थे उसके किसी महत्त्वपूर्ण प्रावधान में कार्यपालिका की इच्छ के विरुद्ध संशोधन कर देते, तब गवर्नर ऐसे विधायक को प्रमाणित करके कानून का रूप दे सकता था। उसे वह प्रमाण-पत्र देना होता था कि उस विधेयक का पारित किया जाना भारत की सुरक्षा, शान्ति व ब्रिटिश भारत के हितों के लिए आवश्यक हैं।

3. वित्तीय शक्तियाँ-वित्त के सम्बन्ध में भी उसकी शक्तियाँ असाधारण थी। बजट को निम्न प्रकार दो भागों में पेश किया जाता था-

1. बजट के प्रथम भाग के सम्बन्ध में विधान मण्डल को मतों द्वारा निर्णय करने का अधिकार नहीं था। इस प्रकार बजट का 85 प्रतिशत भाग मत-निरपेक्ष था। इसे वह बिना विधान मण्डल की स्वीकृति के इच्छानुसार खर्च कर सकता था। इसमें निम्न्ल पद सम्मिलित थी-

भारतीय ऋण का ब्याज, उन अधिकारियों के वेतन पेन्शन आदि जिनकी नियुक्ति सम्राट या उसकी स्वीकृति से भारत मन्त्री ने की थी। चीफ कमिश्नरों व जुडिशियल कमिश्नरों के वेतन व खर्चे जिन्हें स-परिषद् गवर्नर जनरल ने सेना, राजनीतिक दष्टि से आवश्क ठहराया हो।

2. बजट के दूसरे भाग में 15 प्रतिशत खर्चे थे, उन पर विधान मण्डल की स्वीकृति ली जाती थी पर यह स्वीकृति कोई महत्त्वपूर्ण गवर्नर जनरल किसी भी अनुदान की माँग को अपनी विशेष शक्ति द्वारा पूरा करता था।

गवर्नर जनरल एक निरंकुश शासक

उपरोक्त विवरण से यह स्पष्ट होता हैं कि गवर्नर जनरल को असाधारण और साधारण दोनों प्रकार की शक्तियाँ प्राप्त थी। उसे निरंकुश शासक की संज्ञा दी जा सकती हैं। इस सम्बन्ध में निम्न तथ्य स्मरणीय हैं-

1. कार्यपालिका, विधायिनी ओर वित्तीय क्षेत्र में उसका स्थान सर्वोच्च था।

2. वह अपनी कार्यकारिणी परिषद् का स्वामी होने के अतिरिक्त विधान-परिषद् का भी स्वामी था।

3. वह स्वयं विधान मण्डल के प्रति उत्तरदायी न था।

4. वह विधान मण्डल को भंग कर सकता था।

5. वित्त के मामले में भी उसे असाधारण शक्तियाँ प्राप्त थी।

6. भारत में सम्राट के एजेण्ट होने के नाते उसके पद का सम्मान और गौरव भी गहुत ऊँचा था।

7. वह न्याय का स्रोत था, उसे क्षमादान करने की शक्तियाँ प्राप्त थी।

8. यद्यपि वह भारत मन्त्री के नियन्त्रण में रहकर कार्य करता था। परन्तु भारत मन्त्रभ ब्रिटेन में रहता था। इसलिए दैनिक प्रशासन में उसका कोई हस्तक्षेप नहीं था।

9. वह अपनी कार्यकारिणी के निर्णयों की भी उपेक्षा कर सकता था। साइमन कमीशन ने अपनी रिपोर्ट में उसके बारे में कहा था कि, "वह अत्यन्त उत्तरदायी, उल्लेखनीय व ऐश्वर्यवान पद सुशोभित करता था तथा शासन भार वहन करने में प्रत्यक्ष एव वैयक्तिक रूप में उस पर एक ऐसा भार था जैसा कि ब्रिटिश साम्राज्य में अन्य किसी प्रतिनिधि पर नहीं।"

द्वैध शासन प्रणाली

ऐतिहासिक पृष्ठभूमि- भारत मन्त्री मान्‌ऐग्यू ने 20 अगस्त को ब्रिटिश संसद में घोषणा की थी कि भारत में उत्तरदायी शासन की स्थापना के लिए शीघ्र ही कदम उठाए जायेंगे। इस उद्देश्य के अन्तर्गत भारत मन्त्री मान्टेग्यू ने चेम्सफोर्ड के साथ भारत यात्रा की, जिसके परिणामस्वरूप मान्टेग्यू रिपोर्ट सामने आई, जिसके आधार पर 1919 का एक्ट पारित किया गया था।

द्वैधा शासन-द्वैध शासन का अर्थ हैं दो शासकों का शासन। द्वैध शासन प्रणाली माण्टफोर्ड सुधारों (या 1919 का एक्ट) के द्वारा केन्द्र में तो पूर्वत: उत्तरदायी शासन बना रहा किन्तु एक्ट के द्वारा प्रान्तों आँशिक उत्तरदायी शासन प्रयोग के तौर पर लागू किया जो द्वैध शासन व्यवस्था कहलाया।

विभाजन-प्रान्तों में आँशिक उत्तरदायी शासन की स्थापना के लिए प्रान्तीय कार्यपालिका को दो भागों में बाँट दिया गया-

1. सुरक्षित विषय

2. हस्तानान्तरित विषय।

इसका विवरण निम्न प्रकार था-

1. सुरक्षित विषय-सुरक्षित प्रकार के विषय गवर्नर व उसकी सभासद को प्राप्त थे, जो विधान-मण्डल के नियन्त्रण से मुक्त थे।

2. हस्तान्तरित विषय-हस्तान्तरित विषयों का शासन मन्त्रियों को दिया गया जो जनता के चुने हुए प्रतिनिधियों में से होते थे। वे मन्त्री अपने शासन सम्बन्धी कार्यों के लिए प्रान्तयी विधान मण्डल के प्रति उत्तरदायी थे।

इस शासन प्रणाली को आँशिक रूप से उत्तरदायी शासन प्रणाली कहा गया। क्योंकि प्रान्तों को कुछ स्वतन्त्रता प्रदान की गयी थी और मन्त्रियों को विधान-मण्डल के प्रति उत्तरदायी बनाया

गया। इस प्रणाली द्वारा कार्यपालिका दो भागों में विभाजित की गयी, जिसका कार्य-क्षेत्र पृथक् था और उत्तरदायित्व भी भिन्न-भिन्न स्वामियों के प्रति था। इसलिए इसे द्वैध शासन प्रणाली कहा गया।

गवर्नर और उसके सभासद

सुरक्षित विषयों का प्रशासन-गवर्नर और उसकी कार्यकारिणी परिषद् को सुरक्षित या आरक्षित विषयों का शासन सौंपा गया।

परिषद् का गठन-यह व्यवस्था की गई कि परिषद् में कम से कम 1 सदस्य ऐसा हो जिसने भारत में कम से कम 12 वर्ष तक सिविल सेवा में रहा हो, परिषद् के सदस्यों में से आधे गैस सरकारी भारतीयों अधिकारियों में से लिये जायेंगे।

बम्बई, मद्रास और कलकत्ता के गवर्नर की परिषद् में 4-4 सदस्य थे। शेष प्रान्तों की परिषदों में केवल 2-2 सदस्य थे। परिषद् के सदस्यों की नियुक्ति सम्राट भारत मन्त्री की सिफारिश पर किया करता था, उन्हें प्रायः स्वीकार कर लिया जाता था। परिषद् की बैठकों में गवर्नर ही सभापतित्व करता था। सदस्यों का उत्तरदायित्व गबर्वनर के प्रति ही होता था। यद्यपि वे विधान-मण्डन के पदेन सदस्य होते थे, परन्तु उसके प्रति उत्तरदायी नहीं थे।

कार्य-

1. गवर्नर परिषद् में बराबर-बराबर मत आने की स्थिति में निर्णायक मत देता था।

2. वह अपने प्रान्त अथवा उसके किसी एक भाग की शान्ति व सूरक्षा के लिए परिषद् के निर्णयों की उपेक्षा कर सकता था।

3. गवर्नर और उसकी परिषद् के सदस्य जिन सुरक्षित विषयों का शासन करते थे, वे पुलिय, न्याय, जेल, वित्त, भूमि, राजस्व, सिंचाई आदि थे।

ईस प्रकार शासन का यह भाव पूर्ण रूप से अनुत्तरदायी था और विधान सभा के निर्वाचित सदस्यों का इस पर कोई नियन्त्रण नहीं था।

गवर्नर और उसके मन्त्री

हस्तान्तरित विषयों का प्रशासन-प्रान्तों में हस्तान्तरित विषयों का प्रशाासन प्रान्तीय विधान-परिषद् के सदस्यों में से गवर्नर द्वारा नियुक्त मन्त्रियों द्वारा चलाया जाता था।

मन्त्रिमण्डल का गठन-मन्त्रियों की संख्या निश्चित नहीं की गई थी। बम्बई, मद्रास और कलकत्ता में तीन-तीन और शेष प्रान्तों में दो-दो मन्त्री नियुक्त किये गये थे। गवर्नर मन्त्रियों की नियुक्ति कर सकता था जो विधान मण्डल का सदस्य न हो, परन्तु उसे 6 माह के भीतर उसका सदस्य निर्वाचित हो जाना आवश्कय था, अन्यथा वह मन्त्री नहीं रह सकता था। सरकारी अधिकारी मन्त्री नियुक्त नहीं किए जा सकते थे। मन्त्रियों का वेतन गवर्नर की परिषसद् के

बराबर थे। विधान मण्डल उनके वेतन में कटौती कर सकता था। उदाहरणार्थ बम्बई विधान-मण्डल ने मन्त्रियों का वेतन 64000 से घटाकर 48000 रुपये प्रतिवर्ष कर दिया था।

उत्तरदायित्व

मन्त्री विधान मण्डल के प्रति उत्तरदायी थे। यह उत्तरदायित्व निम्न प्रकार स्पष्ट किया जा सकता हैं–

1. विधान मण्डल मन्त्रियों को अविश्वास-प्रस्ताव के द्वारा पृथक् कर सकता था।

2. विधान मण्डन भंग होने की स्थिति में मन्त्रियों को भी पद त्यागना होता था।

3. गवर्नर उन व्यक्तियों को मन्त्री नियुक्त करता था जिन्हें विधान मण्डल का विश्वास प्राप्त हो, जिससे बाद में कोई समस्या उत्पन्न न हो। इस प्रकार शासन के इस भाग में उत्तरदायी शासन लागू किया था।

गवर्नर के प्रति उत्तरदायित्व–मन्त्रियों के सम्बन्ध में विचित्र बात यह थी कि वे गवर्नर के प्रति उत्तरदायी थे–

1. मन्त्री गवर्नर के प्रसाद पर्यन्त ही अपने पदों पर रह सकते थे।

2. गवर्नर के द्वारा विधान मण्डल के कुछ सदस्य अपने हाथ में होने, सेवाओं पर अपने प्रभाव और वित्त की शक्ति अन्तिम रूप से अपने हाथ में होने के आधार पर मन्त्रियों को प्रभावित किया जा सकता था।

3. विशेष स्थिति में वह किसी हस्तान्तरित विषय के प्रशासन के सम्बन्ध में मन्त्री की राय को भी मानने से इन्कार कर सकता था। इस प्रकार मन्त्रियों पर दोहरा उत्तरदायित्व था–

एक विधान मण्डल के प्रति और दूसरा गवर्नर के प्रति। गवर्नर कोई कारण बताए बिना मन्त्रियों को पद मुक्त कर सकता था।

सामान्य स्थिति–सामान्य स्थिति में गवर्नर को मन्त्रियों के परामर्श के अनुसार कार्य करना होता था। 1919 के अधिनियम में गवर्नरों को दिये गये निर्देश-पत्र में कहा था कि गवर्नरों को मन्त्रियों के मानने का या उसकी अपेक्षा करने में मन्त्रियों व विधान मण्डल के सम्बन्धों एवं निर्वाचित प्रतिनिधियों की इच्छा को दृष्टिगत रखा जाये।

वास्तविक स्थिति–वास्तव में गवर्नर को अनेक महत्त्वपूर्ण तथा विलक्षण शक्तियाँ प्राप्त थी जिनके कारण मन्त्रियों की स्थिति दयनीय हो गयी थी–

1. गवर्नर अनेक मामलों में मन्त्रियों के परामर्श की उपेक्षा कर सकता था, जैसे प्रान्त या उसके किसी भाग की सुरक्षा और शान्ति के लिए, साम्प्रदायिक झगड़ों से रक्षा के लिए, अल्पसंख्यक जातियों की रक्षा के लिए तथा सरकारी कर्मचारियों और भारतीय नरेशों की विशेष स्थिति की रक्षा करने के लिए।

2. गवर्नर पर भारत मन्त्री और गवर्नर जनरल के आदेशों को क्रियान्वित करने का उत्तरदायित्व था। यदि गवर्नर जनरल और भारत मन्त्री के आदेश मन्त्रियों के निर्णयों के प्रतिकूल होते तो, मन्त्रियों के निर्णयों को क्रियान्वित नहीं किया जा सकता था।

जब मन्त्री के परामर्श को स्वीकार नहीं किया जाता तो ऐसी स्थिति में वह अपना त्याग-पत्र दे सकता था। जिन हस्तान्तरित विषयों का प्रशासन मन्त्रियों को दिया गया था वे कृषि, शिक्षा, स्थानीय स्वशासन, सार्वजनिक स्वास्थ्य आदि थे।

द्वैध शासन का व्यावहारिक रूप

भारत में द्वैध शासन प्रथम अप्रैल 1921 से भारत के 8 प्रान्तों- बंगाल, बिहार, मद्रास, संयुक्त प्रान्त, मध्य प्रान्त और पंजाब में प्रारम्भ किया गया था। इसके लिए सर्वप्रथम निर्वाचन 1920-21 में हुए थे। प्रारम्भ में इन विधान मण्डलों में उदारवादियों को बहुमत मिला, क्योंकि 1920 में असहयोग आन्दोलन प्रारम्भ होने के कारण काँग्रेस ने इन निर्वाचकों का बहिष्कार किया था। 1924 में काँग्रेस और स्वराज्यवादियों में समझौता हो जाने से स्वराज्यवादियों ने इन निर्वाचनों में भाग लिया था। स्वराज्यवादियों ने कौंसिल में प्रवेश द्वैध शासन को असफल बनाने के लिए किया था। बंगाल और मध्य प्रान्तों में जहाँ कि स्वराज्यवादियों का बहुमत था, द्वैध शासन प्रणाली को ठप्प कर दिया गया। द्वैध शासन 16 वर्षों तक घिसटता रहा, यद्यपि इसकी असफलता प्रारम्भ में ही गोचर हो रही थी। ब्रिटिश राजनीतिज्ञों ने इसकी असफलता के लिए स्वराज्यवादियों को दोषी ठहराया। पर वास्तव में यह व्यवस्था ही दोषपूर्ण थी। स्वराज्य दल की माँग से विवश होकर सरकार ने मुड़ीमैन कमेटी सन् 1924 में नियुक्त की। इस कमेटी के यूरोपियन सदस्यों ने दोहरे शासन को चलाने के लिए कुछ सुझाव दिये। परन्तु मुहम्मद अली जिन्ना और सर तेज बहादुर सप्रु ने भी इस प्रणाली को मौलिक रूप से अनुचित बताया। साइमन कमीशन की रिपोर्ट (1928) में इस शासन प्रणाली की अपूर्णता का वर्णन किया।

द्वैध शासन प्रणाली की असफलता

द्वैध शासन की असफलता के कारणों का उल्लेख निम्नलिखित दो रूपों में किया जा सकता हैं-

1. आन्तरिक कारण

आन्तरिक कारणों के अन्तर्गत इस योजना में नीहित दोष सम्मिलित किए जा सकते हैं-

1. सैद्धन्तिक दृष्टिसे दोषपूर्ण-1919 के एक्ट के द्वारा ब्रिटिश सरकार यह मान्यता लेकर चली कि भारतवासी उत्तरदायी शासन के लिए अयोग्य हैं अत: भारतीयों को थोड़ा सा ही उत्तरदायी शासन दिया जाना चाहिए। वास्तव में इनकी यह धारणा गलत थी। इस व्यवस्था की संरचना में निम्नलिखित दोष थे-

1. मन्त्रियों को थोड़ी-सी शक्ति देकर बहकाने का प्रयास किया गया था। वासतविक शक्तियाँ अभी गवर्नर के पास सुरक्षित थी।

2. प्रान्तीय कार्यपालिका को दो भागों में विभालन सिद्धान्ततः ठीक नहीं था। विश्व के किसी भी देश में इस प्रकार शक्तियों के विभाजन का उदाहरण नही मिलता।

3. यह योजना अव्यावहारिक थी। मद्रास के एण्क मन्त्री के. वी. रेड्डी ने अपनी परेशानियों का उल्लेख करते हुए कहा हैं कि, ''मैं विकास विभाग का मन्त्री था, परन्तु ञगलात विभाग मेरे पास नहीं था। मैं कृषि मन्त्री था, परन्तु सिंचाई विभाग मेरे पस नहीं था। मद्रास के किसानों के ऋण कानून अथवा भूमि के विकास से सम्बन्धित किसी ऋण कानून से मेरा कोई सम्बन्ध नहीं था। इसके बाद उद्योग विभाग का मन्त्री बना, परन्तु कारखाने, बिजली, पानी, खनिज पदार्थ और श्रम मेरे पास नहीं थे। ये सब विषय सुरक्षित थे।''

4. यह दोषपूर्ण व्यवस्था होने के कारण घृणा का विषय बन गया था। एक प्रान्त के गवर्नर ने कहा था कि, ''दोहरा शासन, बोझीला, जटिल और अव्यवस्थित प्रणाली थी जिसका कोई न्यायसंगत आधार नहीं था। जिसका मूल था समझौता।'' लार्ड लिटिन ने कहा था कि, ''सरकार के सुरक्षित विभाग को कोई पसन्द नहीं करता, फिर भी उसे आदर दिया जाता था, जबकि हस्तान्तरित विभाग को न केवल नापसन्द किया जाता था बल्कि उसे निम्न श्रेणी का भी समझा जाता था।'' रेजीनाल्ड ने कहा था कि, ''द्वैध शासन एक प्रकार की वर्ण सेकर व्यवस्था हैं जो कभी सफल नहीं हो सकती, क्योंकि किसी देश या प्रान्त के शासन का संचानल दो पृथक् एवं स्वतन्त्र मन्त्रिमण्डलों द्वारा स्वतन्त्रतापूर्वक नही किया जा सकता।''

2. गवर्नर की निरंकुश शक्तियाँ–1919 के एक्ट में गवर्नर की स्थिति अत्याधिक महत्त्वपूर्ण थी। वह एक निरंकुश शासक था। मन्त्री उसके परामर्शदाता से अधिक नहीं थे, क्योंकि गवर्नर मन्त्रियों की इच्छा के अनुसार कार्य करने को बाध्य नहीं था।

मन्त्रियों के दो स्वामी थे–गवर्नर और विधान मण्डल। उन्हें दोनों को ही सन्तुष्ट करना आवश्यक था। मन्त्रियों की स्थिति इतनी क्षीण थी कि गवर्नर बिना कारण बताये मन्त्री को पद मुक्त कर सकता था।

3. संयुक्त उत्तरदायित्व का अभाव–1919 के अधिनियम के द्वारा स्थापित शासन प्रणाली में मन्त्रियों का उत्तरदायित्व नहीं था वस्तुतः ने मन्त्री ही थे, मन्त्री–मण्डन नहीं। गवर्नरों ने अपनी शक्तियों में वृद्धि करने के लिए पृथक्–पृथक् मिलने की परम्परा डाल दी। इस प्रकार सामूहिक विचार–विमर्श की भी उपेक्षा की गई। मुड़ीमैन समिती के समक्ष पंजाब के मन्त्री लाला हरिकिशन लाला ने कहा था कि, ''दो मन्त्री किसी एक बात पर विचार न करते थे। प्रान्तीय गवर्नर मुझसे कहा करते थे कि नियमानुकूल प्रत्येक मन्त्री को व्यक्तिगत उत्तरदायित्व के आधार पर ही समस्त कार्य करना चाहिए।''

4. वित्तीय कठिनाईयाँ–मन्त्रियों को उनके ही भागों के कार्यों की पूर्तिके लिए पर्याप्त वित्त नहीं मिलता था। वित्त विभाग सुरक्षित विषयों के अन्तर्गत गवर्नर ओर उसकी कार्यकारिणी के पास था। इसके अतिरिक्त आय वाले विभाग भी उन्हीं के पास थे। श्री चिन्तामणि ने मुड़ीमैन कमेटी के समक्ष कहा था कि, ''वित्त विभाग का यह पहला कर्त्तव्य रहता था कि हस्तान्तरित

विषयों की माँग प्रस्तुत करने से पूर्व सुरक्षित विभागों की आवश्यकतायें पूरी कर दी जायें। वित्तीय विभाग नेकिसी न किसी प्रकार बहाना करके मन्त्रियों की योजनाओं के लिए धन देने से मना कर दिया था। '' इस सम्बन्ध में सर मोहम्मद फरूखद्दीन ने कहा था कि, ''बिना धन के मुझे योजना तैयार करने वाले एक साधारण कर्मचारी की तरह ही समझिये और जब योजना तैयार हो जाती थी तब वित्तीय विभाग को अधिकार होता था कि वह धन के आधार पर उस योजना को समाप्त कर दे।''

5. विधान मण्डल का दोषपूर्ण संगठन-विधान मण्डल का दोषपूर्ण संगठन निम्न था-

1. विधान मण्डल में कुल सदस्य संख्या के 30 प्रतिशत सदस्य सरकारी अधिकारी अथवा नामांकित गैर सरकारी सदस्य थे। वे एक गुट के रूप में कार्य करते थे।

2. निर्वाचित सदस्य सामान्य जनता का प्रतिनिधित्व न करके विशेष हितों का प्रतिनिधित्पव करते थे।

3. जमींदारों, उद्योगपतियों, व्यापारियों और यूरोपियनों का समर्थन 30 प्रतिशत सदस्यों के उक्त गुट को प्राप्त हो जाता था, क्योंकि ये विशेष हितों के प्रतिनिधि अपने-इपने वर्गों के लिए अधिक से अधिक सुविधा चाहते थे।

6. सिविल सर्विस और मन्त्रियों का सम्बन्ध-1919 के एक्ट के अन्तर्गत स्थापित आँशिक उत्तरदायी शासन में मन्त्रियों और सिविल सर्विस के सदस्यों का वही सम्बन्ध था जो उत्तरदायी शासन में होना चाहिए।

1. सिविल सेवाओं पर प्रान्त के निर्वाचित मन्त्रियों का नियन्त्रण न होकर भारत मन्त्री का नियन्त्रण था।

2. स्थायी सिविल अधिकारियों व हितों की रक्षा करने का उत्तरदायित्व गवर्नरों को दिया गया।

3. गवर्नर ही उसकी पदोन्नति स्थानान्तरण आदि करता था।

4. यदि मन्त्रियों के अधीन कार्य करने वाले ये अधिकारी मन्त्रियों की योजनाओं को लागू करने में असफल होते थे तो भी मन्त्री उनको दण्ड नहीं दे सकते थे।

5. मन्त्रियों व अधिकारियों में मतभेद होने पर ये अधिकारी अपने उच्चतर अधिकारी की सहायता लेकर अपनी बात को स्वीकार करवा लेने में सफल हो जाते थे।

इस प्रकार मन्त्रिसयों की स्थिति उपहासास्पद हो जाती थी।

7. संगठित राजनीतिक दलों का अभाव-विधान मण्डलों में संगठित राजनीतिक दलों का अभाव था इस प्रकार मन्त्रियों को अपने पदों पर बने रहने के लिए बहुमत समर्थन पर नहीं बल्कि गवर्नर ओर उसके परिषदों की दया पर हीं निर्भर होना पड़ता था।

8. हस्तक्षेप-मन्त्रियों ओर गवर्नर के परिषद् के सदस्यों में कोई सहयोग नहीं था क्योंकि दोनों अलग-अलग स्वामियों के प्रीति उत्तरदायी थे। गवर्नर मन्त्रियों के कार्य में अनुख्वित हस्तक्षेप करते और उनको वांछनीय सहयेाग देते। तथा अपनी विशेष शक्तियों का बार-बार प्रयोग करते।

9. प्रान्तीय विषयों को अवैज्ञानिक विभाजन-प्रान्तीय विषयों का हस्तान्तरित और रक्षित विषयों में विभाजन सरकार की एकता नष्ट करने वाला था। यह सैद्धान्तिक दृष्टि से गलत होने के साथ-साथ अवैज्ञानिक भी था।

(2) द्वैध शासन की असफलता के लिए बाहरी कारण

योजना में उपरोक्त अन्तर्निहित दोषों के अतिरिक्त कतिपय ऐसी बाह्य परिस्थिति भी थी, जिन्होंने इसकी आफलता में योग दिया। प्रमुख बाह्य परिस्थितियाँ निम्न प्रकार थी-

1. असहयोग आन्दोलन और खिलाफत आन्दोलन-रौलट एक्ट, अमृतसर के जलियाँवाला बाग हत्याकाण्ड, ओर खिलाफत के मुद्दे पर गाँध ने 1920 में असहयोग और खिलाफत आन्दोलन प्रारम्भ किया था। इस आन्दोलन के द्वारा काँग्रेस ने चुनावों, सरकारी पदों, उपाधियों, न्यायानयों और शिक्षा संस्थाओं आदि का बहिष्कार कर दिया। इस आन्दोनल के परिणामस्वरूप देश में सरकार के साथ असहयोग और अविश्वास का वातावरण उत्पन्न हो गया था।

2. स्वराज्य पार्टी के कार्य-1923 में प. मोती लाल नेहरू और आर. सी. दास द्वारा स्थापित दल की मुख्य नीति विधान मण्डलों में **अड़ंगा नीति** के के द्वारा सरकार के साथ असहयोग करना था। बंगाल और मध्य प्रान्त में स्वराज्यवादियों का स्पष्ट बहुमत था वहाँ उन्होंने द्वैध शासन को असफल बना दिया था अन्य प्रान्तों में भी अड़गा नीति बनाई गई थी।

3. सविनय अवज्ञा आन्दोलन-1927 में उत्तरदायी शासन की दिशा में प्रगति की जाँच करने के लिए एक साइमन कमीशन नियुक्त किया गया। परन्तु इस कमीशन के सभी सदस्यों के अंग्रेज होने के कारण सम्पूर्ण भारत में इस कमीशन का तीव्र विरोध हुआ। 1928 में सरकार ने नेहरू रिपोर्ट को अस्वीकार कर दिया। 1929 में पूर्ण स्वराज्य के सम्बन्ध में काँग्रेस ने प्रस्ताव पारित किया। सरकार की दमन नीति के विरोध में और अपने उद्देश्य की प्राप्ति के लिए गाँधीजी ने 1930 में डाँडी यात्रा के साथ सविनय अवज्ञा आन्दोलन प्रारम्भ कर दिया। यह आन्दोलन भी सरकार के साथ असहयोग करता रहा।

4. ब्रिटिश सरकार का परिवर्तित दृष्टिकोण-जब तक मॉन्टेग्यू भारत मन्त्री रहे, शासन किसी प्रकार जैसे-तैसे चलता रहा। परन्तु अनुदार दल की सरकार बन जाने पर ब्रिटिश सरकार के दृष्टिकोण में परिवर्तन आ गया। डॉ. जकारिया ने लिखा हैं कि ''लन्दन से निर्देश जारी किये गये कि अब सुधारों को इस प्रकार लागू किया जाये कि उनसे अधिक से अधिक नहीं वरन् भारत को कम से कम स्वराज्य मिले।'' बाध्य होकर सर तेज बहादुर सप्रू, सी. आई. चिन्तामणि और पंडित जगतनारायण ने मन्त्री पद से त्याग-पत्र दे दिया।

5. नौकरशाही का दृष्टिकोण-नौकरशाही का दृष्टिकोण भी द्वैध शासन की असफलता कका कारण बना। न तो वे अपनी शक्तियों को कम करना चाहते थे और न ही लोकप्रिय मन्त्रियों के अधीन वफादारीपूर्वक कार्य करना चाहते थे।

द्वैध शासन का महत्त्व

उपरोक्त दोषों तथा कमियों के होने पर भी द्वैध शासन पूर्णतया बेकार नहीं रहा। भारत के संवैधानिक विकास के इतिहास में आँशिक उत्तरदायी शासन या द्वैध्रा शासन का अपना महत्त्वपूर्ण स्थान हैं। इस शासन के द्वारा भारत में पहली बार उत्तरदायी शासन की दिशा में पग उठाया गया। सुरेन्द्र नाथ बनर्जी, जो बंगाल में स्थानीय स्वशासन के मन्त्री थे, ने लिखा हैं कि, "बंगाल में दोहरा शासन असफल नहीं हुआ। लार्ड रानाल्डरो और लार्ड लिटिन दोनों ही बहुत समझदार और दूरदर्शी राजनीतिज्ञ थे, जिन्होंने मन्त्रियों की तरफ सदैव सहानुभूति दिखाई, यथाशक्ति सहयोग दिया, और उदारतापूर्ण सहायता की।" इससे भारतीयों को स्वशासन का कुछ प्रशिक्षण प्राप्त हुआ।

प्रान्तीय विधान मण्डल

1919 के अधिनियम में प्रान्तीय विधान मण्डल के संगठन व शक्तियों में आधारभूत परिवर्तन किया गया। विधान मण्डल के परिवर्तन के सम्बन्ध में यह व्यवस्था थी, "हम सुझाव देते हैं कि प्रान्त में एक विधान मण्डल होगा जिसकी सदस्य संख्या पहले से अधिक होगी। इसकी रचना तथा संख्या प्रत्येक प्रान्त के अनुसार भिन्न-भिन्न होगी। इसमें निर्वाचित सदस्यों का पर्याप्त बहुमत होगा। वे सदस्य प्रत्यक्ष निर्वाचन के द्वारा विस्तृत मताधिकार के आधार पर निर्वाचित होंगे परन्तु उसके साथ-साथ आवश्यकतानुसार कुछ साम्प्रदायिक और विशेष प्रतिनिधित्व केा भी रखा जायेंगा।" शक्तियों के दृष्टिकोण से भी विधान मण्डल के सम्मान में वृद्धि हुई। निर्वाचित मन्त्रियों को अब विधान मण्डल के प्रति उत्तरदायी बनाया गया।

विधान मण्डल की रचना-प्रान्तीय व्यवस्थापिका सभाओं के सदस्यों की संख्या में वृद्धि कर दी गयी। सदस्यों की संख्या मद्रास में 132, बम्बई में 114, बंगाल में 140, संयुक्त प्रान्त (उत्तर प्रदेश) में 123, बर्मा, बिहार तथा उड़ीसा में प्रत्येक में 103, पंजाब में 94, मध्य प्रदेश में 63 तथा आसाम में 53 थी।

इन सदस्यों में से 20 प्रतिशत सरकारी अधिकारी से अधिक नहीं हो सकते थे। कम से कम 60 प्रतिशत निर्वाचित सदस्यों का होना आवश्यक था। इस प्रकार मने नीत सदस्य अल्पमत में तथा निर्वाचित सदस्य बहुमत में होते थे। सरकारी अधिकारियों तथा निर्वाचित सदस्यों के अतिरिक्त गैर सरकारी सदस्य भी मनोनीत होते थे। इस प्रकार विधान मण्डलों में निर्वाचित सदस्यों के बहुमतत की स्थापना की गई। हरिजनों को पर्याप्त प्रतिनिधित्व देने के लिए उनके सदस्यों को मनोनीत करने की व्यवस्था की गयी। गवर्नरों की परिषद् के सदस्य विधान मण्डल के पदेन-सदस्य होते थे।

मताधिकार-यद्यपि मान्टफोर्ड सुधारों में मताधिकार को विस्तृत किया गया ताकि अभी तक केवल 9 प्रतिशत, जनसंख्या को ही मताधिकार प्राप्त था। 1920-21 मं ब्रिटिश भारत की जनसंख्या 24 करोड़ 16 लाख थी जिसमें केवल 53 लाख लोगों को ही मत देने का अधिकार प्राप्त हुआ।

योग्यतायें-मतदाताओं की योग्यतायें सभी प्रान्तों में एक समान न थी।

1. नगरों में जो 2 हजार रुपये वार्षिक आय पर, आय कर देते हों या ऐसे मकान में किरायेदार हों जिसका किराया कम सें कम 36 रुपये प्रतिवर्ष हो या जो म्यूनिसिपलटी को कम से कम 30 रुपये प्रतिवर्ष कर देते हों।

2. गाँव में जो कम से कम 10 रुपये प्रतिवर्ष से लेकर 50 रुपये प्रतिवर्ष तक भूमि कर देते हों।

निर्वाचन क्षेत्र-चुनाव-क्षेत्रों का विभाजन, सामान्य चुनाव-क्षेत्रों तथा विशेष चुनाव क्षेत्रों में कर दिया गया।

1. सामान्य चुनाव क्षेत्र-सामान्य चुनाव क्षेत्र मुसलमान, गैर-मुस्लिम, ईसाई, यूरोपियन आँग्ल भारतीय समुदाय और सिक्ख इत्यादि कके लिण बनाये गये थे।

2. विशेष चुनाव क्षेत्र-विशेष चुनाव क्षेत्र विश्वविद्यालय, वाणिज्य, उद्योग, और जमींदारों के लिए बनाये गये। स्त्रियों को अभी तक मताधिकार देने की छूट दी गई।

3. विश्वविद्यालय निर्वाचन क्षेत्र-विश्वविद्यालय निर्वाचन क्षेत्रों में से 7 वर्ष की अवधि से पंजीकृत स्नातक को, 5 वर्ष की अवधि से पंजीकृत एम. ए. और विश्वविद्यालय के सीनेट सदस्यों को मताधिकार दे दिया।

4. जमींदारों का निर्वाचन क्षेत्र-जमींदारों के निर्वाचन क्षेत्रों में मताधिकार के लिए योग्यतायें सभ प्रान्तों में समान नहीं थी। पंजाब में 600 रुपये वार्षिक भूमिकर देने वाले को मताधिकार प्राप्त था परन्तु उत्तर प्रदेश में ऐसा मताधिकार 5 हजार रुपये वार्षिक कर देने वाले को ही प्राप्त था। पंजाब और मध्य प्रदेश प्रान्त में नम्बरदार और मुखियाओं को भी मताधिकार प्राप्त था।

साम्प्रदायिक प्रतिनिधित्व-यद्यपि माएटफोर्ड रिपोर्ट में साम्प्रदायिक चुनाव को अवाँछनीय बताया गया था तथापि इस प्रणली को न केवल मुसलमानों बल्कि सिक्खों, भारतीय ईसाईयों, यूरोपियन और ऐंग्लो इण्डियन समुदायों के जिए भी अपना लिया गया। बम्बई में मरोठों औ्र मद्रास में गैर ब्राह्मणों के लिए सुरक्षित स्थान किये गये।

10

भारतीय शासन में संविधान की विशेषताएँ

दैनिक जीवन में संविधान के अँग्रेजी पर्यायवाची शब्द 'कान्स्टीट्यूशन' का प्रयोग हम मनुष्य के शरीर के ढाँचे और उसकी बनावट के लिए करते हैं। जब हम यह कहते हैं कि अमुक व्यक्ति निर्बल कान्स्टीट्यूशन का है अथवा अमुक व्यक्ति का कान्स्टीट्यूशन स्वस्थ है, तो हमारे कथन का तात्पर्य शरीर के ढाँचे, उसकी बनावट तथा उसके गठन से ही होता है। जिस प्रकार साधारण बोलचाल में कान्स्टीट्यूशन का अर्थ शरीर के ढाँचे और गठन से होता है, उसी प्रकार राजनीति-विज्ञान में कान्स्टीट्यूशन से तात्पर्य राज्य के ढाँचे तथा संगठन से होता है। अधिक संयत भाषा में संविधान उन लिखित एवं अलिखित नियमों के संग्रह को कहा जाता है, जिनके द्वारा एक ओर राज्य का स्वस्थ गठन, कार्य-क्षेत्र और अधिकार निर्धारित किये जाते हैं तथा दूसरी ओर नागरिकों के अधिकारों और कर्त्तव्यों तथा राज्य एवं नागरिकों के पारस्परिक सम्बन्धों की व्यवस्था की जाती है। यह वह आधारभूत ढाँचा होता है, जिस पर राज्य का स्वरूप और शक्ति तथा नागरिकों के अधिकार और कर्त्तव्य निर्भर रहते हैं।

संविधान क्या होता है, और उसकी परिभाषा क्या है, इस विषय में राजनीतिविज्ञान के विभिन्न विचारकों ने विभिन्न विचार व्यक्त किये हैं तथा विभिन्न परिभाषाएँ दी हैं। **गैटिल** के

अनुसार, ''वे मौलिक सिद्धान्त जिनके द्वारा किसी राज्य का स्वरूप निर्धारित होता है, उसका संविधान कहलाता है। इनमें राज्य के संगठन की विधि सरकार के विभिन्न अंगों में उसकी प्रभु-शक्ति का वितरण, सरकार के कार्यों का क्षेत्र तथा सम्पादन की विधि तथा सरकार और जिस पर सरकार की शक्ति का प्रयोग किया जाता है, उस जनता का पारस्परिक सम्बन्ध सम्मिलित होता है संविधान राज्य का निर्माण नहीं करता किन्तु वह उसके अस्तित्व का बाह्य स्वरूप होता है।'' **गिलक्राइस्ट** का कथन है कि ''संविधान उन लिखित या अलिखित नियमों अथवा कानूनों का समूह होता है, जिनके द्वारा सरकार का संगठन, सरकार की शक्तियों का विभिन्न अंगों में वितरण और इन शक्तियों के प्रयोग के सामान्य सिद्धान्त निश्चित किये जाते है।'' **हरमन फाइनर** ने लिखा है कि, ''संविधान आधारभूत राजनीतिक संस्थाओं की व्यवस्था होती है।'' **प्रोफेसर डायसी** के अनुसार, ''वे सब कानून संविधान में सम्मिलित होते हैं, जिनका प्रभाव प्रत्यक्ष अथवा अप्रत्यक्ष रूप से राज्य में प्रभुत्व-शक्ति के विवरण अथवा उसके प्रयोग पर पड़ता है।'' **वुल्से** के कथनानुसार '' उन नियमों का समूह संविधान कहलाता है, जिसके अनुसार सरकार की शक्ति, शासित के अधिकार और दोनों के सम्बन्धों का समायोजन होता है।'' **लास्की** के शब्दों में, ''नियमों का वह भाग संविधान कहलाता है जिसके द्वारा यह निर्धारित होता है कि (1) ऐसे नियम कैसे बनाये जायें, (2) किस प्रकार वह बदले जायें, तथा (3) उन्हें कौन बनाये।'' **ब्राइस** के शब्दों में, ''संविधान ऐसे निश्चित नियमों का एक संग्रह होता है, जिनमें सरकार की कार्य विधि प्रतिपादित होती है, और जिनके द्वारा उनका संचालन होता है।'' **चार्ल्स बर्गेन्ड** का कहना है कि, ''संविधान एक आधारभूत कानून होता है, जिसके द्वारा किसी राज्य की सरकार संगठित की जाती है और जिसके अनुसार व्यक्तियों अथवा नैतिक नियमों का पालन करने वाले मनुष्यों तथा समाज के पारस्परिक सम्बन्ध निर्धारित किये जाते हैं।''

संविधान की इन परिभाषाओं पर ध्यान देने से यह स्पष्ट है कि संविधान द्वारा राज्य की सरकार का स्वरूप तथा उसका संगठन निर्धारित किया जाता है। दूसरे शब्दों में, संविधान का कार्य यह निश्चय करना होता है कि अमुक राज्य की सरकार किस प्रकार की है, उसके कौन-कौन से विविध अंग हैं, उनकी क्या-क्या शक्ति तथा कार्य क्षेत्र हैं तथा उनका क्या पारस्परिक सम्बन्ध है। इसके अतिरिक्त संविधान द्वारा यह भी निश्चय होता है कि शासक एवं शासितों का क्या सम्बन्ध है तथा इसके निर्धारण के लिए संविधान द्वारा सरकार की शक्ति तथा व्यक्ति के अधिकार निश्चित किये जाते हैं। **इस प्रकार संविधान राजकीय आचरण का विधान होता है, जो यह निर्धारण करता है कि राज्य में विविध अंगों का क्या आचरण हो। उसका सम्बन्ध राज्य की सरकार के स्वरूप, संगठन, शक्ति, विविध अंगों, उसके अधिकारों एवं कर्त्तव्यों और शासक एवं शासितों के पारस्परिक सम्बन्धों तथा उसके अधिकारों एवं कर्त्तव्यों की व्यवस्था से होता है।**

संविधान लिखित (Written) तथा अलिखित (Unwritten) दोनों ही प्रकार का हो सकता है। उदाहरणार्थ, ग्रेट ब्रिटेन में बहुत से कानून जिसका सम्बन्ध सरकार की शक्ति एवं कार्य क्षेत्र से है, अलिखित है और वे परम्पराओं और प्रथाओं के रूप में हैं। इस प्रकार संविधान के लिये यह आवश्यक नहीं है कि वह किसी विशेष स्थान अथवा समय पर बनाया गया हो

अथवा किसी विशेष आलेख के रूप में हो। किसी स्थान अथवा समय विशेष पर बनाया हुआ न होकर वह विकसित भी हो सकता है। जैसा प्रोफेसर स्ट्रांङ्ग का कथन है, "संविधान एक विचारपूर्ण लिखित रचना हो सकती है; वह एक ऐसे आलेख के रूप में हो सकता है, जो समय और विकास के अनुसार स्वयं परिवर्तित या संशोधित किया जा सकता हो अथवा वह ऐसे पृथक कानूनों का समूह हो सकता है, जिन्हें संविधान के कानूनों के रूप में स्वीकृति दी गई हो अथवा पुन: ऐसा भी हो सकता है कि संविधान का आधार एक दो मौलिक कानूनों के रूप में निश्चित हो तथा शेष कानून अपनी स्वीकृति के लिये प्रथाओं की शक्ति पर निर्भर हों।"

संविधानों का वर्गीकरण

संविधानों का वर्गीकरण राजनीति विज्ञान के विद्वान अनेक प्रकार से करते हैं। कुछ लेखक उनका वर्गीकरण उत्पत्ति अथवा निर्माण के आधार पर करते है। इस दृष्टिकोण से यदि किन्हीं राज्यों की शासन-विधि धीरे-धीरे विकसित होती है और उसी विकास के अनुसार संविधान का स्वरूप विकसित होता है, तो ऐसे राज्यों के संविधान को विकसित (Evolved or Cumulative) कहा जाता है। इसके विपरीत जिन राज्यों के संविधान एक समय बनाये जाते हैं, तो उन्हें विहित अथवा निर्मित (Enacted) कहा जाता है। एक अन्य प्रकार का वर्गीकरण कानूनों तथा प्रथाओं के अनुपात के अस्तित्व के आधार पर किया है। इस दृष्टिकोण से किन्हीं राज्यों के संविधानों में यदि कानूनों का अनुपात प्रथाओं की अपेक्षा अधिक होता है और यदि वे अधिकतर कानूनों पर आधारित होते हैं तो उन्हें लिखित (Written) संविधान कहा जाता है। इसके विपरीत किन्हीं राज्यों के संविधान में जब प्रथाओं का अनुपात कानूनों की अपेक्षा अधिक होता है तथा उनका आधार अधिकतर प्रथाएँ एवं परम्पराएँ होती हैं, तो ऐसे संविधानों को अलिखित (Unwritten) संविधान कहा जाता है। एक तीसरे प्रकार का वर्गीकरण संविधानों के संशोधन की सरलता अथवा कठिनता की दृष्टि से किया जाता है और इस दृष्टिकोण के अनुसार यदि संविधान में संशोधन राज्य की व्यवस्थापिका के साधारण कानूनों द्वारा न होकर विशेष प्रक्रिया द्वारा होते हों तो ऐसे संविधान को कठोर (Rigid) संविधान कहते हैं। यदि संविधान में संशोधन राज्य की साधारण व्यवस्थापिका द्वारा हो सकता हो तथा संशोधन-सम्बन्धी विधेयक अन्य साधारण विधेयकों की तरह ही पारित हो सकते हों, तो ऐसे संविधान को लचीली (Flexible) संविधान कहते हैं। यहां हम इन पर विस्तार से जानकारी करेंगे।

विकसित और निर्मित संविधान-विकसित संविधान वे होते हैं जो समय के साथ विकसित होते हैं। जिन राज्यों की शासन विधि धीरे-धीरे विकसित होती है और उस विकास के अनुसार संविधान का स्वरूप भी धीरे-धीरे विकसित होता जाता है, ऐसे संविधान विकसित संविधान कहलाते हैं। इस प्रकार ये संविधान किसी सम्प्रभु सम्राट या विधान सभा द्वारा किसी एक समय पर नहीं बनाये जाते, अपितु ये समय, परिस्थिति तथा राजनीतिक चेतना के अनुसार विकसित होते हैं। दूसरे शब्दों में, विकसित संविधान को हम इतिहास का उत्पादन कह सकते हैं। ग्रेट ब्रिटेन का संविधान इसका उत्तम उदाहरण है। वहाँ राजा, मन्त्रि-परिषद, संसद अथवा अन्य राजनीतिक संस्थाओं की शक्ति और उनके अधिकार-क्षेत्र आदि लेखबद्ध नहीं हैं तथा न

उनसे सम्बन्धित नियमों का एक समय निर्माण किया गया है, फिर भी वहाँ धीरे-धीरे कुछ ऐसी प्रथाएँ एवं परम्पराएँ विकसित हो गईं हैं, जिनके अनुसार शासन का संचालन होता है। इस प्रकार वहाँ का संविधान ऐतिहासिक विकास का परिणाम है, अत: वह विकसित संविधान कहा जाता है। इसके विपरीत निर्मित संविधान वे होते हैं जिन्हें किसी निश्चित समय पर किसी राजा या विशेष विधान-सभा द्वारा बनाया जाता है, भारत के संविधान को हम निर्मित संविधान का उदाहरण मान सकते हैं। परन्तु इसका तात्पर्य यह नहीं है कि निर्मित संविधानों का विकास नहीं होता। विकसित संविधानों की उत्पत्ति ही यदि विकास में होती है, तो निर्मित संविधानों का विकास उनके निर्माण के बाद होता है।

लिखित एवं अलिखित संविधान-लिखित संविधान वे होते हैं, जो पूर्णतया अथवा अधिकांश रूप से लेखबद्ध होते हैं। लिखित संविधान किसी एक संवैधानिक कानून के रूप में हो सकता है अथवा वह अनेक ऐसे कानूनों के रूप में हो सकता है, जिनमें शासन विधि का विशद प्रतिपादन किया गया हो। सरकार का क्या स्वरूप हो, शासन के विभिन्न विभागों के क्या अधिकार एवं कर्त्तव्य हों, इनमें पारस्परिक सम्बन्ध क्या हों, उनकी रचना कैसे हो तथा नागरिकों के क्या अधिकार तथा क्या कर्त्तव्य हों, आदि सब बातों का लिखित संविधान में पूर्ण समावेश होता है। इसके अतिरिक्त लिखित संविधान में संशोधन करने की व्यवस्था होती है। साधारणत: लिखित संविधानों अथवा असंवैधानिक कानूनों का निर्माण किसी निश्चित समय पर या तो किसी संविधान-सभा द्वारा होता है या कोई संसद अपने अधिकार क्षेत्र के राज्य के लिए इन्हें बनाती है अथवा किसी राजा अथवा शासक आदेश से इन्हें बनाया (Enact) जाता है।

इसके विपरीत अलिखित संविधान वे होते हैं जो पूर्णतया अथवा अधिकांश में अलिखित होते हैं और जिनमें परम्परागत प्रथाओं, प्रम्पराओं तथा समय-समय पर न्यायालयों द्वारा दिए गए निर्णयों का महत्त्व अधिक होता है। ऐसे संविधान वाले राज्यों में सरकार का स्वरूप, शासन विविध अंग, उनका पारस्परिक सम्बन्ध, उनके अधिकार एवं कर्त्तव्य, उनका निर्माण तथा नागरिकों के अधिकार एवं कर्त्तव्य आदि की व्यवस्था लेखबद्ध नहीं होती, अपितु वह व्यवस्था उन संस्थाओं एवं परम्पराओं पर आधारित होती है, जो वहाँ धीरे-धीरे विकसित हुई होती हैं, ऐसे संविधानों में संशोधन का प्रश्न अत्यन्त महत्त्वहीन होता है और परिस्थितियों के अनुसार विकसित प्रथाओं के अनुसार वे स्वयं संशोधित हो जाते हैं। इसके अतिरिक्त ऐसे संविधान किसी निश्चित समय पर न तो किसी संविधान-सभा द्वारा बनाए जाते हैं और न किसी शासकीय आदेश के से वे बनाये जाते हैं, अपितु वे ऐतिहासिक विकास का परिणाम होते हैं।

लिखित और अलिखित संविधानों के भेद की वास्तविकता-लिखित संविधान कानूनों के रूप में लिपिबद्ध होते हैं तथा अलिखित संविधान रिवाजों, परम्पराओं व प्रथाओं के रूप में होते हैं। इसका यह तात्पर्य लगाया जा सकता है कि लिखित संविधान पूर्णत: लिखित कानूनों, चार्टरों तथा प्रपत्रों आदि के रूप में होता है तथा अलिखित संविधान में कुछ भी लिखित नहीं होता। परन्तु वास्तविकता यह नहीं है। दोनों प्रकार के संविधानों में वास्तविक भेद तो केवल इतना है कि लिखित संविधानों में कानूनों की प्रथाओं तथा परम्पराओं की मात्रा कम होती है,

जबकि अलिखित संविधानों में कानूनों की अपेक्षा प्रथाओं और परम्पराओं का अनुपात अधिक होता है। वस्तुत: कोई भी लिखित संविधान ऐसा नहीं है, जिसमें प्रथाओं आदि का समादेश नहीं होता और कोई भी अलिखित संविधान ऐसा नहीं है जिसमें कानूनों का समावेश नहीं होता। अनेक लिखित संविधानों में बहुत-सी अलिखित बातें पाई जाती हैं और अनेक अलिखित संविधानों में बहुत-सी लिखित बातें पाई जाती हैं।

उदाहरण के लिए, हम अमेरिका तथा इंग्लैण्ड के संविधानों को ले सकते हैं, जिन्हें क्रमश: लिखित एवं अलिखित संविधान समझा जाता है। अमेरिका के संविधान का निर्माण एक लम्बे समय पहले हुआ था, मूल रूप में यह संविधान अत्यन्त संक्षिप्त है और यह पूर्णत: सूत्र में है। यद्यपि मुख्य रूप से देश का विधान यही समझा जाता है, परन्तु यह समझना कि अमेरिका की सम्पूर्ण शासन विधि इसी के अनुकूल चलती आ रही है, भारी भूल होगी। वस्तुत: वहाँ भी धीरे-धीरे अनके ऐसी प्रस्थाएँ और परम्पराएँ विकसित हो गई हैं, जो संविधान की तरह ही शासन-विधि का स्वरूप निर्धारित करती हैं। इसके अतिरिक्त न्यायालयों के अनेक ऐसे निर्णय भी हो चुके हैं, जो वहाँ के लिखित संविधान के अंग न होते हुए भी संवैधानिक कानून को ही स्थिति रखते हैं। अत: अमेरिका के संविधान को हम पूर्णत: लिखित संविधान नहीं कह सकते।

इसी प्रकार अलिखित संविधान के उदाहरणस्वरूप हम इंग्लैण्ड के संविधान को ले सकते हैं। उसके विषय में यह कहा जाता है कि वह प्रथाओं एवं परम्पराओं पर आधारित है। किन्तु वहाँ भी हम देखते हैं कि शासन से सम्बन्धित जो अनेक बातें वहाँ प्रथाओं एवं परम्पराओं के अनुसार चली आ रही थीं, वे अब वहाँ की संसद द्वारा स्वीकृत लेखबद्ध संवैधानिक कानूनों के रूप में आ चुकी हैं। इसके अतिरिक्त संसद द्वारा पारित अनेक एसे कानून भी अस्तित्व में आ चुके हैं, जो वहाँ के संविधान के अंग-रूप समझे जा सकते हैं। उदाहरणार्थ, संसदों की अवधि उनका पारस्परिक सम्बन्ध, मताधिकार, निर्वाचन-मण्डल तथा प्रतिनिधित्व आदि से सम्बन्धित जो कानून ब्रिटिश संसद ने स्वीकार किये हैं, उनके द्वारा वहाँ के अलिखित एवं प्रथाओं पर आधारित संविधान का एक महत्त्वपूर्ण भाग लिखित रूप में परिवर्तित हो गया है। अत: यह स्पष्ट है कि इंग्लैण्ड के संविधान को हम शुद्ध अर्थ में अलिखित संविधान नहीं कह सकते।

इस प्रकार, कोई भी संविधान पूर्णत: लिखित अथवा अलिखित नहीं कहा जा सकता और जिस दृष्टि से लिखित अथवा अलिखित का भेद किया जाता है, वह वस्तुत: अवास्तविक है और यही कारण है कि लिखित संविधान से हमारा तात्पर्य अधिकांश रूप में लिखित संविधान से तथा अलिखित संविधान से हमारा तात्पर्य अधिकांश रूप में अलिखिति संविधान से होता है।

लिखित संविधान के गुण-यद्यपि कोई संविधान न तो पूर्णत: लिखित हो सकता है और न अलिखित, तथापि आधुनिक युग में वांछनीय यही समझा जाता है कि अलिखित संविधान के कुछ गुण होते हैं और उससे कुछ ऐसे लाभ प्राप्त होते हैं, जो अलिखित संविधान होने पर प्राप्त नहीं होते। लिखित संविधान के गुणों की विवेचना निम्न प्रकार की जा सकती है:

(1) **विस्तृत**-लिखित संविधान में जो शासन-विधि विहित की जाती है अथवा राजनीतिक जीवन का जो रूप किसी राज्य विशेष के लिए निश्चित किया जाता है, वह अत्यन्त

विचारपूर्वक किया जाता है, अतः उसमें उस राजनीतिक जीवन से अधिक स्थायित्व रहता है, जिसका आधार केवल प्रथाएँ और परम्पराएँ होती हैं। लिखित संविधान होने से इस बात की सम्भावना कम रहती है कि सामयिक आवेश में आकर राजनीतिक जीवन में अनावश्यक उथल-पुथल की जा सके, क्योंकि लिखित संविधान में साधारणतः परिवर्तन भी अनावश्यक सरलता से नहीं किए जा सकते हैं।

(2) मर्यादित-लिखित संविधान होने से शासकों के अत्याचारों और स्वेच्छाचार से जनता के अधिकारों की सुरक्षा बनी रहती है क्योंकि यह पूर्ण रूप से लेखबद्ध होता है कि जनता के क्या अधिकार तथा कर्त्तव्य हैं तथा शासन के क्या अधिकार एवं कर्त्तव्य हैं। शासक तथा शासित दोनों की ही मर्यादा लिखित संविधान होने से निश्चित रहती हैं उनके द्वारा मर्यादा-उल्लंघन की सम्भावना नहीं रहती।

(3) संघ राज्यों के लिए उपयुक्त-संघात्मक राज्यों के लिए लिखित संविधान की वांछनीयता और भी अधिक होती है। संघ में सम्मिलित इकाइयों का संघ में क्या स्थान है अथवा उनका पारस्परिक तथा संघ के साथ क्या सम्बन्ध है, इन सबका निश्चित निरूपण लिखित संविधान में ही सरलतापूर्वक सम्भव हो सकता है। इसके अतिरिक्त संघ तथा इकाइयों की शासन-विधि तथा उनकी सरकारों के स्वरूप आदि का निश्चित विवरण लिखित संविधान में ही अधिक उचित ढंग से दिया जा सकता है।

लिखित संविधान के गुण-कई गुणों के बावजूद लिखित संविधानों की अपनी सीमा होती है और इसलिए उसे निर्दोष व्यवस्था नहीं कहा जा सकता है। लिखित संविधान में किसी राज्य विशेष के राजनीतिक जीवन का निर्धारण अत्यन्त विचारपूर्वक किया जाता है। फिर भी किसी समय विशेष पर कितना ही विचारपूर्वक किया हुआ निश्चय सदा के लिए उपयुक्त बना रह सकता है, यह स्वीकार नहीं किया जा सकता। अतः लिखित संविधान की वांछनीयता राजनीतिक जीवन के विकास की दृष्टि से बिना किसी आपत्ति के स्वीकार नहीं की जा सकती, क्योंकि यदि लिखित संविधान समय की माँग के साथ परिवर्तित नहीं हो सकता, तो उसका परिणाम क्रान्ति का सूत्रपात हो सकता है। मेकॉले के ये शब्द कि "क्रान्तियों का एक बड़ा कारण यह है कि राष्ट्र आगे बढ़ते हैं, तथा संविधान एक ही स्थान पर बने रहते हैं" लिखित संविधान की इसी कमी की ओर संकेत करते हैं।

अलिखित संविधान के गुण-कुछ गुणों के कारण अलिखित संविधान भी वांछनीय समझे जाते हैं, जिनका विवेचन निम्न प्रकार किया जा सकता है:

(1) प्रगतिशील-प्रगति मानव-जीवन की विशेषता है। उसका राजनीतिक जीवन भी प्रगतिशील होता है। अलिखित संविधान राजनीतिक जीवन की प्रगतिशीलता के लिए अधिक उपयुक्त होता है, क्योंकि संविधान अलिखित होने के कारण राजनीतिक जीवन के विकास के साथ-साथ शासन-विधि स्वयं परिवर्तित होती जाती है।

(2) परिवर्तनीय-अलिखित संविधान समय एवं परिस्थितियों के अनुसार बदला जा सकता है। संविधान अलिखित होने से लोग संविधान की उपेक्षा करके क्रान्ति करने की बाध्यता से बचे रहते हैं और राजनीतिक जीवन विध्वंसक उथल-पुथल से सुरक्षित बना रहता है, क्योंकि अलिखित संविधान होने के कारण जन-मत के अनुसार शासन विधि सरलता से परिवर्तित की जा सकती है।

अलिखित संविधान के दोष-अलिखित संविधान के उपर्युक्त गुणों के साथ-साथ उसके कुछ दोष भी हैं, जिन्हें हम निम्न प्रकार रख सकते हैं:

(1) अस्थिर-अलिखित संविधान अस्थिर तथा अनिश्चित राजनीतिक जीवन को प्रोत्साहन देते हैं, क्योंकि संविधान अलिखित होने से लोगों को इस बात के लिए बढ़ावा मिलता है कि राजनीतिक जीवन की गतिविधि को जब चाहें जैसा बना लें।

(2) न्यायालयों की मनमानी-इसके अतिरिक्त अलिखित संविधान न्यायालयों के हाथ के खिलौने होते हैं और संविधान के अलिखित होने से न्यायालयों के निर्णय ही राजनीतिक जीवन के आधार बन जाते हैं।

(3) जनतंत्र के लिए अनुपयुक्त-अलिखित संविधान जनतन्त्रात्मक राज्यों के लिए अनुपयुक्त होते हैं, क्योंकि साधारण जनता उन कानूनों को अधिक मान्यता देती है, जो विधिवत निर्मित होने के पश्चात् लेखबद्ध कर दिए जाते हैं और उन्हें वह कम मान्यता देती है, जो केवल प्रथाओं के रूप में तथा अलिखित होते हैं।

(4) संघ शासन के लिए अनुपयुक्त-संघात्मक राज्यों के लिए तो अलिखित संविधान सर्वथा अनुपयुक्त होते हैं, क्योंकि ऐसी विभिन्न इकाइयों द्वारा निर्मित संघ जिनके राजनीतिक जीवन तक भिन्न प्रकार के हो सकते हैं, अलिखित संविधान के सहारे नहीं चल सकता।

कठोर एवं लचीले संविधान-कठोर संविधान साधारणत: वे संविधान होते हैं, जिनमें संशोधन के लिए एक विशेष प्रक्रिया की व्यवस्था होती है। दुरूह अथवा दुष्परिवर्तनीय संविधानों में संवैधानिक तथा साधारण कानून में मौलिक भेद समझा जाता है, जिनमें संशोधन का अधिकार राज्य की संसद अथवा विधान-सभा को अपने साधारण रूप में प्राप्त नहीं होता, जिनमें विधान में संशोधन करने के लिए संसद अथवा विधान सभा से एक उच्चतर संस्था की आवश्यकता होती है, अथवा जिनमें साधारण कानूनों के पारित होने वाली प्रक्रिया से ही संवैधानिक संशोधन सम्बन्धी कानून पारित नहीं हो सकते हैं। उदाहरणार्थ, हम अमेरिका के संविधान को ले सकते हैं। वहाँ अमेरिकन काँग्रेस को यह अधिकार प्राप्त नहीं है कि वह संविधान में संशोधन कर सके अथवा उसके प्रतिकूल कोई कानून पारित कर सके। भारत के संविधान को भी हम इस श्रेणी में रख सकते हैं, क्योंकि संसद संविधान में संशोधन उसी रूप में नहीं कर सकती है, जिसमें वह साधारण कानून पारित कर सकती है तथा संवैधानिक कानूनों के लिए यह आवश्यक है कि वे संसद के दोनों सदनों की बहुसम्मति या उपस्थित सदस्यों की दो-

तिहाई सहमति द्वारा स्वीकृति हों। यही नहीं संघ की इकाइयों से सम्बन्धित संविधान की धाराओं के संशोधन सम्बन्धी कानूनों के लिए तो यह भी आवश्यक है कि बहुसंख्यक इकाइयाँ भी उसके पक्ष में हों। इस प्रकार जिन राज्यों में संविधान के संशोधन के लिए एक विशेष प्रक्रिया का आश्रय लिया जाता है, उन राज्यों के संविधान को हम कठोर संविधान कहते हैं।

इसके विपरीत लचीले संविधान साधारणतः वे होते हैं, जिनमें संशोधन साधारण विधि-निर्माण की प्रक्रिया द्वारा ही किए जा सकते हैं। उन राज्यों के संविधान को हम लचीला कह सकते हैं, जिनमें संवैधानिक और साधारण कानून में कोई विशेष भेद नहीं किया जाता, जिनमें संविधान में संशोधन-सम्बन्धी कानून भी उसी सरलता से पारित किये जा सकते हैं, तथा जिनमें राज्य की संसद या विधान सभा को अपने साधारण रूप में संविधान में संशोधन करने वाले कानून पारित करने का अधिकार प्राप्त होता है। लचीले संविधान के उदाहरणस्वरूप हम इंग्लैण्ड के संविधान को ले सकते हैं, जहाँ देश की संसद उसी प्रक्रिया द्वारा संसद के सदनों की व्यवस्थापन सम्बन्धी शक्तियों से सम्बन्धित विधेयकों (जिनका सम्बन्ध संविधान से होता है) को पारित कर सकती है, जिस प्रक्रिया द्वारा वह एक श्रम सम्बन्धी विधेयक पारित करती है। इस प्रकार जिन राज्यों में एक ही व्यवस्थापिका संस्था एक ही प्रक्रिया द्वारा साधारण कानून तथा संवैधानिक कानून समान रूप से पारित कर सकती है, उन राज्यों के संविधान को हम लचीला संविधान कहते हैं।

कठोर और लचीले संविधानों का भेद-दोनों प्रकार के संविधानों की उक्त विशेषताओं में निम्न अन्तर होता है:

(1) संशोधन की दृष्टि से अन्तर-कठोर संविधानों में संवैधानिक संशोधन करने का अधिकार या तो संसद की अपेक्षा किसी उच्चतर संस्था को प्राप्त होता है या वह उस संशोधन को अपने किसी रूप विशेष में (दोनों सदनों की सम्मिलित बैठक द्वारा, या किसी निश्चित मत संख्या द्वारा) ही स्वीकार कर सकती है। इसके विपरीत लचीले संविधान में परिवर्तन करने का अधिकार संसद अथवा व्यवस्थापन संसद को होता है और वह अपने उसी रूप में संवैधानिक कानून भी स्वीकृत कर सकती है, जिस रूप में वह साधारण कानून पारित करती है।

(2) संविधान और साधारण कानून की दृष्टि से अन्तर-दोनों प्रकार के संविधानों में संवैधानिक कानून तथा साधारण कानून के सम्बन्धों में अन्तर होता है। कठोर संविधानों में संवैधानिक कानून की स्थिति साधारण कानून की अपेक्षा उच्चतर समझी जाती है, क्योंकि एक तो संवैधानिक कानूनों को पास करने के लिये साधारण कानूनों की अपेक्षा अधिक जटिल प्रक्रिया की व्यवस्था होती है तथा दूसरे उसके प्रतिकूल कोई साधारण कानून पास नहीं किये जा सकते। लचीले संविधानों में दोनों प्रकार के कानूनों की स्थिति प्रायः समान होती है, क्योंकि दोनों को पास करने की व्यवस्था में कोई अन्तर नहीं होता है।

(3) लिखित एवं अलिखित की दृष्टि से अन्तर -इसके अतिरिक्त एक अन्य अन्तर जो दोनों प्रकार के संविधानों में देखा जाता है, वह यह होता है कि कठोर संविधान प्रायः

लिखित एवं निर्मित होते हैं जबकि लचीले संविधान अधिकतर अलिखित एवं विकसित होते हैं। यह स्मरणीय है, कि अलिखित संविधान कठोर तथा लिखित संविधान लचीले भी हो सकते हैं।

कठोर संविधान के गुण-जिन गुणों के कारण कठोर संविधान वांछनीय समझे जाते हैं, उन्हें हम निम्न प्रकार रख सकते हैं:

(1) स्थिरता -कठोर संविधान होने से राज्य की शासन-विधि तथा उसके राजनीतिक जीवन में स्थिरता बनी रहती है और सामयिक आवेशों तथा दलगत राजनीति से उत्पन्न जिस राजनीतिक उथल-पुथल की सम्भावना संविधान लचीला होने की दशा में रहती है, वह सम्भावना कठोर संविधान होने की दशा में नहीं रहती।

(2) मनमानेपन से सुरक्षा-संविधान दुरूह होने से शासन के मनमानेपन से सुरक्षा होती रहती है और शासन के विरुद्ध जनता के अधिकारों की रक्षा भी बनी रहती है, क्योंकि शासन और जनता दोनों के अधिकारों की व्यवस्था का संशोधन सरलतापूर्वक किसी की मनमानी के अनुसार नहीं किया जा सकता।

(3) शासन के विभिन्न अंगों में स्थिर सम्बन्ध-इसी प्रकार संविधान कठोर होने से शासन के विभिन्न भागों के पारस्परिक सम्बन्ध भी स्थिर बने रहते हैं और उनमें आपसी तनाव और खींचातानी की सम्भावना कम रहती है।

कठोर संविधान के दोष -उपर्युक्त गुणों के होते हुए भी कुछ दोषों के कारण कठोर संविधान अवांछनीय भी समझा जाता है, जो निम्न प्रकार है :

(1) प्रगति में बाधक -कठोर संविधान राज्य की प्रगति में बाधक होते हैं। यह सर्वमान्य तथ्य है कि किसी राज्य का राजनीतिक जीवन सदा एकसा नहीं रह सकता और उसमें सदा परिवर्तन होता रहता है। अत: किसी राज्य के संविधान के लिये यह आवश्यक है कि वह परिवर्तनशील राजनीतिक जीवन के अनुकूल परिवर्तनशील हो। चूँकि कठोर संविधान साधारणत: सरलतापूर्वक परिस्थितियों के अनुसार परिवर्तनशील नहीं होता, अत: वह अवांछनीय समझा जाता है।

(2) अपरिवर्तनशील-कठोर संविधान की अपरिवर्तनशीलता कभी-कभी क्रांतियों का कारण भी बन जाती है, क्योंकि जब संविधान राजनीतिक जीवन के परिवर्तनों को समय की माँग के साथ स्वीकार नहीं करता, तो बाध्य होकर उन परिवर्तनों को कार्य-रूप देने के लिये मनुष्य को क्रान्ति का सहारा लेना पड़ता है।

लचीले संविधान के गुण-कुछ गुणों के कारण लचीले संविधान भी वांछनीय समझे जाते हैं, जिनका विवेचन हम निम्न प्रकार कर सकते हैं :

(1) परिवर्तनशील -लचीले संविधान परिवर्तनशील होते हैं। उनमें बदलती हुई परिस्थितियों के अनुकूल विकास की सम्भावना रहती है तथा संशोधन विधि के सरल होने के कारण उन्हें सरलता से परिस्थितियों के अनुकूल बदला जा सकता है। अत: राजनीतिक जीवन

की प्रगति की दृष्टि से उसे वांछनीय समझा जाता है। उदाहरण के लिए, हम ग्रेट ब्रिटेन के पिछले 1500 वर्ष के इतिहास को ले सकते हैं, जिसमें संविधान के लचीलेपन के कारण वहाँ का राजनीतिक जीवन बिना विशेष अशान्ति से प्रगति की ओर उन्मुख होता चला आया है। फ्रीमेन के शब्दों में वहाँ "विदेशी विजयों और आन्तरिक विद्रोह के होते हुए भी जनता के राष्ट्रीय जीवन की परम्परा 1400 वर्षों से अटूट रही है। किसी भी समय भूत और वर्तमान की कड़ी पूर्णत: नहीं टूटी है, किसी भी समय किसी आवेशपूर्ण सिद्धान्त के वशीभूत होकर ब्रिटिश लोग पूर्णत: नवीन संविधान बनाने के लिए नहीं बैठे हैं। हमारे विकास का प्रत्येक चरण पिछले चरण का स्वाभाविक परिणाम रहा है, हमारे कानून और संविधान का प्रत्येक परिवर्तन एक नई चीज लाने के लिये नहीं हुआ है अपितु उसके द्वारा, जो कुछ प्राचीन था, उसी का विकास और उसी की उन्नति हुई है।"[1]

(2) **विद्रोह से रक्षा**-लचीले संविधान में विद्रोह तथा क्रान्तियों की भयंकरता से राज्य की रक्षा बनी रहती है, क्योंकि समय तथा परिस्थितियों की माँग के अनुसार लचीले संविधान सरलतापूर्वक संशोधित किये जा सकते हैं। उदाहरणार्थ, इंगलैण्ड में पिछली शताब्दी में राजसत्ता कुलीन श्रेणी के हाथ से निकलकर जनता के हाथों में आई, किन्तु इसके लिये वहाँ फ्रांस जैसी किसी क्रान्ति की आवश्यकता नहीं हुई। धीरे-धीरे हाउस ऑफ लॉर्डस की शक्ति कम हुई और हाउस ऑफ कॉमन्स की शक्ति बढ़ी और राजशक्ति कुलीन श्रेणी के हाथों से निकलकर जन-साधारण में आ गई। यह सब वहाँ संविधान के लचीलेपन के कारण ही हुआ अन्यथा बिना अशान्ति के ऐसा परिवर्तन होना सम्भव नहीं था।

(3) **परिस्थितियों के अनुकूल**-लचीले संविधान की एक अन्य महत्त्वपूर्ण अच्छाई परिस्थिति-अनुकूलता है, क्योंकि लचीलेपन के कारण राज्य का संविधान सभी प्रकार की परिस्थितियों में सामना करने की क्षमता रखता है। यदि संविधान लचीला होता है, तो युद्ध आदि जैसी संकटकालीन अवस्थाओं के लिये सरलता और शीघ्रतापूर्वक परिस्थिति के अनुसार उसमें परिवर्तन किये जा सकते हैं और राज्य उन संवैधानिक बाधाओं से बच जाता है, जिनका सामना कठोर संविधान वाले राज्यों को करना पड़ता है। उदाहरणार्थ 1914-18 के विश्वयुद्ध के समय इंगलैण्ड में जब सुरक्षा संकट था, वहाँ की संसद ने अपना कार्य-काल बढ़ा लिया था और मन्त्रि-परिषद् को युद्ध-संचालन के लिए विशेष अधिकार दे दिए थे। ऐसी ही व्यवस्थाएँ 1936-45 के विश्वयुद्ध के समय भी वहाँ की गई थीं, जिससे युद्धकालीन संकट का सामना सरलतापूर्वक किया जा सका। वहाँ यह सब संविधान के लचीलेपन के कारण हो सका, जो अमेरिका में संविधान की कठोरता के कारण नहीं हो सकता था। ब्राइस ने लचीले संविधान के इसी गुण का समर्थन किया है। उसने कहा कि "लचीले संविधान संकटकालीन परिस्थितियों का सामना करने के लिए बिना ढाँचे तोड़े हुए फैलाये या मोड़े जा सकते हैं और जब संकट व्यतीत हो जाता है, तो फिर वे अपने पुराने रूप में उस पेड़ की भाँति वापस चले आते हैं, जिसकी बाहर की शाखाओं को गाड़ी निकालने के लिए एक ओर खींच दिया गया हो।"

लचीले संविधान के दोष-कई गुणों के होते हुए भी लचीले संविधान अनेक दृष्टियों से हानिकारक भी होते हैं। जिन आधारों पर लचीले संविधान हानिकारक तथा परिमाणतः अवांछनीय समझे जाते हैं, उन्हें हम निम्न प्रकार रख सकते हैं:

(1) **अस्थिरता**-लचीले संविधान वाले राज्यों में राजनीतिक जीवन में अस्थिरता बनी रहती है, क्योंकि संविधान में सरलतापूर्वक संशोधन होने की व्यवस्था के कारण राजनीतिक जीवन दलगत राजनीति तथा क्षणिक आवेशों का शिकार सरलतापूर्वक हो जाता है। ऐसी दशा में सम्पूर्ण जनता की भावनाओं का प्रतीक संविधान शक्तिशाली राजनीतिक दलों और नेताओं के हाथों का खिलौना बन सकता है।

(2) **मर्यादाहीनता**-संविधान का एक अत्यन्त महत्त्वपूर्ण उद्देश्य शासक और शासित के अधिकारों एवं कर्त्तव्यों की मर्यादा स्थापित करना होता है तथा संविधान दोनों को इस बात के लिय बाध्य करता है कि वे संविधान द्वारा प्रतिपादित मर्यादा का उल्लंघन न करें। अत: यदि संविधान लचीला होता है तो शासक और शासित के अधिकारों और कर्त्तव्यों की मर्यादा का स्थापित रहना असम्भव हो जाता है।

(3) **अधिनायकवाद का भय**-परिस्थिति-अनुकूलता लचीले संविधान की एक अच्छाई मानी जाती है, परन्तु उसकी यही अच्छाई कभी-कभी राज्य में शासकीय अधिनायकतन्त्र की स्थापना का कारण भी हो सकती है। संकट-काल में ही नहीं शान्ति-काल में भी शासक वर्ग बहुमत का लाभ उठा कर लचीलेपन के कारण संविधान में ऐसे परिवर्तन कर सकता है, जो सम्पूर्ण जनता तथा समष्टि रूप से राज्य के हितों के लिए हानिकारक हैं।

आदर्श संविधान

संविधान क्या होता है, उसके कितने प्रकार होते हैं तथा उसकी क्या अच्छाई बुराई होती है, इसके पश्चात् यह जानना आवश्यक है कि संविधान का आदर्श स्वरूप क्या हो ? संविधान सम्बन्धी विवेचन में हमने देखा कि विकसित, अलिखित अथवा लचीले संविधानों में एक ओर यदि परिस्थिति-अनुकूलता की अच्छाई पाई जाती है, तो दूसरी ओर उसमें राजनीतिक जीवन की अस्थिरता की बुराई पाई जाती है। इसी प्रकार निर्मित, लिखित अथवा कठोर संविधानों में एक ओर यदि राजनीतिक जीवन की स्थिरता पाई जाती है, तो दूसरी ओर उनमें राज्य की प्रगति में बाधा होने की सम्भावनाएँ हैं। ऐसी दशा में यह निश्चय करना अत्यन्त कठिन है कि आदर्श संविधान कैसा होना चाहिए, तथापि वर्तमान समय की यह प्रवृत्ति है कि संविधान लिखित हों और वे अत्यन्त लचीले न हो अर्थात् उनमें परिवर्तन एवं संशोधन करने की प्रक्रिया अत्यन्त सरल न हो। आजकल प्राय: सर्वत्र यह उपयोगी समझा जाता है कि संविधान लेखबद्ध हो और शासन-विधि केवल प्रथाओं एवं परम्पराओं पर ही पूर्णतः आश्रित न रहने दी जाय। इसके अतिरिक्त यह भी प्राय: आवश्यक एवं उपयोगी समझा जाता है कि संवैधानिक तथा साधारण कानून की स्थिति एकसी न रहे-प्रथम की स्थिति द्वितीय से ऊँची रहे और पहले प्रकार के कानूनों के निर्माण की प्रक्रिया दूसरे प्रकार के कानूनों की निर्माण-प्रक्रिया से भिन्न हो। पर

साथ ही यह भी अनुचित समझा जाता है कि संविधान इतना कठोर एवं दुष्परिवर्तनीय हो वह राज्य की प्रगति में बाधक सिद्ध हो। संक्षेप में, हम यह कह सकते हैं कि आधुनिक प्रवृत्ति के अनुसार आदर्श संविधान वे ही कहे जा सकते हैं, जो प्रायः लिखित हों और जो न पूर्णतः लचीले हों।

संविधान के आवश्यक अंग

शासन व्यवस्था-संविधान का सबसे मुख्य अंग शासन-सम्बन्धी व्यवस्था का होता है और वह शासन के स्वरूप, सरकार के संगठन तथा उसके अंगों के कार्यों और उनके पारस्परिक सम्बन्धों से सम्बन्धित होता है। इसके अन्तर्गत यह उल्लेखित होता है कि शासन का स्वरूप कितने प्रकार का होगा, सरकार का संगठन किस प्रकार होगा, उसके कौन-कौन से अंग होंगे तथा उनके क्या कार्य एवं शक्तियाँ होगी, तथा उनके पारस्परिक सम्बन्ध होंगे। दूसरे शब्दों में, इस अंग में राज्य के शासन-विभाग (Executive), व्यवस्थापन-विभाग (legislature) तथा न्याय-विभाग (judiciary) के संगठन की प्रक्रिया, उनके कार्यों तथा अधिकारों आदि का उल्लेख होता है।

संशोधन-व्यवस्था-महत्त्व की दृष्टि से संविधान का दूसरा अंग संशोधन-व्यवस्था का होता है। इसके अन्तर्गत यह निश्चित कर दिया जाता है कि संविधान में संशोधन किस प्रकार किए जाएँ और उस प्रक्रिया का विस्तृत उल्लेख होता है, जिसके द्वारा संविधान के संशोधनों से सम्बन्धित कानून पारित किए जाने चाहिए।

नागरिकों के मूलभूत अधिकारों की व्यवस्था-संविधान में नागरिकों के मौलिक अधिकारों की व्यवस्था भी होती है। इसके अन्तर्गत यह उल्लेखित होता है कि राज्य में नागरिकता का अधिकार किन्हें प्राप्त हो तथा नागरिकों के मौलिक अधिकार क्या हों। इनका अतिक्रमण करना शासन के लिये वर्जित होता है। आधुनिक लोकतन्त्र के युग में संविधान के इस अंग का महत्त्व भी अत्यधिक माना जाता है।

राज्य की नीति के निर्देशक सिद्धान्तों की व्यवस्था-आधुनिक युग में राज्य की नीति के निर्देशक सिद्धान्तों की व्यवस्था को भी संविधान का एक आवश्यक अंग माना जाता है। इसके अन्तर्गत उन सिद्धान्तों का प्रतिपादन किया जाता है, जिनके अनुसार राज्य की नीति का निर्धारण होना चाहिये। ये सिद्धान्त साधारणतः राज्य के राजनीतिक, आर्थिक तथा सामाजिक जीवन से सम्बन्धित होते हैं तथा चूँकि आजकल राजनीतिक, आर्थिक एवं सामाजिक जीवन के अनेक प्रकार तथा उनसे सम्बन्धित अनेक वाद प्रचलित हैं, यह अत्यन्त आवश्यक है कि संविधान में उन निर्देशक सिद्धान्तों का स्पष्ट उल्लेख हो, जिनके अनुसार राज्य की इससे सम्बन्धित नीति का निर्धारण होना चाहिये।

इकाइयों की शासन-व्यवस्था-संघात्मक राज्यों के संविधानों में संघ की इकाइयों की शासन-व्यवस्था, उनके अधिकारों एवं कर्त्तव्यों, तथा संघ इकाइयों के पारस्परिक सम्बन्धों की व्यवस्था को भी संविधान का एक आवश्यक अंग माना जाता है।

संकटकालीन शासन की व्यवस्था-संकटकालीन दशा के लिए शासन की विशेष व्यवस्था की आवश्यकता अब सर्वत्र समझी जाती है। अत: अति आधुनिक संविधान में इससे सम्बन्धित व्यवस्था को भी उसका अत्यन्त आवश्यक अंग माना जाता है। भारत के संविधान में इस प्रकार की व्यवस्था का स्पष्ट उल्लेख किया गया है कि संकटकालीन दशा में क्या व्यवस्था की जाय। साधारणत: संविधान के ये आवश्यक अंग होते हैं, किन्तु इससे यह नहीं समझना चाहिये कि उनके सम्बन्ध में जो कुछ एक बार निश्चय कर लिया गया अथवा लेखबद्ध कर लिया गया, वही सदा संविधान में बना रहता है। राज्य जैसी प्रगतिशील संस्था से सम्बन्धित होने के कारण संविधान भी प्रगतिशील होता है और उसका विकास निरन्तर होता रहता है। संविधान में जो कुछ लेखबद्ध होता है, उसके अतिरिक्त प्रत्येक राज्य में सदा कुछ ऐसी प्रथाएँ और परम्पराएँ विकसित होती रहती हैं, जिनका शासन-विधि के स्वरूप निर्धारण में बड़ा महत्त्व होता है और उन्हें संविधान का अंग ही समझा जाता है। इसके अतिरिक्त संविधान की धाराओं के अभिप्राय की व्याख्या से सम्बन्धित अनेक ऐसे निर्णय न्याय-विभाग (Judiciary) द्वारा दिये जाते हैं, जो संविधान के आवश्यक अंग बन जाते हैं और जिनके द्वारा संविधान सदा विकसित होता रहता है। अन्त में, संशोधन भी जो संविधान में प्रतिपादित प्रक्रिया के अनुसार समय-समय पर होते रहते हैं, संविधान के आवश्यक अंग होते हैं जिनसे संविधान का रूप सदा परिवर्तित एवं विकसित होता रहता है। इस प्रकार प्रथाएँ और परम्परायें, न्यायालयों के निर्णय तथा संवैधानिक संशोधन भी संविधान के अंग होते हैं, तथा वे निरन्तर संविधान का रूप बदलते तथा विकसित करते रहते हैं।

▣▣▣

11

नागरिकों के मूल कर्तव्य

वे अधिकार जो व्यक्ति के जीवन के लिए अपरिहार्य तथा मौलिक होने के कारण संविधान के द्वारा नागरिकों को प्रदान किये जाते हैं तथा जिन अधिकारों में राज्य भी केवल न्यायोचित हस्तक्षेप कर सकता हैं। मौलिक अधिकार कहलाते हैं।

ये अधिकार मौलिक इसलिए कहलाते हैं क्योंकि इनके अभाव में आधुनिक युग में नागरिकों के व्यक्तित्व का विकास असम्भव प्रतीत होता हैं। ये नागरिक जीवन की दशायें हैं।

ये अधिकार मौलिक अधिकार निम्न कारणों से कहलाते हैं–

1. आवश्यकता–ये अधिकार व्यक्ति के नैतिक तथा आध्यात्मिक विकास के लिए आवश्यक हैं।

2. इन्हें देश की मौलिक विधि अर्थात् संविधान में स्थान दिया जाता हैं और साधारणतया संवैधानिक संशोधन की प्रक्रिया के अतिरिक्त उनमें किसी प्रकार का परिवर्तन नहीं लाया जा सकता हैं।

3. अनुल्लंघनीय–मौलिक अधिकार साधारणतया अनुल्लंघनीय हैं।

मौलिक अधिकारों की विशेषतायें

भारतीय संविधान में प्रदत्त मौलिक अधिकारों की विशेषतायें निम्न हैं-

1. **प्रतिबन्ध**-मौलिक अधिकार राज्य के उन समस्त अधिकारों पर प्रतिबन्ध लगाते हैं जिन्हें कानून निर्मित करने का अधिकार हैं। संविधान के अनुच्छेद 13 के अनुसार राज्य ऐसा कोई कानून नहीं बनायेंगा, जिससे मौलिक अधिकार कम या समाप्त हो जायें, यदि कोई कानून इनके विरुद्ध बनाया जाता हैं तो उसे अवैध माना जायेगा।

2. **सीमित**-इस प्रकार, मौलिक अधिकार राज्य की शक्तियों को सीमित करते हैं तथा न्यायपालिका की सर्वोच्चता का समर्थन करते हैं। अनुच्छेद 13 के आधार पर न्यायपालिका, विधानपालिका तथा कार्यपालिका के उन समस्त कानूनों तथा आदेशों को अवैध घोषित कर सकती हैं, जो मौलिक अधिकारों के विरोध में हों।

3. **अन्तर**-मौलिक अधिकारों के सम्बन्ध में संविधान में नागरिकों और विदेशियों में भेद किया गया हो। कुछ अधिकार केवल देश के नागरिकों को ही प्राप्त हैं। लेकिन कुछ अधिकार नागरिकों तथा विदेशियों को समान रूप से प्राप्त हैं। जैसे भाषण की स्वतन्त्रता, समुदाय बनाने की स्वतन्त्रता, सरकारी पद पर नियुक्ति के लिए समानता का अवसर तथा सांस्कृतिक एवं शैक्षणिक अधिकार केचल नागरिकों को दिये गये हैं। कानून के सामने समानता, धार्मिक स्वतन्त्रता, जीवन तथा वैयक्तिक स्वतन्त्रता आदि अधिकार नागरिकों को तथा विदेशियों को समान रूप से प्राप्त हैं। संविधान के उपबन्धों में स्थान-स्थान पर नागरिक तथा व्यक्ति शब्द लिखकर इस भेद को स्पष्ट किया गया हैं।

4. **नकारात्मक तथा सकारात्मक**-मौलिक अधिकारों को नकारात्मक तथा सकारात्मक भागों में विभाजित किया गया हैं। नकारात्मक अधिकार राज्य की शक्ति को सीमित करते हैं। विधानपालिका या कार्यपालिका यदि इन अधिकारों के विरुद्ध कोई कानून या आदेश जारी करती हैं तो उन्हें असंवैधानिक घोषित किया जा सकता हैं। उदाहरण के लिए राज्य निवास स्थान, भाषा, रंग, लिंग आदि के आधार पर भेदभाव नहीं करेगा। राज्य शिक्षा तथा सेना सम्बन्धी उपलब्धियों के अतिरिक्त किसी नागरिक को अन्य किसी प्रकार की उपाधि प्रदान नहीं करेगा। जिन अनुबन्धों के द्वारा व्यक्ति को विशिष्ट अधिकार प्राप्त होते हैं वे सकारात्मक अधिकार कहलाते हैं। जैसे स्वतन्त्रता का अधिकार, सम्पत्ति का अधिकार, धार्मिक, सांस्कृतिक अधिकार आदि।

5. **असीमति नहीं**-मौलिक अधिकार असीमति नहीं हैं। संविधान में इन अधिकारों पर सीमाओं की व्यवस्था की गई हैं।

6. **संवैधानिक व्यवस्था**-भारतीय संविधान में मौलिक अधिकारों की रक्षा के लिए संवैधानिक व्यवस्था की गई हैं। अनुच्छेद 32 के अनुसार नागरिकों अधिकारों के संरक्षण के लिए सर्वोच्च न्यायालय की शरण ले सकते हैं।

संविधान में दिये गये मौलिक अधिकार

भारतीय संविधान के तीसरे अध्याय में मौलिक अधिकारों का वर्णन किया गया हैं। इन अधिकारों को निम्न वर्गों में विभाजित किया जा सकता हैं-

1. **समानता का अधिकार**-अनुच्छेद 14, 15, 17 और 18।

2. **स्वतन्त्रता का अधिकार**-अनुच्छेद 19, 20, 21 एवं 22।

3. **शोषण के विरूद्ध अधिकार**-अनुच्छेद 23 और 24।

4. **धार्मिक स्वतन्त्रता का अधिकार**-अनुच्छेद 26, 27एवं 28।

5. **सांस्कृतिक एवं शिक्षा सम्बन्धी अधिकार**-अनुच्छेद 29 और 30।

6. **संवैधानिक उपचारों का अधिकार**-अनुच्छेद 32।

इन मौलिक अधिकारों का विवरण अग्र प्रकार से हैं-

1. समानता का अधिकार-समानता का अधिकार प्रजातन्त्र का आधार स्तम्भ हैं। अतएव भारतीय संविधान में सभी नागरिकों को समानता का अधिकार प्रदान किया गया। संविधान के अन्तर्गत 5 प्रकार की समानता उल्लेखनीय हैं, जो निम्न हैं-

1. कानून के समक्ष समानता-अनुच्छेद 14 में दिया गया हैं कि भारतीय क्षेत्र के अन्तर्गत सभी व्यक्ति कानून के सामने बराबर हैं। तथा कानून समान रूप से सबको संरक्षण देता हैं।

भारतीय संविधान की प्रस्तावना में प्रत्येक व्यक्ति को प्रतिष्ठा तथा अवसर की समानता प्रदान करने की घोषणा की गई हैं। प्रतिष्ठा की समानता को वास्तविक रूप देने के लिए अनुच्छेद 14 की व्यवस्था की गई हैं। इस सम्बन्ध में इंग्लैण्ड तथा अमेरिका के संविधानों से प्रेरणा ली हैं। कानून के समक्ष समानता ब्रिटिश सामान्य विधि से तथा कानून द्वारा समान संरक्षण अमेरिका के संविधान से लिया गया हैं। कानून के समक्ष समानता नकारात्मक अधिकार हैं। यह राज्य की शक्ति पर बन्धन राज्य समस्त व्यक्तियों के लिए समान रूप से कानून बनायेंगा तथा समान रूप से उन पर लागू करेगा। यह नागरिकों के विशेषाधिकारों को समाप्त करता हैं तथापि यह प्रत्येक परिस्थिति में सभी को समान नहीं मानता हैं। इसका अर्थ यह हैं कि सभी व्यक्तियों के लिए समान कानून हों तथा वे समान रूप से उन पर लागू किये जायें। **पश्चिमी बंगाल बनाम अनवर अली** नामक मुकदमें पर उच्चतम न्यायालय ने इसी अर्थ का समर्थन इन शब्दों में किया हैं, ''समान परिस्थितियों में सभी व्यक्तियों के साथ कानून का व्यवहार एक सा होना चाहिए।''

कानून द्वारा समान संरक्षण सकारात्मक अधिकार हैं। यह स्पष्ट करता हैं कि समान परिस्थितियों में समान व्यक्तियों को कानून के द्वारा समान संरक्षण प्राप्त करने का अधिकार हैं। इसका अर्थ यह है कि कानूनों के प्रशासन में स्वेच्छाचारिता पूर्वक भेदभाव नहीं किया जायेगा। राज्य किसी भी व्यक्ति पर उतना ही भार डालेगा जितना कि उसके समान परिस्थितियों में अन्य व्यक्ति पर डाला हैं। इस प्रकार यह अधिकार किसी व्यक्ति या समुदाय के प्रति भेदभावपूर्ण

कानून बनाने पर रोक लगाता हैं। इस प्रकार राज्य मानव जीवन की वास्तविकताओं, प्रशासनिक सुविधाओं तथा विभिन्न प्रकार के उद्देश्यों के आधार पर नागरिक का उचित तथा तर्कसंगत वर्गीकरण कर सकता हैं। कतिपय उदाहरण अग्र प्रकार से हैं-

1. राज्य, कर सम्बन्धी नीति अपनाते समय धनिक एवं निर्धन के मध्य भेदभाव करता हैं।

2. राज्य पिछड़ी जातियों तथा अनुसूचित जातियों के विकास के लिए विशेष प्रकार के अधिनियम बना सकता हैं।

3. राज्य, विभिन्न प्रदेशों, वर्गों तथा श्रेणियों के लिए विभिन्न प्रकार के कानून बना सकता हैं।

तथापि यदि राज्य स्वेच्छाचारी तरीके से वर्गीकरण करता हैं तो उसके विरुद्ध न्यायालय में चुनौती दी जा सकती हैं।

2. सामाजिक समानता-संविधान का अनुच्छेद 15 न केवल राज्य की भेदभाव करने की शक्ति को सीमित करता हैं बल्कि व्यक्तिगत संस्थाओं के द्वारा नागरिकों के साथ भेदभाव करने पर भी नियन्त्रण करता हैं। यह स्त्रियों, बच्चों तथा पिछड़ी जातियों के सुविधाओं एवं विकास के लिए विशेष व्यवस्था करता हैं।

अनुच्छेद 15 (1) के अनुसार किसी नागरिक के विरुद्ध केवल धर्म, मूलवंश, जाति, लिंग, जन्म-स्थान या इनमें से किसी एक के आधार पर कोई भेदभाव नहीं करेगा।

अनुच्छेद 15 (2) के अनुसार धर्म, वंश, जाति, लिंग, जन्म-स्थान या इनमे से किसी एक के आधार पर नागरिक को दुकानों, भोजनालयों, होटलों, सावर्जनिक मनोरंजन के स्थानों पर प्रवेश करने से नहीं रोका जायेगा। अथवा ऐसे कुंओं, तालाबों, स्नानघरों, सड़कों तथा सावर्जनिक स्थानों का प्रयोग करने से वंचित नहीं किया जायेगा, जिनकी पूर्ण व्यवस्था या आंशिक रूप से राज्य निधियों के द्वारा की जाती हैं।

अपवाद-अनुच्छेद 15 में दिये गये अधिकारों के निम्नलिखित अपवाद हैं-

1. स्त्री तथा बच्चों के विशेष हित-राज्यों को स्त्री तथा बच्चों के हित में विशेष व्यवस्था करने का अधिकार दिया गया हैं।

2. पिछड़े वर्ग के हितार्थ-राज्य को अधिकार हैं कि वह व्यवस्था शिक्षा और सामाजिक दृष्टि से पिछड़े हुए वर्गों, अनुसूचित जनजातियों एवं अनुसूचित जनजातियों के हित में विशेष व्यवस्था कर सकता हैं।

राज्य पिछड़े वर्गों के लिए सरकारी नौकरियाँ तथा शैक्षिक संस्थाओं में स्थान सुरक्षित रख सकता हैं। अनुसूचित जातियों के लिए केन्द्र तथा राज्यों के अधीन नौकरियों में, संसद तथा राज्यों की विधान पालिकाओं के निम्न सदनों में स्थानों को सुरक्षित किया जाता हैं। अनुच्छेद 15 के अन्तर्गत उच्चतम न्यायालयों के चम्पकम बनाम मद्रास राज्य नामक मुद्दे में मद्रास सरकार के उस

निर्णय को अवैध घोषित किया जिसके द्वारा गैर ब्राह्मण जाति के नागरिकों को शिक्षा केन्द्रों में दाखिल होने पर विशेष प्रतिबन्ध थे।

3. अवसर की समानता-यद्यपि अनुच्छेद 16 के अनुसार सभी नागरिकों के लिए राज्याधीन नौकरियों पर नियुक्ति के लिए समान अवसर प्राप्त होंगे। केवल धर्म, जाति, रंग, वंश, या जन्मस्थान के या इनमें से किसी भी एक के आधार पर किसी ऐसी नौकरी के लिए, जिसके लिए वह योग्य हों, किसी नागरिक के साभ भेदभाव नहीं किया जायेगा। तथापि इस अधिकार के द्वारा केवल उन्हीं नौकरियों के लिए नागरिकों को समान अवसर प्रदान किये जायेंगे जो राज्य के अधीन हों तथा जिसके लिए नागरिकों के पास योग्यता हो।

संविधान में इस अधिकार के कतिपय अपवाद हैं-

1. निवास सम्बन्धी शर्तें-राज्याधीन सेवाओं के सम्बन्ध में संसद प्रशासन कुशलता के आधार पर निवास सम्बन्धी शर्तें लगा सकती हैं अर्थात् संसद राज्यों को यह अधिकार दे सकती हैं। कि वह राज्य के अधीन नौकरियों में ऐसे व्यक्ति को नियुक्त करें जो कि उसी राज्य के निवासी हों।

2. आरक्षण-जिन जातियों का लोक सेवाओं में पर्याप्त प्रतिनिधित्व व हो उनके लिए पदों तथा नौकरियों का राज्य आरक्षण कर सकता हैं।

3. निबन्धित धर्म या सम्प्रदाय का अनुयायी-किसी धार्मिक या साम्प्रदायिक संस्था के अन्तर्गत किसी पद पर उसी धर्म या सम्प्रदाय के व्यक्ति की नियुक्ति की जा सकती हैं। यह अपवाद भारत में धार्मिक स्वतन्त्रता के ध्यान में रखकर दिया गया हैं।

4. अस्पृश्यता की समाप्ति-अनुच्छेद 17 के द्वारा अस्पृश्यता का निषेध किया गया हैं। यह कहा गया हैं कि अस्पृश्यता से उत्पन्न किसी अयोग्यता को लागू करना एक दण्डनीय अपराध हैं। इस अनुच्छेद के द्वारा महात्मा गाँधी के आदर्शों को वास्तविक रूप दिया गया।

5. उपाधियों का अन्त-नये संविधान में समस्त विदेशी उपाधियों का अन्त कर दिया गया। राज्य के द्वारा केवल सैनिक वीरता या साहित्यिक योग्यता के लिए उपाधियाँ प्रदान की जायेंगी। जैसे भारत रत्न, पद्म विभूषण, पद्म भूषण, तथा पद्म श्री। कोई भी व्यक्ति जो भारत का नागरिक नहीं हैं, जब तक वह किसी सरकारी पद तथा विश्वास के पद पर नियुक्त हैं, बिना राष्ट्रपति की स्वीकृति के किसी विदेशी सरकार से पदवी ग्रहण नहीं करेगा। राज्य कोइ ऐसा कार्य नहीं करेगा जो नागरिकों के बीच बनावटी भेदभाव उत्पन्न करे।

2. स्वतन्त्रता का अधिकार-संविधान में अनुच्छेद 19 से 22 तक स्वतन्त्रता सम्बन्धी अधिकार प्रदान किये गये हैं, अनुच्छेद 19 में 7 प्रकार की स्वतन्त्रतायें दी गयी हैं। ये केवल भारतीय नागरिकों को प्राप्त हैं। अनुच्छेद 20 से 22 तक में दिये हुए अधिकार भारतीय नागरिक तथा भारत में बसने वाले व्यक्तियों को समान रूप से प्राप्त हैं, अन्य मौलिक अधिकारों के समान इन अधिकारों पर भी सीमायें लगायी जा सकती हैं तथा संकटकालीन घोषणा होने पर भी इन्हें

स्थगित नहीं किया जा सकता हैं। अनुच्छेद 19 में सात प्रकार की स्वतन्त्रता दी गई हैं, तथा अनुच्छेद 19-2 से 19-6 तक वे व्यवस्थायें दी गई हैं जिसके आधार पर इन अधिकारों को सीमित किया जा सकता हैं, अनुच्छेद 19 के अनुसार निम्न स्वतन्त्रतायें प्रदान की गई हैं-

1. भाषण तथा अभिव्यक्ति की स्वतन्त्रता-नागरिकों को बोलने, भाषण करने तथा विचार करने की स्वतन्त्रता प्रदान की गई हैं, वे न केवल लिखकर अपितु चित्रों तथा प्रेस की द्वारा विचार व्यक्त कर सकते हैं, अत: प्रेस की स्वतन्त्रता का अधिकार भी इसमें अप्रत्यक्ष रूप से दिया गया हैं। तथापि यह अधिकार अनुच्छेद 19(2) में दिये गये आधारों पर प्रतिबन्धित किया जा सकता हैं-

प्रतिबन्ध-राज्य निम्नलिखित आधारों पर इन अधिकारों पर युक्तिसंगत प्रतिबन्ध लगा सकती हैं-

1. राज्य की सुरक्षा
2. विदेशी राज्यों के साथ मैत्री सम्बन्ध
3. सावर्जनिक व्यवस्था
4. सदाचार व नैतिकता
5. न्यायालय का अपमान
6. मान हानि
7. हिंसा को प्रोत्साहन।

राज्य स्वतन्त्रता के अधिकार पर केवल युक्ति संगत प्रतिबन्ध लगा सकता हैं। यह बतलाना कि कोई प्रतिबन्ध युक्ति संगत हैं या नहीं इसका निर्णय करने का अधिकार न्यायपालिका को दिया गया हैं। यदि विधानपालिका का कोई कानून या कार्यपालिका का कोई आदेश नागरिकों के भाषण और अभिव्यक्ति के अधिकार पर कोई ऐसा प्रतिबन्ध लगता हैं जो युक्ति संगत नहीं हैं तो न्यायपालिका उसे अवैध घोषित कर सकती हैं।

2. बिना शस्त्रों के शान्तिपूर्वक एकत्रित होने की स्वतन्त्रता-अनुच्छेद 19 (1) (ब) में नागरिकों को शस्त्रों के शान्तिपूर्वक तरीके से एकत्रित होने की स्वतन्त्रता प्रदान की गई हैं, इस स्वतन्त्रता का मुख्य उद्देश्य विचारों की अभिव्यक्ति के साथ जोड़ा जा सकता हैं। यह स्वतन्त्रता भी असीमित नहीं हैं तथा राज्य की सुरक्षा तथा सावर्जनिक व्यवस्था के आधार पर इसकों सीमित किया गया हैं।

3. संस्था और संघ बनाने की स्वतन्त्रता-अनुच्छेद 19 (1) (स) में नागरिकों को संस्था या संघ बनाने की स्वतन्त्रता प्रदान की गई हैं, इन संघों से सरकार के सामने विविध प्रकार के दृष्टिकोण आते हैं, जिनसे उसे राजनीतिक समस्याओं के समाधान खोजने में सहायता मिलती हैं,

राजनीतिक दल श्रमजीवी संघ, समिति कम्पनी साझेदारी आदि बनाने का अधिकार भारतीय नागरिकों को प्राप्त हैं। राज्य की सुरक्षा, सार्वजनिक व्यवस्था तथा नैतिकता के आधार पर वह अधिकार सीमित किया जा सकता हैं।

4. भारतीय क्षेत्र में स्वतन्त्रापूर्वक भ्रमण करने की स्वतन्त्रता-अनुच्छेद 19 (1) (द) के अनुसार नागरिकों को भारतीय क्षेत्र में स्वतन्त्रतापूर्वक भ्रमण करने का अधिकार प्राप्त हैं तथा 19 द्वारा किसी भाग में बसने या निवास करने का अधिकार दिया गया हैं। यह व्यवस्था इकहरी नागरिकता के अनुरूप हैं। इन दोनों अधिकारों का मुख्य उद्देश्य भारत मं एकता स्थापित करना तथा प्रान्तीयता की भावना को समाप्त करना हैं। ये दोनों अधिकार सर्वसाधारएण के हित में तथा अनुसूचित जातियों के हितों की रक्षा में सीमित किए जा सकते हैं, उदाहरण के लिए संक्रामक रोग से पीड़ीत व्यक्ति के भ्रमण पर रोक लगाई जा सकती हैं, अनुसूचित आदिम जातियों की संस्कृति, परम्पराओं सम्पत्ति सम्बन्धी व्यवस्थाओं को बचाने के लिए तथा शान्ति व्यवस्था को बनाये रखने के लिए इन अधिकारों पर रोक लगाकर कुछ सीमाओं की व्यवस्था की जा सकती हैं।

5. कोई कारोबार, उपजीविका या व्यवसाय करने की स्वतन्त्रता-अनुच्छेद 19 (1) (झ) के अनुसार नागरिकों को व्यापार, व्यवसाय या कारोबार की स्वतन्त्रता प्रदान की गई हैं, यह अधिकार भारतीय समाज की कुरीतियों को ध्यान में रखकर बनाया हैं।

प्रतिबन्ध-यह अधिकार दो प्रकार से प्रतिबन्ध हैं-

1. राज्य किसी व्यवसाय या कारोबार के लिए विशेष योग्यतायें निर्धारित कर सकता सकता हैं।

2. राज्य के द्वारा अथवा राज्य के स्वामित्व में किसी निगम द्वारा किसी व्यापार, उद्योग या सेवा का संचालन हो सकता हैं।

व्यक्तिगत स्वतन्त्रता-अनुच्छेद 20, 21 और 22 में दिये गये अधिकार व्यक्ति के जीवन की सुरक्षा तथा व्यक्तिगत स्वतन्त्रता के बारे में दिये गये हैं, ये अधिकार राज्य की स्वेच्छाचारी शक्तियों को सीमित करके कानून की सर्वोच्चता को महत्त्व देते हैं।

अनुच्छेद 20 के अनुसार-

1. वैधानिक प्रक्रिया-किसी व्यक्ति को किसी अपराध के लिए उस समय तक दोषी नहीं माना जायेगा जब तक कि उसने अपराध करने के समय किसी प्रचलित कानून को भंग नहीं किया हो। और न किसी व्यक्ति को उससे अधिक सजा दी जायेगी जितनी कि उस अपराध के करते समय कानून के अधीन दी जा सकती हैं।

2. एक बार दण्ड-किसी भी व्यक्ति को एक अपराध के लिए एक से अधिक बार सजा नहीं दी जा सकती हैं।

3. विरुद्ध गवाही के लिए बाध्य नहीं-किसी अपराधी को अपने विरुद्ध गवाही देने के लिए विवश नहीं किया जा सकता हैं। यह अनुच्छेद राज्य को दण्ड विधान बनाने तथा उन्हें लागू करने की शक्ति पर सीमा लगाता हैं।

बन्दीकरण तथा नजरबन्दी संरक्षण-अनुच्छेद 22 में स्वेच्छाचारी बन्दीकरण तथा अनिश्चित काल के लिए नजरबन्दी के विरुद्ध कुछ अधिकार दिये गये हैं।

अनुच्छेद 22 को दो भागो में बांटा जा सकता हैं, अनुच्छेद 22-1, 22-2 तथा 22-3 व्यक्ति को सामान्य दण्ड विधान के अन्तर्गत बन्दी बनाये जाने से हैं , तथा अनुच्छेद 22-4 से 2-7 तक में निवारक विरोध कानून के विषय में दिये गये हैं।

अनुच्छेद 22 (1) के अनुसार बन्दी बनाये गये व्यक्ति को शीघ्रातीशीघ्र बन्दी बनाये जाने का कारण बताया जायेगा तथा उसे अपनी रक्षा के लिए पसन्द का वकील करने की आज्ञा दी जायेगी।

अनुच्छेद 22 (2) के अनुसार बन्दी बनाये गये व्यक्ति को बन्दी बनाये जोने के 24 घंटे के अन्दर, यात्रा में लगे समय को निकालकर निकट के मजिस्ट्रेट के सामने प्रस्तुत किया जायेगा और उसे न्यायालय की आज्ञा के बिना 24 घंटे से अधिक हवालात के अन्दर नहीं रखा जायेगा।

अनुच्छेद 22 (3) में स्पष्ट किया गया हैं कि अनुच्छेद 22 (1) व (2) में दिये गये अधिकार शत्रु विदेशी तथा निवारक नजरबन्दी अधिनियम के अन्तर्गत बन्दी बनाये गये बन्दी पर लागू नहीं होते हैं।

निवारक नजरबन्दी-भारतीय संविधान के अनुच्छेद 22 (4) से (7) में निवारक कानून की व्यवस्था की गई हैं। वस्तुतः संविधान में इस व्यवस्था के पीछे यह उद्देश्य था कि विध्वंसकारी तत्वों से देश की रक्षा हो। निवारक नजरबन्दी के अन्तर्गत देश की सुरक्षा, किसी राज्ल्य की सुरक्षा, रक्षा, वैदेशिक सम्बन्ध, शान्ति, किसी व्यवस्था को बनाये रखने आदि आधारों पर किसी व्यक्ति को उसके अपराध करने से पूर्व ही बिना उस पर मुकदमा चलाये उसे बन्दी बनाया जा सकता हैं, संसद के तथा राज्यों की विधानपालिकाओं को इस सम्बन्ध में विधि निर्माण के अधिकार प्रदान किये गये हैं।

निवारक विरोध-अधिनियम के अन्तर्गत किसी व्यक्ति को उस समय तक तीन महीने से अधिक नजरबन्द नहीं रखा जायेगा जब तक कि परामर्शदात्री समिती जिसमें उच्च न्यायालय के न्यायाधीश या उच्च न्यायालय के योग्यताओं वाले न्यायाधीश हों, ने तीन महीने की समाप्ति के पूर्व यह निर्णय नहीं दिया हो कि उनकी राय में नजरबन्दी के अवधि को बढ़ाने के पर्याप्त कारण मौजूद हैं। अनुच्छेद 22 (4) में संसद को यह अधिकार हैं कि वह विधि द्वारा यह निश्चित करे कि किन परिस्थितियों में किसी व्यक्ति को तीन महीने से अधिक बिना परामर्शदात्री के परामर्श के नजरबन्द रखा जाता हैं, वह इस नजरबन्दी की अवधि का अधिकाअधिक समय भी निर्धारित कर सकती हैं।

3. शोषण के विरुद्ध अधिकार-संविधान की धारा 23 के अनुसार मनुष्यों का क्रय-विक्रय तथा बेगार की प्रथाओं को बन्द कर दिया गया हैं। इस अधिनियम की अवहेलना करने वाले को उस समय की प्रचलित विधि के अनुसार सजा दी जायेगी। इस अधिकार में एक अपवाद हैं, सार्वजनिक कार्यों के लिए सरकार किसी भी व्यक्ति की सेवायें प्राप्त कर सकती हैं। तथा प्रत्येक योग्य व्यक्ति को सेना में भर्ती होने का आदेश दे सकती हैं, ऐसा करने में सरकार जाति, धर्म, नस्ल आदि के आधार पर कोई भेदभाव नहीं रखेगी। अनुच्छेद 24 के अनुसार 14 वर्ष से कम आयु वाले बच्चों को कारखानों, खानों तथा जोखिम भरे काम पर नियुक्त नहीं किया जा सकता हैं। भारतीय संसद ने इस सम्बन्ध में कुछ आवश्यक निम पारित किए हैं और इसे कानून के द्वारा अपराध घोषित किया हैं।

इस अधिकार के अपवाद का वर्णन अनुच्छेद 23 (4) में किया गया हैं कि इसके अनुसार सरकार राज्य सार्वजनिक उद्देश्यों जैसे अनिवार्य सैनिक सेवा, राष्ट्र निर्माण कार्य, राष्ट्रीय सुरक्षा, निरक्षता को समाप्त करना, जन सेवाओं से सम्बन्धित आवश्यक सेवाओं आदि के लिए अनिवार्य सेवा लागू कर सकती हैं। वास्तव में शोषण के विरुद्ध सरकार का उद्देश्य एक वास्तविक सामाजिक लोकतन्त्र की स्थापना करना हैं।

4. धार्मिक स्वतन्त्रता का अधिकार-भारतीय संविधान के द्वारा सभी व्यक्तियों को चाहे वह विदेशी हैं या भारतीय, धार्मिक स्वतन्त्रता का अधिकार प्रदान किया गया हैं। प्रत्येक व्यक्ति को विचार अभिव्यक्ति, विश्वास, धर्म और उपासना की स्वतन्त्रता प्रदान करने के लिए और भारत को एक धर्मनिरपेक्ष राज्य बनाने के लिए अनुच्छेद 25 से 28 तक धार्मिक स्वतन्त्रता के अधिकार दिये गये हैं।

अनुच्छेद 25 (1) में प्रत्येक व्यक्ति को अन्त: करण की स्वतन्त्रता तथा कोई भी धर्म अपनाने, उसका पालन करने तथा उसका प्रचार करने का अधिकार होगा। सभी को सामाजिक व्यवस्था, स्वास्थ्य तथा नैतिकता के दृष्टिगत कोई भी धर्म अपनाने की स्वतन्त्रता प्रदान की गई हैं, इसके अतिरिक्त अपने विचारों का कार्यों के द्वारा प्रदर्शित करने तथा दूसरों के लाभ के लिए अपने विचारों का प्रचार एवं प्रसार करने का अधिकार दिया गया हैं।

अनुच्छेद 25 (2) के अनुसार राज्य धर्म से सम्बन्धित किन्हीं आर्थिक, वित्तीय तथा राजनीतिक क्रियाओं को विनियमित कर सकता हैं, राज्य विधि द्वारा समाज कल्याण और सुधार की व्यवस्था कर सकता हैं।

कतिपय अधिकार-अनुच्छेद 27 के अनुसार कुछ अधिकार निम्नलिखित प्रकार दिये गये-

1. धार्मिक संस्थाओं तथा सार्वजनिक सेवा संस्थाओं की स्थापना का अधिकार।

2. धर्म सम्बन्धी मामलों का स्वयं प्रबन्ध करने का अधिकार।

3. चल और अचल सम्पत्ति प्राप्त करने का अधिकार।

4. उक्त सम्पत्ति का कानून के अनुसार संचालन करने का अधिकार।

अनुच्छेद 27 के अनुसार धार्मिक कार्यों के लिए या धार्मिक व्यवस्था के लिए किसी व्यक्ति को कर देने के लिए बाध्य नहीं किया जा सकता।

धर्म तथा शिक्षा-अनुच्छेद 28 के अनुसार-

1. राज्य के द्वारा पूर्ण सहायता प्राप्त किसी शिक्षण संस्थाओं में कोई धार्मिक शिक्षा नहीं दी जा सकती।

2. यदि कोई संस्था किसी धर्मस्व के अधीन स्थापित की गई हो और जिसका प्रशासन राज्य करता हो, वहाँ पर धार्मिक शिक्षा दी जा सकेगी।

3. किसी भी व्यक्ति को किसी ऐसी शिक्षण संस्था में, जो राज्य द्वारा मान्यता प्राप्त हो तथा जिसे राज्य द्वारा यहायता प्रदान की जाती हैं, दी जाने वाली धार्मिक शिक्षा में भाग लेने की उसकी स्वीकृति के बिना बाध्य नहीं किया जा सकता। यदि यह व्यक्ति वयस्क न हो तो उसके संरक्षक की स्वीकृति प्राप्त करना आवश्यक हैं।

5. शिक्षा तथा साँस्कृतिक अधिकार-भारतीय संविधान के द्वारा भारत के सभी नागरिकों को संस्कृति और शिक्षा से सम्बन्धित स्वतन्त्रता का अधिकार प्रदान किया गया हैं। संविधान की धारा 29 के अनुसार प्रत्येक नागरिकों के समूह को जो भारत भूमि में रहता हैं तथा जिसकी अपनी निश्चित भाषा, धर्म तथा संस्कृति हैं, उस वर्ग को अपनी भाषा, धर्म तथा संस्कृतिक को सुरक्षित रखने का पूर्ण अधिकार हैं। किसी भी राजकीय तथा राज्य से सहायता प्राप्त शिक्षा संस्थान में किसी भी विद्यार्थी को भर्ती करने तथा शिक्षा प्राप्त करने से मना नहीं किया जायेगा। चाहे वह विद्यार्थी किसी भी धर्म, जाति या भाषा का हो।

अनुच्छेद 30 के द्वारा अल्पसंख्यकों को अपनी संस्थाओं को खोलने तथा उनका प्रबन्ध करने का अधिकार दिया गया हैं। राज्य शिक्षण संस्थाओं को अनुदान देते समय भाषा, धर्म या इस आधार पर कि से अल्पसंख्यकों के द्वारा स्थापित की गई हैं, कोई भेदभाव नहीं किया जायेगा।

तथापि राज्य अनुसूचित जातियों तथा हरिजनों विद्यार्थियों के शिक्षण संस्थाओं में प्रवेश के लिए विशेष व्यवस्था कर सकता हैं, इसे अनुच्छेद 29 का उल्लंघन नहीं माना जायेगा।

6. संवैधानिक उपचारों का अधिकार-अनुच्छेद 32 के द्वारा प्रत्येक व्यक्ति को संवैधानिक उपचारों का अधिकार प्रदान किया गया हैं। इस अनुच्छेद के अनुसार सर्वोच्च न्यायालय की ओर अनुच्छेद 226 के तत्वों के द्वारा राज्यों के उच्च न्यायालयों को संविधानों ने अधिकारों की रक्षा का भार सौंपा हैं। अनुच्छेद 32 के अनुसार-

1. संविधान के अध्याय 3 में दिये गये मौलिक अधिकारों को लागू करवाने के लिए नागरिकों को सर्वोच्च न्यायालय में जाने का अधिकार प्रदान किया गया हैं। इसका तात्पर्य यह हैं

कि यदि कोई कानून या कार्यपालिका का आदेश व्यक्ति के अधिकारों का अतिक्रमण करता हैं तो वह सर्वोच्च न्यायालय में जा सकता हैं।

2. सर्वोच्च न्यायालय अधिकरों को लागम करने के लिए विभिन्न प्रकार के निर्देश, आदेश या लेख निकाल सकता हैं। जैसे- बन्दी प्रत्यक्षीकरण परमादेश लेख, प्रतिषेध लेख, अधिकार पृच्छालेख और उत्प्रेषण लेख।

3. संसद अन्य न्यायालयों को भी लेख या आदेश जारी करने का अधिकर दे सकती हैं।

4. राष्ट्रीय संकट की घोषणा अनुच्छेद 352 में किए जाने पर अनुच्छेद 359 के अनुसार संवैधानिक उपाचारों के अधिकार को निलम्बित किया जा सकता हैं। इस प्रकार की स्थिति उत्पन्न होने पर कोई भी व्यक्ति अधिकारों को लागम करने के लिए न्यायालय की शरण ले सकता हैं।

सम्पत्ति का अधिकार

अनुच्छेद 31, 31 अ, 31 ब, 31 स-भारतीय संविधान में सम्पत्ति का अधिकार दो विरोधी विचारधाराओं के बीच का एक सम्बन्ध के रूप में दिया गया हैं।

दो परस्पर विरोध दृष्टिकोण-संविधान सभा में इस अधिकार के सम्बन्ध में दो दृष्टिकोण प्रस्तुत किये गये-

1. सम्पत्ति पर व्यक्ति का अधिकार-वे विचारक जो सम्पत्ति के अधिकार की प्राकृतिक और सर्वोत्तम अधिकार मान कर इसे पूर्णतया असीमित रूप में व्यक्ति को दिये जाने के पक्ष में थे।

2. सम्पत्ति पर समाज का अधिकार-वे विचारक जो इस अधिकार पर समाज का अधिकार बनाये रखना चाहते थे, उनका मत यह था कि सार्वजनिक हित तथा सुरक्षा के लिए राज्य को निजी सम्पत्ति को नियन्त्रित करने का अधिकार देना आवश्यक था।

इन दो परस्पर विरोधी विचारधाराओं के मध्य एक समन्वय के रूप में अनुच्छेद 31 का संशोधित रूप पं. नेहरू ने संविधान सभा के समक्ष प्रस्तुत किया। वस्तुतः इस अनुच्छद में व्यक्तिगत अधिकार तथा सामाजिक अधिकार दोनों का हित सामन्जस्य हैं।

संविधान में व्यवस्था-सम्पत्ति का अधिकार संविधान में अनुच्छेद 19 (1) तथा अनुच्छेद 31 में दिया गया हैं। अनुच्छेद 19 (1) में नागरिकों को सम्पत्ति प्राप्त करने, रखने तथा उसको बेचने की स्वतन्त्रता मिल गई। तथापि राज्य इस पर सार्वजनिक हित या अनुसूचित जातियों और जनजातियों के आधार पर युक्ति संगत प्रतिबन्ध्ध लगा सकता हैं।

व्यक्तिगत सम्पत्ति का अजन-अनुच्छंद 31 में राज्य सार्वजनिक हित व्यक्तिगत सम्पत्ति को अर्जित कर सकता हैं। अनुच्छेद 31 के अनुसार-

1. किसी भी व्यक्ति को कानून के बिना सम्पत्ति से वंचित नहीं किया जायेगा।

2. किसी भी चल या अचल सम्पत्ति को राज्य केवल सार्वजनिक हित के लिए अर्जित कर सकता हैं।

3. कानून के द्वारा निश्चित सम्पत्ति को अर्जित करेगा, उसी के द्वारा सम्पत्ति के बदले में दी जाने वाली क्षतिपूर्ति भी निश्चित करेगा।

4. जिस कानून के द्वारा राज्य क्षतिपूर्ति की राशि को न्यायालय द्वारा उचित या अनुचित ठहराया नहीं जा सकता।

5. राज्यों के द्वारा भूमि सुधार या अन्य सार्वजनिक हित के उद्देश्य से बनाये गये सम्पत्ति से सम्बन्धित कानून राष्ट्रपति के द्वारा ही स्वीकृत माने जायेंगे।

इस प्रकार अनुच्छेद 31 के अनुसार राज्य केवल कानून के द्वारा ही व्यक्ति की निजी सम्पत्ति को सार्वजनिक हित के उद्देश्य से अर्जित कर सकता हैं, जिनके बदले में उसे क्षतिपूर्ति देनी होगी।

सम्पत्ति के अधिकार में प्रथम संशोधन-संविधान लागू होने के बाद विभिन्न राज्यों में मर्जीदारी प्रथा को समाप्त करने तथा भूमि सुधार लाने के लिए बनाये कानूनों को न्यायालयों में चुनौती दी गई। उदाहरण के लिए, पटना उच्च न्यायालय में **कामेश्वर सिंह बनाम बिहार राज्य** नामक मुकदमें में बिहार भूमि सुधार अधिनियम 1950 को अनुच्छेद 14, 19 और 31 के आधार पर अवैध घोषित किया गया। भूमि सुधार नियमों को अनुच्छेदों 14 और 19 से बचाने के लिए संविधान में प्रथम संशोधन करेके अनुच्छेद 31 को परिवर्तित कर दिया गया।

प्रथम संशोधन के द्वारा संविधान में दो अनुच्छेदों 31 अ तथा 31 ब को तथा नवीं सूची को जोड़ा गया। अनुच्छेद 31 अ के अन्तर्गत राज्य के द्वारा सम्पत्ति अर्जित किये जाने से सम्बन्धित बनाया हुआ कानून केवल इस आधार पर अवैध घोषित नहीं किया जा सकता हैं कि वह मौलिक अधिकारों के प्रतिकूल हैं या मौलिक अधिकारों को संकुचित या समाप्त करता हैं। अनुच्छेद 31 ब के द्वारा यह घोषणा की गई कि नवीं सूची में दिये गये भूमि सुधार नियमों को न्यायपालिका अवैध घोषित नहीं कर सकती।

सम्पत्ति के अधिकार में दूसरा संशोधन-संविधान का इदूसरा संशोधन मूलतया क्षतिपूर्ति के प्रश्न को हल करने के उद्देश्य से किया गया हैं। अनुच्छेद 31 (2) में दिये गये शब्द क्षतिपूर्ति के विषय में संविधान निर्माताओं के द्वारा तथा न्यायपालिका के द्वारा इसकी दी गई व्याख्या के मध्य विरोध हुआ था। संविधान का मत था कि भारत जैसा निध्रन देश क्षतिपूर्ति करने के बदले उचित क्षतिपर्ति नहीं कर सकता। **श्रीमती बेला बनर्जी बनाम पश्चिमी बंगाल राज्य** नामक मुकदमे में न्यायालय ने अपने निर्णय में कहा कि क्षतिपूर्ति का अर्थ हैं राज्य द्वारा अर्जित की गई सम्पत्ति के बपूले भाव पर क्षतिपूर्ति करना। न्यायालय के इस निर्णय से एक गम्भीर समस्या उत्पन्न हुई। भविष्य में सामाजिकि एवं आर्थिक सुधार लाने के लिए राज्य के द्वारा विभिन्न प्रकार

की व्यक्तिगत सम्पत्ति अर्जित करना आवश्यक था। जिसके बदले में वह बाजार भाव पर क्षतिपूर्ति नहीं कर सकता था। 1955 के संशोधन अनुच्छेद 3 अ के द्वारा एक व्यवस्था की गई कि जिस कानून से सम्पत्ति अर्जित की जायेगी। उसी के द्वारा विधान पालिका क्षतिपूर्ति की मात्रा को भी निश्चित करेगी तथा न्यायपालिका यह नहीं देख सकती कि क्षतिपूर्ति पर्याप्त मात्रा में हैं अथवा नहीं।

सम्पत्ति के अधिकार में तीसरा संशोधन-अनुच्छेद 31 में तीसरी बार संशोधन करने की आवश्यकता अनुच्छेद में दिये गये एस्टेट शब्द के कारण अनुभव की गई। **कुन्हीं कोमान बनाम केरल राज्य** नामक मुकदमे में सर्वोच्च न्यायालय ने एस्टेट शब्द की व्याख्या करते हुए रैयतवारी भूमि को इससे पृथक् तथा अनुच्छेद 14 के आधार पर केरल राज्य के द्वारा पास किये गये कृषक सम्बन्ध अधिनियम को अवैध घोषित किया। इस अधिनियम को पारित करने के पीछे दो कारण थे-

1. भूमि की अधिकतम सीमा लागू करना।
2. काश्तकारी में मध्यस्थ वर्ग को समाप्त करना।

सम्पत्ति के अधिकार में चौथा संशोधन-1971 में पचासवें संशोधन के द्वारा सम्पत्ति के अधिकार को चौथी बार संशोधित किया गया। इस संशोधन में 31 (2) में क्षतिपूर्ति शब्द के स्थान पर राशि शब्द रखा गया। यह व्यवस्था की गई कि अनुच्छेद 19 (1) सार्वजनिक प्रयोजन के लिए सम्पत्ति के अर्जन से सम्बन्धित किसी विधि पर लागू न होगा। इस संशोधन के द्वारा अनुच्छेद 31 (स) और जोड़ दिया गया। इसके अनुच्छेद 39 (ब) और नियम बनाया जाता हैं उसमें इस विषय की घोषणा की गई हैं तो वह नियम अनुच्छेद 14, 19 और 31 के आधार पर अवैध घोषित नहीं किया जा सकता हैं। यदि अनुच्छेद 31 (स) के अन्तर्गत कोई राज्य कानून बनाता हैं तो वह राष्टपति के विचार के लिए सुरक्षित रखा जायेगा ताकि उसे राष्ट्रपति की स्वीकृति प्राप्त हो।

29 वाँ संवैधानिक संशोधन-इस संशोधन के द्वारा केरल के भूमि के सुधार के दो कानूनों को संविधान की नवीं सूची में सम्मिलित किया और अब इन्हें न्यायालय में चुनौती नहीं दी जा सकती। 34 वाँ संशोधन (1974) तथा 40 वाँ संशोधन (1976) भी इसी प्रकार के थे। इस प्रकार स्पष्ट होता हैं कि सरकार ने भारत में सच्चे प्रजातन्त्र की स्थापना तथा समाजवाद के विकास के लिए समय-समय पर इस अधिकार में संशोधन किये हैं।

मौलिक अधिकारों का मूल्यांकन

भारतीय संविधान में दिये गये मौलिक अधिकारों की प्रकृत्ति का तथा उनके स्वरूप की आलोचना निम्न प्रकार की गई हैं-

1. महत्त्वपूर्ण मौलिक अधिकारों का अभाव-मौलिक अधिकारों से महत्त्वपूर्ण आर्थिक तथा सामाजिक अधिकरों को नहीं दिया गया हैं। यद्यपि संविधान की प्रस्तावना भारत में

सामाजिक एवं आर्थिक न्याय को लाने की भावना प्रस्तुत करती हैं किन्तु अधिकारों में श्रम करने, आराम करने, शिक्षा तथा सामाजिक सुरक्षा जैसे अधिकारों को नहीं दिया गया हैं।

2. दिखावा मात्र-अधिकार एक हाथ से दिये हैं तो दूसरे हाथ से छीन लिये गये हैं। उदाहरण के लिए स्वतन्त्रता का अधिकार दिया गया हैं किन्तु इस पर इतने प्रतिबन्ध लगायें गये हैं कि नागरिक इस अधिकार का प्रयोग नहीं कर सकते हैं। संसद सार्वजनिक व्यवस्था, सुरक्षा, सदाचार, मान हानि, हिंसा को प्रोत्साहन, भारत के विदेशों के साथ मैत्रीपूर्ण सम्बन्ध आदि पर आधारों पर स्वतन्त्रता के अधिकार पर प्रतिबन्ध लगा सकती हैं। संविधान सभा में सरदार हुकम सिंह ने कहा था कि, ''यदि हम इन स्वतन्त्रताओं की व्यवस्थापिका की इच्छा पर छोड़ देते हैं जो कि एक राजनीतिक दल के अतिरिक्त कुछ भी नहीं हैं। तो इन स्वतन्त्रताओं के अस्तित्व पर भी सन्देह हो जायेगा।'' इस प्रकार अधिकार अर्थहीन हो जाते हैं।

3. व्यक्तिगत स्वतन्त्रता असुरक्षित-मौलिक अधिकारों में व्यक्तिगत स्वतन्त्रता प्रदान की गई हैं। संविधान में व्यक्तिगत स्वतन्त्रता की रक्षा के लिए कुछ संरक्षणों की व्यवस्था की गई हैं किन्तु इसके साथ ही निवारक नजरबन्दी अधिनियम भी दिया गया हैं। जिसके द्वारा सरकार को अधिकार दिया गया हैं कि वह किसी व्यक्ति पर बिना मुकदमा चलाये तीन महीने तक नजरबन्द रर सकती हैं। संसद यदि चाहे तो इस अवधि को बढ़ा भी सकती हैं। आपात काल मई, 1975 फरवरी, मार्च, 1977 में कुछ ज्यादतियों के कारण जन समुदाय में रोष था। वस्तुतः इतने अधिक अपवाद तथा प्रतिबन्ध लगा दिये गये कि यह समझना तक कठिन हैं कि व्यक्ति को मौलिक अधिकारों से मिलेगा क्या?

4. आपातकाल-मौलिक अधिकारों को आपात कालीन स्थिति अनुच्छेद 352 में स्थगित किया जा सकता हैं। उस समय अनुच्छेद 19 में दी गई स्वतन्त्रतायें अपने आप ही स्थगित हो जाती हैं। इनके अतिरिक्त अन्य अधिकारों को संसद की स्वीकृति से स्थगित किया जा सकता हैं। अनुच्छेद 32 में दिये गये संवैधानिक उपाचारों के अधिकार को स्थगित करने से कोई भी व्यक्ति अपने अधिकारों की रक्षा के लिए न्यायालय में नहीं जा सकता हैं। इस स्थिति में सरकार अपनी शक्ति का दुरूपयोग कर सकती हैं।

आलोचनाओं का उत्तर-मौलिक अधिकारों का गहन अध्ययन करने पर अनेक आलोचनायें निराधार सिद्ध होती हैं, जैसे-

1. न्यायसंगत बनाने के लिए-यह सच हैं कि मौलिक अधिकारों में काम पाने का अधिकार, विश्राम और अवकाश का अधिकार, शिक्षा तथा सामाजिक अधिकार आदि को नहीं दिया गया हैं। किन्तु इसका कारण यह हैं कि तीसरे अध्याय में दिये गये मौलिक अधिकारों को न्यायसंगत बनाया गया हैं, जिससे वे अधिकार वास्तविक बन जाते हैं। यदि उपरोक्त अधिकारों को भी न्याय संगत बना दिया जाता हैं तो देश में संवैधानिक संकट उत्पन्न हो जाता हैं। सरकार अपने सीमित साधनों के कारण इन अधिकारों को तुरन्त लागू नहीं कर सकती और नागरिक इन्हें लागू करने के लिए न्यायालय में जाते। इसलिए इनमें से अधिकांश नागरिक अधिकारों को राज्य के नीति निर्देशक तत्वों में स्थान दिया गया हैं।

2. प्रतिबन्ध-संविधान में स्वतन्त्रता के अधिकार पर प्रतिबन्ध लगाने की व्यवस्था की गई हैं। किन्तु जिस उद्देश्यों के आधार पर वे प्रतिबन्ध लगायें गये हैं उन्हें देखने से प्रतिबन्ध अनुचित नहीं लगते हैं। मौलिक अधिकारों पर जो भी प्रतिबन्ध लगाये जायेंगे उनका औचित्य पूर्ण होना आवश्यक हैं। और प्रतिबन्धों के औचित्य का निर्धारण की शक्ति व्यवस्थापिका या कार्यपालिका को नहीं बल्कि न्यायपालिका को दी गई हैं।

3. सामाजिक व आर्थिक न्याय-भारत में सामाजिक तथा आर्थिक न्याय की स्थापनाप करना, प्रस्तावना में घोषित किया गया हैं। यदि सम्पत्ति के अधिकार को निरंकुश या प्राकृतिक आधार पर लिया जाता हैं फिर सामाजिक तथा आर्थिक सुधार नहीं हो सकते थे।

4. न्यायालय की शक्तियाँ-मौलिक अधिकारों पर लगाये गये हैं प्रतिबन्धों के आधार पर की गई आलोचना में भी अधिक बल नहीं हैं, क्योंकि राज्य केवल युक्ति संगत प्रतिबन्ध लगा सकता हैं। न्यायालय के द्वारा अनुचित प्रतिबन्ध लगाये जाते हैं तो सर्वोच्च न्यायालय उसे अवैध घोषित कर सकता हैं।

5. देश की सुरक्षा-मौलिक अधिकारों को स्थगित करने के विषय में कहा जा सकता हैं कि देश की सुरक्षा करने के उद्देश्य से यदि कुछ समय तक अधिकारों के प्रयोग पर रोक लगा दी जाये तो इसमें कोई हानि नहीं हैं, क्योंकि अगर देश समाप्त हो जायेगा तो फिर मौलिक अधिकारों का कोई महत्त्व नहीं हैं।

अधिकारों का स्थगन अधिक भयावह नहीं-राष्ट्र की सुरक्षा व्यक्ति की सुरक्षा से अधिक महत्त्वपूर्ण तथा मूल्यवान होती हैं। शासन को मौलिक अधिकारों के अतिक्रमण का अधिकार केवल आकस्मिक परिस्थितियों को ही प्राप्त होता हैं और इस प्रकार की परिस्थितियाँ अल्पकालिक होती हैं।

भारतीय संविधान में दिये गये मौलिक अधिकारों ने न केवल व्यक्ति के विकास में सहायता प्रदान की हैं बल्कि अल्पसंख्यक वर्गों में भी विश्वास की भावना उत्पन्न की हैं। इसलिए इनसे भारत में प्रजातन्त्र की जड़ें मजबूत हुई हैं। इनके आधार पर ही भारत में सामाजिक तथा आर्थिक न्याय की व्यवस्था सम्भव हैं।

भारत के नागरिक का यह कर्त्तव्य होगा कि वह-

1. संविधान का पालन करे और उसके आदर्शों, संस्थाओं, राष्ट्र ध्वज ओर राष्ट्रगान का आदर करें।
2. स्वतंत्रता के लिए हमारे राष्ट्रीय आन्दोलन को प्रेरित करने वाले उच्च आदर्शों को हृदय में संजोए रखे और उनका पालन करें।
3. भारत की संप्रभुता, एकता और अखण्डता की रक्षा करे और उसे अक्षुण्य बनाये रखे।
4. देश की रक्षा करे और आह्वान किये जाने पर राष्ट्र की सेवा करे।

5. भारत के सभी लोगों में समरसता और समान भ्रातृत्व की भावना का निर्माण करे जो धर्म, भाषा और प्रेदश या वर्ग पर आधारित सभी भेदभाव से परे हो ऐसी प्रथाओं का त्याग करें जो स्त्रियों के सम्मान के विरुद्ध हैं।

6. हमारी सामाजिक संस्कृति की गौरवशाली परंपरा का महत्त्व समझें।

7. प्राकृतिक पर्यावरण की, जिसके अन्तर्गत वन, झील, नदी, पहाड़ और वन्य जीव हैं, रक्षा करें और उनका संवर्धन तथा प्राणी मात्र के प्रति दयाभाव रखें।

8. वैज्ञानिक दृष्टिकोण, मानववाद और ज्ञानार्जन तथा सुधार की भावना का विकास करें।

9. सार्वजनिक सम्पत्ति को सुरक्षित रखें और हिंसा से दूर रहें।

10. व्यक्तिगत और सामूहिक गतिविधियों के सर्भा क्षेत्रों में उत्कर्ष की ओर बढ़ने का सतत् प्रयास करें जिससे राष्ट्र निरन्तर बढ़ते हुए प्रगति और उपलब्धि की नई ऊँचाईयों को छू ले।

भारत के नागरिकों का मूल रूप से यह कर्त्तव्य है कि वे राष्ट्र की सम्प्रभुता के प्रति समर्पित रहें। व्यक्ति की व्यक्तिगत गरिमा और राष्ट्र कर सम्प्रभुता, विकास और गौरव को बनाए रखने में यह कर्त्तव्य सहायक है। नागरिक अपने कर्त्तव्यों को अंजाम दे सके, इस लक्ष्य की प्राप्ति में पुलिस पग-पग पर अपनी विशिष्ट उपस्थिति को महसूस करवाती है। कर्त्तव्यों की पालना के संदर्भ में नागरिक व पुलिस के इन सम्बन्धों को अलग अंदाज से देखा जा सकता है। चूंकि यह कर्त्तव्य आम नागरिक को स्वय के ऊपर उठाकर समग्र से जोड़ते हैं, अत: इनकी अनुपालना के लिए व्यक्ति का प्रशासनिक व्यवस्था के संपर्क अवश्यम्भावी हो जाता है। इस रूप से व्यक्ति प्रशासनिक ईकाईयों से प्रत्यक्ष सम्पर्क हो जाता है। इस रूप में व्यक्ति प्रशासनिक ईकाइयों से प्रत्यक्ष अवश्यम्भावी हो जाता है। इस रूप में व्यक्ति प्रशासनिक ईकाइयों से प्रत्यक्ष सम्पर्क स्थापना के कई अवसरों से गुजरता है। अत: निश्चित रूप से उसे पुलिस जैसे व्यापक गतिविधियों में संलग्न संगठन से भी दो-चार होना स्वाभाविक है। यहाँ यह स्पष्ट कर देना आवश्यक है, कि पुलिस के कंधों पर ना केवल राष्ट्र व समाज की आंतरिक सुरक्षा तथा कानून और व्यवस्था बनाए रखने का दायित्व है, बल्कि पुलिस की समाज के सभी वर्गों के बीच तालमेल, मेल-जोल ओर संवाद की स्थितियों को संभव बनाने के लिए सहयोगी होती है। अत: आंतरिक प्रशासन को संभव बनाने के लिए सहयोगी होती है। अत: आन्तरिक प्रशासन की सामान्य और असामान्य दोनों ही परिस्थितियों में आम नागरिक को पुलिस के सहयोग की ना केवल आवश्यकता ही रहती है बल्कि अपेक्षा भी रहती है। नागरिक कर्त्तव्यों की अवधारणा को व्यापक पैमाने पर समझने के लिए जरूरी है कि हम यह साफ तौर पर समझे कि पुलिस वाले भी नागरि है तथा जनता पुलिस है। नागरिक होने के नाते पुलिस वालों को भी उन कर्त्तव्यों का निर्वाह करना होता है, जिनकी अपेक्षा आम नागरिक से की जाती है। इसी तरह आम नागरिक को भी उसके निर्धारित कर्त्तव्यों के अन्तर्गत ऐसे काम करने की अपेक्षा की जाती है जो पुलिस कार्यों जैसे

प्रतीत होते है। उदाहरण के लिए संज्ञेय अपराधों पर कार्यवाही करना पुलिस का कर्त्तव्य है। इस क्रम में अपराध प्रक्रिया संहिता यानी सी.आर.पी.सी. की धारा 39 के अन्तर्गत प्रत्येक नागरिक का यह दायित्व है कि यदि उसके ध्यान में किसी संज्ञेय अपराध के घटित होने की इतला हो तो वह इसकी सूचना तत्काल क्षेत्र के पुलिस अधिकारी को दें। नागरिको के मूल कर्त्तव्य अनुच्छेद 51 क में अंतर्विष्ट हैं, जो कि 42 वे संविधान संशोधन अधिनियम द्वारा 1976 में अंत:स्थापित किए गए है। यहाँ यह उल्लेखनीय है, कि इन मूल कर्त्तव्यों के सीधे लागू किये जाने या उनके उल्लंघन के लिए किसी दण्ड का सीधे तौर पर कोई प्रावधान नहीं है। परन्तु यह आशा की जाती है कि यदि न्यायालय इस सम्बन्ध में कुछ युक्तियुक्त मानेगा तो इस सम्बन्ध में व्यवस्था की जा सकती है।

मूल कर्त्तव्य वस्तुत उन नागरिकों को चेतावनी के रूप में हैं, जो संवैधानिक और असामाजिक क्रियाकलाप करते हैं। अनुच्छेद 51(क) में वर्णित अधिसंख्य नागरिक कर्त्तव्यों की प्रकृति एवं पुलिस दायित्वों की प्रकृति में काफी सीमा तक समानता है। इस समानता के निहितार्थ यह है कि पुलिस जन जन कर्त्तव्यों से जुड़ी अवहेलना की स्थितियों से निपटे तो आम नागरिक पुलिस की सहायता एवं सहयोग करें। संविधान में वर्णित कर्त्तव्यों की प्रेरणा यह भी है कि आम नागरिक असामाजिक तत्वों, अपराधियों, आतंककारी तत्वों, सामुदायिक सदभाव को बिगाड़ने वाली स्थितियों, जातीय संघर्षों एवं तनाव फैलाने वाले तत्वों पर कड़ी निगरानी रखे और इन स्थितियों की रोकथाम के प्रयासों एवं इनके निराकरण के लिए पुलिस प्रयत्नों में पुलिस की हर स्तर पर इमदाद करें।

संविधान में वर्णित नागरिकों के कर्त्तव्यों का एक अन्य महत्त्वपूर्ण निहितार्थ यह है कि आम नागरिक शासन, प्रशासन एवं पुलिस के आँख, नाक, कान के रूप में काम करें ओर राज्य की अस्मिता और शान्ति व्यवस्था पर खतरा पैदा करने वाली कड़ी चुनौतियों का सामना करने की आत्म प्रेरणा से परिपूर्ण रहें। अनुच्छेद 51(क) में वर्णित सभी दायित्व वैसे तो पुलिस कार्यों के निष्पादन में नागरिक सहयोग एवं पहल की चेतना से नागरिकों को प्रेरित रहने की अपेक्षा रखते हैं परन्तु इस अनुच्छेद की उप अनुच्छेद (क) के अन्तर्गत नागरिकों से संविधान का पालन करने की अपेक्षा रखी गई है तथा उप अनुच्छेद (ग) में नागरिकों के लिए यह दायित्व निर्धारित किया गया है कि वे भारत की सम्प्रभुता, एकता, अखण्डता की रक्षा करेंगे तथा इनकी अक्षुण्णता को बनाए रखेंगे और उप अनुच्छेद (ङ) अनुसार भारत के नागरिकों का यह दायित्व निर्धारित किया गया है कि वे सभी लोगों में समरसता ओर समान भातृत्व की भावना का निर्माण करेंगे जो धर्म भाषा और प्रदेश या वर्ग पर आधारित सभी भेदभावों से परे होगी तथा वे ऐसी सभी प्रथाओं का त्याग करेंगे जो स्त्रियों के सम्मान के विरुद्ध होगी। इसी प्रकार उप अनुच्छेद (झ) के अनुसार नागरिकों का यह दायित्व निर्धारित किया गया है कि वे सार्वजनिक सम्पत्ति को सुरक्षित रखेंगे तथा हिंसा से सदा दूर रहेंगे।

संविधान में निर्धारित इन कर्त्तव्यों का एक अन्य महत्त्वपूर्ण निहितार्थ यह है कि नागरिक शासन, प्रशासन एवं पुलिस के आँख, नाक, कान के रूप में काम करें ओर राज्य की अस्मिता

और शान्ति व्यवस्था पर खतरा पैदा करने वाली कड़ी चुनौतियों का सामना करने की आत्म प्रेरणा से परिपूर्ण रहें। अनुच्छेद 51 (क) में वर्णित सभीर दायित्व जैसे तो पुलिस कार्यों के निष्पादन में नागरिक सहयोग एवं पहल की चेतना से नागरिकों को प्रेरित रहने की अपेक्षा रखते थे परन्तु इस अनुच्छेद की उप अनुच्छेद (क) के अन्तर्गत नागरिकों से संविधान का पानल करने, उसके आदर्शों, संस्थाओं, राष्ट्र ध्वज ओर राष्ट्र गान का आदर करने की अपेक्षा रखी गई है तथा उप अनुच्छेद (ग) में नागरिकों के लिए यह दायित्व निर्धारित किया गया है कि वे भारत की सम्प्रभुता, एकता, अखण्डता की रक्षा करेंगे तथा इनकी अक्षुण्णता को बनाए रखेंगे और उप अनुच्छेद (ङ) अनुसार भारत के नागरिकों का यह दायित्व निर्धारित किया गया है कि वे सभी लोगों में समरसता ओर समान भातृत्व की भावना का निर्माण करेंगे जो धर्म भाषा और प्रदेश या वर्ग पर आधारित सभी भेदभावों से परे होगी तथा वे ऐसी सभी प्रथाओं का त्याग करेंगे सभी भेदभावों से परे होगी तथा वे ऐसी सभी प्रथाओं का त्याग करेंगे जो स्त्रियों के सम्मान के विरुद्ध होगी। इसी प्रकार उप अनुच्छेद (झ) के अनुसार नागरिकों का यह दायित्व निर्धारित किया गया है कि वे सार्वजनिक सम्पत्ति को सुरक्षित रखेंगे तथा हिंसा से सदा दूर रहेंगे।

संविधान में वर्णित नागरिक कर्त्तव्यों के स्वरूप एवं प्रकृति के कारण पुलिस एवं जनता पारस्परिक, मेल-मिलाप एवं सूझ-बूझ के आधार पर अपराध एवं अपराधिकता के निवारण एवं राष्ट्र की एकता एवं अखण्डता को बनाए रखने में भागीदारी के भाव के साथ-साथ मिलकर काम करें ऐसा अभिप्राय संविधान में वर्णित इन नागरिक कर्त्तव्यों का है।

संविधान के अलावा अपराधिक विधि यथा भारतीय दण्ड संहिता, दण्ड प्रक्रिया संहिता, साक्ष्य अधिनियम एवं अन्य कानूनों के अन्तर्गत भी नागरिकों को ऐसे अधिकार दिए गए हैं कि वे अन्य कानूनों के अन्तर्गत भी नागरिकों को ऐसे अधिकार दिए गए हैं कि वे अपराधों के निराकरण एवं शांति व्यवस्था की स्थापना में अपनी भागीदारी निभा सकते है। दण्ड प्रक्रिया संहिता की धारा 37, 38, 39, 40, 43, 72 एवं 73 में ऐसी स्थितियों का उल्लेख है जिनमें आम नागरिक से यह अपेक्षा रखी गई हैं कि वह शांति व्यवस्था की स्थापना एवं पुलिस तथा मजिस्ट्रेट को उनके कार्यों के निस्तारण में आवश्यक सहायता प्रदान करें। धारा 37 के अन्तर्गत प्रत्येक नागरिक से यह अपेक्षा रखी गई है कि वह प्राधिकृत पुलिस अधिकारी एवं मजिस्ट्रेट को ऐसे व्यक्ति को पकड़ने में गिरफ्तारी में सहायता करें। जिसे ऐसा अधिकारी गिरफ्तार करने के लिए प्राधिकृत है। शांतिभंग, दंगा, निवारण एवं हिंसा दमन की स्थितियों में पुलिस की इमदाद करें ओर यदि कोई व्यक्ति, रेल, नहर, तारघर या लोक सम्पत्ति को क्षति पहुँचाता है तो उसे गिरफ्तार करने में पुलिस अधिकारी को वारन्ट के निष्पादन में नागरिकों से सहायता की अपेक्षा की गई है। धारा 39 एंव 40 में कुछ अपराधों के बारे में जनता द्वारा पुलिस को इत्तिला दिए जाने का प्रावधान किए गए है। धारा 43 के अन्तर्गत आम नागरिक को कुछ विशेष परिस्थितयों में गिरफ्तारी के अधिकार दिए गए है तथा धारा 72 एवं 73 में नागरिकों द्वारा वारंटों की तामील करवाए जाने के प्रावधान है। भारतीय दण्ड संहिता की धारा 172 से 190 तक उन अपराधों का वर्णन किया गया है जो नागरिकों द्वारा लोकसेवकों को सहयोग नहीं देने की वजह से उत्पन्न हो सकते हैं। इस प्रकार नागरिक दायित्वों का कर्त्तव्यों का निर्वाह नहीं कर सकते हैं तो उन्हें दण्डित भी किया जा

सकता है। एक प्रजातांत्रिक समाज के जिम्मेदार नागरि अपने दायित्वों एवं कर्त्तव्यों का निर्वाह करें तथा पुलिस एवं न्याय व्यवस्था को अपना सहयोग देकर शांति स्थापना एवं अपराध निराकरण के संदर्भों से अपने को जोड़कर एक अच्छे समाज की रचना में भागीदारी करें, इसकी अपेक्षा की जाती है। ये स्थितियाँ मानवाधिकारों के संदर्भ में भी एक आदर्श वातावरण का निर्माण कर सकती है।

संविधान में वर्णित कर्त्तव्य उपबन्धों की अपेक्षा तो सीधे तौर पर यह है कि प्रत्येक नागरिक अपराधों एवं अपराधिकता से निराकरण, शांति एवं व्यवस्था की स्थापना, आन्तरिक एवं बाह्य सुरक्षा, साम्प्रदायिक सद्भाव जैसे अहम पुलिस कार्यों के निर्वाह में पुलिस प्रशासन की सहायता एवं सहयोग हर स्तर पर करें।

12

संघ और उसका राज्य क्षेत्र

1. संघ का नाम और राज्यक्षेत्र

(1) भारत, अर्थात् इण्डिया, राज्यों का संघ होगा।

(2) राज्य और उनके राज्यक्षेत्र वे होंगे जो पहली अनुसूची में विनिर्दिष्ट हैं।

(3) भारत के राज्यक्षेत्र में—

(क) राज्यों के राज्यक्षेत्र,

(ख) पहली अनुसूची में विनिर्दिष्ट संघ राज्यक्षेत्र, और

(ग) ऐसे अन्य राज्यक्षेत्र जो अर्जित किए जाएँ,

समाविष्ट होंगे।

2. नए राज्यों का प्रवेश या स्थापना—संसद, विधि द्वारा, ऐसे निबन्धनों और शर्तों पर, जो वह ठीक समझे, संघ में नए राज्यों का प्रवेश या उनकी स्थापना कर सकेगी।

2क. सिक्किम का संघ के साथ सहयुक्त किया जाना—संविधान (छत्तीसवां संशोधन) अधिनियम, 1975 की धारा 5 द्वारा (26-4-1975 से) निरसित।

3. नए राज्यों का निर्माण और वर्तमान राज्यों के क्षेत्रों, सीमाओं या नामों में परिवर्तन—संसद, विधि द्वारा—

(क) किसी राज्य में से उसका राज्यक्षेत्र अलग करके अथवा दो या अधिक राज्यों को या राज्यों के भागों को मिलाकर अथवा किसी राज्यक्षेत्र को किसी राज्य के भाग के साथ मिलाकर नए राज्य का निर्माण कर सकेगी :

(ख) किसी राज्य का क्षेत्र बढ़ा सकेगी,

(ग) किसी राज्य का क्षेत्र घटा सकेगी,

(घ) किसी राज्य की सीमाओं में परिवत्तन कर सकेगी।

(ङ) किसी राज्य के नाम में परिवर्तन कर सकेगी,

परन्तु इस प्रयोजन के लिए कोई विधेयक राष्ट्रपति की सिफारिश के बिना और जहाँ विधेयक में अन्तर्विष्ट प्रस्थापना का प्रभाव राज्यों में से किसी के क्षेत्र, सीमाओं या नाम पर पड़ता है वहाँ जब तक उस राज्य के विधान-मण्डल द्वारा उस पर अपने विचार, ऐसी अवधि के भीतर जो निर्देश में विनिर्दिष्ट की जाए या ऐसी अतिरिक त अवधि के भीतर जो राष्ट्रपति द्वारा अनुज्ञात की जाए, प्रकट किए जाने के लिए वह विधेयक राष्ट्रपति द्वारा उसे निर्देशित नहीं कर दिया गया है और इस प्रकार विनिर्दिष्ट या अनुज्ञात अवधि समाप्त नहीं हो गई है, संसद् के किसी सदन में पुर:स्थापित नहीं किया जाएगा।

स्पष्टीकरण 1—इस अनुच्छेद के खण्ड (क) से खण्ड (ङ) में "राज्य" के अन्तर्गत संघ राज्यक्षेत्र है, किन्तु परन्तुक में "राज्य" के अन्तर्गत संघ राज्यक्षेत्र नहीं है।

स्पष्टीकरण 2—खण्ड (क) द्वारा संसद् को प्रदत्त शक्ति के अन्तर्गत किसी राज्य या संघ राज्यक्षेत्र के किसी भाग को किसी अन्य राज्य या संघ राज्यक्षेत्र के साथ मिलाकर नए राज्य या संघ राज्यक्षेत्र का निर्माण करना है।

4. पहली अनुसूची और चौथी अनुसूची के संशोधन तथा अनुपूरक, आनुषंगिक और पारिणामिक विषयों का उपबन्ध करने के लिए अनुच्छेद 2 और अनुच्छेद 3 के अधीन बनाई गई विधियाँ—(1) अनुच्छेद 2 या अनुच्छेद 3 में निर्दिष्ट किसी विधि में पहली अनुसूची और चौथी अनुसूची के संशोधन के लिए आवश्यक हों तथा ऐसे अनुपूरक, आनुषंगिक और पारिणामिक उपबन्ध भी (जिनके अन्तर्गत ऐसी विधि से प्रभावित राज्य या राज्यों के संसद् में ौर विधान-मण्डल या विधान-मण्डलों में प्रतिनिधित्व के बारे में उपबन्ध हैं) अन्तर्विष्ट हो सकेंगे जिन्हें संसद् आवश्यक समझे।

(2) पूर्वोक्त प्रकार की कोई विधि अनुच्छेद 368 के प्रयोजनों के लिए इस संविधान का संशोधन नहीं समझी जाएगी।

नागरिकता

5. संविधान के प्रारम्भ पर नागरिकता—इस संविधान के प्रारमी पर प्रत्येक व्यक्ति जिसका भारत के राज्यक्षेत्र में अधिवास है और—

(क) जो भारत के राज्यक्षेत्र में जन्मा था, या

(ख) जिसके माता या पिता में से कोई भारत के राज्यक्षेत्र में जन्मा था, या

(ग) जो ऐसे प्रारम्भ से ठीक पहले कम से कम पाँच वर्ष तक भारत के राज्यक्षेत्र में मामूली तौर से निवासी रहा है, भारत का नगारिक होगा।

टिप्पणी

भारतीय नागरिक—किसी भारतीय का 1 मार्च, 1947 से 26 जनवरी, 1950 की कालावधि में नौकरी करने के लिए पाकिस्तान में परिव्रजन का आशय नौकरी करके पाकिस्तान में स्थायी रूप से बसना है। अनुच्छेद 5 के अधीन नागरिकता की शर्तें पूरी करते हुए भी ऐसा व्यक्ति अनुच्छेद 7 के अर्थों के अन्तर्गत भारतीय नागरिक नहीं माना जायेगा। वह विदेशी अधिनियम 1946 की धारा 2 के अनुसार विदेशी है। [असम राज्य बनाम जिल कादर अली ए. आई. आर. 1972 एस. सी. 2166 : 1972 क्रि. ला. ज. 1441]

6. पाकिस्तान से भारत को प्रव्रजन करने वाले कुछ व्यक्तियों के नागरिकता के अधिकार—अनुच्छेद 5 में किसी बात के होते हुए भी, कोई व्यक्ति जिसने ऐसे राज्यक्षेत्र से जो इस समय पाकिस्तान के अन्तर्गत है, भारत के राज्यक्षेत्र को प्रव्रजन किया है, इस संविधान के प्रारम्भ पर भारत का नागरिक समझा जाएगा—

(क) यदि वह अथवा उसके माता या पिता में से कोई अथवा उसके पितामह या पितामही या मातामह या मातामही में से कोई (मूल रूप में यथा अधिनियमित) भारत शासन अधिनियम, 1935 में परिभाषित भारत में जन्मा था; और

(ख) (i) जबकि वह व्यक्ति ऐसा है जिसने 19 जुलाई, 1948 से पहले इस प्रकार प्रव्रजन किय है तब यदि वह अपने प्रव्रजन की तारीख से भारत के राज्यक्षेत्र में मामूली तौर से निवासी रहा है; या

(ii) जबकि वह व्यक्ति ऐसा है जिसने 19 जुलाई, 1948 को या उसके पश्चात् इस प्रकार प्रव्रजन किया है तब यदि वह नागरिकता प्राप्ति के लिए भारत डोमिनियन की सरकार द्वारा विहित प्ररूप में और उसके द्वारा इस संविधान के प्रारमी से पहले ऐसे अधिकारी को, जिसे उस सरकार ने इस प्रयोजन के लिए नियुक्त किया है, आवेदन किए जाने पर उस अधिकारी द्वारा भारत का नागरिक रजिस्ट्रीकृत कर लिया गया है : परन्तु यदि कोई व्यक्ति अपने आवेदन की तारीख से ठीक पहले कम से कम छह मास भारत के राज्यक्षेत्र का निवासी नहीं रहा है तो वह इस प्रकार रजिस्ट्रीकृत नहीं किया जाएगा।

7. पाकिस्तान को प्रव्रजन करने वाले कुछ व्यक्तियों के नागरिकता के अधिकार—अनुच्छेद 5 और अनुच्छेद 6 में किसी बात के होते हुए भी, कोई व्यक्ति जिसने 1 मार्च, 1947 के पश्चात् भारत के राज्यक्षेत्र से ऐसे राज्यक्षेत्र को, जो इस समय पाकिस्तान के अन्तर्गत है, प्रव्रजन किया है, भारत का नागरिक नहीं समझा जाएगा :

परन्तु इस अनुच्छेद की कोई बात ऐसे व्यक्ति को लागू नहीं होंगी जो ऐसे राज्यक्षेत्र को, जो इस समय पाकिस्तान के अन्तर्गत है, प्रव्रजन करने के पश्चात् भारत के राज्यक्षेत्र को ऐसी अनुज्ञा के अधीन लौट आया है जो पुनर्वास के लिए या स्थायी रूप से लौटने के लिए किसी विधि के प्राधिकार द्वारा या उसके अधीन दी गई है और प्रत्येक ऐसे व्यक्ति के बारे में अनुच्छेद 6 के खण्ड (ख) के प्रयोजनों के लिए यह समझा जाएगा कि उसने भारत के राज्यक्षेत्र को 19 जुलााई, 1948 के पश्चात् प्रव्रजन किया है।

8. भारत के बाहर रहने वाले भारतीय उद्भव के कुछ व्यक्तियों के नागरिकता के अधिकार—अनुच्छेद 5 में किसी बात के होते हुए भी, कोई व्यक्ति जो या जिसके माता या पिता में से कोई अथवा पितामह या पितामही या मातामह या मातामही में से कोई (मूल रूप में यथा अधिनियमित) भारत शासन अधिनियम, 1935 में परिभाषित भारत में जन्मा था और जो इस प्रकार परिभाषित भारत के बाहर किसी देश में मामूली तौर से निवास कर रहा है, भारत का नागरिक समझा जाएगा, यदि वह नागरिकता प्राप्ति के लिए भारत डोमिनियन की सरकार द्वारा या भारत सरकार द्वारा विहित प्ररूप में और रीति से अपने द्वारा उस देश में, जहाँ वह तत्समय निवास कर रहा है, भारत के राजनयिक या कौंसलीय प्रतिनिधि को इस संविधान के प्रारमी से पहले या उसके पश्चात् आवेदन किए जाने पर ऐसे राजनयिक या कौंसलीय प्रतिनिधि द्वारा भारत का नागरिक रजिस्ट्रीकृत कर लिया गया है।

9. विदेशी राज्य की नागरिकता स्वेच्छा से अर्जित करने वाले व्यक्तियों का नागरिक न होना—यदि किसी व्यक्ति ने किसी विदेशी राज्य की नागरिकता स्वेच्छा से अर्जित कर ली है तो वह अनुच्छेद 5 के आधार पर भारत का नागरिक नहीं होगा अथवा अनुच्छेद 6 या अनुच्छेद 8 क आधार पर भारत का नागरिक नहीं समझा जाएगा।

10. नागरिकता के अधिकारों का बना रहना—प्रत्येक व्यक्ति, जो इस भाग के पूर्वगामी उपबन्धों में से किसी के अधीन भारत का नागरिक है या समझा जाता है, ऐसी विधि के उपबन्धों के अधीन रहते हुए, जो संसद् द्वारा बनाई जाए, भारत का नागरिक बना रहेगा।

टिप्पणी

विस्तार—यदि विक्रीत सम्पत्ति का भौतिक कब्जा ग्रहण नहीं किया जा सकता है तो परिसीमा की गणना उस सम्पत्ति के विक्रय विलेख की रजिस्ट्री की तारीख से की जाती है। यदि शुफा के बाद में क्रेताओं ने विक्रीत भूमि के किसी भाग का कब्जा ग्रहण नहीं किया है तो अनुच्छेद 10 लागू नहीं होगा। [सुखनन्दन सिंह बनाम जमायत सिंह 1971 (1) एस. सी. सी. 707 : 197 (2) उम. नि. प. 284]

11. संसद् द्वारा नागरिकता के अधिकार का विधि द्वारा विनियमन किया जाना—इस भाग के पूर्वगामी उपबन्धों की कोई बात नागरिकता के अर्जन और समाप्ति के तथा नागरिकता से सम्बन्धित अन्य सभी विषयों के सम्बन्ध में उपबन्ध करने की संसद् की शक्ति का अल्पीकरण नहीं करेगी।

12. परिभाषा—इस भाग में, जब तक कि सन्दर्भ से अन्यथा अपेक्षित न हो, ''राज्य'' के अन्तर्गत भारत की सरकार और संसद् तथा राज्यों में से प्रत्येक राज्य की सरकार और विधान-मण्डल तथा भारत के राज्यक्षेत्र के भीतर या भारत सरकार के नियन्त्रण के अधीन सभी स्थानीय और अन्य प्राधिकारी हैं।

टिप्पणी

शब्द 'राज्य' में ऐसा प्रत्येक स्वायत्तशासी निकाय सम्मिलित नहीं है जिसका सरकार के साथ कुछ सम्बन्ध है। एक कल्याणकारी राज्य में स्वतंत्र संस्थाएँ, निगम तथा अभिकरण सामान्य रूप से राज्य के नियंत्रण में कुछ रूप में हो सकते हैं किन्तु इससे ऐसे निकाय 'राज्य' के रूप में नहीं हो जाते हैं। [सुनील कुमार व अन्य बनाम दि इण्डियन इंस्टीट्यूट ऑफ बैंकर्स व अन्य, 2002 (46) ए. एल. आर. (सम.) 4]

13. मूल अधिकारों से असंगत या उनका अल्पीकरण करने वाली विधियाँ—(1) इस संविधान के प्रारम्भ से ठीक पहले भारत के राज्यक्षेत्र में प्रवृत्त सभी विधियाँ उस मात्रा तक शून्य होंगी जिस तक वे इस भाग के उपबन्धों से असंगत हैं।

(2) राज्य ऐसी कोई विधि नहीं बनाएगा जो इस भाग द्वारा प्रदत्त अधिकारों को छीनती है या न्यून करती है और इस खण्ड के उल्लंघन में बनाई गई प्रत्येक विधि उल्लंघन की मात्रा तक शून्य होंगी।

(3) इस अनुच्छेद में, जब तक कि सन्दर्भ से अन्यथा अपेक्षित न हो,—

(क) ''विधि'' के अन्तर्गत भारत के राज्यक्षेत्र में विधि का बल रखने वाला कोई अध्यादेश, आदेश, उपविधि, नियम, विनियम, अधिसूचना, रूढ़ि या प्रथा है;

(ख) ''प्रवृत्त विधि'' के अन्तर्गत भारत के राज्यक्षेत्र में किसी विण्धान-मण्डल या अन्य सक्षम प्राधिकारी द्वारा इस संविधान के प्रारमी से पहले पारित या बनाई गई विधि है जो पहले ही निरसित नहीं कर दी गई है, चाहे ऐसी कोई विधि या उसका कोई भाग उस समय पूर्णतया या विशिष्ट क्षेत्रों में प्रवर्तन में नहीं है।

(4) इस अनुच्छेद की कोई बात अनुच्छेद 368 के अधीन किए गए इस संविधान के किसी संशोधन को लागू नहीं होंगी।

टिप्पणी

न्यायिक निषेधाधिकार—न्यायिक निषेधाधिकार का प्रयोग केवल उन्हीं मामलों में किया जाना चाहिए जिनमें युक्तियुक्त सन्देह की कोई गुंजाइश न हो। [फेडरेशन ऑफ होटल एण्ड रेस्टोरेंट एसोसिएशन बनाम भारत संघ, ए. आई. आर. 1990 एस. सी. 1637 : 1990 (3) उम. नि. प. 79]

विधिमान्य नियम—प्रशासनिक आदेश देकर किसी असंवैधानिक नियम के अनौचित्य को समाप्त नहीं किया जा सकता। किसी विधिमान्य नियम की अनुपूर्ति कार्यपालक अनुदेशों द्वारा की जा सकती है। [ज्येष्ठ अधीक्षक डाकघर इलाहाबाद बनाम इजहार हुसैन, ए. आई. आर. 1989 एस. सी. 2262 : 1990 (3) उम. नि. प. 771]

भारतीय रियासत का फरमान—तत्कालीन भारतीय रियासत के फरमान को विधि की हैसियत प्राप्त है और उस फरमान के उल्लंघन में सम्बद्ध सम्पत्ति पर प्रतिकूल कब्जे के आधार पर अनुज्ञप्तिधारी कोई हक अर्जित नहीं कर सकता। [पंजाब राज्य बनाम ब्रिगेडियर सुरजीत सिंह 1994 (1) उम. नि. प. 897 1993 (3) एस. सी. सी. 459]

अधिनियमित करना—राज्य की ओर से ऐसे विनियम अधिनियमित करने में अकर्मण्यता जिनके अधीन व्यापार या कारोबार के मूल अधिकार का प्रयोग किया जा सकता है, इस अधिकार से इन्कार करने की कोटि में आती है। युक्तियुक्त समय के भीतर विनियमित करने में राज्य के असफल रहने पर न्यायालय नागरिकों के अधिकारों की सुरक्षा करने के लिए कदम उठा सकता है। [सौदान सिंह बनाम नई दिल्ली नगरपालिका 1990 (3) उम. नि. प. 805]

कानून और समता के सिद्धान्त का निर्वचन—उच्चतम न्यायालय के दृष्टिकोण के अनुसार यह सुस्थापित नियम के रूप में माना जा सकता है कि समता को विधि का समर्थन करना चाहिए और यह उसके प्रावधानों का अतिक्रमण नहीं कर सकता है। [भोपाल सिंह व अन्य बनाम चैतर सिंह व अन्य, ए. आई. आर. 2000 पंजाब व हरियाणा 34]

समता का अधिकार

14. विधि के समक्ष समता—राज्य, भारत के राज्यक्षेत्र में किसी व्यक्ति को विधि के समक्ष समता से या विधियों के समान संरक्षण से वंचित नहीं करेगा।

टिप्पणी

विसतार एवं प्रयोज्यता—(1) वर्तमान मामले में वीडियो खेल दिखाने की वेधता को चुनौती दी गयी। जहाँ अनुज्ञप्तिधारी को स्कूल या कालेज के अन्दर प्रवेश करने से उस समय रोका जाता है ज. पठन-पाठन कार्य चल रहा हो, वहाँ ऐसा प्रतिबन्ध, छात्रों की शिक्षा के लोकहित में माना जाता है और यह न तो अनुचित है और न ही अनुच्छेद 21 का उल्लंघन करता है। [एम. जे. तिवानी एवम् अन्य बनाम कर्नाटक एवं अन्य 1995 सु. को. 1770]

(2) आर्थिक रीति को ध्यान में रखते हुए विभिन्न विक्रय कर की दरें न्यायोचित होनी चाहिए। विक्रय कर की वे दरें जो प्रतिवेद प्रतिषेध की नीति के अन्तर्गत आती हों समुचित नहीं हैं। [आयुर्वेद फार्मेसी बनाम तमिलनाडु राज्य 1990 (1) उम. नि. प. 428)]

(3) यद्यपि कर की दरों के नियत किए जाने के सम्बन्ध में न्यायिक पुनरीक्षण नहीं किया जा सकता फिर भी यदि एक ही प्रवर्ग की वस्तुओं पर विभेदपूर्ण कर की दरें लगायी गयी हों तो न्यायालय उसके लिए किसी तार्किक आधार और न्यायोचित्य के अभाव में हस्तक्षेप कर सकता है। [आयुर्वेद फार्मेसी बनाम तमिलनाडु राज्य 1990 (1) उम. नि. प. 428]

(4) बाम्बे बिल्डिंग रिपेयर्स एण्ड रिकन्स्ट्रक्शन बोर्ड एक्ट, 1969 द्वारा भवनों का युक्तियुक्त आधार पर वर्गीकरण और तदनुसार उपकर का उद्ग्रहण उक्त अनुच्छेद की दृष्टि से असंवैधानिक नहीं है। [विवियन जोसेफ फेटीरा बनाम नगरपालिका निगम वृहत्तर बम्बई ए. आई. आर. 1972 एस. सी. 845 : 1972 (1) उम. नि. प. 66]

(5) बाढ़ नियन्त्रण के लिए एक ड्रेनेज योजना बनायी गयी। इस योजना के अधीन सम्पृक्त क्षेत्र को चार खण्डों में विभाजित किया गया। इस योजना के कार्यान्वयन के लिए धन जुटाने हेतु प्रत्येक खण्ड पर भिन्न-भिन्न दर पर किन्तु एक ही खण्ड के भूस्वामियों पर समान दर पर उपकर उद्गृ1हीत किया गया। योजना से एक ही खण्ड के करदाताओं को असमान मात्रा में लाभ। वर्गीकरण विभेदकारी नहीं है क्योंकि उपकर की मात्रा सम्पृक्त खण्ड पर योजना के कार्यान्वयन पर होने वाले व्यय पर आधृत है। [दन्तुलूरी राम राजू बनाम आन्ध्र प्रदेश राज्य 1972 (2) उम. नि. प. 1]

(6) पंजाब राज्य एक भाषा-भाषी राज्य है। अत: पंजाबी भाषा के अध्ययन के लिए और गुरुनानक के जीवन और उपदेशों के अध्ययन के लिए उपबन्ध करना और इसके साथ ही हिन्दी भाषा या हिन्दू महापुरुषों के जीवन आदि के अध्ययन के लिए उपबन्ध न करना अनुच्छेद 14 के अधीन हिन्दुओं के विरुद्ध विभेद नहीं है। [डी. ए. वी. कॉलेज जालन्धर बनाम पंजाब राज्य ए. आई. आर. 1971 एस. सी. 1773 : 1971 (3) उम. नि. प. 356]

(7) केरल एजूकेशन एक्ट 1958 के अधीन विरचित केरल एजूकेशन रूल्स में परिवर्तन करके अध्यापकों को अधिवर्षिता आयु 55 वर्ष से बढ़ाकर 58 वर्ष करना फिर 58 वर्ष से 55 वर्ष कर देना संविधा। के अनुच्छेद 14 का उल्लंघन नहीं है। [सी. शंकर नारायणन बनाम केरल राज्य ए. आई. आर. 1971 एस. सी. 1997 : 1971 (3) उम. नि. प. 328]

(8) कराधान कानून के उद्देश्यों के अनुसार वर्गीकृत विभिन्न वर्गों पर कर का भिन्न-भिन्न मात्रा में आरोपण अनुच्छेद 14 का अतिलंघन नहीं है। [हिज हाइनैस प्रिन्स आजम झा बहादुर बनाम व्यय कर अधिकारी 1972 (1) उम. नि. प. 18]

(9) भिन्न-भिन्न राज्यों में भिन्न दरों पर विक्रय कर का उद्ग्रहण अनु. 14 के अनुसार विभेदकारी नहीं है क्योंकि प्रत्येक राय में कराधेय माल के उत्पादन, वितरण आदि

सम्बन्धी परिस्थितियों में अन्तर होता है। [सालार जंग शुगर मिल्स लिमिटेड बनाम मैसूर राज्य 1972 (1) उम. नि. प. 62]

(10) रेल प्रशासन द्वारा रेलवे के बुक स्टालों पर 'इण्डियन आब्जर्वर' नामक साप्ताहिक समाचार-पत्र के विक्रय पर अश्लीलता के आधार पर रोक लगायी गयी; किन्तु इसी प्रकृति के अन्य समाचार-पत्रों का विक्रय अबाध रखना जारी रहा। रेल प्रशासन द्वारा लगायी गयी रोक विभेदकारी है और उससे अनुच्छेद 14 का उल्लंघन होता है। [रेलवे बोर्ड भारत सरकार बनाम मेसर्स आब्जर्वर 1972 (2) उम. नि. प. 810]

(11) मैसूर राय के मेडिकल कॉलेज में पूर्व वृत्तिक पाठ्यक्रम (प्री. प्रोफेशनल कोर्स) में दाखिले के लिए नियम 3 के अनुसार मैसूर राज्य में दस वर्ष निवास करने की श्यार्त विहित है। यदि युक्तियुक्त आधार पर उचित रूप से वर्गीकरण किया गया हो तो न्यायालय प्रवरण के लिए वर्गीकरण करने की रीति और पद्धति में हस्तक्षेप नहीं कर सकते इसलिए इस नियम से अनुच्छेद 14 का अतिक्रमण नहीं होता है। अधिवास से निवास करने का या रहने का आशय प्रकट होता है और यदि राज्य सरकार अधिवास सम्बन्धी शर्त लगाती है तो वह असंवैधानिक नहीं है। [कुमारी एन. वसुन्धरा बनाम मैसूर राज्य 1971 (3) उम. नि. प.]

(12) मेडिकल कॉलेजों में प्रवेश देने के लिए एक प्रतियोगी परीक्षा विहित की गयी। परीक्षा के लिए पात्र होने के लिए विहित शैक्षिक योग्यताओं में से किसी एक में उत्तीर्ण होना अनिवार्य था। इन शैक्षिक योग्यताओं में से किसी विशिष्ट योग्यता के लिए स्थानों का आरक्षण अविधिमान्य है क्योंकि आरक्षण द्वारा किया गया वर्गीकरण अनुच्छेद 14 की दृष्टि से विभेदकारी है। [आन्ध्र प्रदेश राज्य बनाम यू. एस. वी. बलराम 1972 (2) उम. नि. प. 33]

(13) रेलवे के लिए ढली हुई इस्पात की बोगियों का विनिर्माण और प्रदाय करने के लिए तीन बड़े विनिर्माताओं द्वारा एक समान कीमत उत्कथित किया गया भले ही इन तीनों बड़े विनिर्माताओं द्वारा एक संघ बना लिए जाने को साबित करने के लिए पर्याप्त सामग्री न हो फिर भी मन्त्री सहित रेल विभाग द्वारा इस बाबत सन्देह किया जाना स्वयमेव विद्वेषपूर्ण था, बाह्य विचारणाओं से दुष्प्रेरित नही माना जायेगा। उच्च न्यायालय द्वारा सभी बड़े एवं छोटे विनिर्माताओं द्वारा एक समान कम कीमत पर प्रदाय करने का निर्देश दिया जाना गलत है। निविदा समिति द्वारा कम कीमत के समर्थन में प्रस्तुत आंकड़ों पर सभी विनिर्माताओं को उपलब्ध लाभ के प्रतिशत और अन्य सभी सुसंगत पहलुओं पर विचार करते हुए छोटे विनिर्माताओं के लिए युक्तियुक्त कीमत नियत की गयी फिर भी दृढ़ आधार के अभाव में मन्त्री द्वारा तीनों बड़े विनिर्माताओं द्वारा एक संघ बना लिए जाने के सुझाव को स्वीकार करते हुए उनके लिए बोगियों के कोटे में कमी करना न्यायोचित नहीं होगा। अन्तिम प्राधिकारी होने के नाते रेल मन्त्री भविष्य में वस्तुपरक आधार पर कोटे क आवंटन के सम्बन्ध में निर्णय ले सकता है फिर भी सरकार से छोटे विनिर्माताओं के लिए कोटे के आवंटन में निष्पक्ष न्यायसंगत और ऋजु रहने की प्रत्याशा की जाती है। यदि कोटे के आवंटन के मामले में विकल्प का पहले ही प्रयोग नहीं किया जा चुका है तो रेल विभाग 30 प्रतिशत विकल्प का प्रयोग करने के लिए हकदार है। [भारत संघ बनाम

हिन्दुस्तान डेवलपमेंट कारपोरेशन, 1994 (1) उम. नि. प. 48 : 1993 (3) एस. सी. सी. सप्ली. 499]

(14) रेलवे के लिए ढली हुई इस्पात की बोगियों का विनिर्माण और प्रदाय करने के लिए सरकारी संविदा की गयी। तीन बड़े विनिर्माताओं द्वारा एक समान निविदा कीमत उत्कथित किया गया तथा इन्हीं तीनों बड़े विनिर्माताओं द्वारा निविदा पश्चात् प्रस्थापना में भी एक समान कम कीमत उत्कथित किया गया। रेल विभाग द्वारा इन तीनों बड़े विनिर्माताओं के सम्बन्ध में यह सन्देह किया गया कि उन्होंने बोगियों की अधिक मात्रा प्राप्त करने तथा एकाधिकार का सृजन करने के लिए एक संघ बना रखा है। अत: बड़े विनिर्माताओं का एकाधिकार तोड़ने तथा खुली प्रतियोगिता करने में समर्थ बनाने के लिए छोटे विनिर्माताओं को प्रोत्साहन देने के लिए रेल विभाग द्वारा दोहरी कीमत वाली नीति अपनायी गयी। रेल विभाग द्वारा तीनों बड़े विनिर्माताओं को उनके द्वारा निविदा के पश्चात् उत्कथित कम दर से तथा छोअे विनिर्माताओं को अधिक ऊँची दर से प्रतिस्थापना किए जाने से अनु 14 का अतिक्रमण नहीं होता। रेल विभाग द्वारा बड़े और छोटे विनिर्माताओं के लिए भिन्न-भिन्न दरें नियत किया जाना मनमाना या अतिक्रमणकारी नहीं है बल्कि वह पूर्णत: न्यायोचित एवं विधिपूर्ण है। [भारत संघ बनाम हिन्दुस्तान डेवलपमेंट कारपोरेशन 1994 (1) उम. नि. प. 48 1993 (3) एस. सी. सी. (सप्ली) 499]

(15) जब एक बार अस्थायी सहायक अधिकारियों और इंजीनियरों (कनि) की भारतीय रेल सेवा के वर्गीकरण की उच्चतम न्यायालय द्वारा पुष्टि कर दी गयी तब उसे पुन: नहीं उठाया जा सकता था। इस बात का कोई महत्त्व नहीं है कि पूर्वतर विवाद प्रतिनिधायी हैसियत वाले अधिकारियों और ऐसे इंजीनियरों के बीच था जिनका इस प्रकार प्रतिनिधित्व नहीं किया गया था और पश्चात् कथित मामले में दोनों पक्षकार प्रतिनिधायी हैसियत में थे। [भारतीय रेल के सीधे अधिकारियों का परिसंघ बनाम भारत संघ 1994 (1) उम. नि. प. 931]

(16) विधान मण्डलों को कराधान के प्रयोजनार्थ वित्तीय नीति बनाने के सम्बन्ध में व्यक्तियों विषय वस्तुओं घटनाओं आदि का चुनाव करने हेतु विस्तृत विवेकाधिकार प्राप्त है। जब तक शत्रुतापूर्ण विभेद दर्शित नहीं किया जाता तब तक न्यायालय विधान मण्डल द्वारा किए गए वर्गीकरण में हस्तक्षेप नहीं करता। [फेडरेशन आफ होटल एण्ड रेस्टोरेशन एसोसियेशन बनाम भारत संघ 1990 (3) उम. नि. प. 79]

(17) विधि अधिकारियों की नियुक्ति अतिरिक्त प्रास्थिति में उन अधिशेष कार्यों को करने के लिए की गयी है जो सरकारी अधिवक्ता और मुख्य स्थायी काउन्सेल द्वारा नहीं किए जा सकते। चूँकि यह कोई विशिष्ट कार्य करने के लिए नियुक्त तदर्थ स्थायी काउन्सेल जैसे हैं। इसलिए सरकार का इस पद्धति को समाप्त करने और प्रत्येक बार उस स्थान पर विशेष मामले के लिए विशेष काउन्सेल नियुक्त करने का विनिश्चय विधिमान्य है। नैसर्गिक न्याय के सिद्धानतों के अतिक्रमण के आधार पर इसे प्रश्नगत नहीं किया जा सकता। उन्हें विधिमान्य कारणों के अभाव में नियुक्ति के निबन्धनों के अधीन पद धारण करने का अधिकार नहीं है। [उत्तर प्रदेश राज्य बनाम यू. पी. स्टेट ला ऑफिसर्स एसोसियेशन हाईकोर्ट 1994 (4) उम. नि. प. 416]

(18) राज्य सरकार द्वारा इस अनुबन्ध पर संविदा के आधार पर उच्च न्यायालय के लिए विधि अधिकारियों की व्यावसायिक नियुक्ति कि उन्हें कारण बताये बिना किसी भी समय हटाया जा सकता है। राज्य सरकार में नियुक्ति के विषय में मनमाना विवेकाधिकार निहित है। राज्य सरकार इस प्रकार नियुक्ति किए गए कतिपय विधि अधिकारियों से हटाये जाने के आदेश को नैसर्गिक न्याय के सिद्धान्तों के अतिक्रमण के आधार पर प्रश्नगत नहीं किया जा सकता। सरकार या लोक निकाय सोसायटी के हित के संरक्षण के लिए योग्यता के आधार पर सर्वोत्तम उपलब्ध वकीलों की नियुक्ति करने क लिए बाह्य है। [उत्तर प्रदेश राज्य बनाम यू. पी. स्टेट ला ऑफिसर्स एसोसियेशन हाईकोर्ट 1994 (4) उम. नि. प. 416]

(19) भारतीय चिकित्सा परिषद् अधिनियम 1956 के अधीन परिषद् द्वारा अपने कानूनी कर्त्तव्य के निर्वहन में जारी किए गए मार्गदर्शक सिद्धानत के अनुसार केवल मान्यता प्राप्त चिकित्सा महाविद्यालय के छात्रों का ही दूसरे मान्यता प्राप्त चिकित्सा महाविद्यालय में प्रव्रजन अनुज्ञात करना सर्वथा संवैधानिक है। [शरीष गोविन्द प्रभु देसाई बनाम महाराष्ट्र राज्य 1954 (3) उर्म नि. प. 257]

(20) प्रत्यायोजित प्राधिकारी विधायी शक्ति का प्रयोग करते हुए साम्यापूर्ण नियम बना सकता है और वह अधिनियम की नीति को कार्यान्वित करने के लिए आवश्यक वर्गीकरण कर सकता है। [रावजी भाई जीवभाई पटेल बनाम गुजरात राज्य 1990 (4) उम. नि. प. 237]

सरकारी संविदा तथा न्यायिक पुनर्विलोकन—न्यायिक पुनर्विलोकन की शक्तियों का प्रयोग करते समय, सरकार की ओर से संविदा में सम्मिलित होने वाले पक्षकार के सन्दर्भ में, सम्बन्धित न्यायालय को प्राथमिक तौर पर संविदा की शर्तों के विवरण का परीक्षण करने तथा अपीलीय अधिकारी के रूप में कार्य करने का अधिकार नहीं प्रदान किया गया है। ऐसी दशा में, सम्बन्धित न्यायालय को यह देखना होता है कि क्या निर्णय करने वाली प्रक्रिया में कोई दुर्बलता पायी जाती है या नहीं? जबकि न्यायालय के पास ऐसी जाँच के विस्तार पर अन्तर्निहित परिसीमाएँ होती हैं। [स्टर्लिंग कम्प्यूटर लिमिटेड बनाम मे. ; एम एवम् एन अन्य पब्लिकेशन लिमिटेड व अन्य और यूनाइटेड दाताबेस प्राइवेट लिमिटेड बनाम मे. एम व अन्य पब्लिकेशन लिमिटेड व अन्य और यूनाइटेड पीरिआडिकिल प्राइवेट लिमिटेड बनाम मे. एम व एन पब्लिकेशन व अन्य; ए. आई. आर 1996 (सु. को.) 51]

निकायों की कार्यवाही में स्वेच्छाचारिता—दिल्ली निगम के नियन्त्रण के अधीन कतिपय अस्पताल में, विशेषज्ञ, डाक्टर ने उस अतिरिक्त कार्यभार से मुक्ति प्राप्त किया जो मेडिकल अधीक्षक के पद पर होने पर उसको सौंपा गया था। जहाँ यह दावा करते हुए स्वेच्छाचारिता के आधार पर उसके कार्य को यह चुनौती दी गयी कि प्रश्नगत अस्पताल के मेडिकल अधीक्षक को राजयक्ष्मा रोग तथा सीने के रोगों का एक विशेषज्ञ होना पड़ता है। वहाँ मेडिकल अधीक्षक का पद पदोन्नति वाला पद नहीं होता है। इसके अलावा, उपरोक्त दावा के समर्थन में किसी भी नियम या प्रशासनिक निर्णय को प्रदर्शित नहीं किया गया, जिसके परिणामस्वरूप, प्रश्नगत अभिवचन को पोषणीय नहीं माना जा सकता है और नियम या पालिसी

निर्णय के अभाव में, अस्पतालों के मेडिकल अधीक्षक की नियुक्ति में, निगम का एक परमाधिकार बना रहता है। [डॉ. जे. एन. बाल बालिकार बनाम म्युनिसिपल कारपोरेशन आफ दिल्ली व अन्य ; ए. आई. आर. 1996 (सु. को.) 326]

समान कार्य के लिए समान वेतन—समान कार्य के लिए समान वेतन का सिद्धान्त तब तक आकर्षित नहीं होता जब तक कि उसके लिए अधिकार सिद्ध नहीं हो जाता। प्रतयर्थी जूनियर सहायक के संचित वेतन पर नियुक्त हुआ तथा नियमित भर्ती की प्रक्रिया सहन नहीं किया। समान कार्य के लिए समान वेतन के सिद्धानत की प्रयोज्यता सिद्ध करने के लिए कोई सामग्री नहीं थी। इसलिए उच्च न्यायालय द्वारा अपीलकर्ता विश्वविद्यालय को यह निर्देश देना औचित्यपूर्ण नहीं है कि प्रतयर्थी को सितबर 1997 से नियमित वेतनमान दे। उच्च न्यायालय द्वारा दिये गये निर्देश को निरस्त किया गया। [कृषि तथा तकनीकी विश्वविद्यालय उड़ीसा बनाम मनोज के. मोहन्ती, 2003 (2) एस. सी. सी. डी. 640 (एस. सी.)]

अनुच्छेद 14 और 16

(1) स्नातकोत्तर छात्रों को एक वर्ग मानकर उन्हें अधिमान प्रदान करना संविधान के अनुच्छेद 14 और 16 का अतिक्रमणकारी नहीं है। [आन्ध्र प्रदेश सरकार बनाम वी. दिलीप कुमार 1994 (3) उम. नि. प. 32]

(2) यूनानी चिकित्सीय अधिकारी के पद के लिए 50% शैक्षिक योग्यता तथा 50% साक्षात्कार के अंकों के आधार पर राज्य लोक सेवा आयोग द्वारा चयन के लिए अपनाई गयी प्रक्रिया को मनमानी नहीं कहा जा सकता। अनुच्छेद 14 एवं 16 का उल्लंघन नहीं होता क्योंकि साक्षात्कार और शैक्षिक परीक्षा में प्राप्त अंकों को समान महत्त्व दिया गया है। [अंजर अहमद बनाम बिहार राज्य 1994 (3) उम. नि. प. 263]

(3) अविभक्त काडर में पात्रता क्षेत्र के बाहर के व्यक्तियों को शीघ्र प्रोन्नति प्रदान करने के लिए विधिमान्यतापूर्वक गठित काडर का द्विशासन ज्येष्ठता और प्रोन्नति को देखते हुए विधि की दृष्टि में दोषपूर्ण थी। [जगदीश प्रसाद सिन्हा बनाम भगवत प्रसाद 1990 (3) उम. नि. प. 425]

(4) काडरों को पृथक् करने के कारण प्रोन्नति के अवसरों में कमी होना तथ्यों के आधार पर विभेद का अभिवाक् अस्वीकार किया गया। पूर्व व्यवस्था के अनुसार सरकारी होम्योपैथिक चिकित्सा महाविद्यालय के प्रध्यापक मुख्य चिकित्साधिकारी होम्योपैथी के साथ-साथ उपनिदेशक होम्योपैथी के रूप में नियुक्ति के लिए विचार किये जाने के हकदार थे। प्रध्यापकों को राज्य सरकार के तारीख 15-12-1986 के संकल्प द्वारा उक्त विचार परिधि से अपवर्जित किया गया क्योंकि प्रध्यापकों के लिए एक पृथक् काडर था जो उनके भर्ती नियमों द्वारा शासित होता था। इस काडर में प्रोन्नति के पर्याप्त अवसर होने के कारण प्रध्यापकों को अपवर्जित किया जाना अऋजु नहीं है। [सचिव उड़ीसा सरकार बनाम लक्ष्मीकान्त नन्दा 1994 (2) उम. नि. प. 525 : ए. आई. आर. 1994 एस. सी. 569]

(5) व्यवस्थापनों की वैधता—चूंकि इस मामले में प्रत्यर्थियों ने निविदा प्रक्रिया से मत्स्य-पालन को वापस लेने में यान्त्रिक रूप से कार्य किया और तदोपरान्त मंत्री की अनुज्ञा पर प्रत्यर्थी सं. 4 के साथ उसका व्यवस्थापन किया, इसलिए यान्त्रिक प्रयोग की कमी के कारण मत्स्य-पालन के व्यवस्थापनों को विधिमान्य होना नहीं माना गया। [मे. गरव्यन बुलटव्यन मतचिपाजी बाल सामबाई समिति लिमिटेड बनाम असम राज्य व अन्य, ए. आई. आर. 2000 गौहाटी]

(6) आरक्षण के आधार की वैधता—जब यह पाया गया कि स्नातक पूर्व पाठ्यक्रम के लिए आरक्षण अधिवास, विश्वविद्यालय या किसी शैक्षणिक संस्थान के आधार पर किया गया, तब इसे न्यायोचित एवं उचित होना निर्णीत किया गया। [अहमदाबाद म्युनिसिपल कारपोरेशन व अन्य बनाम निलयभाई आर. ठाकुर व अन्य, ए. आई. आर. 2000 सु. को. 114]

(7) सुने जाने के अवसर प्रदान करने की आवश्यकता—यह अभिनिर्धारित किया गया कि कोआपरेटिव सोसाइटी अधिनियम 1950 की धारा 50 के अधीन सोसाइटी के रजिस्ट्रीकरण को रद्द करने के पूर्व यह सम्बन्धित प्राधिकारियों के लिए अनिवार्य था कि वे इस सुने जाने का एक मौका प्रदान करते, अन्यथा संविधान के अनुच्छेद 14 के प्रावधान का उल्लंघन हो जाता। [असम अपेक्स हैण्डीक्रैफ्ट्स एण्ड मार्केटिंग को-आपरेटिव सोसाइटी लिमिटेड व अन्य बनाम असम राज्य व अन्य, ए. आई. आर. 2000 गौहाटी 35]

(8) चयन की नयी प्रक्रिया के लिए गये निर्णय का न्यायोचित्य—क्या चयन की नयी प्रक्रिया को प्रारमी करने के लिए, लिए गए निर्णय को न्यायोचित ठहराया जा सकता था या नहीं? नहीं क्योंकि, अपीलार्थी का नाम चयन सूची से बिना किसी युक्तियुक्त एवम् विधिमान्य आधार के हटाया गया। [ए. पी. अग्रवाल बनाम गवर्नमेण्ट आफ नेशनल कैपिटल टेरीटोरी ऑफ दिल्ली व अन्य, ए. आई. आर. 2000 सु. को. 205]

(9) नर्सिंग काडर और कम्पाउण्डर्स काडर दोनों काडरों का गठन बिलकुल भिन्न है। उच्च न्यायालय की खण्ड न्यायपीठ द्वारा दोनों काडरों को समकक्ष माना जाना गलत है। नर्सिंग प्रमाण-पत्र एक विशेष योग्यता है और उसे मैट्रीकुलेशन के समकक्ष नहीं माना जा सकता। उक्त नियम सांविधानिक रूप से विधिमान्य है। [राजस्थान राज्य बनाम शांति लाल जैन 1990 (3) उम. नि. प. 428 : 1989 (2) (सप्ली.) एस. सी. सी. 777]

अनुच्छेद 14 और 19

(1) दाण्डिक दायित्व के सम्बन्ध में उपबन्ध करना तात्पर्यित नहीं है, अत: अधिनियम दाण्डिक दायित्व के सम्बन्ध में किसी अधिकार को कम नहीं करता और इसलिए इस आधार पर अनु. 14, 16 (1) (छ) और 21 का अतिक्रमण नहीं करता। [चरण लाल साहू बनाम भारत संघ ए. आई. आर. 1989 एस. सी. 1480 : 1990 (1) उम. नि. प. 844]

(2) ऐसी अधिसूचना जिससे व्यक्तियों को किसी क्षेत्र-विशेष में व्यापार करने के अधिकार का प्रयोग करने से निवारित किया गया हो उक्त अनुच्देदों का अतिक्रमण करती है।

[रामकृष्ण हेगड़े बनाम मार्केट कमेटी सिटी ए. आई. आर. 1971 एस. सी. 1071 : 1971 (1) उम. नि. प. 835]

(3) देशी शराब के कारोबार को एक विशिष्ट वर्ग में रखना और लोकहित तथा अधिनियम के उद्देश्यों को ध्यान में रखते हुए उक त कारबोर पर युक्तियुक्त निर्बन्धन अधिरोपित करना न तो अनुच्छेद 14 का और न ही अनुच्छेद 19 का अतिक्रमण है। [अमरचन्द्र चक्रवर्ती बनाम उत्पाद शुल्क कलेक्टर त्रिपुरा ए. आई. आर. 1972 एस. सी. 1863 : 1972 (3) उम. नि. प. 11]

15. धर्म, मूलवंश, जाति, लिंग या जन्मस्थान के आधार पर विभेद का प्रतिषेध—(1) राज्य, किसी नागरिक के विरुद्ध केवल धर्म, मूलवंश, जाति, लिंग, जन्मस्थान या इनमें से किसी के आधार पर कोई विभेद नहीं करेगा।

(2) कोई नागरिक केवल धर्म, मूलवंश, जाति, लिंग, जन्मस्थान या इनमें से किसी के आधार पर—

(क) दुकानों, सार्वजनिक भोजनालयों, होटलों और सार्वजनिक मनोरंजन के स्थानों में प्रवेश, या

(ख) पूर्णत: या भागत: राज्य-निधि से पोषित या साधारण जनता के प्रयोग के लिए समर्पित कुओं, तालाबों, स्नानघाटों, सड़कों और सार्वजनिक समागम के स्थानों के उपयोग,

के सम्बन्ध में किसी भी निर्योग्यता, दायित्व, निर्बन्धन या शर्त के अधीन नहीं होगा।

(3) इस अनुच्छेद की कोई बात राज्य को स्त्रियों और बालकों के लिए कोई विशेष उपबन्ध करने से निघारित नहीं करेगी।

(4) इस अनुच्छेद की या अनुच्छेद 29 के खण्ड (2) की कोई बात राज्य को सामाजिक और शैक्षिक दृष्टि से पिछड़े हुए नागरिकों के किन्हीं वर्गों की उन्नति के लिए या अनुसूचित जातियों और अनुसूचित जनजातियों के लिए कोई विशेष उपबन्ध करने से निवारित नहीं करेगी।

टिप्पणी

महिलाओं के लिए पद का आरक्षण—यदि महिलाओं के पद के लिए आरक्षण प्रदान करने को अनु. 15 (3) के अधीन अनुज्ञा प्रदान किया जा सकता है, तो ऐसी शक्ति को अनु. 16 द्वारा किसी भी तरीके से निष्प्रभावी नहीं किया जा सकता है। [आ. प्र. सरकार बनाम पी. बी. विजय कुमार व अन्य ए. आई. आर. 1995 सु. को. 1648]

पिछड़े वर्गों के लिए आरक्षण—मैसूर मेडिकल कॉलेजेज (सेलेक्शन फॉर एडमीशन) रूल्स 1970 के नियम 4 और नियम 5 अनुसूचित जातियों, अनुसूचित जनजातियों और सामाजिक

एवं शिक्षात्मक रूप से पिछड़े हुए वर्गों के लिए 48 प्रतिशत स्थानों के आरक्षण से इस अनुच्छेद का उल्लंघन नहीं होता। [डी. एन. चंचला बनाम मैसूर राज्य 1971 (3) उम नि. प. 277]

16. लोक नियोजन के विषय में अवसर की समता—(1) राज्य के अधीन किसी पद पर नियोजन या नियुक्ति से सम्बन्धित विषयों में सभी नागरिकों के लिए अवसर की समता होगी।

(2) राज्य के अधीन किसी नियोजन या पद के सम्बन्ध में केवल धर्म, मूलवंश, जाति, लिंग, उद्भव, जन्मस्थान, निवास या इनमें से किसी के आधार पर न तो कोई नागरिक अपात्र होगा और न उससे विभेद किया जाएगा।

(3) इस अनुच्छेद की कोई बात संसद् को कोई ऐसी विधि बनाने से निवारित नहीं करेगी जो किसी राज्य या संघ राज्यक्षेत्र की सरकार के या उसमें के किसी स्थानीय या अन्य प्राधिकारी के अधीन वाले किसी वर्ग या वर्गों के पद पर नियोजन या नियुक्ति के सम्बन्ध में ऐसे नियोजन या नियुक्ति से पहले उस राज्य या संघ राज्यक्षेत्र के भीतर निवास विषयक कोई अपेक्षा विहित करती है।

(4) इस अनुच्छेद की कोई बात राज्य के पिछड़े हुए नागरिकों के किसी वर्ग के पक्ष में, जिनका प्रतिनिधित्व राज्य की राय में राज्य के अधीन सेवाओं में पर्याप्त नहीं है, नियुक्तियों या पदों के आरक्षण के लिए उपबन्ध करने से निवारित नहीं करेगी।

[1][(4-क) इस अनुच्छेद में अनुसूचित जातियों एवं अनुसूचित जनजातियों के पक्ष में राज्य के अधीन सेवा में पदों के वर्गों या किसी भी वर्ग की परिणामिक वरिष्ठता सहित प्रोन्नति के मामलों में आरक्षण के लिए किसी प्रावधान को निर्मित करने के लिए राज्य को कोई भी चीज नहीं रोकेगी जो राज्य की राय में राज्य के अधीन सेवाओं या नौकरियों में पर्याप्त रूपेण प्रतिनिधित्व नहीं किए जाते हैं।]

[2][(4-ख) इस अनुच्छेद में की कोई बात राज्य को किसी वर्ष की बिना भरी हुई रिक्तियों पर विचार करने से नहीं रोकेगी जो उस वर्ष में खण्ड (4) एवं 4 (क) के अधीन आरक्षित है एवं जिन्हें भर दिया जाना था, जिसे आगामी रिक्तियों के अनुसार भरा जाना हो। रिक्तियों को उस वर्ष रिक्तियों के साथ नहीं माना जायेगा जो वर्ष की रिक्तियों से सम्बन्धित है, एवं जो पचास प्रतिशत के विनिश्चय से सन्दर्भित है एवं जो उस वर्ष सम्पूर्ण आरक्षित संख्या से सन्दर्भित हो।]

(5) इस अनुच्छेद की कोई बात किसी ऐसी विधि के प्रवर्तन पर प्रभावी नहीं डालेगी जो यह उपबन्ध करती है कि किसी धार्मिक या साम्प्रदायिक संस्था के कार्यकलाप से सम्बन्धित कोई पदधारी या उसके शासी निकाय का कोई सदस्य किसी विशिष्ट धर्म का मानने वाला या विशिष्ट सम्प्रदाय का ही हो।

टिप्पणी

विस्तार—यदि बैंक कर्मचारी इस अभिवाक् के आधार पर प्रोन्नति की तीसरी प्रस्थापना स्वीकार करने से इन्कार कर देता है कि बैंक की ओवरसीज शाखा क्षेत्रीय कार्यालय से भिन्न है और तीसरी प्रस्थापना निःशेष नहीं होता तो उसका यह अभिवाक् कायम नहीं रहेगा। कर्मचारी तीसरी प्रस्थापना के बाद क्षेत्रीय कार्यालय में उद्भूत प्रोन्नति पर दावा करने का हकदार नहीं होगा। [भारतीय स्टेट बैंक बनाम बी. पार्थसारथी 1994 (2) उम. नि. प. 519 ए. आई. आर. 1993 एस. सी. 474 : 1993 (2) एस. सी. सी. (सप्ली.) 29]

पिछड़ी जाति के लिए आरक्षण—क्रीमी लेयर (Creamy Layer) का निष्पादन—(1) इस सन्दर्भ में कार्यालय संज्ञापत्र दिनांकित 8-9-1993 में केन्द्र सरकार ने जिस कसौटी का उल्लेख किया, उसे उच्चतम न्यायालय ने अनुमोदित कर दिया। [अशोक कुमार ठाकुर बनाम बिहार राज्य व अन्य ए. आई. आर. 1996 (सु. को.) 75]

(2) क्रीमी लेयर (Creamy Layer) के निष्पादन के सन्दर्भ में बिहार राज्य सरकार ने अनुसूचित जाति और अनुसूचित जनजाति और अन्य पिछड़ी जातियाँ (संशोधन) विधेयक 1995 के लिए रिक्त पदों और सेवाओं में आरक्षण किया और अनुसूचित जाति और अनुसूचित जनजाति (अत्याचार निवारण) अधिनियम 1989 की धारा 3 (ख) को अनु. 16 (4), 14 का उल्लंघनकर्त्ता तथा 'मण्डल मामला' 1992 ए. आई. आर. एस. सी. डब्लू. 3682 में उच्चतम न्यायालय द्वारा उल्लिखित विधि के विरुद्ध माना गया। [अशोक कुमार ठाकुर बनाम बिहार राज्य व अन्य ए. आई. आर. 1996 (सु. को.) 75]

याची को उच्चतर वेतनमान के प्रत्याख्यान की वैधता—जब यह पाया गया कि याची के पास उच्चतर वेतनमान को प्राप्त करने की विहित अर्हता थी जबकि दूसरा अध्यापक उसी स्कूल में समान अर्हता पर उच्चतर वेतनमान का उपभोग कर रहा था, तब याची को उच्चतर वेतनमान के ऐसे प्रत्याख्यान को विधिविरुद्ध एवम् विदकारी होना माना गया। [अजय जाधव बनाम गोवा सरकारव अन्य, ए. आई. आर. 2000 सु. को. 451]

वरिष्ठता के अभिवचन की मान्यता—जहाँ प्रत्यर्थियों ने इस आधार पर 1970 एवम् 1971 से प्रभाव के साथ वरिष्ठता का दावा किया कि उन्हें 1970 एवम् 1971 की रिक्तियों के विरुद्ध नियोजित किया गया, इसके अलावा, उनकी वरिष्ठता पूर्व दिनांकित हो सकती थी; वहाँ ऐसे अभिवचन को गुणागुण विहीन आधाररहित होने के कारण खारिज कर दिया गया। [अजीत कुमार राय बनाम उड़ीसा राज्य व अन्य, ए. आई. आर. 2000 सु. को. 85]

रोस्टर के सिद्धान्त का लागू होना—क्या रोस्टर का सिद्धान्त एकल पद पर लागू किया जा सकता था या नहीं? नहीं जैसे कि प्रस्तुत मामले में उच्चतम न्यायालय द्वारा अभिनिर्धारित किया गया। [एस. आर. मूर्थि बनाम कर्नाटक राज्य व अन्य, ए. आई. आर. 2000 सु. को. 450]

17. अस्पृश्यता का अन्त—"अस्पृश्यता" का अन्त किया जाता है और उसका किसी भी रूप में आचरण निषिद्ध किया जाता है। "अस्पृश्यता" से उपजी किसी निर्योग्यता को लागू करना अपराध होगा जो विधि के अनुसार दण्डनीय होगा।

18. उपाधियों का अन्त—(1) राज्य, सेना या विद्या सम्बन्धी सम्मान के सिवाय और कोई उपाधि प्रदान नहीं करेगा।

(2) भारत का कोई नागरिक किसी विदेशी राज्य से कोई उपाधि स्वीकार नहीं करेगा।

(3) कोई व्यक्ति, जो भारत का नागरिक नहीं है, राज्य के अधीन लाभ या विश्वास के किसी पद को धारण करते हुए किसी विदेशी राज्य से कोई उपाधि राष्ट्रपति की सहमति के बिना स्वीकार नहीं करेगा।

(4) राज्य के अधीन लाभ या विश्वास का पद धारण करने वाला कोई व्यक्ति किसी विदेशी राज्य से या उसके अधीन किसी रूप में कोई भेंट, उपलबिध या पद राष्ट्रपति की सहमति के बिना स्वीकार नहीं करेगा।

स्वातन्त्र्य-अधिकार

19. वाक्-स्वातन्त्र्य आदि विषयक कुछ अधिकारों का संरक्षण—(1) सभी नागरिकों को—

(क) वाक्-स्वातन्त्र्य और अभिव्यक्ति-स्वातन्त्र्य का,

(ख) शांतिपूर्वक और निरायुध सम्मेलन का,

(ग) संगम या संघ बनाने का,

(घ) भारत के राज्यक्षेत्र में सर्वत्र अबाध संचरण का,

(ङ) भारत के राज्यक्षेत्र के किसी भाग में निवास करने और बस जाने का, और

(छ) कोई वृत्ति, उपजीविका, व्यापार या कारबार करने का,

अधिकार होगा।

(2) खण्ड (1) के उपखण्ड (क) की कोई बात उक्त उपखण्ड द्वारा दिए गए अधिकार के प्रयोग पर भारत की प्रभुता और अखण्डता, राज्य की सुरक्षा, विदेशी राज्यों के साथ मैत्रीपूर्ण सम्बन्धों, लोक-व्यवस्था, शिष्टाचार या सदाचार के हितों में अथवा न्यायालय-अवमान, मानहानि या अपराध-उद्दीपन के सम्बन्ध में युक्तियुक्त निर्बंधन जहाँ तक कोई विद्यमान विधि अधिरोपित करती है वहाँ तक उसके प्रवर्तन पर प्रभाव नहीं डालेगी या वैसे निर्बंधन अधिरोपित करने वाली कोई विधि बनाने से राज्य को निवारित नहीं करेगी।

(3) उक्त खण्ड के उपखण्ड (ख) की कोई बात उक्त उपखण्ड द्वारा दिए गए अधिकार के प्रयोग पर भारत की प्रभुता और अखण्डता या लोक व्यवस्था के हितों में युक्तियुक्त निर्बंधन जहाँ तक कोई विद्यमान विधि अधिरोपित करती है वहाँ तक उसके प्रवर्तन पर प्रभाव नहीं डालेगी या वैसे निर्बंधन अधिरोपित करने वाली कोई विधि बनाने से राज्य को निवारित नहीं करेगी।

(4) उक्त खण्ड के उपखण्ड (ग) की कोई बात उक्त उपखण्ड द्वारा दिए गए अधिकार के प्रयोग पर भारत की प्रभुता और अखण्डता या लोक व्यवस्था या सदाचार के हितों में युक्तियुक्त निर्बंधन जहाँ तक कोई विद्यमान विधि अधिरोपित करती है वहाँ तक उसके प्रवर्तन पर प्रभाव नहीं डालेगी या वैसे निर्बंधन अधिरोपित करने वाली कोई विधि बनाने से राज्य को निवारित नहीं करेगी।

(5) उक्त खण्ड के उपखण्ड (घ) और उपखण्ड (ङ) की कोई बात उक्त उपखण्डों द्वारा दिए गए अधिकारों के प्रयोग पर साधारण जनता के हितों में या किसी अनुसूचित जनजाति के हितों के संरक्षण के लिए युक्तियुक्त निर्बंधन जहाँ तक कोई विद्यमान विधि अधिरोपित करती है वहाँ तक उसके प्रवर्तन पर प्रभाव नहीं डालेगी या वैसे निर्बंधन अधिरोपित करने वाली कोई विधि बनाने से राज्य को निवारित नहीं करेगी।

(6) उक्त खण्ड के उपखण्ड (छ) की कोई बात उक्त उपखण्ड द्वारा दिए गए अधिकार के प्रयोग पर साधारण जनता के हितों में युक्तियुक्त निर्बंधन जहाँ तक कोई विद्यमान विधि अधिरोपित करती है वहाँ तक उसके प्रवर्तन पर प्रभाव नहीं डालेगी या वैसे निर्बंधन अधिरोपित करने वाली कोई विधि बनाने से राज्य को निवारित नहीं करेगी और विशिष्टतया उक्त उपखण्ड की कोई बात—

(i) कोई वृत्ति, उपजीविका, व्यापार या कारबार करने के लिए आवश्यक वृत्तिक या तकनीकी अर्हताओं से, या

(ii) राज्य द्वारा या राज्य के स्वामित्व या नियन्त्रण में किसी निगम द्वारा कोई व्यापार, कारबार, उद्योग या सेवा, नागरिकों का पूर्णतः या भारत : अपवर्जन करके या अन्यथा, चलाए जाने से,

जहाँ तक कोई विद्यमान विधि सम्बन्ध रखती है वहाँ तक उसके प्रवर्तन पर प्रभाव नहीं डालेगी या इस प्रकार सम्बन्ध रखने वाली कोई विधि बनाने से राज्य को निवारित नहीं करेगी।

टिप्पणी

अनुच्छेद 19 (1) (ग)

किसी कानून के अधीन किसी कालेज को अनिवार्य रूप से किसी विश्वविद्यालय से सम्बद्ध करना उक्त अनुच्छेद के अधीन संस्था बनाने के अधिकार का अतिलंघन नहीं है। संस्था

बनाने के अधिकार से यह विवक्षित है कि अनेक व्यक्ति मिलकर स्वेच्छापूर्वक ऐसी संस्था बनायें जिसका एक सामान्य उद्देश्य हो, विधि सम्मत प्रयोजन हो और सदस्यों का संयुक्त हित हो। [डी. ए. वी. कालेज जालन्धर बनाम पंजाब राज्य 1971 (3) उम. नि. प. 356]

अनुच्छेद 19 (1) (ङ), 21

आश्रय का अधिकार, एक मौलिक अधिकार होता है जो संविधान के अनु. 19 (1) (ङ) तथा अनु. 21 के अन्तर्गत क्रमशः आवास तथा जीवन के अधिकार से उद्भव होता है। [उ. प्र. आवास एवं विकास परिषद् व अन्य बनाम फ्रेन्ड्स कोआपरेटिव, हाउसिंग सोसाइटी लिमिटेड व अन्य; ए. आई. आर. 1996 (सु. को.) 114]

अनुच्छेद 19 (1) (च) और 31 (1)

सरकारी सेवक का पेंशन प्राप्त करने का अधिकार सम्पत्ति है और राज्य को कार्यपालिक आदेश द्वारा इसे रोके रखने की प्राप्त नहीं है। पेंशन दान नहीं है जो सरकार की मर्जी और प्रसाद पर संदेय हो। पेंशन पाने का अधिकार सरकारी सेवक को प्राप्त एक मूल्यवान अधिकार है। सरकारी सेवक को पेंशन पाने का अधिकार राज्य के आदेश पर नहीं बल्कि पेंशन नियमों के बल पर प्राप्त है। यदि सरकार पेंशन कम करने या रोके रखने का मनमाना आदेश पारित करती है तो उससे संविधान के अनुच्छेद 19 (1) (च) और 31 (1) द्वारा प्रत्याभूत सम्पत्ति सम्बन्धी अधिकारों का उल्लंघन होता है। [देवकी नन्दन प्रसाद बनाम बिहार राज्य 1971 (3) उम. नि. प. 305]

अनुच्छेद 19 (1) (छ)–विस्तार

(1) जिन वस्तुओं या अधिकारों का अन्य स्थायित्व सरकार के पास है उनके व्यापार करने या कारबार चलाने के सम्बन्ध में नागरिकों को कोई भी मौलिक अधिकार प्राप्त नहीं है। [उड़ीसा राज्य बनाम हरि नारायण 1972 (2) उम. नि. प. 717]

(2) कराधायक कानून स्वतः अनुच्छेद 19 (1) (छ) के अधीन प्रत्याभूत स्वतन्त्रता पर निर्बन्धन की कोटि में नहीं आता। व्यक्तिगत मामलों में पारिणामिक कठिनाई कर का आधिक्य अथवा लाभों में कमी होना आदि अनुच्छेद 19 (1) (छ) का अतिक्रमण गठित नहीं करता। [फेडरेशन ऑफ होटल एण्ड रेस्टोरेशन एसोसियेशन बनाम भारत संघ, 1990 (3) उम. नि. प. 79]

(3) पटरी फेरीवालों को व्यापार या कारबार सड़क पर करने का अधिकार है। परन्तु यह अधिकार अनु. 19 (6) के अधीन निर्बन्धनों के अध्यधीन है। यह बुनियादी तौर पर गरीब फेरीवालों के लिए है न कि विलासिता की वस्तुएँ या तम्करित माल बेचने वालों के लिए। फिर भी फेरी लगाने वालों और पटरी पर बैठकर सामान बेचने वालों को पटरी पर किसी विशिष्ट स्थानों पर सायी रूप से अधिभोग रखने का कोई अधिकार नहीं है और न वे पटरियों पर सीमांकित विनिर्दिष्ट स्थानों पर स्थायी रूप से अधिभोग रखने के अपने अधिकार का प्राख्यान

कर सकते हैं। नगर निगम ऐसे फेरीवालों को सड़कों के किनारे कारबार करने हेतु अनुज्ञा प्रदान करने का अधिकार रखता है और नगर निगम अधिनियमों का ऐसे कारबार को विनियमित करने के अपने अधिकार को प्रवर्तित करने हेतु लाभदायक रूप में और उदारतापूर्वक अर्थान्वयन किया जाना चाहिए नगर निगम को पथ व्यापार के सम्बन्ध में शीघ्रातिशीघ्र व्यापक नियम स्कीम विरचित करने हेतु निदेश दिया जाना चाहिए। फेरी लगाने को कतिपय क्षेत्रों में पूर्ण रूप से प्रतिषिद्ध किया जा सकेगा। अनुज्ञप्तिधारियों के चुनाव का तर्क युक्त आधार होना चाहिए और उन वस्तुओं के बारे में जिनको पटरियों पर बेचने की अनुज्ञा दी जा सकेगी नीति विषयक विनिश चय लिया जाना चाहिए। नगर निगम अधिनियमों का निर्वचन करने के विषय में विदेशी विधि सुसंगत नहीं है। [सौदान सिंह बनाम दिल्ली नगरपालिका 1990 (3) उम. नि. प. 805]

(4) मद्रास एजूकेशन रूल्स और टेक्स्ट बुक कमेटी रूल्स द्वारा पाठ्य पुस्तकां को 3 वर्ष के लिए विहित करने से प्रकाशकों को कोई अधिकार नहीं प्राप्त हो जाता है। विहित कालावधि के पूर्व उनकी पुस्तकों को पाठ्यक्रम से निकाल देने से शासकीय अनुदेश की प्रकृति के इन नियमों का उल्लंघन होता है परन्तु उससे मूल अधिकार प्रभावित नहीं होता। [तमलनाडु राज्य बनाम एस. के. कृष्णमूर्ति 1972 (2) उम. नि. प. 301]

20. अपराधों के लिए दोषसिद्धि के सम्बन्ध में संरक्षण—(1) कोई व्यक्ति अपराध के लिए तब तक सिद्धदोष नहीं ठहराया जाएगा, जब तक कि उसने ऐसा कोई कार्य करने के समय, जो अपराध के रूप में आरोपित है, किसी प्रवृत्त विधि का अतिक्रमण नहीं किया है या उससे अधिक शास्ति का भागी नहीं होगा जो उस अपराध के लिए किए जाने के समय प्रवृत्त विधि के अधीन अधिरोपित की जा सकती थी।

(2) किसी व्यक्ति को एक ही अपराध के लिए एक बार से अधिक अभियोजित और दण्डित नहीं किया जाएगा।

(3) किसी अपराध के लिए अभियुक्त किसी व्यक्ति को स्वयं अपने विरुद्ध साक्षी होने के लिए बाध्य नहीं किया जाएगा।

टिप्पणी

अनुच्छेद 20 (3)—विस्तार—(1) सीमा शुल्क अधिनियम के अधीन परीक्षित व्यक्ति अभियुक्त व्यक्ति की हैसियत में नहीं होता है क्योंकि उस समय किसी भी व्यक्ति द्वारा उसके विरुद्ध प्ररूपी अभियोग नहीं लगाया गया होता है। अत: ऐसे व्यक्ति द्वारा सीमा शुल्क प्राधिकारी के समक्ष किए गए कथन पर संविधान का अनुच्छेद 20 (3) लागू नहीं होता है और वह कथन साक्ष्य में ग्राह्य नहीं है। [परसी रुस्तम जी बनाम महाराष्ट्र राज्य 1971 (2) उम. नि. प. 567]

(2) किसी भी व्यक्ति को अपनी इच्छा के विरुद्ध विश्लेषण के लिए अपने रक्त का नमूना देने के लिए विवश नहीं किया जा सकता तथा नमूना देने से इन्कार करने के कारण उसके

विरुद्ध कोई प्रतिकूल निष्कर्ष नहीं निकाला जा सकता। [गौतम कुंदू बनाम पश्चिमी बंगाल राज्य 1994 (3) उम. नि. प. 141]

21. प्राण और दैहिक स्वतन्त्रता का संरक्षण—किसी व्यक्ति को, उसके प्राण या दैहिक स्वतन्त्रता से विधि द्वारा स्थापित प्रक्रिया के अनुसार ही वंचित किया जाएगा, अन्यथा नहीं।

टिप्पणी

विसतार एवं प्रयोज्यता—(1) रोगियों के नेत्रों की नेत्र शिविरों में शल्य क्रिया में उपेक्षा के सन्दर्भ में सरकार के प्राधिकार के अनुसार और उसके अन्तर्गत कार्य करते हुए नेत्र शिविर आयोजित करने वाले भी प्रतिनिधायी रूप में उत्तरदायी थे। [ए. एस. मित्तल बनाम उ. प्र. राज्य 1990 (1) उम. नि. प. 562]

(2) अस्थायी मकानों में रहने वालों की बेदखली के सम्बन्ध में उच्च न्यायालय द्वारा पूर्ववर्ती आदेश में बेदखली की तारीख नियत की जाना जिससे कि केवल उन निवासियों को संरक्षण प्राप्त होगा जो उस तारीख से पूर्व दो वर्ष से अधिभोग बनाये हुए थे। नियत तारीख का विस्तार मात्र इस कारण नहीं कियाजा सकता कि उस आदेश के जारी किए जाने के बाद पर्याप्त समय व्यतीत हो चुका है। [राम प्रसाद यादव बनाम अध्यक्ष मुम्बई पत्तन न्यास 1990 (1) उम. नि. प. 217]

(3) प्राइवेट व्यक्तियों के विरुद्ध प्रवर्तन प्राइवेट चिकित्सक भी समस्त क्षतिग्रस्त लोगों को तुरन्त चिकित्सा सहायता देने के लिए बाध्य है। [परमानन्द कटारा बनाम भारत संघ 1990 (3) उम. नि. प. 199]

(4) व्यापार या कारबार करने का अधिकार अनु. 21 के अन्तर्गत नहीं आता इसीलिए सड़कों की पटरियों पर व्यापार या कारबार करने वाले, फेरी वाले अनुच्छेद 21 के अन्तर्गत मूल अधिकार का दावा नहीं कर सकते। [सौदान सिंह बनाम नई दिल्ली नगर पालिका 1990 (3) उम. नि. प. 805]

(5) किसी व्यक्ति को उसके प्राण या दैहिक स्वतन्त्रता से विधि द्वारा स्थापित प्रक्रिया के अनुसार ही वंचित किया जा सकता है अन्यथा नहीं। दण्ड प्रक्रिया संहिता ऐसी ही एक विधि है। [महाराष्ट्र राज्य बनाम कैप्टन बुद्धि कोटा सुब्ब राव 1990 (4) उम. नि. प. 167 : ए. आई. आर. 1989 सु. को. 2292 : 1989 (2) एस. सी. सी. (सप्ली.) 605]

(6) शीघ्र विचारण का अधिकार जीवन और स्वतन्त्रता के मूल अधिकारों का एक पहलू है और इस अधिकार को प्रत्याभूत किए जाने के लिए विधि द्वारा युक्तियुक्त न्यायोचित और ऋजु प्रक्रिया सुनिश्चित की जानी चाहिए। [करतार सिंह बनाम पंजाब राज्य 1994 (3) उम. नि. प. 721]

(7) जहाँ निरुद्ध व्यक्तियों को उच्चतम न्यायालय के समक्ष लम्बित कार्यवाही में मिथ्यापूर्ण गतिविधियों में लिप्त पाया गया, और ऐसे व्यक्तियों के द्वारा राज्य सरकार से अवैधानिक ढंग से निरुद्ध किये जाने हेतु प्रतिकर का दावा किया गया, वहाँ यह अभिनिर्धारित किया गया कि ऐसी दशा में कथित व्यक्तियों के लिए राज्य सरकार को प्रतिकर का संदाय करने का—आदेश पारित नहीं किया जा सकता। [धनंजय शर्मा बनाम हरियाणा राज्य व अन्य, ए. आई. आर. 1995 सु. को. 1795]

(8) कम्पनी की सम्पत्ति को गलत ढंग से धारण करने के बारे में क्या कम्पनी के मृतक कर्मचारी/अधिकारी के परिवार के सदस्यों को धारा 630 के अन्तर्गत अभियोजित किया जा सकता है : निर्णीत हाँ, अनुच्छेद 21 का अतिक्रमण नहीं हुआ। [ललिता जालान बनाम बाम्बे गैस कम्पनी, ए. आई. आर. 2002 एस. सी. 3129 : 2003 (2) सी. सी. एस. सी. 716 (एस. सी.)]

[**21क. शिक्षा का अधिकार**—राज्य 6 से 14 वर्ष के सभी बच्चों को निःशुल्क और अनिवार्य शिक्षा प्रदान करेगा जैसा कि राज्य उचित रीति से विधि द्वारा अवधारित करे।]

22. कुछ दशाओं में गिरफ्तारी और निरोध से संरक्षण—(1) किसी व्यक्ति को जो गिरफ्तार किया गया है, ऐसी गिरफ्तारी के कारणों से यथाशीघ्र अवगत कराए बिना अभिरक्षा में निरुद्ध नहीं रखा जाएगा या अपनी रुचि के विधि व्यवसायी से परामर्श करने और प्रतिरक्षा कराने के अधिकार से वंचित नहीं रखा जाएगा।

(2) प्रत्येक व्यक्ति को, जो गिरफ्तार किया गया है और अभिरक्षा में निरुद्ध रखा गया है, गिरफ्तारी के स्थान से मजिस्ट्रेट के न्यायालय तक यात्रद्धा के लिए आवश्यक समय को छोड़कर ऐसी गिरफ्तारी से चौबीस घण्टे की अवधि में निकटतम मजिस्ट्रेट के समक्ष पेश किया जाएगा और ऐसे किसी व्यक्ति को मजिस्ट्रेट के प्राधिकार के बिना उक्त अवधि से अधिक अवधि के लिए अभिरक्षा में निरुद्ध नहीं रखा जाएगा।

(3) खण्ड (1) और खण्ड (2) की कोई बात किसी ऐसे व्यक्ति को लागू नहीं होगी जो—

(क) तत्समय शत्रु अन्यदेशीय है; या

(ख) निवारक निरोध का उपबन्ध करने वाली किसी विधि के अधीन गिरफ्तार या निरुद्ध किया गया है।

(4) निवारक निरोध का उपबन्ध करने वाली कोई विधि किसी व्यक्ति का तीन मास से अधिक अवधि के लिए तब तक निरुद्ध किया जाना प्राधिकृत नहीं करेगी जब तक कि—

(क) ऐसे व्यक्तियों से, जो उच्च न्यायालय के न्यायाधीश हैं या न्यायाधीश रहे हैं या न्यायाधीश नियुक्त होने के लिए अर्हित हैं, मिलकर बने सलाहकार बोर्ड ने तीन मास की उक्त अवधि की समाप्ति से पहले यह प्रतिवेदन नहीं दिया है कि उसकी राय में ऐसे निरोध के लिए पर्याप्त कारण है—

परन्तु इस उपखण्ड की कोई बात किसी व्यक्ति का उस अधिकतम अवधि से अधिक अवधि के लिए निरुद्ध किया जाना प्राधिकृत नहीं करेगी जो खण्ड (7) के उपखण्ड (ख) के अधीन संसद् द्वारा बनाई गई विधि द्वारा विहित की गई है; या

(ख) ऐसे व्यक्ति को खण्ड (7) के उपखण्ड (क) और उपखण्ड (ख) के अधीन संसद् द्वारा बनाई गई विधि के उपबन्धों के अनुसार निरुद्ध नहीं किया जाता है।

(5) निवारक निरोध का उपबन्ध करने वाली किसी विधि के अधीन किए गए आदेश के अनुसरण में जब किसी व्यक्ति को निरुद्ध किया जाता है तब आदेश करने वाला प्राधिकारी यथाशक्य शीघ्र उस व्यक्ति को यह संसूचित करेगा कि वह आदेश किन आधारों पर किया गया है और उस आदेश के विरुद्ध अभ्यावेदन करने के लिए उसे शीघ्रातिशीघ्र अवसर देगा।

(6) खण्ड (5) की किसी बात से ऐसा आदेश, जो उस खण्ड में निर्दिष्ट है, करने वाले प्राधिकारी के लिए ऐसे तथ्यों को प्रकट करना आवश्यक नहीं होगा जिन्हें प्रकट करना ऐसा प्राधिकारी लोकहित के विरुद्ध समझता है।

(7) संसद् विधि द्वारा विहित कर सकेगी कि—

(क) किन परिस्थितियों के अधीन और किस वर्ग या वर्गों के मामलों में किसी व्यक्ति को निवारक निरोध का उपबन्ध करने वाली किसी विधि के अधीन तीन मास से अधिक अवधि के लिए खण्ड (4) के उपखण्ड (क) के उपबन्धों के अनुसार सलाहकार बोर्ड की राय प्राप्त किए बिना निरुद्ध किया जा सकेगा;

(ख) किसी वर्ग या वर्गों के मामलों में कितनी अण्धिकतम अवधि के लिए किसी व्यक्ति को निवारक निरोध का उपबन्ध करने वाली किसी विधि के अधीन निरुद्ध किया जा सकेगा; और

(ग) खण्ड (4) के उपखण्ड (क) के अधीन की जाने वाली जाँच में सलाहकार बोर्ड द्वारा अनुसरण की जाने वाली प्रक्रिया क्या होंगी।

टिप्पणी

विस्तार—(1) निवारक निरोध की राजय सरकार द्वारा पुष्टि की गयी। निरोध आदेश की पुष्टि राज्य सरकार ने निरोध की तारीख से तीन मास के अन्दर कर दी। पुष्टि एवं निरोध वैध है। [जयदेव गोराय बनाम पश्चिम बंगाल राज्य 1972 (3) उम. नि. प. 24]

अनुच्छेद 22 (4)

(1) निवारक निरोध आदेश की पुष्टि तीन महीने बाद की गयी। तीन महीना बीत जाने के बाद निरोध अवैध है। [उज्जल मण्डल बनाम पश्चिम बंगाल राज्य 1972 (2) उम. नि. प. 363]

(2) समुचित सरकार द्वारा सलाहकार बोर्ड की रिपोर्ट पर कार्यवाी सांविधानिक उपबन्ध की महत्त्वपूर्ण अपेक्षा है। पुष्टि करने की या निरोध की अवधि बढ़ाने की या अन्य किसी भी कार्यवाही के बिना तीन महीना की अवधि बीतते ही निरोध अवैध हो जायेगा। [देव सदन राय बनाम पश्चिम बंगाल राज्य 1972 (2) उम. नि. प. 132]

अनुच्छेद 22 (5)

(1) कोई भी नागरिक विधि द्वारा अनुध्यात प्रक्रियात्मक गारन्टियों के संरक्षण के लिए हकदार है। न्यायालय प्रक्रियात्मक अध्यपेक्षाओं से विलचन या उनके उल्लंघन को अस्वीकृति की दृष्टि से देखता है। [अहमद हुसैन शेख हुसैन बनाम पुलिस आयुक्त अहमदाबाद 1990 (3) उम. नि. प. 547]

(2) यदि निरुद्ध व्यक्ति के विरुद्ध अभिकथित अपराध के शिकार व्यक्तियों और अपराध के स्थानों की विशिष्टियों का निरोध आधारों में वर्णन न करने से निरुद्ध व्यक्ति अपने निरोध के विरुद्ध प्रभावी अभ्यावेदन नहीं कर सकता तो निरोध आदेश अवैध और दोषयुक्त है। [जहाँगीर खाँ फजल खाँ बनाम पुलिस आयुक्त अहमदाबाद 1990 (3) उम. नि. प. 129]

(3) अनुच्छेद 22 (5) में आने वाले यथासम्भव शीघ्र शब्दों से यह दर्शित होता है ककि अभ्यावेदन पर तत्परतापूर्वक विचार किया जाना चाहिए। यह काम अभ्यावेदन को तत्काल निपटाने की भावना से किया जाना चाहिए और जिस विलम्ब से बचा जा सके उससे बचना चाहिए। इस मामले में अनावश्यक विलम्ब हुआ है। [रामा धोंडू बोरडे बनाम वी. के. सर्राफ 1990 (3) उम. नि. प. 741]

(4) निरुद्ध व्यक्ति के अभ्यावेदन के निपटारे में अत्यधिक विलम्ब हुआ। विलम्ब के बारे में राज्य द्वारा कोई स्पष्टीकरण नही दिया गया। निरोध का आदेश अवैध है। [निरंजन सिंह बनाम म. प्र. राज्य ए. आई. आर. 1972 एस. सी. 2215 : 1972 (3) उम. नि. प. 603]

(5) अध्यक्ष सलाहकार बोर्ड को जेल अधीक्षक के माध्यम से भेजा गया अभ्यावेदन समुचित सरकार को भेजा गया अभ्यावेदन माना जायेगा और उस पर विचार करने में असामान्य और अस्पष्टीकृत विलम्ब अनुच्छेद 22 (5) के उल्लंघन की कोटि में आयेगा। [क्यूविक डैरिमस बनाम भारत संघ ए. आई. आर. 1990 एस. सी. 605 : 1990 (1) एस. सी. सी. 568]

(6) युक्तियुक्त रूप से जितना शीघ्र सम्भव हो उसे यथाशक्य शीघ्र कहते हैं। युक्तियुक्त शीघ्रता किसे कह सकते हैं यह हर मामले के तथ्यों पर निर्भर है। सरकार के स्पष्टीकरण में बताये गये तथ्यों को देखते हुए 22 दिन का विलम्ब अत्यधिक नहीं है और निरोध को इस आधार पर अविधिमान्य नहीं ठहराया जा सकता। [समरेश चन्द्र बोस बनाम जिला मजिस्ट्रेट बर्दवान 1972 (3) उम. नि. प. 709]

शोषण के विरुद्ध अधिकार

23. मानव के दुर्व्यापार और बलात्श्रम का प्रतिषेध—(1) मानव का दुर्व्यापार और बेगार तथा इसी प्रकार का अन्य बलात्श्रम प्रतिषिद्ध किया जाता है और इस उपबन्ध का कोई भी उल्लंघन अपराध होगा जो विधि के अनुसार दण्डनीय होगा।

(2) इस अनुच्छेद की कोई बात राज्य को सार्वजनिक प्रयोजनों के लिए अनिवार्य सेवा अधिरोपित करने से निवारित नहीं करेगी। ऐसी सेवा अधिरोपित करने में राज्य केवल धर्म, मूलवंश, जाति या वर्ग या इनमें से किसी के आधार पर कोई विभेद नहीं करेगा।

24. कारखानों आदि में बालकों के नियोजन का प्रतिषेध—चौदह वर्ष से कम आयु के किसी बाक को किसी कारखाने या खान में काम करने के लिए नियोजित नहीं किया जाएगा या किसी अन्य परिसंकटमय नियोजन में नहीं लगाया जाएगा।

धर्म की स्वतन्त्रता का अधिकार

25. अंतःकरण की और धर्म के अबाध रूप से मानने, आचरण और प्रचार करने की स्वतन्त्रता—(1) लोक व्यवस्था, सदाचार और स्वास्थ्य तथा इस भाग के अन्य उपबन्धों के अधीन रहते हुए, सभी व्यक्तियों को अन्तःकरण की स्वतन्त्रता का और धर्म के अबाध रूप से मानने, आचरण करने ओर प्रचार करने का समान हक होगा।

(2) इस अनुच्छेद की कोई बात किसी ऐसी विद्यमान विधि के प्रवर्तन पर प्रभाव नहीं डालेगी या राज्य को कोई ऐसी विधि बनाने से निवारित नहीं करेगी जो—

(क) धार्मिक आचरण से सम्बद्ध किसी आर्थिक, वित्तीय, राजनैतिक या अन्य लौकिक क्रियाकलाप का विनियमन या निर्बन्धन करती है;

(ख) सामाजिक कल्याण और सुधार के लिए या सार्वजनिक प्रकार की हिन्दुओं की धार्मिक संस्थाओं को हिन्दुओं के सभी वर्गों और अनुभागों के लिए खोलने का उपबन्ध करती है।

स्पष्टीकरण 1—कृपाण धारण करना और लेकर चलना सिक्ख धर्म के मानने का अंग समझा जाएगा।

स्पष्टीकरण 2—खण्ड (2) के उपखण्ड (ख) में हिन्दुओं के प्रति निर्देश का यह अर्थ लगाया जाएगा कि उसके अन्तर्गत सिक्ख, जैन या बौद्ध धर्म के मानने वाले व्यक्तियों के प्रति निर्देश है और हिन्दुओं की धार्मिक संस्थाओं के प्रति निर्देश का अर्थ तदनुसार लगाया जाएगा।

टिप्पणी

विस्तार—कोई भी धर्म यह नहीं कहता है कि दूसरे व्यक्ति की शान्ति में व्यवधान उत्पन्न करके प्रार्थना, पूजा-पाठ सम्पादित की जानी चाहिए न ही कोई भी धर्म यह आदेश देता है कि लाउडस्पीकर वाइस एम्प्लीफायर अथवा ढोल-नगाड़ा पीट कर प्रार्थना या पूजा-पाठ

करे। एक सभ्य समाज में धर्म के नाम पर ऐसे क्रिया-कलापों को किए जाने की अनुमति नहीं दी जा सकती है जो वृद्ध या दुर्बल व्यक्तियों, विद्यार्थियों अथवा बच्चों को भोर के समय उनकी नींद में अथवा दिन में अन्य क्रिया-कलापों के समय व्यवधान डालती है। [चर्च ऑफ गाड (फल गास्पेल) ऑफ इण्डिया बनाम के. के. आर. मैजेस्टिक कालोनी वेलफेयर एसोसिएशन व अन्य, ए. आई. आर. 2000 एस. सी. 2773]

26. धार्मिक कार्यों के प्रबन्ध की स्वतन्त्रता—लोक व्यवस्था, सदाचार और स्वास्थ्य के अधीन रहते हुए, प्रत्येक धार्मिक सम्प्रदाय या उसके किसी अनुभाग को—

(क) धार्मिक और पूर्त प्रयोजनों के लिए संस्थाओं की स्थापना और पोषण का,

(ख) अपने धर्मविषयक कार्यों का प्रबन्ध करने का,

(ग) जंगम और स्थावर सम्पत्ति के अर्जन और स्वामित्व का, और

(घ) ऐसी सपत्ति का विधि के अनुसार प्रशासन करने का,

अधिकार होगा।

27. किसी विशिष्ट धर्म की अभिवृद्धि के लिए करों के संदाय के बारे में स्वतन्त्रता—किसी भी व्यक्ति को ऐसे करों का संदाय करने के लिए बाध्य नहीं किया जाएगाजिनके आगम किसी विशिष्ट धर्म या धार्मिक संप्रदाय की अभिवृद्धि या पोषण में व्यय करने के लिए विनिर्दिष्ट रूप से विनियोजित किए जाते हैं।

28. कुछ शिक्षा संस्थाओं में धार्मिक शिक्षा या धार्मिक उपासना में उपस्थित होने के बारे में स्वतन्त्रता—(क) राज्य-निधि. से पूर्णत: पोषित किसी शिक्षा संस्था में कोई धार्मिक शिक्षा नहीं दी जाएगी।

(2) खण्ड (1) की कोई बात ऐसी शिक्षा संस्था को लागू नहीं होंगी जिसका प्रशासन राज्य करता है किन्तु जो किसी ऐसे विन्यास या न्यास के अधीन स्थापित हुई है जिसके अनुसार उस संस्था में धार्मिक शिक्षा देना आवश्यक है।

(3) राज्य से मान्यता प्राप्त या राजय-निधि से सहायता पाने वाली शिक्षा संस्था में उपस्थित होने वाले किसी व्यक्ति को ऐसी संस्था में दी जाने वाली धार्मिक शिक्षा में भाग लेने के लिए या ऐसी संस्था में या उससे संलग्न स्थान में की जाने वाली धार्मिक उपासना में उपस्थित होने के लिए तब तक बाध्य नहीं किया जाएगा जब तक कि उस व्यक्ति ने, या यदि वह अवयस्क है तो उसके संरक्षक ने, इसके लिए अपनी सहमति नहीं दे दी है।

संस्कृति और शिक्षा सम्बन्धी अधिकार

29. अल्पसंख्यक-वर्गों के हितों का संरक्षण—(1) भारत के राज्यक्षेत्र या उसके किसी भाग के निवासी नागरिकों के किसी अनुभाग को, जिसकी अपनी विशेष भाषा, लिपि या संस्कृति है, उसे बनाए रखने का अधिकार होगा।

(2) राजय द्वारा पोषित या राज्य–निधि से सहायता पाने वाली किसी शिक्षा संस्था में प्रवेश से किसी भी नागरिक को केवल धर्म, मूलवंश, जाति, भाषा या इनमें से किसी के आधार पर वंचित नहीं किया जाएगा।

टिप्पणी

अनुच्छेद 29 (1)

विस्तार—पंजाब में आर्यसमाजी जो हिन्दू समुदाय के एक अंग है, धर्म के आधार पर ऐसे अल्पसंख्यक हैं जिनकी अपनी एक लिपि है और वे अनुच्छेद 29 और 30 के अन्तर्गत प्रत्याभूत अधिकारों के हकदार हैं। [डी. ए. वी. कालेज भटिण्डा बनाम पांब राज्य 1971 (3) उम. नि. प. 390]

अनुच्छेद 29 (2)

विस्तार—प्रवेश परीक्षा का किसी विशिष्ट भाषा अर्थात् हिन्दी या किसी अन्य प्रादेशिक भाषा में न लिया जाना भाषा के आधार पर प्रवेश से इन्कार की कोटि में नहीं आता जिससे अनुच्छेद 29 (???) का अतिक्रमण होता हो। प्रवेश परीक्षा हिन्दी या किसी प्रादेशिक भाषा में लिए जाने का निर्देश देने के लिए अनुच्छेद 32 के अधीन रिट याचिका कायम रखे जाने योग्य नहीं है। [हिन्दी हितरक्षक समिति बनाम भारत संघ ए. आई. आर. 1990 एस. सी. 851 : 1990 (1) एस. सी. आर. 588 : 1990 (2) एस. सी. सी. 352]

अनुच्छेद 29 (1) और 30 (1)

(1) आर्य समाज धर्म पर आधारित अल्पसंख्यक वर्ग है क्योंकि उसने स्मृतियों और परम्परागत अनेक अनियमितताओं को अस्वीकार करके प्राचीन साहित्य में शुद्धतम और अधिक तर्क संगत विश्वास के लिए आधार निकाला है। आर्य समाज का अपना विशिष्ट सिद्धानत विशिष्ट कर्म दर्शन काण्ड और ईश उपासना पद्धति है। अत: आर्य समाज को पंजाब में धर्म के आधार पर हिन्दू धर्मावलम्बी अल्पसंख्यक माना जा सकता है। आर्य समाजियों की अपनी एक अलग लिपि है और वे अनुच्छेद 29 (1) के अधीन प्रत्याभूत अधिकार को लागू करने की माँगकर सकते हैं क्योंकि वे नागरिकों के एक ऐसे वर्ग के हैं जिनकी अपनी अलग लिपि है। वे अनुच्छेद 30 (1) के अन्तर्गत प्रत्याभूत अधिकार की माँग इसलिए कर सकते हैं क्योंकि वे धर्म के आधार पर अल्पसंख्यक है। [डी. ए. वी. कालेज जालन्धर बनाम पंजाब राज्य 1971 (3) उम. नि. प. 356]

(2) अनुच्छेद 29 (1) और 30 (1) के अन्तर्गत अल्पसंख्यकों को अपनी भाषा लिपि या संस्कृति बनाये रखने ओर अपनी पसन्द की शिक्षा संस्थाएँ स्थापित एवं प्रशासित करने में जो अधिकार प्रत्याभूत हैं उनके अन्तर्गत इन संस्थाओं में शिक्षा एवं परीक्षा का माध्यम निश्चित करने का अधिकार भी सम्मिलित है। [डी. ए. वी. कालेज भटिण्डा बनाम पंजाब राज्य 1951 (3) उम. नि. प 390]

(3) पहली से चौथी कक्षा के विद्यार्थियों के लिए मातृभाषा को शिक्षा का माध्यम बनाया जाना तथा विनिर्दिष्ट भाषाओं में से एक को अनिवार्य विषय बनाया जाना तथा गैर कन्नड़भाषी छात्रों के लिए तीसरी कक्षा से आगे कन्नड़ भाषा को वैकल्पिक विषय बनाया जाना और शैक्षिक वर्ष के अन्त में कन्नड़ भाषा में कोई परीक्षा न होना तथा पाँचवीं कक्षा से दूसरी भाषा का लागू किया जाना तथा कन्नड़ भाषा को प्रथम भाषा के रूप में न लेने वाले छात्र से यह अपेक्षा किया जाना कि वह उसे दूसरी भाषा के रूप में ले। माध्यमिक स्तर पर त्रिभाषा सूत्र का लागू किया जाना तथा गैर कन्नड़भाषी छात्रों को अधिकतम 15 अंकों की सीमा तक कृपांक दिया जाना सम्बन्धी उपबन्ध करने वाला तारीख 19-6-1989 का शासनादेश संविधान के अनुच्छेद 29-30 और 14 का अतिक्रमणकारी नहीं है। [अंग्रेजी माध्यम छात्र अभिभावक संघ बनाम कर्नाटक राज्य 1994 (4) उम. नि. प 294 : ए. आई. आर. 1994 एस. सी. 1702]

(4) भाषाई अल्पसंख्यकों के अधिकार से सम्बन्धित वह शासनादेश जिसमें यह उपबन्ध है कि राज्य के गैर कन्नड़ शिक्षण विद्यालय पहली कक्षा से कन्नड़ पढ़ाये और माध्यमिक स्तर पर कन्नड़ एकमात्र प्रथम भाषा हो अनुच्छेद 29 और 30 का अतिक्रमणकारी है। [अंग्रेजी माध्यम छात्र अभिभावक संघ बनाम कर्नाटक राज्य 1994 (4) उम. नि. प. 294 : ए. आई. आर. 1994 एस. सी. 1702]

(5) शिक्षा के क्षेत्र में अनुशासन लाने वाले विनियमात्मक उपाय के रूप में आक्षेपित शासनादेश राज्य की भाषाई नीति का अंग है जिसमें न्यायालय को हस्तक्षेप करने की छूट नहीं है। [अहंग्रेजी माध्यम छात्र अभिभावक संघ बनाम कर्नाटक राज्य 1994 (4) उम. नि. प. 294 : ए. आई. आर. 1994 एस. सी. 1702]

30. शिक्षा संस्थाओं की स्थापना और प्रशासन करने का अल्पसंख्यक-वर्गों का अधिकार—(1) धर्म या भाषा पर आधारित सभी अल्पसंख्यक-वर्गों को अपनी रुचि की शिक्षा संस्थाओं की स्थापना और प्रशासन का अधिकार होगा।

(1) खण्ड (1) में निर्दिष्ट किसी अल्पसंख्यक-वर्ग द्वारा स्थापित और प्रशासित शिक्षा संस्था की सम्पत्ति के अनिवार्य अर्जन के लिए उपबन्ध करने वाली विधि बनाते समय, राज्य यह सुनिश्चित करेगा कि ऐसी सम्पत्ति के अर्जन के लिए ऐसी विधि द्वारा नियत या उसके अधीन अवधारित रकम इतनी हो कि उस खण्ड के अधीन प्रत्याभूत अधिकार निर्बन्धित या निराकृत न हो जाए।

(2) शिक्षा संस्थाओं को सहायता देने में राज्य किसी शिक्षा संस्था के विरुद्ध इस आधार पर विभेद नहीं करेगा कि वह धर्म या भाषा पर आधारित किसी अल्पसंख्यक-वर्ग के प्रबन्ध में है।

टिप्पणी

विस्तार—(1) 'अल्पसंख्यक संस्था' में कोई ऐसी भी संस्था सम्मिलित है जिसे किसी परोपकारी व्यक्ति ने स्वयं अपने साधनों तथा निधियों से संस्था को स्थापित किया है।

[मैनेजर, सेन्ट थामस स्कूल केरल बनाम कमिश्नर एण्ड सेक्रेटरी टू जनरल एजूकेशन डिपार्टमेन्ट व अन्य, 2002 (46) ए. एल. आर. 776]

(2) प्रतिव्यक्ति फीस के सम्बन्ध में अल्पसंख्यक शैक्षिक संस्था को संयुक्त सामान्य प्रवेश परीक्षा के आधार पर बनाये गये सामान्य योगयता युक्त से सामान्य प्रवर्ग और अल्पसंख्यक प्रवर्ग के छात्रों को दोनों प्रवर्गों में योग्यता के आधार पर लेने की आवश्यकता पर बल दिया गया। राजय सम्बद्धक विश्वविद्यालय द्वारा ऋजुता और स्तर के अनुरक्षण के हित में प्रवेश प्रक्रियाओं का विनियमन आवश्यक है। [टी. एम. ई. पई फाउण्डेशन बनाम कर्नाटक राज्य 1994 (4) उम. नि. प. 191 : ए. आई. आर. 1994 एस. सी. 2372]

31. [सम्पत्ति का अनिवार्य अर्जन]—संविधान (चवालीसवाँ संशोधन) अधिनियम, 1978 की धारा 6 द्वारा (20-6-1979 से) निरसित।

कुछ विधियों की व्यावृत्ति

31क. सम्पदाओं आदि के अर्जन के लिए उपबन्ध करने वाली विधियों की व्यावृत्ति—(1) अनुच्छेद 13 में अन्तर्विष्ट किसी बात के होते हुए भी,—

(क) किसी सम्पदा के या उसमें किन्हीं अधिकारों के राज्य द्वारा अर्जन के लिए या किन्हीं ऐसे अधिकारों के निर्वापन या उनमें परिवर्तन के लिए, या

(ख) किसी सम्पत्ति का प्रबन्ध लोकहित में या उस सम्पत्ति का उचित प्रबन्ध सुनिश्चित करने के उद्देश्य से परिसीमित अवधि के लिए राज्य द्वारा ले लिए जाने के लिए, या

(ग) दो या अधिक निगमों को लोकहित में या उन निगमों से किसी का उचित प्रबन्ध सुनिश्चित करने के उद्देश्य से समामेलित करने के लिए, या

(घ) निगमों के प्रबन्ध अभिकर्त्ताओं, सचिवों और कोषाध्यक्षों, प्रबध निदेशकों, निदेशकों या प्रबन्धकों के किन्हीं अधिकारों या उनके शेयरधारकों के मत देने के किन्हीं अधिकारों के निर्वापन या उनमें परिवर्तन के लिए, या

(ङ) किसी खनिज या खनिज तेल की खोज करने या उसे प्राप्त करने के प्रयोजन के लिए किसी करार, पट्टे या अनुज्ञप्ति के आधार पर प्रोद्भूत होने वाले किन्हीं अधिकारों के निर्वापन या उनमें परिवर्तन के लिए या किपसी ऐसे करार, पट्टे या अनुज्ञप्ति को समय से पहले समाप्त करने या रद्द करने के लिए,

उपबन्ध करने वाली विधि इस आधार पर शून्य नहीं समझी जाएगी कि वह अनुच्छेद 14 या अनुच्छेद 19 द्वारा प्रदत्त अधिकारों में से किसी से असंगत है या उसे छीनती है या न्यून करती है—

परन्तु जहाँ ऐसी विधि किसी राज्य के विधान-मण्डल द्वारा बनाई गई विधि है वहाँ इस अनुच्छेद के उपबन्ध उस विधि को तब तक लागू नहीं होंगे जब तक ऐसी विधि को, जो

राष्ट्रपति के विचार के लिए आरक्षित रखी गई है, उसकी अनुमति प्राप्त नहीं हो गई है : परन्तु यह और कि जहाँ किसी विधि में किसी सम्पदा के राज्य द्वारा अर्जन के लिए कोई उपबन्ध किया गया है और जहाँ उसमें समाविष्ट कोई भूमि किसी व्यक्ति की अपनी जोत में है वहाँ राज्य के लिए ऐसी भूमि के ऐसे भाग को, जो किसी तत्समय प्रवृत्त विधि के अधीन उसको लागू अधिकतम सीमा के भीतर है, या उस पर निर्मित या उससे अनुलग्न किसी भवन या संरचना को अर्जित करना उस दशा के सिवाय विधिपूर्ण नहीं होगा जिस दशा में ऐसी भूमि, भवन या संरचना के अर्जन से सम्बन्धित विधि उस दर से प्रतिकर के संदाय क लिए उपबन्ध करती है जो उसके बाजार-मूल्य से कम नहीं होंगी।

(2) इस अनुच्छेद में,—

(क) ''सम्पदा'' पद का किसी स्थानीय क्षेत्र के सम्बन्ध में वही अर्थ है जो उस पद का या उसके समतुल्य स्थानीय पद का उस क्षेत्र में प्रवृत्त भू-धृतियों से सम्बन्धित विद्यमान विधि में है और इसके अन्तर्गत—

(i) कोई जागीर, इनाम या मुआफी अथवा वैसा ही अन्य अनुदान और तमिलनाडु और केरल राज्यों में कों जन्मम् अधिकार भी होगा;

(ii) रैयतवाड़ी बन्दोबस्त के अधीन धृत कोई भूत भी होगी;

(iii) कृषि के प्रयोजनों के लिए या उसके सहायक प्रयोजनों के लिए धृत या पट्टे पर दी गई कोई भूमि भी होगी, जिसके अन्तर्गत बंजर भूमि, वन भूमि, चरागाह या भूमि के कृषकों, कृषि श्रमिकों और ग्रामीण कारीगरों के अधिभोग में भवनों और अन्य संरचनाआं के स्थल हैं;

(ख) ''अधिकार'' पद के अन्तर्गत किसी सम्पदा के सम्बन्ध में, किसी स्वत्वधारी, उप-स्वत्वधारी, अवर स्वत्वधारी, भू-धृतिधारक, रैयत, अवर रैयत या अन्य मध्यवर्ती में निहित कोई अधिकार और और भू-राजस्व के सम्बन्ध में कोई अधिकार या विशेषाधिकार होंगे।

31ख. कुछ अधिनियमों और विनियमों का विधिमान्यकरण—अनुच्छेद 31क में अन्तर्वि॰ उपबन्धों की व्यापकता पर प्रतिकूल प्रभाव डाले बिना, नवीं अनुसूची में विनिर्दिष्ट अधिनियमों और विनियमों में से और उनके उपबन्धों में से कोई इस आधार पर शून्य या कभी शून्य हुआ नहीं समझा जाएगा कि वह अधिनियम, विनियम या उपबन्ध इस भाग के किन्हीं उपबन्धों द्वारा प्रदत्त अधिकारों में से किसी से असंगत है या उसे छीनता है या न्यून करता है और किसी न्यायालय या अधिकरण के किसी प्रतिकल निर्णय, डिक्री या आदेश के होते हुए भी, उक्त अधिनियमों और विनियमों में से प्रत्येक, उसे निरसित या संशोधित करने की किसी सक्षम विधान-मण्डल की शक्ति के अधीन रहते हुए, प्रवृत्त बना रहेगा।

31ग. कुछ निदेशक तत्त्वों को प्रभावी करने वाली विधियों की व्यावृत्ति—अनुच्छेद 13 में किसी बात के होते हुए भी, कोई विधि, जो भाग 4 में अधिकथित सभी या किन्हीं तत्त्वों को सुनिश्चित करने के लिए राज्य की नीति को प्रभावी करने वाली है, इस आधार

पर शून्य नहीं समझी जाएगी कि वह अनुच्छेद 14 या अनुच्छेद 19 द्वारा प्रदत्त अधिकारों में से किसी से असंगत है या उसे छीनती है या न्यून करती है और कोई विधि, जिसमें यह घोषणा है कि वह ऐसी नीति को प्रभावी करने के लिए है, किसी न्यायालय में इस आधार पर प्रश्नगत नहीं की जाएगी कि वह ऐसी नीति को प्रभावी नहीं करती है :

परन्तु जहाँ ऐसी विधि किसी राज्य के विधान-मण्डल द्वारा बनाई जाती पहै वहाँ इस अनुच्छेद के उपबन्ध उस विधि को तब तक लागू नहीं होंगे जब तक ऐसी विधि को, जो राष्ट्रपति के विचार के लिए आरक्षित रखी गई है, उसकी अनुमति प्राप्त नहीं हो गई है।

31घ. राष्ट्र विरोधी क्रियाकलाप के सम्बन्ध में विधियों की व्यावृत्ति—संविधान (तैंतालीसवां संशोधन) अधिनियम, 1977 की धारा 2 द्वारा (13-4-1978 से) निरसित।

सांविधानिक उपचारों का अधिकार

32. इस भाग द्वारा प्रदत्त अधिकारों को प्रवर्तित कराने के लिए उपचार—(1) इस भाग द्वारा प्रदत्त अधिकारों को प्रवर्तित कराने के लिए समुचित कार्यवाहियों द्वारा उच्चतम न्यायालय में समावेदन करने का अधिकार प्रत्याभूत किया जाता है।

(2) इस ाग द्वारा प्रदत्त अधिकारों में से किसी को प्रवर्तित कराने के लिए उच्चतम न्यायालय को ऐसे निदेश या आदेश या रिट, जिनके अन्तर्गत बन्दी प्रत्यक्षीकरण, परमादेश, प्रतिषेध, अधिकार-पृच्छा और उत्प्रेषण रि है, जो भी समुचित हो, निकालने की शक्ति होंगी।

(3) उच्चतम न्यायालय को खण्ड (1) और खण्ड (2) द्वारा प्रदत्त शक्तियों पर प्रतिकूल प्रभाव डाले बिना, संसद्, उच्चतम न्यायालय द्वारा खण्ड (2) के अधीन प्रयेक्तव्य किन्हीं या सभी शक्तियों का किसी अन्य न्यायालय को अपनी अधिकारिता की स्थानीय सीमाओं के भीतर प्रयोग करने के लिए विधि द्वारा सशक्त कर सकेगी।

(4) इस संविधान द्वारा अन्यथा उपबन्धित के सिवाय, इस अनुच्छेद द्वारा प्रतयाभूत अधिकार निलम्बित नहीं किया जाएगा।

टिप्पणी

विस्तार एवं प्रयोज्यता—(1) 1993-1994 के सत्र के लिए प्राइवेट आयुर्विज्ञान दंत और नर्सरी विद्यालयों में संदाय स्थानों के लिए उच्चतम न्यायालय द्वारा फीस संरचना का निर्दिष्ट किया जाना तथा इस फीस संरचना का अन्तिम होना और केन्द्रीय सरकार और समुचित केन्द्रीय निकाय द्वारा तैयार की गयी फीस संरचना के अनुसार समायोजन को दायी होना के सम्बन्ध में प्राइवेट आयुर्विज्ञान विद्यालयों में 50 प्रतिशत स्थानों पर विदेशी छात्रों को प्रवेश देने की पद्धति अब और अधिक अनुज्ञेय नहीं है। विदेशी छात्रों को प्रवेश के लिए कोई रियायत न दिया जाना जिनकी अग्रिम फीस उन्नीकृष्णन वाले मामले में आदेश से पूर्व स्रंगहीत की गयी थी फिर भी अप्रवासी भारतीयों और विदेशी छात्रों के लिए कोटा केवल वर्तमान सत्र (1993-94) के लिए 15% तक बढ़ाया जाना। यदि अप्रवासी भारतीयों, विदेशी छात्रों की पर्याप् त संख्या

उपलब्ध नहीं है तो 15% का उक्त कोटा प्रबन्ध तन्त्र द्वारा केवल सत्र 1993-94 के लिए अपनी रुचि के छात्रों से भरा जा सकता है। [टी. एम. ई. पई फाण्डेशन बनाम कर्नाटक राज्य : ए. आई. आर. 1994 एस. सी. 2372 : 1994 (4) उम. नि. प. 191]

(2) संसदीय प्रक्रिया में न्यायालय के हस्तक्षेप की ईप्सा करते हुए फाइल किया गया लोकहित का मुकदमा चलने योगय नहीं है। संसद में उच्चतम न्यायालय के एक न्यायाधीश के विरुद्ध महाभियोग के प्रस्ताव पर मतदान के सम्बन्ध में शासक दल कांग्रेस (ई.) द्वारा अपने सदस्यों को मतदान से प्रवरित करने के लिए मौखिक आदेश जारी किया गया। याची का यह दावा कि यदि संसद सदस्यों ने लोकसभा अध्यक्ष को तामील की गयी याची की नौ पृष्ठ की संसूचना जिसे संसद सदस्यों को परिचालित करने में लोकसभा अध्यक्ष असफल रहे थे, पढ़ ली होती तो उन्होंने अन्तिम क्षण पर जारी कए गए मौखिक आदेश मानने से इन्कार कर दिया होता। संसद द्वारा न्यायाधीश (जाँच) अधिनियम के अधीन गठित समिति द्वारा रिपोर्ट प्रस्तुत कर दिए जाने के पश्चात् महाभियोग प्रस्ताव पर विचार का प्रक्रम राजनैतिक प्रक्रिया है जिसमें न्यायालय हस्तक्षेप नहीं कर सकता। [कैप्टन वीरेन्द्र कुमार बनाम शिवराज पाटिल, लोकसभा अध्यक्ष 1994 (1) उम. नि. प. 949 : 1993 (4) एस. सी. सी. 97]

(3) यदि आक्षेपित विधि मूल अधिकारों को प्रभावित करती है या ऐसे अधिकारों के प्रभावित होने की आशंका है तो उक्त अनुच्छेद के अधीन सम्पृक्त अधिकार के प्रवर्तन के लिए पिीशन लाया जा सकता है परन्तु यदि उक्त विधि किसी भी मूल अधिकार को प्रभावित नहीं करती तो अनुच्छेद 32 के अन्तर्गत राज्य विधान मण्डल की विधायी क्षमता सम्बन्धी प्रश्न पर उच्चतम न्यायालय विचार नहीं करेगा। [डी. ए. वी. कालेज जालन्धर बनाम पंजाब राज्य 1971 (3) उम. नि. प. 356]

(4) अपवर्जित कर्मचारियों द्वारा इस आधार पर रिट याचिका फाइल की गयी थी कि उन्हें सुनवाई का अवसर नहीं मिला था। याचिका स्वीकार करनी होंगी और जिन याचियों ने सफलता प्राप्त कर ली पथी उन्हें नियोजन में वापस लिए जाने का निर्देश देना होगा। [के. आई. शेफर्ड बनाम भारत संघ 1990 (1) उम. नि. प. 11]

(5) जब मूल अधिकारों के अतिक्रमण की आशंका हो उसी समय पिटीशन प्रस्तुत किया जा सकता है। यह आवश्यक नहीं है कि व्यथित व्यक्ति उस समय की प्रतीक्षा करे जब उसके मूल अधिकारों का वस्तुत: अतिक्रमण हो जाये। [डी. ए. वी. कालेज भण्डिा बनाम पंजाब राज्य 1971 (3) उम. नि. प. 390]

(6) एम. वी. वी. एस./वी. डी. एस. आदि पाठ्यक्रमों में प्रवेश सम्बन्धी प्रश्न के बारे में उच्चतम न्यायालय द्वारा पूर्ववर्ती विनिश्चय में स्कीम विरचित की गयी। उच्चतम न्यायालय द्वारा 21 जुलाई 1986 को लिए गए निर्णय द्वारा स्पष्टीकरण दिया गया। यह निर्देश दिया गया कि विभिन्न संस्थान 1992 तक तो इन पाठ्यक्रमों में रिक्तियों को प्रवेश सम्बन्धी अपनी प्रक्रिया के अनुसार भर सकते हैं किन्तु सन् 1993 से समस्त भारत में स निर्णय के पैरा 6 में दी गयी एक

समान प्रक्रिया अपनाये जाने का आदेश दिया गया। [डॉ. दिनेश कुमार बनाम मोतीलाल नेहरू कालेज इलाहाबाद 1990 (1) उम. नि. प. 293]

(7) एक आदर्श नियोजक के रूप में राज्य को अपने कर्मचारियों को समुचित प्रसुविधायें उपलब्ध कराने के लिए व्यापक स्कीम विरचित करनी चाहिए और उसके उपबन्धों को यथाशीघ्र कार्यान्वित करना चाहिए। [जागृत मजदूर यूनियन बनाम ...नगर टेलीफोन निगम लि. 1990 (3) उम. नि. प. 975]

(8) कर्नाटक राज्य में प्राइवे इन्जीनियरिंग विद्यालयों की स्थिति के सम्बन्ध में समुचित प्राधिकारियों को न्यायालय के आदेशों, राज्य सरकार द्वारा विरचित किए गए नियमों के अनुसार तारीख 30 नवम्बर, 1993 को या उससे पूर्व निःशुल्क स्थानों और संदाय स्थानों के सम्बन्ध में आबंटन करने का निर्देश दिया गया। तारीख 1 दिसम्बर, 1993 को रिक्त शेष स्थानों को प्रबन्ध तन्त्र द्वारा भरा जा सकता है। [टी. एम. ई. पई फाउण्डेशन बनाम कर्नाटक राज्य : ए. आई. आर. 1994 एस. सी. 2372 : 1994 (4) उम. नि. प. 191]

(9) संदेहास्पद परिस्थितियों में सेवा के दौरान सेना अधिकारी की मृत्यु हुई। उसकी मृत्यु के कारण के सम्बन्ध में समुचित अन्वेषण नहीं किया गया। मामले में सदोष उपेक्षा और घोर उदासीनता से व्यवहार करना, प्रत्युत्तर शपथपत्र को किसी भी व्यक्ति द्वारा दाखिल करने और शपथ लेने के लिए सामान्य रीति से तैयार किया जाना इन तथ्यों के आधार पर सम्बन्धित प्राधिकारी को आपराधिक लोप कारित करने का जिसके परिणामस्वरूप मृतक की विधवा और उसके दो अवयस्क बच्चों को मानसिक संवेदना और शारीरिक तथा वित्तीय तकलीफें उठानी पड़ीं दोषी ठहराया गया। मामले की परिस्थितियों में यह अभिनिर्धारित किया गया कि याची छह लाख रुपये प्रतिकर और नियमों के अनुसार विशेष कुटुम्ब पेंशन और अपत्य भत्ता पाने का हकदार है। मामले में उच्च स्तरीय अन्वेषण अपेक्षित था इसलिए थल सेना अध्यक्ष को वैयक्तिक रूप से मामले पर ध्यान देने का निर्देश दिया गया। [चरणजीत कौर बनाम भारत संघ 1994 (4) उम. नि. प. 374 ए. आई. आर. 1994 एस. सी. 1491]

(10) खतरनाक उद्योगों का स्थानान्तरण पूर्व आदेश अस्तित्व में था। समर्पित भूमि को अधिकारों से मुक्त करने के सम्बन्ध में दिशा निर्देश जारी किया गया। [एम. सी. मेहता बनाम भारत संघ, ए. आई. आर. 2001 एस. सी. 1848]

(11) **पोषण एवम् संक्रिया सम्बन्धी प्रभारों के दायित्व का विभाजन**—यह निर्देश देना उचित होगा कि पोषण एवम् संक्रिया सम्बन्धी प्रभारों हेतु दायित्व को चर्मशोधन सम्बन्धी संघ तथा कानपुर नगर निगम के बीच 50 : 50 के अनुपात में इन दोनों निकायों पर अधिरोपित किया जाना चाहिए। [इन री : (मे.) जागमऊ टैनर्स एसोसियेशन, ए. आई. आर. 2000 सु. को. 150]

(12) उच्चतम न्यायालय द्वारा पारित किसी अन्तिम निर्णय/आदेश को किसी भी क्षुब्ध व्यक्ति, वह चाहे मामले में पक्षकार हो या नहीं, द्वारा भारत के संविधान के अनुच्छेद 32

के अधीन किसी आवेदन पत्र पर चुनौती नहीं दी जा सकती है। [रूपा अशोक हुर्रा बनाम अशोक हुर्रा व अन्य, 2002 (47) ए. एल. आर. 429 (एस. सी.)]

32क. राज्य विधियों की सांविधानिक वैधता पर अनुच्छेद 32 के अधीन कार्यवाहियों में विचार न किया जाना—संविधान (तैंतालीसवां संशोधन) अधिनियम, 1977 की धारा 3 द्वारा (13-4-1978 से) निरसित।

33. इस भाग द्वारा प्रदत्त अधिकारों का, बलों आदि को लागू होने में, उपांतरण करने की संसद् की शक्ति—संसद् विधि द्वारा अवधारण कर सकेगी कि इस भाग द्वारा प्रदत अधिकारों में से कोई,—

(क) सशस्त्र बलों के सदस्यों को, या

(ख) लोक व्यवस्था बनाए रखने का भारसाधन करने वाले बलों के सदस्यों को, या

(ग) आसूचना या प्रति आसूचना के प्रयोजनों के लिए राज्य द्वारा स्थापित किसी ब्यूरो या अन्य संगठन में नियोजित व्यक्तियों को, या

(घ) खण्ड (क) से खण्ड (ग) में निर्दिष्ट किसी बल, ब्यूरो या संगठन के प्रयोजनों के लिए स्थापित दूरसंचार प्रणाली में या उसके सम्बन्ध में नियोजित व्यक्तियों को,

लागू होने में, किसी विस्तार तक निर्बंधित या निराकृत किया जाए जिससे उनके कर्त्तव्यों का उचित पालन और उनमें अनुशासन बना रहना सुनिश्चित रहे।

34. जब किसी क्षेत्र में सेना विधि प्रवृत्त है तब इस भाग द्वारा प्रदत्त अधिकारों पर निर्बंधन—इस भाग के पूर्वगामी उपबन्धों में किसी बात के होते हुए भी, संसद विधि द्वारा संघ या किसी राज्य की सेवा में किसी व्यक्ति की या किसी अन्य व्यक्ति की किसी ऐसे कार्य के सम्बन्ध में क्षतिपूर्ति कर सकेगी जो उसने भारत के राज्यक्षेत्र के भीतर किसी ऐसे क्षेत्र में, जहाँ सेना विधि प्रवृत्त थी, व्यवस्था के बनाए रखने या पुन:स्थापन के सम्बन्ध में किया है या ऐसे क्षेत्र में सेना विधि के अधीन पारित दण्डादेश, दिए गए दण्ड, आदिष्ट समपहरण या किए गए अन्य कार्य को विधिमान्य कर सकेगी।

35. इस भाग के उपबन्धों को प्रभावी करने के लिए विधान—इस संविधान में किसी बात के होते हुए भी,—

(क) संसद् को शक्ति होगी और किसी राज्य के विधान-मण्डल को शक्ति नहीं होगी कि वह—

(i) जिन विषयों के लिए अनुच्छेद 16 के खण्ड (3), अनुच्छेद 32 के खण्ड (3), अनुच्छेद 33 और अनुच्छेद 34 के अधीन संसद् विधि द्वारा उपबन्ध कर सकेगी उनमें से किसी के लिए, और

(ii) ऐसे कार्यों के लिए, जो इस भाग के अधीन अपराध घोषित किए गए हैं, दण्ड विहित करने के लिए, विधि बनाए और संसद् इस संविधान के प्रारम्भ के पश्चात् यथाशक्य शीघ्र ऐसे कार्यों के लिए, जो उपखण्ड (ii) में निर्दिष्ट हैं, दण्ड विहित करने के लिए विधि बनाएगी :

(ख) खण्ड (क) के उपखण्ड (i) में निर्दिष्ट विषयों में से किसी से सम्बन्धित या उस खण्ड के उपखण्ड (ii) में निर्दिष्ट किसी कार्य के लिए दण्ड का उपबन्ध करने वाली कोई प्रवृत्त विधि, जो भारत के राज्यक्षेत्र में इस संविधान के प्रारमी से ठीक पहले प्रवृत्त थी, उसके निबन्धनों के और अनुच्छेद 372 के अधीन उसमें किए गए किन्हीं अनुकूलनों और उपांतरणों के अधीन रहते हुए तब तक प्रवृत्त रहेगी जब तक उसका संसद् द्वारा परिवर्तन या निरसन या संशोधन नहीं कर दिया जाता है।

स्पष्टीकरण—इस अनुच्छेद में, ''प्रवृत्त विधि'' पद का वही अर्थ है जो अनुच्छेद 372 में है।

राज्य की नीति के निदेशक तत्त्व

36. परिभाषा—इस भाग में, जब तक कि सन्दर्भ से अन्यथा अपेक्षित न हो, ''राज्य'' का वही अर्थ है जो भाग 3 में है।

टिप्पणी

विस्तार—जहाँ पर सह अभियुक्त की विशेष इजाजत याचिका खारिज कर दी गयी हो वहाँ पर उच्चतम न्यायालय इन अपीलार्थियों की विशेष इजाजत याचिका को ग्रहण कर सकता है जिनके विरुद्ध एक जेसे ही अभिकथन किए गए हैं। मात्र सहअभियुक्त व्यक्तियों की विशेष इजाजत याचिका की खारिजों अपीलार्थियों की उन अपीलों के भाग्य को बन्द नहीं कर सकती जिन्हें उच्चतम न्यायालय द्वारा इजाजत प्रदान कर दिए जाने के पश्चात् ग्रहण कर लिया गया है। [हरि सिंह बनाम हरियाणा राज्य 1994 (1) उम. नि. प. 273 1993 (3) एस. सी. सी. 114]

संविधान के उक्त उपबन्धों तथा अधिनियम के उपबन्धों एवं प्रभुत्व सम्पन्न संरक्षक के सिद्धानत का प्रभाव यह है कि राज्य प्रभुत्व सम्पन्न संरक्षक के दायित्व को संविधान तथा अधिनियम के अधीन अपनी बाध्यता की पूर्ति के लिए ग्रहण कर सकता है। [चरण लाल साहू बनाम भारत संघ 1990 (1) उम. नि. प. 844]

37. इस भाग में अन्तर्विष्ट तत्त्वों का लागू होना—इस भाग में अन्तर्विष्ट उपबन्ध किसी न्यायालय द्वारा प्रवर्तनीय नहीं होंगे किन्तु फिर भी इनमें अधिकथित तत्त्व देश के शासन में मूलभूत हैं और विधि बनाने में इन तत्त्वों को लागू करना, राज्य का कर्त्तव्य होगा।

38. राज्य लोक कल्याण की अभिवृद्धि के लिए सामाजिक व्यवस्था बनाएगा—(1) राज्य ऐसी सामाजिक व्यवस्था की, जिसमें सामाजिक, आर्थिक और राजनैतिक न्याय

राष्ट्रीय जीवन की सभी संस्थाओं को अनुप्राणित करे, भरसक प्रभावी रूप में स्थापना ओर संरक्षण करके लोक कल्याण की अभिवृद्धि का प्रयास करेगा।

(2) राज्य, विशिष्टतया, आय की असमानताओं को कम करने का प्रयास करेगा और न केवल व्यष्टियों के बीच बल्कि विभिन्न क्षेत्रों में रहने वाले और विभिन्न व्यवसायों में लगे हुए लोगों के समूहों के बीच भी प्रतिष्ठा, सुविधाओं और अवसरों की असमानता समाप्त करने का प्रयास करेगा।

39. राज्य द्वारा अनुसरणीय कुछ नीति तत्त्व—राज्य अपनी नीति का, विशिष्टतया, इस प्रकार संचालन करेगा कि सुनिश्चित रूप से—

(क) पुरुष और स्त्री सभी नागरिकों को समान रूप से जीविका के पर्याप्त साधन प्राप्त करने का अधिकार हो;

(ख) समुदाय के भौतिक संसाधनों का स्वामित्व और नियन्त्रण इस प्रकार बंटा हो जिससे सामूहिक हित का सर्वोत्तम रूप से साधन हो;

(ग) आर्थिक व्यवस्था इस प्रकार चले जिससे धन और उत्पादन-साधनों का सर्वसाधारण के लिए अहितकारी संकेन्द्रण न हो;

(घ) पुरुषों और स्त्रियों दोनों का समान कार्य के लिए समान वेतन हो;

(ङ) पुरुष और स्त्री कर्मकारों के स्वास्थ्य और शक्ति का तथा बालकों की सुकुमार अवस्था का दुरुपयोग न हो और आर्थिक आवश्यकता से विवश होकर नागरिकों को ऐसे रोजगारों में न जाना पड़े जो उनकी आयु या शक्ति के अनुकूल न हों;

(च) बालकों को स्वतन्त्र और गरिमामय वातावरण में स्वस्थ विकास के अवसर और सुविधाएँ दी जाएं और बालकों और अल्पवय व्यक्तियों की शोषण से तथा नैतिक और आर्थिक परित्याग से रक्षा की जाए।

टिप्पणी

विस्तार—(1) कुछ अपवर्जित कर्मचारियों द्वारा इस आधार पर याचिकायें फाइल की गयी थी कि उनकी सुनवाई नहीं की गयी थी। सेवा में बने रहने का अनुतोष मंजूर किया गया तथा जिन कर्मचारियों को अपवर्जित कर दिया गया था परन्तु वे न्यायालय में उपस्थित नहीं हो सके थे उनको भी इस विनिश्चय का लाभ प्राप्त होगा। [के. आई. शेफर्ड बनाम भारत संघ 1990 (1) उम नि. प. 11]

(2) समान कार्य के लिए समान वेतन के अन्तर्गत याचियों द्वारा निगम के नियमित बढ़ई के वेतनमान के समान वेतन की माँग की गयी। समान वेतन की माँग एक ही स्थापना में एक ही प्रबन्ध तन्त्र के नियन्त्रण के अधीन समस्थानियों के बीच ही की जा सकती है। जब तक यह साबित न कर दिया जाय कि एक ही स्थान के एक ही मालिक द्वारा समान वर्ग के

कर्मचारियों के बीच भेदभाव बरता गया है तब तक समान कार्य के लिए समान वेतन के सिद्धान्त को प्रवृत्त नहीं कराया जा सकता। [हरवंश लाल बनाम हिमाचल प्रदेश राज्य 1990 (3) उम. नि. प. 764]

(3) समान वेतन के लिए वस्तुतः तात्विक बात यह है कि सम्बद्ध प्रवर्ग एक जैसे कृत्य कर रहे हों और यह बात तात्विक नहीं है कि उनकी योग्यताओं और या सेवा की शर्तें एक जैसी हैं या नहीं। [पश्चिमी बंगाल राज्य बनाम मदनमोहन सेन 1994 (1) उम. नि. प. 709 1993 (3) एस. सी. सी. 243]

39क. समान न्याय और निःशुल्क विधिक सहायता—राज्य यह सुनिश्चित करेगा कि विधिक तन्त्र इस प्रकार काम करे कि समान अवसर के आधार पर न्याय सुलभ हो और वह, विशिष्टतया, यह सुनिश्चित करने के लिए कि आर्थिक या किसी अन्य निर्योग्यता के कारण कोई नागरिक न्याय प्राप्त करने के अवसर से वंचित न रह जाए, उपयुक्त विधान या स्कीम द्वारा या किसी अन्य रीति से निःशुल्क विधिक सहायता की व्यवस्था करेगा।

40. ग्राम पंचायतों का संगठन—राज्य ग्राम पंचायतों का संगठन करने के लिए कदम उठाएगा और उनको ऐसी शक्तियाँ और प्राधिकार प्रदान करेगा जो उन्हें स्वायत्त शासन की इकाइयों के रूप में कार्य करने योग्य बनाने के लिए आवश्यक हों।

41. कुछ दशाओं में काम, शिक्षा और लोक सहायता पाने का अधिकार—राज्य अपनी आर्थिक सामर्थ्य और विकास की सीमाओं के भीतर, काम पाने के, शिक्षा पाने के और बेकारी, बुढ़ापा, बीमारी और निःशक्तता तथा अन्य अनर्ह अभाव की दशाओं में लोक सहायता पाने के अधिकार को प्राप्त कराने का प्रभावी उपबन्ध करेगा।

42. काम की न्यायसंगत और मानवोचित दशाओं का तथा प्रसूति सहायता का उपबन्ध—राज्य काम की न्यायसंगत और मानवोचित दशाओं को सुनिश्चित करने के लिए और प्रसूति सहायता के लिए उपबन्ध करेगा।

43. कर्मकारों के लिए निर्वाह मजदूरी आदि—राज्य, उपयुक्त विधान या आर्थिक संगठन द्वारा या किसी अन्य रीति से कृषि के, उद्योग के या अन्य प्रकार के सभी कर्मकारों को काम, निर्वाह मजदूरी, शिष्ट जीवन स्तर और अवकाश का सम्पूर्ण उपभोग सुनिश्चित करने वाली काम की दशाएँ तथा सामाजिक और सांस्कृतिक अवसर प्राप्त कराने का प्रयास करेगा और विशिष्टतया ग्रामों में कुटीर उद्योगों को वैयक्तिक या सहकारी आधार पर बढ़ाने का प्रयास करेगा।

43क. उद्योगों के प्रबन्ध में कर्मकारों का भाग लेना—राज्य किसी उद्योग में लगे हुए उपक्रमों, स्थापनों या अन्य संगठनों के प्रबन्ध में कर्मकारों का भाग लेना सुनिश्चित करने के लिए उपयुक्त विधान द्वारा या किसी अन्य रीति से कदम उठाएगा।

44. नागरिकों के लिए एक समान सिविल संहिता—राज्य, भारत के समस्त राज्यक्षेत्र में नागरिकों के लिए एक समान सिविल संहिता प्राप्त कराने का प्रयास करेगा।

45. छः वर्ष से कम आयु के बालकों के प्रारम्भिक बचपन की देखभाल और शिक्षा का उपबन्ध—राज्य सभी बालकों को छः वर्ष की आयु पूरी करने तक प्रारम्भिक बचपन की देखभाल और शिक्षा देने के लिए उपबन्ध करने का प्रयास करेगा।

46. अनुसूचित जातियों, अनुसूचित जनजातियों और अन्य दुर्बल वर्गों के शिक्षा और अर्थ सम्बन्धी हितों की अभिवृद्धि—राज्य, जनता के दुर्बल वर्गों के, विशिष्टतया, अनुसूचित जातियों और अनुसूचित जनजातियों के शिक्षा और अर्थ सम्बन्धी हितों की विशेष सावधानी से अभिवृद्धि करेगा और सामाजिक अन्याय और सभी प्रकार के शोषण से उनकी संरक्षा करेगा।

47. पोषाहार स्तर और जीवन स्तर को ऊंचा करने तथा लोक स्वास्थ्य का सुधार करने का राज्य का कर्त्तव्य—राज्य, अपने लोगों के पोषाहार स्तर और जीवन स्तर को ऊँचा करने और लोक स्वास्थ्य के सुधार को अपने प्राथमिक कर्त्तव्यों में मानेगा और राज्य, विशिष्टतया, मादक पेयों और स्वास्थ्य के लिए हानिकर औषधियों के, औषधीय प्रयोजनों से भिन्न, उपभोग का प्रतिषेध करने का प्रयास करेगा।

48. कृषि और पशुपालन का संगठन—राज्य, कृषि और पशुपालन को आधुनिक और वैज्ञानिक प्रणालियों से संगठित करने का प्रयास करेगा और विशिष्टतया गायों और बछड़ों तथा अन्य दुधारू और वाहक पशुओं की नस्लों के परिरक्षण और सुधार के लिए और उनके वध का प्रतिषेध करने के लिए कदम उठाएगा।

48क. पर्यावरण का संरक्षण तथा संवर्धन और वन तथा वन्य जीवों की रक्षा—राज्य, देश के पय्रावरण के संरक्षण तथा संवर्धन का और वन तथा वन्य जीवों की रक्षा करने का प्रयास करेगा।

49. राष्ट्रीय महत्त्व के संस्मारकों, स्थानों और वस्तुओं का संरक्षण—संसद् द्वारा बनाई गई विधि द्वारा या उसके अधीन राष्ट्रीय महत्त्व वाले घोषित किए गए कलात्मक या ऐतिहासिक अभिरुचि वाले प्रत्येक संस्मारक या स्थान या वस्तु का, यथास्थिति, लुंठन, विरूपण, विनाश, अपसारण, व्ययन या निर्यात से संरक्षण करना राज्य की बाध्यता होंगी।

50. कार्यपालिका से न्यायपालिका का पृथक्करण—राज्य की लोक सेवाओं में, न्यायपालिका को कार्यपालिका से पृथक् करने के लिए राज्य कदम उठाएगा।

टिप्पणी

विस्तार—अनुच्छेद 50 में प्रयुक्त शब्द 'राज्य' का अर्थ व्यापक है। राज्य के अन्तर्गत भारत सरकार भारत की संसद् प्रत्येक राज्य की सरकार और उसका विधान मण्डल तथा भारत के राज्य क्षेत्र के भीतर या भारत कों नियन्त्रणाधीन सभी स्थानीय प्राधिकरण आते हैं। कार्यपालिका से न्यायपालिका के पृथक्करण की संकलपना में अधीनस्थ न्यायपालिका ही सम्मिलित नहीं है बल्कि उच्चतर न्यायपालिका भी सम्मिलित है और न्यायपालिका की स्वतन्त्रता इस संकल्पना में समाविष्ट है। नियुक्ति और स्थानान्तरण के सम्बन्ध में उच्चतर न्यायपालिका की राय को प्राथमिकता

दिए जाने से अब न्यायपालिका की स्वतन्त्रता की संकल्पना को पूर्णता प्राप्त हो गयी है। [सुप्रीम कोर्ट एडवोकेट्स आन रिकार्ड एसोसियेशन बनाम भारत संघ 1994 (1) उम. नि. प. 413 ए. आई. आर. 1994 एस. सी. 268 1993 (4) एस. सी. सी. 441]

केन्द्रीय प्रशासनिक न्यायाधकरण का उपाध्यक्ष अवश्य ही विधिक पृष्ठभूमि का व्यक्ति होना चाहिए क्योंकि उस व्यक्ति जो खण्डपीठ की अध्यक्षता करता है, को सार्वजनिक लोगों में विश्वास उत्पन्न करना चाहिए। अनुच्छेद 50 का उद्देश्य ही विनष्ट हो जाएगा यदि पीठासीन अधिकारी कार्यपालिका से आया व्यक्ति होगा। [शम्भू दयाल बनाम भारत संघ, 2002 (47) ए. एल. आर. 182]

51. अन्तर्राष्ट्रीय शान्ति और सुरक्षा की अभिवृद्धि—राज्य,—

(क) अन्तर्राष्ट्रीय शान्ति और सुरक्षा की अभिवृद्धि का,

(ख) राष्ट्रों के बीच न्यायसंगत और सम्मानपूर्ण सम्बन्धों को बनाए रखने का,

(ग) संगठित लोगों के एक दूसरे से व्यवहारों में अन्तर्राष्ट्रीय विधि और संधि-बाध्यताओं के प्रति आदर बढ़ाने का, और

(घ) अन्तर्राष्ट्रीय विवादों के माध्यस्थम् द्वारा निपटारे के लिए प्रोत्साहन देने का, प्रयास करेगा।

मूल कर्त्तव्य

51क. मूल कर्त्तव्य—भारत के प्रत्येक नागरिक का यह कर्त्तव्य होगा कि वह—

(क) संविधान का पालन करे और उसके आदर्शों, संस्थाओं, राष्ट्रध्वज और राष्ट्रगान का आदर करे;

(ख) स्वतन्त्रता के लिए हमारे राष्ट्रीय आन्दोलन को प्रेरित करने वाले उच्च आदर्शों को हृदय में संजोए रखे और उनका पालन करे;

(ग) भारत की प्रभुता, एकता और अखण्डता की रक्षा करे और उसे अक्षुण्ण रखे;

(घ) देश की रक्षा करे और आह्वान किए जाने पर राष्ट्र की सेवा करे;

(ङ) भारत के सभी लोगों में समरसता और समान भ्रातृत्व की भावना का निम्राण करे जो धर्म, भाषा और प्रदेश या वर्ग पर आधारित सभी भेदभाव से परे हो, ऐसी प्रथाओं का त्याग करे जो स्त्रियों के सम्मान के विरुद्ध हैं;

(च) हमारी सामाजिक संस्कृति की गौरवशाली परम्परा का महत्त्व समझे और उसका परिरक्षण करें;

(छ) प्राकृतिक पर्यावरण की, जिसके अन्तर्गत वन, झल, नदी और वन्य जीव हैं, रक्षा करे और उसका संवर्धन करे तथा प्राणि मात्र के प्रति दयाभाव रखे;

(ज) वैज्ञानिक दृष्टिकोण, मानववाद और ज्ञानार्जन तथा सुधार की भावना का विकास करे;

(झ) सार्वजनिक सम्पत्ति को सुरक्षित रखे और हिंसा से दूर रहे;

(ञ) व्यक्तिगत और सामूहिक गतिविधियों के सभी क्षेत्रों, में उत्कर्ष की ओर बढ़ने का सतत् प्रयास करे जिससे राष्ट्र निरनतर बढ़ते हुए प्रयत्न और उपलबिध की नई ऊँचाइयों को छू ले।

[(ट) माता-पिता या संरक्षक, जैसी भी स्थिति हो, अपने उस बच्चे की, जिसकी आयु छः से चौदह वर्ष के बीच है, शिक्षा देने का अवसर प्रदान करेगा।]

13

संघ कार्यपालिका

52. भारत की राष्ट्रपति—भारत का एक राष्ट्रपति होगा।

53. संघ की कार्यपालिका शक्ति—(1) संघ की कार्यपालिका शक्ति राष्ट्रपति में निहित होंगी और वह इसका प्रयोग इस संविधान के अनुसार स्वयं या अपने अधीनस्थ अधिकारियों के द्वारा करेगा।

(2) पूर्वगामी उपबन्ध की व्यापकता पर प्रतिकूल प्रभाव डाले बिना, संघ के रक्षा बलों का सर्वोच्च समादेश राष्ट्रपति में निहित होगा और उसका प्रयोग विधि द्वारा विनियमित होगा।

(3) इस अनुच्छेद की कोई बात—

(क) किसी विद्यमान विधि द्वारा किसी राज्य की सरकार या अन्य प्राधिकारी को प्रदान किए गए कृत्य राष्ट्रपति को अन्तरित करने वाली नहीं समझी जाएगी; या

(ख) राष्ट्रपति से भिन्न अन्य प्राधिकारियों को विधि द्वारा कृत्य प्रदान करने से संसद् को निवारित नहीं करेगी।

54. राष्ट्रपति का निर्वाचन—राष्ट्रपति का निर्वाचन ऐसे निर्वाचकगण के सदस्य करेंगे जिसमें—

(क) संसद् के दोनों सदनों क निर्वाचित सदस्य, और

(ख) राज्यों की विधान सभाओं के निर्वाचित सदस्य, होंगे।

[[1] **स्पष्टीकरण**—इस अनुच्छेद और अनुच्छेद 55 में, ''राज्य'' के अन्तर्गत दिल्ली राष्ट्रीय राजधानी राज्यक्षेत्र और पांडिचेरी संघ राज्यक्षेत्र हैं।]

55. राष्ट्रपति के निर्वाचम की रीति—(1) जहाँ तक साध्य हो, राष्ट्रपति के निर्वाचन में भिन्न-भिन्न राज्यों के प्रतिनिधित्व क मापमान में एकरूपता होगी।

(2) राज्यों में आपस में ऐसी एकरूपता तथा समस्त राज्यों और संघ में समतुल्यता प्राप्त कराने के लिए संसद् और प्रतयेक राज्य की विधान सभा का प्रतयेक निर्वाचित सदय ऐसे निर्वाचन में जितने मत देने का हकदार है उनकी संख्या निम्नलिखित रीति से अवधारित की जाएगी, अर्थात्—

(क) किसी राज्य की विधान सभा के प्रतयेक निर्वाचित सदस्य के उतने मत होंगे जितने कि एक हजार केक गुणित उस भागफल में हों जो राज्य की जनसंख्या के उस विधान सभा के निर्वाचित सदस्यों की कुल संख्या से भाग देने पर आए;

(ख) यदि एक हजार के उक्त गुणितों को लेने के बाद शेष पाँच सौ से कम नहीं है तो उपखण्ड (क) में निर्दिष्ट प्रत्येक सदस्य के मतों की संख्या में कए और जोड़ दिया जाएगा;

(ग) संसद् के प्रत्येक सदन के प्रत्येक निर्वाचित सदस्य के मतों की संख्या वह होंगी जो उपखण्ड (क) और उपखण्ड (ख) के अधीन राज्यों की विधान सभाओं के सदस्यों क लिए नियत कुल मतों की संख्या को, संसद् के दोनां सदनों के निर्वाचित सदस्यों की कुल संख्या से भाग देने पर आए, जिसमें आधे से अधिक भिन्न को एक गिना जाएगा और अन्य भिन्नों की उपेक्षा की जाएगी।

(3) राष्ट्रपति का निर्वाचन आनुपातिक प्रतिनिधित्व पद्धति के अनुसार एकल संक्रमणीय मत द्वारा होगा और ऐसे निर्वाचन में मतदान गुप्त होगा।

स्पष्टीकरण—इस अनुच्छेद में, ''जनसंख्या'' पद से ऐसी अन्तिम पूर्ववर्ती जनगणना में अभिनिश्चित की गई जनसंख्या अभिप्रेत है जिसेक सुसंगत आंकड़े प्रकाशित हो गए हैं :

परन्तु इस स्पष्टीकरण में अन्तिम पूर्ववर्ती जनगणना के प्रति, जिसके सुसंगत आँकड़े प्रकाशित हो गए हैं, निर्देश का, जब तक सन् [2026] के पश्चात् की गई पहली जनगणना के सुसंगत आँकड़े प्रकाशित नहीं हो जाते हैं, यह अर्थ लगाया जाएगा कि वह 1971 की जनगणना के प्रति निर्देश है।

56. राष्ट्रपति की पदावधि—(1) राष्ट्रपति अपने पद ग्रहण की तारीख से पांच वर्ष की अवधि तक पद धारण करेगा परन्तु—

(क) राष्ट्रपति, उपराष्ट्रपति को सम्बोधित अपने हस्ताक्षर सहित लेख द्वारा अपना पद त्याग सकेगा;

(ख) संविधान का अतिक्रमण करने पर राष्ट्रपति को अनुच्छेद 61 में उपबन्धित रीति से चलाए गए महाभियोग द्वारा पद से हटाया जा सकेगा;

(ग) राष्ट्रपति, अपने पद की अवधि समाप्त हो जाने पर भी, तब तक पद धारण करता रहेगा जब तक उसका उत्तराधिकारी अपना पद ग्रहण नहीं कर लेता है।

(2) खण्ड (1) के परन्तुक के खण्ड (क) के अधीन उपराष्ट्रपति को सम्बोधित त्यागपत्र की सूचना उसके द्वारा लोक सभा के अध्यक्ष को तुरन्त दी जाएगी।

57. पुनर्निर्वाचन के लिए पात्रता—कोई व्यक्ति, जो राष्ट्रपति के रूप में पद धारण करता है या कर चुका है, इस संविधान के अन्य उपबन्धों के अधीन रहते हुए उस पद के लिए पुनर्निर्वाचन का पात्र होगा।

58. राष्ट्रपति निर्वाचित होने के लिए अर्हताएँ—(1) कोई व्यक्ति राष्ट्रपति निर्वाचित होने का पात्र तभी होगा जब वह—

(क) भारत का नागरिक है,

(ख) पैंतीस वर्ष की आयु पूरी कर चुका है, और

(ग) लोक सभा का सदस्य निर्वाचित होने के लिए अर्हित है।

(2) कोई व्यक्ति, जो भारत सरकार के या किसी राज्य की सरकार के अधीन अथवा उक्त सरकारों में से किसी के नियन्त्रण में किसी स्थानीय या अन्य प्राधिकारी के अधीन कोई लाभ का पद धारण करता है, राष्ट्रपति निर्वाचित होने का पात्र नहीं होगा।

स्पष्टीकरण—इस अनुच्छेद के प्रयोजनों के लिए, कोई व्यक्ति केवल इस कारण कोई लाभ का पद धारण करने वाला नहीं समझा जाएगा कि वह संघ का राष्ट्रपति या उपराष्ट्रपति या किसी राज्य का राजयपाल है अथवा संघ का या किसी राज्य का मंत्री है।

59. राष्ट्रपति के पद के लिए शर्तें—(1) राष्ट्रपति संसद् के किसी सदन का या किसी राज्य के विधान-मण्डल के किसी सदन का सदस्य नहीं होगा और यदि संसद् के किसी सदन का या किसी राज्य के विधान-मण्डल के किसी सदन का कोई सदस्य राष्ट्रपति निर्वाचित हो जाता है तो यह समझा जाएगा कि उसने उस सदन में अपना स्थान राष्ट्रपति के रूप में अपने पद ग्रहण की तारीख से रिक्त कर दिया है।

(2) राष्ट्रपति अन्य कोई लाभ का पद धारण नहीं करेगा।

(3) राष्ट्रपति, बिना किराया दिए अपने शासकीय निवासों के उपयोग का हकदार होगा और ऐसी उपलब्धियों, भत्तों और विशेषाधिकारों का भी, जो संसद् विधि द्वारा अवधारित करे और जब तक इस निमित्त इस प्रकार उपबन्ध नहीं किया जाता है तब तक ऐसी उपलब्धियों, भत्तों और विशेषाधिकारों को, जो दूसरी अनुसूची में विनिर्दिष्ट हैं, हकदार होगा।

(4) राष्ट्रपति की उपलब्धियाँ और भत्ते उसकी पदावलि के दौरान कम नहीं किए जाएँगे।

60. राष्ट्रपति द्वारा शपथ या प्रतिज्ञान—प्रत्येक राष्ट्रपति और प्रत्येक व्यक्ति, जो राष्ट्रपति के रूप में कार्य कर रहा है या उसके कृत्यों का निपर्वहन कर रहा है, अपना पद ग्रहण करने से पहले भारत के मुख्य न्यायमूर्ति या उसकी अनुपस्थिति में उच्चतम न्यायालय के उपलब्ध ज्येष्ठतम न्यायाधीश के समक्ष निम्नलिखित प्ररूप में शपथ लेगा या प्रतिज्ञान करेगा और उस पर अपने हस्ताक्षर करेगा, अर्थात्—

"मैं, अमुक ईश्वर की शपथ लेता हूँ/सत्यनिष्ठा से प्रतिज्ञान करता हूँ—कि मैं श्रद्धापूर्वक भारत के राष्ट्रपति के पद का कार्यपालन (अथवा राष्ट्रपति के कृत्यों का निर्वहन) करूँगा तथा अपनी पूरी योगयता से संविधान और विधि का परिरक्षण, संरक्षण और प्रतिरक्षण करूँगा और मैं भारत की जनता की सेवा और कयाण में निरत रहूँगा।"

61. राष्ट्रपति पर महाभियोग चलाने की प्रक्रिया—(1) जब संविधान के अतिक्रमण के लिए राष्ट्रपति पर महाभियोग चलाना हो, तब संसद् का कोई सदन आरोप लगाएगा।

(2) ऐसा कोई आरोप तब तक नहीं लगाया जाएगा जब तक कि—

(क) ऐसा आरोप लगाने की प्रस्थापना किसी ऐसे संकल्प में अन्तर्विष्ट नहीं हैं, जो कम से कम चौदह दिन की ऐसी लिखित सूचना के दिए जाने के पश्चात् प्रस्तावित किया गया है जिस पर उस सदन की कुल सदस्य संख्या के कम से कम एक-चौथाई सदस्यों ने हस्ताक्षर करके उस संकल्प को प्रस्तावित करने का अपना आशय प्रकट किया है; और

(ख) उस सदन की कुल सदस्य संख्या के कम से कम दो-तिहाई बहुमत द्वारा ऐसा संकल्प पारित नहीं किया गया है।

(3) जब आरोप संसद् के किसी सदनद्वारा इस प्रकार लगाया गया है तब दूसरा सदन उस आरोप का अन्वेषण केरगा या कराएगा और ऐसे अन्वेषण में उपस्थित होने का तथा अपना प्रतिनिधित्व कराने का राष्ट्रपति को अधिकार होगा।

(4) यदि अन्वेषणके परिणामस्वरूप यह घोषित करने वाला संकल्प कि राष्ट्रपति के विरुद्ध लगाया गया आरोप सिद्ध हो गया है, आरोप का अन्वेषण करने या कराने वाले सदन की कुल सदस्य संख्या के कम से कम दो-तिहाई बहुमत द्वारा पारित कर दिया जाता है। तो ऐसे संकल्प का प्रभाव उसके इस प्रकार पारित किए जाने की तारीख से राष्ट्रपति को उसके पद से हटाना होगा।

62. राष्ट्रपति के पद में रिक्ति को भरने के लिए निर्वाचन करने का समय और आकस्मिक रिक्ति को भरने के लिए निर्वाचित व्यक्ति की पदावधि—(1) राष्ट्रपति की पदावधि की समाप्ति से हुई रिक्ति को भरने के लिए निर्वाचन, पदावधि की समाप्ति से पहले ही पूर्ण कर लिया जाएगा। (2) राष्ट्रपति की मृत्यु, पदत्याग या पद से हटाए जाने या अन्य कारण से हुई उसके पद में रिक्ति को भरने के लिए निर्वाचन, रिक्ति होने की तारीख के पश्चात् यथाशीघ्र और प्रत्येक दशा में छह मास बीतने से पहले किया जाएगा और रिक्ति को भरने के लिए निर्वाचित व्यक्ति, अनुच्छेद 56 के उपबन्धों के अधीन रहते हुए, अपने पद ग्रहण की तारीख से पाँच वर्ष की पूरी अवधि तक पद धारण करने का हकदार होगा।

63. भारत का उपराष्ट्रपति—भारत का एक उपराष्ट्रपति होगा।

64. उपराष्ट्रपति का राज्य सभा का पदेन सभापति होना—उपराष्ट्रपति, राज्य सभा का पदेन सभापति होगा और अन्य कोई लाभ का पद धारण नहीं करेगा : परन्तु जिस किसी अवधि के दौरान उपराष्ट्रपति, अनुच्छेद 65 के अधीन राष्ट्रपति के रूप में कार्य करता है या राष्ट्रपति के कृत्यों का निर्वहन करता है, उस अवधि के दौरान वह राज्य सभा के सभापति के पद के कर्त्तव्यों का पालन नहीं करेगा और वह अनुच्छेद 97 के अधीन राज्य सभा के सभापति को संदेय वेतन या भत्ते का हकदार नहीं होगा।

65. राष्ट्रपति के पद में आकस्मिक रिक्ति के दौरान या उसकी अनुपस्थिति में उपराष्ट्रपति का राष्ट्रपति के रूप में कार्य करना या उसके कृत्यों का निर्वहन—(1) राष्ट्रपति की मतृत्यु, पदत्याग या पद से हटाए जाने या अन्य कारण से उसके पद में हुई रिक्ति की दशा में उपराष्ट्रपति उस तारीख तक राष्ट्रपति के रूप में कार्य करेगा जिस तारीख को ऐसी रिक्ति को भरने क लिए इस अध्याय के उपबन्धों के अनुसार निर्वाचित नया राष्ट्र पति अपना पद ग्रहण करता है।

(2) जब राष्ट्रपति अनुपस्थिति, बीमारी या अन्य किसी कारण से अपने कृत्यों का निर्वहन करने में असमर्थ है तब उपराष्ट्रपति उस तारीख तक उसके कृत्यों का निर्वहन करेगा जिस तारीख को राष्ट्रपति अपने कर्त्तव्यों को फिर से सम्भालता है।

(3) उपराष्ट्रपति को उस अवधि के दौरान और उस अवधि के सम्बन्ध में, जब वह राष्ट्रपति के रूप में इस प्रकार कार्य कर रहा है या उसके कृत्यों का निर्वहन कर रहा है, राष्ट्रपति की सभी शक्तियाँ और उन्मुक्तियाँ होंगी तथा वह ऐसी उपलब्धियों, भत्तों और विशेषाधिकारों का जो संसद्, विधि द्वारा, अवधारित करे, और जब तक इस निमित्त इस प्रकार उपबन्ध नहीं किया जाता है तब तक ऐसी उपलब्धियों, भत्तों और विशेषाधिकारों का, जो दूसरी अनुसूची में विनिर्दिष्ट हैं, हकदार होगा।

66. उपराष्ट्रपति का निर्वाचन—(1) उपराष्ट्रपति का निव्राचन संसद् के दोनों सदनों के सदस्यों से मिलकर बनने वाले निर्वाचकगण के सदस्यों द्वारा आनुपातिक प्रतिनिधित्व पद्धति के अनुसार एकल संक्रमणीय मत द्वारा होगा और ऐसे निव्राचन में मतदान गुप्त होगा।

(2) उपराष्ट्रपति संसद् के किसी सदन का या किसी राज्य के विधान-मण्डल के किसी सदन का सदस्य नहीं होगा और यदि संसद् के किसी सदन का या किसी राज्य के विधान-मण्डल के किसी सदन का कोई सदस्य उपराष्ट्रपति निर्वाचित हो जाता है तो यह समझा जाएगा कि उसने उस सदन में अपना स्थान उपराष्ट्रपति के रूप में अपने पद ग्रहण की तारीख से रिक्त कर दिया है।

(3) कोई व्यक्ति उपराष्ट्रपति निर्वाचित होने का पात्र तभी होगा जब वह—

(क) भारत का नागरिक है,

(ख) पैंतीस वर्ष की आयु पूरी कर चुका है; और

(ग) राज्य सभा का सदस्य निर्वाचित होने के लिए अर्हित है।

(4) कोई व्यक्ति जो भारत सरकार के या किसी राज्य की सरकार के अधीन अथवा उक्त सरकारों में से किसी के नियन्त्रण में किसी स्थानीय या अन्य प्राधिकारी के अधीन कोई लाभ का पद धारण करता है, उपराष्ट्रपति निर्वाचित होने का पात्र नहीं होगा।

स्पष्टीकरण—इस अनुच्छेद के प्रयोजनों के लिए, कोई व्यक्ति केवल इस कारण कोई लाभ का पद धारण करने वाला नहीं समझा जाएगा कि वह संघ का राष्ट्रपति या उपराष्ट्रपति या किसी राज्य का राज्यपाल है अथवा संघ का या किसी राज्य का मंत्री है।

67. उपराष्ट्रपति की पदावधि—उपराष्ट्रपति अपने पद ग्रहण की तारीख से पाँच वर्ष की अवधि तक पद धारण करेगाप : परन्तु—

(क) उपराष्ट्रपति, राष्ट्रपति को सम्बोधित अपने हस्ताक्षर सहित लेख द्वारा अपना पद त्याग सकेगा;

(ख) उपराष्ट्रपति, राज्य सभा के ऐसे संकल्प द्वारा अपने पद से हटाया जा सकेगा जिसे राज्य सभा के तत्कालीन समस्त सदस्यों के बहुमत ने पारित किया है और जिससे लोक सभा सहमत है, किन्तु इस खण्ड के प्रयोजन के लिए कोई संकल्प तब तक प्रस्तावित नहीं किया जाएगा जब तक कि उस संकल्प को प्रस्तावित करने के आशय की कम से कम चौदह दिन की सूचनान दे दी गई हो,

(ग) उपराष्ट्रपति, अपने पद की अवधि समाप्त हो जाने पर भी तब तक पद धारण करता रहेगा जब तक उसका उत्तराधिकारी अपना पद ग्रहण नहीं कर लेता है।

68. उपराष्ट्रपति के पद में रिक्ति को भरने के लिए निर्वाचन करने का समय और आकस्मिक रिक्ति को भरने के लिए निर्वाचित व्यक्ति की पदावधि—(1) उपराष्ट्रपति की पदावधि की समाप्ति से हुई रिक्ति को भरने के लिए निर्वाचन, पदावधि की समाप्ति से पहले ही पूर्ण कर लिया जाएगा।

(2) उपराष्ट्रपति की मृत्यु, पदत्याग या पद से हटाए जाने या अन्य कारण से हुई उसके पद में रिक्ति को भरने के लिए निर्वाचन, रिक्ति होने के पश्चात् यथाशीघ्र किया जाएगा और रिक्ति को भरने के लिए निर्वाचित व्यक्ति, अनुच्छेद 67 के उपबन्धों के अधीन रहते हुए, अपने पद ग्रहण की तारीख से पाँच वर्ष की पूरी अवधि तक पद धारण करने का हकदार होगा।

69. उपराष्ट्रपति द्वारा शपथ या प्रतिज्ञान—प्रत्येक उपराष्ट्रपति अपना पद ग्रहण करने से पहले राष्ट्रपति अथवा उसके द्वारा इस निमित्त नियुक्त किसी व्यक्ति के समक्ष निम्नलिखित प्ररूप में शपथ लेगा या प्रतिज्ञान करेगा और उस पर अपने हस्ताक्षर करेगा, अर्थात्—"मैं, अमुक ईश्वर की शपथ लेता हूँ/सत्यनिष्ठा से प्रतिज्ञान करता हूँ—कि मैं विधि द्वारा स्थापित भारत के संविधान के प्रति सच्ची श्रद्धा और निष्ठा रखूँगा तथा जिस पद को मैं ग्रहण करने वाला हूँ उसके कर्त्तव्यों का श्रद्धापूर्वक निर्वहन करूँगा।"

70. अन्य आकस्मिकताओं में राष्ट्रपति के कृत्यों का निर्वहन—संसद् ऐसी किसी आकस्मिकता में जो इस अध्याय में उपबन्धित नहीं है, राष्ट्रपति के कृत्यों के निर्वहन के लिए ऐसा उपबन्धकर सकेगी जो वह ठीक समझे।

71. राष्ट्रपति या उपराष्ट्रपति के निर्वाचन से सम्बन्धित या संसक्त विषय—(1) राष्ट्रपति या उपराष्ट्रपति के निर्वाचन से उत्पन्न या संसक्त सभी शंकाओं और विवादों की जाँच और विनिश्चय उच्चतम न्यायालय द्वारा किया जाएगा और उसका विनिश्चय अन्तिम होगा।

(2) यदि उच्चतम न्यायालय द्वारा किसी व्यक्ति के राष्ट्रपति या उपराष्टपति के रूप में निर्वाचन को शून्य घोषित कर दिया जाता है तो उसके द्वारा, यथास्थिति, राष्ट्रपति या उपराष्ट्रपति के पद की शक्तियों के प्रयोग और कर्त्तव्यों के पालन में उच्चतम न्यायालय के विनिश्चय की तारीख को या उससे पहले किए गए कार्य उस घोषणा के कारण अविधिमान्य नहीं होंगे।

(3) इस संविधान के उपबन्धों के अधीन रहते हुए, राष्ट्रपति या उपराष्ट्रपति के निर्वाचन से सम्बन्धित या संसक्त किसी विषय का विनियमन संसद् विधि द्वारा कर सकेगी।

(4) राष्ट्रपति या उपराष्ट्रपति के रूप में किसी व्यक्ति के निर्वाचन को उसे निर्वाचित करने वाले निर्वाचकगण के सदस्यों में किसी भी कारण से विद्यमान किसी रिक्ति के आधार पर प्रश्नगत नहीं किया जाएगा।

72. क्षमा आदि की और कुछ मामलों में दण्डादेश के निलम्बन, परिहार या लघुकरण की राष्ट्रपति की शक्ति—(1) राष्ट्रपति को, किसी अपराध के लिए सिद्धदोष ठहराए गए किसी व्यक्ति के दण्ड को क्षमा, उसका प्रविलम्बन, विराम या परिहार करने की अथवा दण्डादेश के निलम्बन, परिहार या लघुकरण की—

(क) उन सभी मामलों में, जिनमें दण्ड या दण्डादेश सेना न्यायालय ने दिया है,

(ख) उन सभी मामलों में, जिनमें दण्ड या दण्डादेश ऐसे विषय सम्बन्धी किसी विधि के विरुद्ध अपराध के लिए दिया गया है जिस विषय तक संघ की कार्यपालिका शक्ति का

विस्तार है,

(ग) उन सभी मामलों में, जिनमें दण्डादेश, मृत्यु दण्डादेश है,

शक्ति होंगी।

(2) खण्ड (1) के उपखण्ड (क) की कोई बात संघ के सशस्त्र बलों के किसी आफिसर की सेना न्यायालय द्वारा पारित दण्डादेश के निलम्बन, परिहार या लघुकरण की विधि द्वारा प्रदत्त शक्ति पर प्रभाव नहीं डालेगी।

(3) खण्ड (1) के उपखण्ड (ग) की कोई बात तत्समय प्रवृत्त किसी विधि के अधीन किसी राज्य के राज्यपाल द्वारा प्रयोक्तव्य मृत्यु दण्डादेश के निलम्बन, परिहार या लघुकरण की शक्ति पर प्रभाव नहीं डालेगी।

73. संघ की कार्यपालिका शक्ति का विस्तार—इस संविधान के उपबन्धों के अधीन रहते हुए, संघ की कार्यपालिका शक्ति का विस्तार—

(क) जिन विषयों के सम्बन्ध में संसद् को विधि बनाने की शक्ति है उन तक, और

(ख) किसी संधि या करार के आधार पर भारत सरकार द्वारा प्रयोक्तव्य अधिकारों, प्राधिकार और अधिकारिता के प्रयोग तक, होगा :

परन्तु इस संविधान में या संसद् द्वारा बनाई गई किसी विधि में अभिव्यक्त रूप से यथा उपबन्धित के सिवाय, उपखण्ड (क) में निर्दिष्ट कार्यपालिका शक्ति का विस्तार किसी राज्य में ऐसे विषयों तक नहीं होगा जिनके सम्बन्ध में उस राज्य के विधान-मण्डल को भी विधि बनाने की शक्ति है।

(2) जब तक संसद् अन्यथा उपबन्ध न करे तब तक इस अनुच्छेद में किसी बात के होते हुए भी, कोई राज्य और राज्य का कोई अधिकारी या प्राधिकारी उन विषयों में, जिनके सम्बन्ध में संसद् को उस राज्य के लिए विधि बनाने की शक्ति है, ऐसी कार्यपालिका शक्ति का या कृत्यों का प्रयोग कर सकेगा जिनका प्रयोग वह राज्य या उसका अधिकारी या प्राधिकारी इस संविधान के प्रारम्भ से ठीक कर सकता था।

मंत्रि-परिषद्

74. राष्ट्रपति को सहायता और सलाह देने के लिए मंत्रि-परिषद्—(1) राष्ट्रपति को सहायता और सलाह देने के लिए एक मंत्रि-परिषद् होंगी जिसका प्रधान, प्रधान मंत्री होगा और राष्ट्रपति अपने कृत्यों का प्रयोग करने में ऐसी सलाह के अनुसार कार्य करेगा:

परन्तु राष्ट्रपति मंत्रि-परिषद् से ऐसी सलाह पर साधारणतया या अन्यथा पुनर्विचार करने की अपेक्षा कर सकेगा और राष्ट्रपति ऐसे पुनर्विचार के पश्चात् दी गई सलाह के अनुसार कार्य करेगा।

(2) इस प्रश्न की किसी न्यायालय में जाँच नहीं की जाएगी कि क्या मंत्रियों ने राष्ट्रपति को कोई सलाह दी, और यदि दी तो क्या दी।

टिप्पणी

विस्तार—अनुच्छेद 74 (2) के द्वारा उस सामग्री की संवीक्षा वर्जित नहीं की गयी है जिसके आधार पर राष्ट्रपति को सलाह दी गयी हो। न्यायालयों का यह जाँच करना न्यायोचित है कि क्या ऐसी कोई साम्रगी थी जिसके आधार पर सलाह दी गयी थी, और क्या वह ऐसी सलाह से सुसंगत ाी और राष्ट्रपति उसके आधार पर कार्यवाही कर सकते थे फिर भी यह बात साक्ष्य अधिनियम 1872 की धारा 123 के अन्तर्गत विशेषाधिकार के दावे के अध्यधीन है। [एस. आर. बोम्मई बनाम भारत संघ जे. टी. (1994) 2 एस. सी. 215]

75. मंत्रियों के बारे में अन्य उपबन्ध—(1) प्रधान मंत्री की नियुक्ति राष्ट्रपति करेगा और अन्य मंत्रियों की नियुक्ति राष्ट्रपति, प्रधान मंत्री की सलाह पर करेगा।

(2) मंत्री, राष्ट्रपति के प्रसादपर्यंत अपने पद धारण करेंगे।

(3) मंत्रि-परिषद् लोक सभा के प्रति सामूहिक रूप से उत्तरदायी होंगी।

(4) किसी मंत्री द्वारा अपना पद ग्रहण करने से पहले, राष्ट्रपति तीसरी अनुसूची में इस प्रयोजन के लिए दिए गए प्ररूपों के अनुसार उसको पद की और गोपनीयता की शपथ दिलाएगा।

(5) कोई मंत्री, जो निरन्तर छह मास की किसी अवधि तक संसद् के किसी सद्न का सदस्य नहीं है, उस अवधि की समाप्ति पर मंत्री नहीं रहेगा।

(6) मंत्रियों के वेतन और भत्ते ऐसे होंगे जो संसद्, विधि द्वारा, समय-समय पर अवधारित करे और जब तक संसद् इस प्रकार अवधारित नहीं करती है तब तक ऐसे होंगे जो दूसरी अनुसूची में विनिर्दिष्ट हैं।

भारत का महान्यायवादी

76. भारत का महान्यायवादी—(1) राष्ट्रपति, उच्चतम न्यायालय का न्यायाधीश नियुक्त होने के लिए अर्हित किसी व्यक्ति को भारत का महान्यायवादी नियुक्त करेगा।

(2) महान्यायवादी का यह कर्त्तव्य होगा कि वह भारत सरकार को विधि सम्बन्धी ऐसे विषयों पर सलाह दे और विधिक स्वरूप के ऐसे अन्य कर्त्तव्यों का पालन करे जो राष्ट्रपति उसको समय-समय पर निर्देशित करे या सौंपे और उन कृत्यों का निर्वहन करे जो उसको इस संविधान अथवा तत्समय प्रवृत्त किसी अन्य विधि द्व्ज्ञरा या उसके अधीन प्रदान किए गए हों।

(3) महान्यायवादी को अपने कर्त्तव्यों के पालन में भारत के राज्यक्षेत्र में सभी न्यायालयों में सुनवाई का अधिकार होगा।

(4) महान्यायवादी, राष्ट्रपति के प्रसादपर्यंत पद धारण करेगा और ऐसा पारिश्रमिक प्राप्त करेगा जो राष्ट्रपति अवधारित करे।

सरकारी कार्य का संचालन

77. भारत सरकार के कार्य का संचालन—(1) भारत सरकार की समस्त कार्यपालिका कार्रवाई राष्ट्रपति के नाम से की हुई कही जाएगी।

(2) राष्ट्रपति के नाम से किए गए और निष्पादित आदेशों और अन्य लिखतों को ऐसी रीति से अधिप्रमाणित किया जाएगा जो राष्ट्रपति द्वारा बनाए जाने वाले नियमों में विनिर्दिष्ट की जाए और इस प्रकार अधिप्रमाणित आदेश या लिखत की विधिमान्यता इस आधार पर प्रश्नगत नही की जाएगी कि वह राष्ट्रपति द्वारा किया गया निष्पादित आदेश या लिखत नहीं हैं।

(3) राष्ट्रपति, भारत सरकार का कार्य अधिक सुविधापूर्वक किए जाने के लिए और मंत्रियों में उक्त कार्य के आबंटन के लिए नियम बनाएगा।

78. राष्ट्रपति को जानकारी देने आदि के सम्बन्ध में प्रधान मंत्री के कर्त्तव्य— प्रधानमंत्री का यह कर्त्तव्य होगा कि वह—

(क) संघ के कार्यकलाप के प्रशासन सम्बन्धी और विधान विषयक प्रस्थापनाओं सम्बन्धी मंत्रि-परिषद् के सभी विनिश्चय राष्ट्रपति को संसूचित करें;

(ख) संघ के कार्यकलाप के प्रशासन सम्बन्धी और विधान विषयक प्रस्थापनाओं सम्बन्धी जो जानकारी राष्ट्रपति माँगे, वह दें;

और

(ग) किसी विषय को जिस पर किसी मंत्री ने विनिश्चय कर दिया है किन्तु मंत्रि-परिषद् ने विचार नहीं किया है, राष्ट्रपति द्वारा अपेक्षा किए जाने पर परिषद् के समक्ष विचार के लिए रखे।

राज्य के नीति निर्देशक तत्व

भारतीय संविधान की 26 से 21 तक की धाराओं में राज्य के नीति निर्देशक तत्वों का वर्णन किया गया हैं। भारतीय संविधान के निर्माताओं ने लोक कल्याणकारी होकर राज्य की स्थापना के उद्देश्य से आयरलैण्ड के संविधान से प्रभावित होकर संविधान में राज्य के नीति निर्देशक तत्वों को स्थान दिया हैं। संविधान की धारा 38 में कहा गया हैं कि, ''राज्य अधिक से अधिक प्रभावपूर्ण रूप से एक ऐसी सामाजिक व्यवस्था की स्थापना की हैं तथा सुरक्षा द्वारा, जिसमें आर्थिक, सामाजिक, और राजनीतिक न्याय की प्राप्ति होती हैं, जनता के हित के विकास का प्रयत्न करेगा और राष्ट्रीय जीवन की प्रत्येक संस्था को इस सम्बन्ध में सूचित करेगा।'' संविधान की 37 वीं धारा में स्पष्ट रूप में कहा गया हैं कि, 'इस भाग में दिये गये उपबन्धों को किसी भी न्यायालय के द्वारा मान्यता नहीं दी जा सकेगी किन्तु तो भी इसमें दियें गये सिद्धान्त का प्रयोग देश

के शासन के आधारभूत होंगे और विधि निर्माण में इन सिद्धान्तों का प्रयोग करना राज्य हित में होगा।'

नीति निर्देशक सिद्धान्त व मूलभूत अधिकार-भारतीय संविधान के निर्माताओं ने नागरिकों को प्रदान किये जाने वाले अधिकारों को दो भागों में विभक्त किया हैं, संविधान का तीसरा भाग जिसमें मूलभूत अधिकारों का वर्णन हैं व्यक्तिगत स्वतन्त्रता के क्षेत्र से सम्बन्धित हैं, जबकि चौथे भाग (जिसमें नीति निर्देशक सिद्धान्तों का वर्णन किया गया हैं।) का सम्बन्ध प्रस्तावना में निर्धारित आदर्शों की प्राप्ति के लिए राज्य पर आरोपित सकारात्मक कर्त्तव्यों से हैं। संविधान का तीसरा भाग वाद योग्य हैं, चौथा भाग नहीं। इस प्रकार नीति निर्देशक सिद्धान्त वे आर्थिक व सामाजिक अधिकार हैं जो वाद विवाद योग्य नहीं हैं, तथापि राज्य के द्वारा अपनी नीति का निर्माण इन सिद्धान्तों के अनुसार करना आवश्यक होता हैं।

सिद्धान्तों का उद्देश्य-राज्य के नीति निर्देशक सिद्धान्त के प्रमुख उद्देश्य निम्नलिखित प्रकार हैं-

1. कल्याणकारी राज्य की स्थापना-भारतीय संविधान सभा का उद्देश्य भारत में एक कल्याणकारी राज्य की स्थापना करना था, ताकि नागरिकों को केवल व्यक्तिगत अधिकार के साथ-साथ सामाजिक व आर्थिक अधिकार भी प्राप्त हो सकें। संविधान के तीसरे व चौथे भाग में संविधान का दर्शन निहित हैं। नीति निर्देशक सिद्धान्तों में इस प्रकार के आदर्शों का उल्लेख किया गया हैं कि उन्हें लागू करने पर लोगों को आर्थिक, सामाजिक व राजनीतिक विकास होता चला जायेगा।

2. सरकार की मार्ग दर्शन प्रदान करते हैं-यद्यपि निर्देशक सिद्धान्त न्यायालयों की सहायता से प्राप्त नहीं किया जा सकता हैं, परन्तु इस सम्बन्ध में राज्य के निम्नलिखित कर्त्तव्य होंगे-

- राज्य कानून का निर्माण करते समय इन सिद्धान्तों को व्यावहारिक रूप देगा।
- ये तत्व विधेयकों के सामने विधि निर्माण करते समय एक आदर्श रखते हैं।
- भारतीय प्रशासकों के लिए निर्देशक सिद्धान्त एक आचरण संहिता हैं।
- किसी भी राजनीतिक दल का मन्त्री मण्डल बने, उसे शासन चलाते समय व नीति का निर्धारण करते समय इन सिद्धान्तों को दृष्टिगत रखना होगा।
- ये सिद्धान्त एक निश्चित नीति उस मन्त्री मण्डल के सामने रखेंगे जिन पर चलकर वी जन कल्याण कर सकेगा।
- मुख्य न्यायाधीशों श्री कनिया ने कहा था कि, "राज्य नीति निर्देशक सिद्धान्तों को केवल बहुमत दल की इच्छानुसार नहीं हैं, बल्कि सारे राष्ट्र की बुद्धिमता के प्रतीक हैं।"

3. राज्य से सकारात्मक कार्य की आशा करते हैं-निर्देशक सिद्धान्तों के संचालन का आधार मात्तव अधिकार हैं। प्रतिनिध लोकतन्त्र उस समय तक अर्थहीन नहीं हैं जब तक कि सामान्य व्यक्ति के लिए आर्थिक और सामाजिक न्याय की उपयुक्त व्यवस्था न हो। न्यायाधीश श्री हेगड़े के अनुसार, ''यह संकल्पना अब अतीत की बात होकर रह गई हैं कि राज्य सामाजिक मामलों में तटस्थ रहे।'' 20वीं शताब्दी के राज्य का स्वरूप लोक कल्याणकारी हैं, जिसमें राज्य केवल नकारात्मक रूप में ही कार्य नहीं करता हैं, बल्कि ऐसे कानून के द्वारा ऐसी परिस्थिति की स्थापना भी करता हैं जिसमें नागरिकों को आर्थिक एवं सामाजिक न्याय एवं समता की प्राप्त हो सके।

राज्य के नीति-निर्देशक सिद्धान्त व मौलिक अधिकार

संविधान सभा इस विषय में एकमत थी कि जनता को आर्थिक एवं सामाजिक अधिकार भी दिये जाये। परन्तु समस्या यह थी कि राज्य के पास उस समय इतने साधन नहीं थे कि वह उत्तरदायित्व उठा सके, अत: संविधान सभा में नागरिकों को दिये जाने वाले कर्त्तव्यों को दो भागों में बांट दिया।

1. प्रथम भाग में वे अधिकार जिन्हें मूलभूत कहा गया हैं और तुरन्त लागू कर दिया गया ।

2. दूसरे वे जिन्हें राज्य के नीति निर्देशक सिद्धान्त कहा गया।

सरकार से यह अपेक्षा की गई कि वह उन्हें शीघ्र से शीघ्र क्रियान्वित करने का प्रयत्न करें।

अन्तर

राज्य के नीति निर्देशक तत्वों तथा मौलिक अधिकारों के मध्य का अन्तर अग्र प्रकार से हैं-

1. मौलिक अधिकार निषेधात्मक हैं, निर्देशक सिद्धान्त निर्देशात्मक हैं-मौलिक अधिकार राज्य की सत्ता को नियन्त्रित करते हैं तथा उन्हें कुछ कार्यों को न करने के लिए कहते हैं। ये राज्य की शक्ति पर मर्यादा लगाते हैं। इस प्रकार मौलिक अधिकारों की प्रकृत्ति निषेधात्मक हैं। दूसरी ओर नीति निर्देशक सिद्धान्त राज्य को सकारात्मक कार्य करने के आदेश देते हैं। ये नागरिकों के प्रति राज्य के उत्तरदायित्व हैं। ये कुछ आर्थिक तथा सामाजिक आदर्शों का वर्णन करते हैं। जिन्हें प्राप्त करना या नागरिकों को प्रदान करना राज्य का कर्त्तव्य हैं। मौलिक अधिकारों राज्य की स्वेच्छाचारी शक्ति पर प्रतिबन्ध लगाते हैं। उदाहरण के लिए वे राज्य को आदेश देते हैं कि वह इस भाग में वर्णित नागरिकों को स्वतन्त्रताओं के विरुद्ध कोई कानून नहीं बना सकता। दूसरी ओर निर्देशक सिद्धान्त सकारात्मक हैं क्योंकि वे राज्य को कुछ करने का सन्देश देते हैं, जैसे कार्यपालिका को न्यायपालिका से पृथक् करना, ग्राम सभा का संगठन आदि।

2. मौलिक अधिकारों वाद योग्य हैं, निर्देशक सिद्धान्त नहीं-अनुच्छेद 37 के अनुसार राज्य के नीति निर्देशक सिद्धान्त देश की शासन व्यवस्था के आधारभूत सिद्धान्तों के रूप में स्वीकार किये गये हैं तथा कार्य पालिका एवं विधानमण्डलों को इनके अनुसार ही कार्य करने का आदेश दिया गया हैं परन्तु फिर भी इन्हे वाद योग्य हैं उन्हें न्यायालय का संरक्षण प्राप्त हैं।

अनुच्छेद 32 ने सर्वोच्च न्यायालयों को यह अधिकार दिया हैं कि वे मौलिक अधिकारों को लागू करने के लिए आवश्यक कार्यवाही करें। न्यायालय मौलिक अधिकार का उद्घोधन करने वाले कानूनों को अवैध घोषित कर सकते हैं।

3. निर्देशक सिद्धान्त मूल अधिकारों के सहायक हैं–मौलिक अधिकारों तथा निर्देशक सिद्धान्तों में यदि मतभेद पैदा हो जाये तो मौलिक अधिकारों को प्रधानता मिलती हैं, निर्देशक सिद्धान्तों को नहीं। इसमें सन्देह नहीं हैं कि निर्देशक सिद्धान्तों को लागू करना राज्य का कर्त्तव्य हैं परन्तु ऐसा करते समय किसी राज्य किसी मौलिक अधिकार का उल्लंघन नहीं कर सकता। कुरैशी बनाम बिहार राज्य मुकदमे में निर्णय देते हुए सर्वोच्च न्यायालय के न्यायाधीशों ने यह विचार प्रकट किया था कि, ''राज्य को चाहिए कि वह निर्देशक सिद्धान्तों को लागू करने के लिए कानून बनाये लेकिन उनके द्वारा बनाया गया कानूनों में से मौलिक अधिकार को हानि नहीं पहुँचनी चाहिए। यदि सरकार का कोई नियम निर्देशक तत्वों के अनुरूप हो तथा मौलिक अधिकारों के प्रतिकूल हो तो सर्वोच्च न्यायालय सरकार के उस अधिनियम को अवैध घोषित करेगा।'' ऐसी ही निर्णय सर्वोच्च न्यायालय ने चम्पाकम डोरेन्ज के मामले में दिया था। इस निर्णय के कारण ही सरकार को 1951 में संविधान की 15 धारा में संशोधन करना पड़ा जिसके अनुसार राज्य को सामाजिक तथा सांस्कृतिक रूप से पिछड़े हुए वर्गों के हितों के लिए विशेष अधिनियम बनाने का अधिकार प्राप्त हुआ।

कुछ समय पूर्व राष्ट्रपति ने केरल सरकार के शिक्षा विधेयक पर सर्वोच्च न्यायालय का परामर्श लिया। परामर्श में सर्वोच्च न्यायालय ने यही कहा था कि निर्देशक तत्वों की पूर्णरूप से अवहेलना नहीं की जा सकती परन्तु साथ ही सरकार उन प्रतिबन्धों के विरुद्ध कोई नियम नहीं बना सकती हैं जो कि नागरिकों के मौलिक अधिकारों ने सरकार पर लगाये हैं। राज्य को नीति निर्देशक तत्वों का प्रयोग इस प्रकार करना चाहिए कि किसी व्यक्ति के मौलिक अधिकारों का हनन न हो।

प्रधानमन्त्री जवाहरलाल नेहरू ने संविधान के चौथे संशोधन के प्रस्ताव को संसद में प्रस्तुत करते हुए कहा था कि जहाँ मौलिक अधिकारों व राज्य के नीति निर्देशक तत्वों के बीच संघर्ष हो वहाँ पर राज्य के नीति निर्देशक तत्वों को अधिक महत्त्व दिया जाना चाहिए। यह विचार सर्वोच्च न्यायालय के विचारों के बिल्कुल विरुद्ध हैं। इस मत में विरोध का कारण स्पष्ट हैं कि न्यायालयों का उद्देश्य संविधान की रक्षा करना हैं, वे अपने अधिकार क्षेत्र से बाहर नहीं जा सकते। कार्यकारिणी तथा व्यवस्था का उद्देश्य राज्य के नीति निर्देशक तत्वों के अनुसार नये समाज की रचना करना हैं। यदि कोई मौलिक अधिकार देश की उन्नति के मार्ग में बाधक बन रहा हो तो संसद उस मौलिक अधिकार के सम्बन्ध में संविधान में संशोधन कर सकती हैं।

4. विषय वस्तु–मौलिक अधिकारों का विषय व्यक्ति हैं। इनके विपरीत नीति निर्देशक तत्वों का विषय राज्य हैं।

5. स्थायित्व–मौलिक अधिकारों को कुछ परिस्थितियों में ही मर्यादित, सीमित या निलम्बित किया जा सकता हैं पर नीति निर्देशक सिद्धान्तों के साथ इस प्रकार की कोई बात नहीं हैं।

6. निर्माण-मौलिक अधिकार नागरिकों की प्रत्यक्ष रूप से संविधान के द्वारा प्रदान किये जाते हैं। इसके विपरीत नीति निर्देशक सिद्धान्तों का उपभोक्ता एवं राज्य विधि के अनुसार पर ही कर सकते हैं।

7. निर्देशक सिद्धान्त गतिशील पर मौलिक अधिकार स्थिर-निर्देशक सिद्धान्त गतिशील हैं, इसके विपरीत मौलिक अधिकार किसी सीमा तक स्थिर हैं। मौलिक अधिकारों में समय एवं विचारों के साथ परिवर्तन लाने के लिए संविधान में संशोधन करना होता हैं। उनका वर्णन संविधान में विस्तार से तथा स्पष्ट शब्दावली में किया गया हैं। इसके विपरीत निर्देशक सिद्धान्तों के संविधान में केवल संक्षेप तथा निर्देशक के रूप में दिया गया हैं। जिनका कार्यान्वयन करने के लिए राज्य को कानून बनाना होगा, अतः इसमें परिवर्तन करने के लिए संविधान में संशोधन करने की आवश्यकता नहीं, अपितु साधारण कानून को परिवर्तित करने या नये कानूनों के निर्माण करने से ही इनमें परिवर्तन लाया जा सकता हैं। और इन्हें परिस्थितियों के अनुकूल बनाया जा सकता हैं। यद्यपि मौलिक अधिकार बाद योग्य हैं, निर्देशक तत्व नहीं, तथापि निर्देशक सिद्धान्त मौलिक अधिकार के पूरक हैं। ये राज्य को सकारात्मक रूप में कुछ करने के निर्देश देते रहते हैं। इनका क्षेत्र व्यापक हैं।

नीति-निर्देशक सिद्धान्तों का वर्गीकरण

राज्य के नीति निर्देशक सिद्धान्तों का वर्णन संविधान के चतुर्थ भाग, जिसतें अनुच्छेद 36 से 51 तक हैं, में किया गया हैं। सुविधा की दृष्टि से इनको पाँच श्रेणियों में विभक्त किया गया हैं-

1. समाजवादी सिद्धान्त
2. मानवीय सिद्धान्त
3. उदारवादी सिद्धान्त
4. गाँधीवादी सिद्धान्त
5. अन्तर्राष्ट्रीय सिद्धान्त।

इनका विवरण निम्न प्रकार हैं-

1. समाजवादी सिद्धान्त

संविधान सभा की समाजवादी विचारधाराओं से अत्यन्त प्रभावित थी और भारत में एक समाजवादी राज्य की स्थापना करना चाहती थी। समाजवादी सिद्धान्त निम्नलिखित प्रकार हैं-

1. सामाजिक व्यवस्था की स्थापना-अनुच्छेद 38 के अनुसार राज्य लोगों के लिए प्रयत्नशील रहेगा तथा ऐसी सामाजिक व्यवस्था की स्थापना करेगा जिसमें सामाजिक, आर्थिक व राजनीतिक न्याय जनता को प्रदान किया जा सके। केवल यह प्रदान ही नहीं करेगा बल्कि इनकी रक्षा भी करेगा।

2. लोक कल्याण तथा न्याय की प्राप्ति-अनुच्छेद 39 के अनुसार राज्य लोक-कल्याण तथा न्याय की प्राप्ति के लिए अपनी नीति का इस प्रकार निर्देशन करेगा कि-

- **साधनों की उपलब्धि**-सभी नागरिकों पुरुषों और स्त्रियों को समान रूप से जीवन यापन के पर्याप्त साधन प्राप्त हो सके। (अनुच्छेद 39-अ)
- **भौतिक साधनों का स्वामित्व**-सार्वजनिक कल्याण के लिए समाज के भौतिक साधनों के स्वामित्व व नियन्त्रण का समुचित वितरण हो। (अनुच्छेद 39-ब)

3. विकेन्द्रीकरण-आर्थिक व्यवस्था इस प्रकार की हो कि धन एवं उत्पादन के साधनों का सर्वसाधारण के लिए अहितकारी रूप में केन्द्रीयकरण नहीं हो। (अनुच्छेद 39-स)

4. समान कार्य, समान वेतन-पुरुषों और स्त्रियों को समान कार्य के लिए समान वेतन मिले। (अनुच्छेद 39-द)

2. मानवीय सिद्धान्त

कुछ निर्देशक सिद्धान्तों का आधार मानववाद हैं तो मनुष्यमात्र को सुख व सुविधायें प्रदान करने के लिए दिये गये हैं। वे इस प्रकार हैं-

1. दुरुपयोग से बचाव-श्रमिक पुरुषों और स्त्रियों के स्वास्थ्य तथा शक्ति और बालकों की सुकुमार अवस्था का दुरुपयोग न हो। और वे अपनी आर्थिक अवस्था से बाध्य होकर कोई ऐसा कार्य करने के लिए मजबूर न हो जो उनकी आयु तथा शक्ति के अनुकूल नहीं हो।

(अनुच्छेद 9)

2. संरक्षण-शैशव तथा युवावस्था का शोषण व नैतिक परित्याग से संरक्षण हो। (अनुच्छेद 39-एफ)

3. सहायता-राज्य इस बात का प्रयत्न करेगा कि सभी नागरिकों को बेकारी, बुढ़ापा, बीमारी और अंगहीन होने की अवस्था में सार्वजनिक सहायता प्राप्त करने, काम पाने तथा शिक्षा प्राप्त करने का अधिकार प्राप्त हो। (अनुच्छेद 44)

4. सुविधायें-राज्य इस बात का प्रयत्न करेगा कि सभी श्रमिकों को करने की, न्यायपूर्ण तथा मानवीय परिस्थितियाँ तथा सुविधायें प्राप्त हो और राज्य की ओर से अधिक से अधिक प्रसूति सहायता मिले। (अनुच्छेद 42)

5. उचित दशायें-राज्य इस बात का भी प्रयत्न करेगा कि सभी कर्मचारियों (चाहे वे उद्योग, कृषि या अन्य किसी धन्धें में लगे हों), को काम की उचित मजदूरी तथा काम करने की उचित दशायें प्राप्त हों जिससे कि उन्हें उन्नत जीवन-स्तर प्राप्त हो। वे अपने अवकाश का पूर्ण लाभ उठा सकें तथा अपनी सामाजिक एवं सांस्कृतिक विकास कर सकें। (अनुच्छेद 44)

6. जीवन-स्तर-राज्य इस बात का प्रयास करेगा कि लोगों का आहार पुष्टिकर तथा जीवन-स्तर उन्नत हो। (अनुच्छेद 47)

3. उदारवादी सिद्धान्त

संविधान सभा में उदारवादी दृष्टिकोण वाले विचारक भी थे। अत: उसने कुछ ऐसे निर्देश भी दिये हैं जो बौद्धिक उदारवाद से प्रभावित थे-

1. समान व्यवहार संहिता-अनुच्छेद 44 के अनुसार राज्य समस्त भारतीय क्षेत्र में नागरिकों के लिए समान व्यवहार सहिता प्रदान करने का प्रयास करेगा।

2. नि:शुल्क तथा अनिवार्य शिक्षा-अनुच्छेद 45 राज्य से यह आशा करता हैं कि वह सभी बच्चों को चौदह वर्ष की आयु तक नि:शुल्क तथा अनिवार्य शिक्षा देने की व्यवस्था करेगा।

3. स्मारक आदि-अनुच्छेद 48 के अनुसार राज्य उन स्मारकों, स्थानों तथा वस्तुओं की जिन्हें संसद के द्वारा ऐतिहासिक या कलात्मक दृष्टि से राष्ट्रीय महत्त्व का घोषित कर दिया गया हो, रक्षा करेगा तथा उन्हें तोड़े जाने, बेचने, बाहर भेजने, कुरूप या नष्ट किये जाने से बचायेगा।

4. न्यायपालिका का पृथक्करण-अनुच्छेद 50 राज्य को यह निर्देश देता हैं कि वह न्यायपालिका को कार्यपालिका से पृथक् करेगा।

4. गाँधीवादी सिद्धान्त

संविधान निर्माता स्वतन्त्रता संग्राम के समय से ही गाँधीवादी सिद्धान्तों को संविधान का आधार बनाने के पक्ष में थे। गाँधीवादी दर्शन पर आधारित निम्नलिखित सिद्धान्तों को संविधान के इस भाग में स्थान दिया गया हैं-

1. ग्राम पंचायत-अनुच्छेद 40 राज्य को निर्देश देता हैं कि वह ग्राम पंचायतों का संगठन करेगा और उन्हें ऐसी शक्तियाँ प्रदान करेगा, जिससे कि वे स्वशासन की इकाइयों के रूप में कार्य कर सकें।

2. दुर्बलतम वर्ग का कल्याण-अनुच्छेद 46 इस बात की व्यवस्था करता हैं कि राज्य समाज के दुर्बलतम वर्गों, विशेष रूप से हरिजनों तथा अनुसूचित जनजातियों के शैक्षणिक तथा आर्थिक हितों की वृद्धि के लिए प्रयास करेगा।

3. कुटीर उद्योग-अनुच्छेद 43 के अनुसार राज्य गाँवों में कुटीर उद्योगों को व्यक्तिगत तथा सहकारी आधार पर बढ़ावा देने का प्रयत्न करेगा।

4. मादक द्रव्य-अनुच्छेद 47 के अनुसार राज्य मदिरा तथा अन्य मादक द्रव्यों के प्रयोग पर, जो कि स्वास्थ्य के लिए हानिकारक हैं, प्रतिबन्ध लगाने का प्रयत्न करेगा। केवल औषधि के रूप में इनका प्रयोग निषिद्ध नहीं होगा।

5. गौरक्षा–अनुच्छेद 48 के अनुसार राज्य गोवंश की रक्षा करेगा, विशेष रूप से बछड़ों, दूध देने वाले तथा भार ढोने वाले पशुओं की नसल को सुधारने का प्रयत्न करेगा तथा इनका वध निषेध करेगा।

5. अन्तर्राष्ट्रीय सिद्धान्त

निर्देशक सिद्धान्तों में संविधान सभा ने भारत को इस बारे में निर्देश दिये हैं कि अन्तर्राष्ट्रीय क्षेत्र में किस प्रकार की नीति अपनानी चाहिए।

1. अनुच्छेद 51 के अनुसार राज्य अन्तर्राष्ट्रीय क्षेत्र में निम्न नीति का अनुपालन करने का प्रयास करेगा–

1. अन्तर्राष्ट्रीय सुरक्षा तथा शान्ति का
2. राष्ट्रों के मध्य न्यायपूर्ण एवं सम्मानपूर्ण सम्बन्धों को बनाये रखने का
3. संगठित लोगों में एक-दूसरे से व्यवहार में अन्तर्राष्ट्रीय कानून तथा सन्धि बन्धनों के प्रति आदर बढ़ाना, तथा
4. अन्तर्राष्ट्रीय विवादों का मध्यस्थता के द्वारा समाधान करने के प्रयास के लिए प्रोत्साहन का।

इस प्रकार संविधान के चौथे भाग इन सभी नीति निर्देशक तत्वों का वर्णन किया गया हैं। संविधान के चौथे भाग के अतिरिक्त भी संविधान में कुछ निर्देशक तत्वों का वर्णन किया गया हैं जो चौथे भाग में दिये गये निर्देशक सिद्धान्तों के समान ही वाद योग्य नहीं हैं। फिर भी यह सरकार की नीति के लिए मूल आधार हैं। इन अनुबन्धों को उदाहरण के रूप में प्रस्तुत किया जा सकता हैं–

1. अनुच्छेद 335 के अनुसार सरकार प्रशासन की कुशलता के अनुरूप केन्द्रीय या राज्य सेवाओं में नियुक्ति करते समय अनुसूचित जाति व कबीलों के सदस्यों के दावों की दृष्टि में रहेगी।

2. अनुच्छेद 350 ए के अन्तर्गत प्रत्येक राज्य व स्थानीय स्वशासन की संस्था को यह निर्देश दिया गया हैं कि प्राथमिक स्तर पर भाषा की दृष्टि से बच्चों को शिक्षा देते समय उनकी मातृ-भाषा को शिक्षा का माध्यम बनाने का प्रयत्न किया हैं।

नीति निर्देशक सिद्धान्तों पर विभिन्न विचार धाराओं, जिनमें मुख्य रूप से समाजवादी, उदारवादी, गाँधीवादी व मानवतावादी विचार-धारायें सम्मिलित हैं, का प्रभाव पड़ा हैं। इनमें राष्ट्रीय नीति के अतिरिक्त अन्तर्राष्ट्रीय नीति के लिए भी निर्देश दिये गये हैं। नीति निर्देशक तत्वों का उद्देश्य मनुष्य मात्र का कल्याण करने के लिए भारत में एक कल्याणकारी राज्य की स्थापना करना हैं।

निर्देशक सिद्धान्तों की उपयोगिता

भारतीय संविधान की एक प्रमुख विशेषता यह हैं कि इसके अन्तर्गत राज्य के नीति निर्देशक तत्व के नामस राज्य के पथ प्रदर्शन के लिए कुछ सिद्धान्तों की व्याख्या की गई हैं। तथापि इनकी उपयोगिता विवादास्पद हैं।

न्यायाधीश हेगड़े के अनुसार, ''संविधान के किसी भी भाग के बारे में इतनी गलत धारणायें नहीं हैं जितनी कि चौथे के बारे में हैं।''

निर्देशक सिद्धान्तों की आलोचना-निर्देशक सिद्धान्तों की अनुपयोगिता को प्रकट करते हुए संविधान सभा के एक सदस्य ने कहा था कि ये निर्देशक सिद्धान्त भावनाओं के अतिरिक्त कुछ भी नहीं हैं-इन सिद्धान्तों में इतना लचीलापन हैं कि इस सदन का कोई भी सदस्य इनमें अपनी मनचाही चीज पा सकता हैं। निम्न आधारों पर निर्देशक सिद्धान्तों को अनुपयोगी ठहराने का प्रयास किया गया हैं-

1. वाद योग्य नहीं हैं-नीति निर्देशक सिद्धान्तों के पीछे कानूनी शक्ति नहीं हैं। ये वादयोग्य नहीं बनाये जा सकते हैं, अतः न्यायालय इन्हें लागू करने के लिए बाध्य नहीं कर सकता हैं। **प्रो. के. टी. शाह** के अनुसार, ''ये एक ऐसा चैक हैं, जिसका भुगतान बैंक की सुविधा पर छोड़ दिया जाता हैं।'' ये केवल नैतिक उद्देश्य हैं, संविधान में नैतिक उपदेशों के लिए कोई स्थान नहीं होना चाहिए। इनका संविधान में कोई महत्त्व नहीं हैं।

2. वर्तमान से असम्बद्ध-सर आइवर जैनिंग्स के अनुसार, ''संविधान के चौथे भाग के उपबन्धों के द्वारा संविधान निर्माताओं ने देश के भविष्य को अपने जीवन दर्शन से बाँधकर रख दिया हैं।'' देश के भविष्य के लिए कोई निश्चित विचारधारा संविधान में नहीं दी जानी चाहिए क्योंकि बदलते हुए समय व परिस्थिति में उसकी उपयोगिता नहीं रह जाती हैं। सर आइवर जैनिंग्स ने यह शंका उठायी कि सम्भव हैं कि 21वीं शताब्दी तक ये सिद्धान्त पूर्ण रूप से पुराने पड़ जायें। केवल पुराने ही नहीं पड़ जायेंगे, बल्कि वे प्रतिक्रियावादी भी हो जायेंगे और राष्ट्र के विकास को अवरूद्ध करेंगे।

3. इनमें राजनीतिक स्वार्थ निहित हैं-इन सिद्धान्तों की व्यवस्था चतुर राजनीतिज्ञों के द्वारा अपने स्वार्थसिद्धि के लिए की गई हैं। ये राजनीतिज्ञ अशिक्षित भारतीय जनता को यह विश्वास दिलाना चाहते थे कि वे इन सिद्धान्तों के द्वारा घोषित व्यवस्था को स्थापित करने का प्रयास करेंगे।

4. अस्पष्ट व महत्त्वहीन-कुछ सिद्धान्त ऐसे हैं जिनका कोई महत्त्व नहीं हैं। उदाहरण के लिए मद्य-निषेध को अर्थशास्त्रियों ने देश क आर्थिक हित के लिए घातक माना हैं।मद्य उत्पादन कर से प्राप्त धनराशि को सार्वजनिक हित में व्यय किया जा सकता हैं। स्मारकों के साधारण संरक्षण जैसी साधारण बात को इस भाग में दिया जाना विचित्र हैं। कुछ सिद्धान्त अस्पष्ट भी हैं जैसे कि समाजवादी व्यवस्था का उल्लेख तो इनमें किया गया हैं परन्तु श्रमिकों और पूँजीपतियों के पारस्परिक सम्बन्धों के बारें में कोई निश्चित किया सिद्धान्त नहीं रखा गया।

5. प्रभुत्वसम्पन्न राज्य में अवांछनीय-निर्देश किसी बड़ी शक्ति के द्वारा छोटी शक्ति को दिये गये आदेश होते हैं जिनका छोटी शक्तियों को पालना आवश्यक पड़ता हैं। भारत एक स्वतन्त्र एवं प्रभुत्व सम्पन्न राष्ट्र हैं जिसमें इन सिद्धान्तों का दिया जाना अस्वाभाविक व अवाँछनीय हैं। प्रश्न यह उठता हैं कि सार्वभौम सत्ता अपने आप को आदेशित क्यों करे। एक संवैधानिक आलोचक के दृष्टिकोण से सार्वभौम सत्त को इस प्रकार के आदेश दिये जाने का कोई औचित्य नहीं हैं।

6. मौलिक अधिकारों के विपरीत-सर आइवर जैनिंग्स का कहना हैं कि मूल अधिकारों में तथा निर्देशक सिद्धान्तों में विचित्र द्वन्द्व हैं। इनके अनुसार, "एक ओर तो 19 शताब्दी के व्यक्तिवाद ने स्वतन्त्रता के हित में सरकार की शक्तियों को सीमित करने का प्रयास किया हैं। दूसरी ओर 20 वीं शताब्दी के समूहवाद ने इसलियें राज्य की शक्तियों को विस्तृत करने का प्रयास किया है कि राज्य आर्थिक जीवन को विनियमित कर सके और प्रासंगिक रूप से स्वतन्त्रता को मर्यादित कर सके। ऐसी परिस्थितियों में समझौतावाद एवं जटिलता अपरिहार्य थे।" उदाहरण के लिए तृतीय भाग में प्रदत्त सम्पत्ति का अधिकार तथा चौथे भाग में अनुच्छेद 39 के द्वारा दिये गये निर्देश एक-दूसरे के विपरीत हैं।

7. अतार्किक रूप से सम्बन्ध-डॉ. जेनिंग्स के अनुसार, "नीति निर्देशक तत्व किसी निश्चित तथा संगतपूर्ण दर्शन पर आधारित नहीं हैं। वे अस्पष्ट हैं। उन्हें न तो उचित रूप से क्रमबद्ध किया गया हैं और न तार्किक रूप से क्रमबद्ध ही।" श्री निवासन के अनुसार, "इस अध्याय में कुछ बेतुके ढंग से नये को पुराने के साथ तथा तर्क एवं विज्ञान पर आधारित बातों का मनोभावों तथा संकीर्णता पर आधारित बातों के साथ मिश्रित कर दिया गया हैं।"

निर्देशक सिद्धान्तों की उपयोगिता

उपरोक्त मत के विपरीत कतिपय अन्य राजनीतिक विचारक व राजनीतीज्ञ इन आधारों को चुनौती देते हैं तथा निर्देशक तत्वों को देश की राजनीतिक व्यवस्था एवं भविष्य के लिए अत्यन्त उपयोगी बताते हैं। उनके मत-

1. राज्य के शासन के मूल आधार-अनुच्छेद 31 से यह स्पष्ट होता हैं कि निर्देशक सिद्धान्त वाद योग्य न होने पर भी राज्य के शासन का मूल आधार हैं। राज्य का यह कर्त्तव्य होगा कि वह अपनी नीति का निर्धारण इन सिद्धान्तों के अनुसार करे। **डॉ. अम्बेडकर के शब्दों में,** "राज्य के नीति निर्देशक तत्वों को मात्र नैतिक आदेश बनाने का कभी भी उद्देश्य नहीं था। संविधान सभा का यह उद्देश्य हैं कि भविष्य में विधायिका और कार्यपालिका दोनों ही इन तत्वों के प्रति केवल औपचारिकता न अपनायें बल्कि उन्हें उन विधायी और कार्यकारी कार्यों का आधार बनाने का प्रयास करें, जो भविष्य में शासन के सन्दर्भ में किये जायेंगे।" वस्तुत: निर्देशक सिद्धान्त राज्य को केवल कुछ समय प्रदान करने के लिए ही वादयोग्य नहीं बनाये गये लेकिन यह मानना पड़ेगा कि वे शासन के मूल आधार हैं।

2. जनमत-प्रश्न यह हैं कि यदि न्यायालयों को यह अधिकार नहीं हैं कि वह निर्देशक सिद्धान्तों को लागू करने के लिए सरकार को बाध्य कर सके तब फिर इन सिद्धान्तों के पीछे कौन-सी शक्तियाँ हैं? वस्तुत: इनके पीछे जनमत की शक्ति होती हैं। यह शक्ति प्रजातन्त्र का सबसे बड़ा न्यायालय होती हैं। शासन के द्वारा किया गया उनका बार-बार उल्लंघन देश में शक्तिशाली विरोध को जन्म देगा। **डॉ. अम्बेडकर ने कहा हैं कि,** ''यदि कोई सरकार इनकी अवहेलना करती हैं तो उसे निर्वाचन के समय निर्वाचकों को निश्चित रूप से अपना जवाब देना होगा।''

3. कल्याणकारी राज्य के आदर्श की घोषणा-निर्देशक सिद्धान्त राज्य के आदर्श की घोषणा करते हैं। इनके द्वारा भारत को एक लोक कल्याणकारी राज्य बनाने की घोषणा की गई हैं।

न्यायाधीश सप्रू ने कहा हैं कि ''राज्य नीति के निर्देशक सिद्धान्तों में वह समस्त दर्शन विद्यमान हैं जिसके आधार पर किसी भी आधुनिक समुदाय में कल्याणकारी राज्य की स्थापना की जा सकती हैं।'' संविधान सभा भारत में न केवल राजनीतिक प्रजातन्त्र की स्थापना करना चाहती थी बल्कि सामाजिक तथा आर्थिक प्रजातन्त्र की स्थापना भी करना चाहती थी और इसलिए इन निर्देशकों को संविधान में दिया गया।

4. मूल अधिकारों के पूरक-नीति निर्देशक तत्व मूल अधिकारों के विरोधी न होकर पूरक हैं। न्यायाधीश हेगड़े के अनुसार मूल अधिकार और नीति निर्देशक एक दूसरे के अनुपूर हैं और वे एक दूसरे को पूर्ति करते हैं। मौलिक अधिकारों की घोषणा इस कारण की गई थी कि नागरिक इनसे लाभ उठाकर अपने जीवन का पूर्ण विकास कर सकते हैं। लेकिन मौलिक अधिकार अपनी उद्देश्य में सफल नहीं हो सकते जब तक कि निर्देशक सिद्धान्तों से उन्हें सहायता नहीं मिले। मौलिक अधिकारों ने नागरिकों को राजनीतिक व व्यक्तिगत स्वतन्त्रता एवं समानता प्रदान की हैं। परन्तु आर्थिक एवं सामाजिक समानता के अभाव में राजनीतिक अधिकारों का कोई लाभ नहीं हो सकता हैं। सामाजिक एवं आर्थिक समानता की स्थापना केवल नीति निर्देशक सिद्धान्तों को लागू करने से ही सम्भव हैं।

5. सरकार की सफलता को जाँचने के मापदण्ड-मतदाता इन सिद्धान्तों के दृष्टिगत यह अनुमान लगाते हैं कि सत्तारूढ़ ने अपने प्रशासन में और अपनी नीतियों के संचालन में किसी सीमा तक इन सिद्धान्तों को महत्त्व दिया हैं। जो सरकार इन सिद्धान्तों को जितना अधिक लागू करेगी, उसे उतना ही अधिक लोकप्रियता एवं सफलता मिलेगी।

6. उपयोगी नैतिक आदर्श-यदि निर्देशक सिद्धान्तों को नैतिक आदर्श भी मान लिया जाये तो तब भी इनका उपयोगिता कम नहीं होगी। नीति निर्देशक तत्व भावी सरकार पर तथा उसकी नीतियों को प्रभावित कर सकते हैं तथा राष्ट्र के भविष्य का निर्धारित दिशा में निर्माण कर सकते हैं। ये देश के भविष्य को किसी विशेष दर्शन से बाँध देते हैं। इन सिद्धान्तों को काफी सीमा तक परिवर्तनशील व समय तथा परिस्थितियों के अनुरूप बनाकर इन्हें परिवर्तित किया जा सकता हैं।

7. न्यायापालिका के लिए मार्गदर्शक-निर्देशक सिद्धान्त न्यायपालिका के लिए मार्ग दर्शक के रूप में कार्य करते हैं। संविधान की व्याख्या करते समय सर्वोच्च न्यायालय निर्देशक सिद्धान्तों को मार्ग दर्शक मानकर निर्णय करता हैं। न्यायपालिका ने अनेक बार इस बात का निर्णय किया हैं कि कोई विषय सार्वजनिक हित का हैं अथवा नहीं, नीति निर्देशक सिद्धान्तों की सहायता से ही किया हैं। **बम्बई राज्य बनाम बलसारा के** मुकदमे में सर्वोच्च न्यायालय ने नीति निर्देशक सिद्धान्तों के अनुच्छेद 47 पर विचार किया। **बिहार राज्य बनाम कर्म ईश्वर सिंह के** मुकदमे में अनुच्छेद 39 की व्याख्या की गई हैं। **केरल मठ के स्वामी केशवानन्द बनाम यूनियन** के मुकदमे में भी नीति निर्देशक सिद्धान्तों पर बहुत विस्तार से सर्वोच्च न्यायालय ने विचार किया हैं।

8. चरम सीमाओं से रक्षा-हमारे संविधान निर्माता भली भाँति जानते थे कि देश में प्रजातान्त्रिक राज्य में परिवर्तनशील जनमत के परिणामस्वरूप विभिन्न सभाओं में विभिन्न राजनीतिक दल सत्ता को ग्रहण कर लेते हैं। कभी दक्षिण पंथी दल शासन सत्ता पर अधिकार स्थापित कर सकता हैं, इसके विपरीत कभी वामपंथी दल सत्ता को ग्रहण करेंगे। निर्देशक सिद्धान्त दोनों प्रकार की सरकारों को मर्यादित रखेंगे तथा उन्हें किसी प्रकार का एक तरफा सुधार करनें से रोकेगे।

निर्देशक सिद्धान्त वास्तव में उपयोगी हैं, क्योंकि ये ऐसे नैतिक आदर्श हैं, जो राज्य के समक्ष लक्ष्य प्रस्तुत करते हैं। यह देश में आर्थिक तथा सामाजिक समानता एवं न्याय स्थापित करना चाहते हैं।

14

संघीय व्यवस्था एवं केन्द्र राज्य सम्बन्ध

भारतीय संविधान के अन्तर्गत यद्यपि संघीय व्यवस्था का निर्माण किया गया हैं। तथापि कहीं भी फैडरेशन शब्द का प्रयोग नहीं किया गया हैं। संविधान में भारत को यूनियन आफ स्टेट्स की संज्ञा दी गयी हैं। इसके दो लाभ बताये हैं–

1. समझौता नहीं–इस पद का प्रयोग इस तथ्य की ओर संकेत करता हैं कि भारत में संघवाद की स्थापना विभिन्न इकाइयों में पारस्परिक समझौते के परिणामस्वरूप नहीं हुई हैं।

2. पृथक् होने का अधिकार नहीं–इकाई राज्यों को संघ से पृथक् होने का अधिकार नहीं हैं।

2. संविधान की सर्वोच्चता–केन्द्रीय तथा इकाई दोनों राज्य अपनी–अपनी शक्तियाँ संविधान से ग्रहण करते हैं। राज्य को अपनी शक्तियाँ केन्द्र से प्राप्त नहीं हुई हैं। केन्द्र न जो इकाई राज्य के किसी क्षेत्र में हस्तक्षेप कर सकता हैं और न इकाई राज्य केन्द्र सरकार के क्षेत्राधिकार में हैं।

3. केन्द्र तथा राज्यों के मध्य शक्तियों का विभाजन–संघात्मक सरकारकी यह विशेषता हैं कि इसमें शक्तियाँ का विभाजन होता हैं। भारत में केन्द्र तथा राज्य के मध्य शक्तियों का स्पष्ट विभाजन किया गया हैं। संविधान में स्पष्ट रूप से तीन प्रकार की सूचियाँ हैं–केन्द्रीय सूची, राज्य

सूची तथा समवर्ती सूची। संघ सूची में 97 विषय हैं, राज्य सूची में 66 और समवर्ती सूची में 47 विषय हैं।

4. संघीय न्यायालय की स्थापना-भारतीय संघ में अमेरिका की भाँति दोहरी न्याय-व्यवस्था को स्थापित करने के स्थान पर न्याय-व्यवस्था का एकीकरण किया गया हैं। एक संघीय न्यायालय अर्थात् सर्वोच्च न्यायालय के बाद अन्य न्यायालयों का निर्माण तथा गठन संघीय सत्ता के द्वारा ही होता हैं।

5. लिखित तथा दुष्परिवर्तनशील संविधान-भारतीय संविधान लिखित तथा दुष्परिवर्तनशील हैं। लिखित संविधान का लाभ यह हैं कि केन्द्र तथा इकाई राज्यों में शक्तियों का विभाजन स्पष्ट होता हैं। इससे उनमें परस्पर संघर्ष की सम्भावना कम रहती हैं, दूसरे के न्द्र अपनी मनमानी नहीं कर सकता।

6. लिखित तथा कठोर संविधान-संघात्मक संविधन लिखित तथा कठोर होता हैं ताकि भविष्य में केन्द्रीय सरकार तथा राज्य सरकारों के मध्य का विवाद की सम्भावना नहीं रहे। भारत में लिखित तथा कठोर संविधान हैं।

7. संविधान की सर्वोच्चता-भारतीय संविधान भारत का सर्वोच्च कानून हैं। केन्द्र तथा राज्य सरकारों के द्वारा इसका उल्लंघन नहीं किया जा सकता। संविधान सर्वोच्च हैं। सब उसके अधीन हैं।

8. संशोधन की प्रक्रिया-भारतीय संविधान की संशोधन की प्रक्रिया भी संघीय शासन के अनुकूल हैं। संविधान संशोधन पर राज्यों की सहमति बहुत आवश्यक हैं।

भारतीय संविधान में एकात्मक तत्व

भारतीय संविधान में प्रमुख एकात्मक तत्व निम्न हैं-

1. केन्द्रीय सरकार में राज्यों की सीमाओं के परिवर्तन में क्षमता-अमेरिका या ऑस्ट्रेलिया के प्रतिकूल भारत के संविधान की धारा 3 के अन्तर्गत संसद को निम्न अधिकार प्राप्त हैं-

1. किसी राज्य से उसका कोई प्रदेश पृथक् करके दो अथवा अधिक राज्यों को मिलाकर कोई नवीन राज्य बना दे।

2. किसी राज्य के क्षेत्रफल में कमी या वृद्धि।

3. राज्य की सीमाओं तथा उसके नाम में परिवर्तन कर दे।

2. संकटकालीन एकात्मक शासन-भारतीय संविधान में राष्ट्रपति तीन प्रकार की संकटकालीन घोषणायें कर सकता हैं। संकटकालीन घोषणा के दौरान राष्ट्रपति राज्यों को किसी भी प्रकार के निर्देश दे सकता हैं। संसद राज्य सूची के किसी भी विषय पर कानून बना सकती हैं। इसी प्रकार राज्य में वैधानिक संकट के समय राज्यपाल राष्ट्रपति के प्रतिनिधि के रूप में कार्य

का निष्पादन कर सकता हैं। वित्तीस संकट की स्थिति में राष्ट्रपति राज्यों के धन विधेयकों को भी अपनी स्वीकृति के लिए मंगवा सकता हैं।

3. महत्त्वपूर्ण विषयों में एकीकृत व्यवस्था-राष्ट्र की एकता को बनाये रखने के लिए आवश्यक विषयों में एकरूपता की स्थापना करने का प्रयास किया गया हैं। उदाहरणार्थ-सामान्य अखिल सेवायें, सामान्य लेखा परीक्षण, एक ही चुनाव आयोग आदि।

4. शक्तिशाली केन्द्र-भारत की संघीय व्यवस्था में केन्द्र की स्थिति इकाई राज्यों की तुलना में बहुत अधिक दृढ़ हैं। लगभग सभी महत्त्वपूर्ण विषय संघीय सूची में रखे गये हैं। यह सूची तीनों सूचियों में सबसे लम्बी हैं। समवर्ती सूची के विषयों पर केन्द्र तथा राज्य दोनों को कानून बनाने का अधिकार हैं। केन्द्र को इस विषय में प्रधानता दी गई हैं। अवशिष्ट शक्तियाँ केन्द्र को देकर स्थिति और भी दृढ़ कर दी गई हैं।

5. राज्यों में राज्यपाल की नियुक्ति-राष्ट्रपति राज्यपालों की नियुक्ति करता हैं। राज्यपाल इस पद पर राष्ट्रपति की कृपा तक रहते हैं। राज्यपाल केन्द्र के प्रतिनिधि के रूप में कार्य करता हैं।

6. आर्थिक दृष्टिकोण से राज्यों की दुर्बल स्थिति-भारतीय संविधान के अनुसार वित्तीय दृष्टिकोण से राज्य केन्द्र पर निर्भर हैं। केन्द्र राज्यों को विभिन्न प्रकार के अनुदान देता हैं। इस आर्थिक सहायता के परिणामस्वरूप केन्द्र का प्रभुत्व राज्यों पर छाया रहता हैं। राज्य आर्थिक क्षेत्र में आम्त-निर्भर न होने के कारण नाममात्र की स्वायत्तता रखते हैं।

7. मतभेदों का निवारण-केन्द्र तथा राज्यों के मध्य के मतभेदों का निवारण करने के लिए संघ सरकार, वित्त आयोग, अन्तराज्य परिषद्, तथा क्षेत्रीय परिषदें आदि को गठित करती हैं।

8. राष्ट्रपति की स्वीकृति-राज्यों की विधान सभाओं के द्वारा पारित कतिपय विधेयकों को राष्ट्रपति की स्वीकृति के लिए सुरक्षित रखना पड़ता हैं।

9. राज्य सभा में राज्यों को असमान प्रतिनिधित्व-विश्व के समस्त संघात्मक देशों में प्राय: उच्च सदन में छोटे-बड़े सभी राज्यों को समान प्रतिनिधित्व प्राप्त होता हैं। परन्तु भारत में राज्यों की जनसंख्या के आधार पर प्रतिनिधित्व दिया गया हैं।

संविधान के द्वारा शासन में एकरूपता स्थापित की गई

निम्नलिखित तथ्यों से स्पष्ट होता हैं कि संविधान द्वारा शासन में एकरूपता स्थापित की गई हैं-

1. संविधान के द्वारा अखिल भारतीय प्रशासनिक सेवाओं की व्यवस्था की गई हैं।

2. सम्पूर्ण देश के लिए एक समान दीवानी तथा फौजदारी कानूनों का निर्माण किया गया हैं।

3. सम्पूर्ण देश के लिए एक ही प्रकार की न्यायपालिका की व्यवस्था की गई हैं।

4. सम्पूर्ण देश में वित्तीय मामलों में एकरूपता को स्थापित करने के लिए एक नियन्त्रक महालेखा परिषद् की व्यवस्था की गई हैं, इसका कार्य केन्द्रीय सरकार तथा राज्यों की सरकारों के वित्त पर पूर्ण नियन्त्रण रखना हैं।

5. सम्पूर्ण देश के लिए एक ही चुनाव कमीशन की व्यवस्था की गई हैं।

उपरोक्त बातों से विदित होता हैं कि हमारे देश में संघवाद के दोषों को दूर करके एकरूपता स्थापित करने का प्रयास किया गया हैं।

क्या भारत में संघीय व्यवस्था हैं?

कतिपय विद्वानों ने भारत की संघीय व्यवस्था की आलोंचना की हैं। उनका विचार हैं कि भारत में एकात्मक व्यवस्था के तत्व अधिक प्रबल हैं। अतएव इसे संघीय व्यवस्था कहना अधिक उपयुक्त नहीं होगा।

1. प्रो. के. सी ह्वीयर का कथन-प्रो. के. सी ह्वीयर ने कहा हैं कि, "भारत एक ऐसा राज्य हैं जिसमें गौण रूप से संघीय विशेषतायें हैं, न कि ऐसा संघात्मक राज्य हैं जिसमें गौण रूप से एकात्मक विशेषतायें विद्यमान हैं।" उन्होंने भारत को अर्द्ध-संघात्मक राज्य का नाम दिया हैं।

2. कन्हैया लाल मानिक मुन्शीलाल-स्व. कन्हैया लाल मानिक मुशी ने कहा हैं कि भारत एक एक यूनियन हैं, संघ नहीं। केन्द्र एक संघीय सरकार नहीं बल्कि सामाजिक उद्देश्यों तथा पूर्ण शक्तियों की सरकार हैं।

3. प्रशासनिक सुधार आयोग-1968 में भारत द्वारा प्रकाशित प्रशासनिक सुधार आयोग की रिपोर्ट में कहा गया हैं कि यद्यपि भारत में बाहरी रूप से संघीय व्यवस्था दिखाई देती हैं परन्तु व्यवहार में इसमें संघवाद के लक्षण नहीं पाये जाते हैं।

4. डॉ. एम. बनर्जी का मत-डॉ. एम. बनर्जी के अनुसार, "भारतीय संविधान का रूप एकात्मकता सहित संघीय हैं।"

5. दुर्गादास बसु का मत-दुर्गादास बसु का कहना हैं कि, "भारतीय संविधान ने तो पूर्णरूप से एकात्मक हैं और न ही पूर्ण रूप से संघात्मक हैं, बल्कि यह दोनों का सम्मिश्रण हैं।"

परन्तु विद्वानों के अन्य वर्ग ने भारत को एक संघीय श्रेणी में रखा हैं।

1. के. सन्थानम-श्री के. सन्थानम ने कहा हैं कि, "इसमें कोई सन्देह नहीं किया जा सकता कि भारत एक संघ हैं।"

2. प्रो. एलेक्जेएडरो-प्रो. एलेक्जेण्डरो बिक्स ने कहा हैं कि, "भारत एक सच्चा संघ हैं, तथापि अन्य संघों की भाँति इसकी कुछ अपनी विशेषतायें हैं। भारत को अर्द्ध-संघात्मक कहना मिथ्या हैं।"

3. नारमन डी. पामर-नारमन डी. पामर ने कहा हैं कि, "भारतीय गणतन्त्र एक संघ हैं तथापि उनकी अपनी विशेषतायें जिन्होंने संघीय स्वरूप को अपने ढंग से ढ़ाला हैं।"

4. प्रो. पायली-प्रो. पायली ने कहा हैं कि, "भारत के संविधान का ढाँचा संघात्मक हैं, परन्तु आत्मा एकात्मक हैं।"

डॉ. अम्बेडकर ने संविधान के स्वरूप को संघात्मक बताते हुए कहा हैं कि यह दोहरे जनतन्त्र की स्थापना करता हैं, जिसके अन्तर्गत केन्द्र में संघीय तथा राज्य में वृत्ताकार व्यवस्था की योजना हैं। केन्द्र तथा राज्य दोनों का गठन संविधान के द्वारा हुआ हैं। दोनों की शक्ति एवं प्राधिकार का स्रोत संविधान हैं। अपने क्षेत्राधिकार में कोई किसी के अधीन नहीं हैं, एक का प्राधिकार दूसरे का पूरक हैं।

केन्द्र तथा राज्यों के सम्बन्ध

संविधान के द्वारा भारत में संघात्मक शासन की स्थापना की गयी हैं। संविधान में संघ सरकार तथा राज्य सरकारों के मध्य शक्तियों को विभाजित किया गया हैं। भारतीय संविधान के अन्तर्गत संघ तथा राज्यों के मध्य पारस्परिक सम्बन्धों का अध्ययन निम्न प्रकार से किया जाता हैं-

1. विधायिका सम्बन्ध

भारतीय संविधान में समस्त विषयों को तीन सूचियों में विभक्त किया गया हैं-

संघ सूची-संघ सूची में 97 विषय दिये गये हैं। ये सभी विषय राष्ट्रीय महत्त्व के हैं॥ इनमें से प्रमुख विषय इस प्रकार से हैं-विदेश सम्बन्ध, प्रतिरक्षा और नौसेना, अणु शक्ति, और प्राकृतिक साधन, रेल, समुद्री और जहाज पथ, डाक, तार और टेलिफोन, रिजर्व बैंक, बीमा, उद्योग नियन्त्रण, खानों, खनिज पदार्थों तथा तेल का संशोधन का विनिमय एवं विकास, संघीय लोक संवायें, निर्वाचन, पेटेण्ट आविष्कार, नागकिरता, देशीकरण तथा अन्य देशीय प्रदपर्ण, सर्वोच्च न्यायालय का गठन, आय कर सीमा कर आदि।

राज्य सूची-स्थानीय महत्त्व के विषय राज्य सूची में दिये गये हैं। इसमें 62 विषय दिये गये हैं, जिनमें से कुछ महत्त्वपूर्ण विषय इस प्रकार हैं-सार्वजनिक पुलिस, न्याय व्यवस्था, जेल, स्थानीय शासन, सार्वजनिक स्वास्थ्य, संचार साधन, कृषि, पशु पालन, सिंचाई, भूमि कर, कृषि कर, आयकर, बिक्री कर, स्थानीय क्षेत्रों में माल पर आय कर, मनोरंजन कर आदि। मूल रूप से इस सूची में 66 विषय हैं। पर संविधान के 42 वें संशोधन के अनुसार इस सूची में सं शिक्षा, वन, नाप-तौल, पशु-पक्षियों की रक्षा विषयों को निकाल कर समवर्ती सूची में सम्मिलित कर दिया गया हैं।

समवर्ती सूची-इसमें दिये गये विषयों पर संसद तथा राज्यों के विधानमण्डलों को कानून बनाने का अधिकार प्राप्त होता हैं और सी सूची के आधार पर संघीय व्यवस्था में केन्द्रीकरण की प्रवृत्ति उत्पन्न होती हैं। इसमें 52 विषय सम्मिलित हैं जिनमें फौजदारी कानून, दीवानी कानून

और प्रक्रिया विवाह तथा विवाह-विच्छेद, आर्थिक और सामाजिक सुरक्षा, विधि, चिकित्सा सम्बन्धी व्यवसाय, मूल्य नियन्त्रण, कारखाने, विद्युत, समाचार पत्र, पुस्तकें तथा छापेखाने आदि सम्मिलित हैं।

एक अभिसमय के अन्तर्गत संसद समवर्ती सूची में दिये गये किसी विषय पर कानून बनाने के पहले राज्यों को सूचना देती हैं। इसी प्रकार राज्यों की सरकारें केन्द्र सरकार को सूचना देती हैं। और जब उन्हें केन्द्रीय विधि मन्त्रालय से स्वीकृति मिल जाती हैं तब वे कानून बनाती हैं।यदि संसद ने पहले कोई कानून बनाया, जिसे राज्यपाल द्वारा संरक्षित रखने पर राष्ट्रपति की अनुमति प्राप्त हो गई हो तो वह कानून संसद के कानून से ऊपर माना जाता हैं।

राज्य सूची पर केन्द्र के द्वारा विधि निर्माण-निम्न परिस्थितियों में संसद राज्य सूची के विषय में कानून बना सकती हैं-

1. किसी संधि को लागू करने के उद्देश्य से-अन्तर्राष्ट्रीय सन्धियों के समझौते को कार्यरूप देने के लिए संसद या उसके किसी क्षेत्र के लिए कोई भी कानून बना सकती हैं, चाहे वह विषय राज्य सूची में दिया गया हो।

2. राज्य विधानमण्डलों की प्रार्थना पर-यदि दो या दो से अधिक राज्यों के विधानमण्डल प्रस्ताव को पारित करके संसद से किसी विषय पर कानून बनाने की प्रार्थना करे तो संसद उस विषय पर कानून बना सकता हैं।

3. राष्ट्रीय महत्त्व का विकास-यदि राज्य सथा उपस्थित और मतदान करने वाले दो तिहाई बहुमत से प्रस्ताव पास करके राज्य सूची में दिये गये किसी विषय को राष्ट्रीय महत्त्व का घोषित करती हैं तो संसद उस पर कानून बना सकती हैं।

4. आपातकालीन अवस्था में-युद्ध या आन्तरिक अशान्ति के दृष्टिगत यदि राष्ट्रपति आपात स्थिति घोषित करे दे तब संसद को सम्पूर्ण भारत के लिए कानून बनाने का अधिकार प्राप्त हो जाता हैं। केन्द्रीय सरकार राज्य सूची में दिये गये किसी भी विषय पर कानून बना सकती हैं।

5. संवैधानिक संकट-यदि किसी राज्य में संवैधानिक व्यवस्थाा के असफल हो जाने पर राष्ट्रपति उस राज्य में संवैधानिक संकट की घोषणा कर सकते हैं तब उस राज्य का शासन केन्द्रीय सरकार के आधीन आ जाता हैं। उस स्थिति में संसद उस राज्य के लिए राज्य सूची में दिये गये किसी भी विषय पर कानून बना सकती हैं।

संसद के अतिरिक्त केन्द्रीय कार्यपालिका भी अनेक प्रकार से राज्यों की विधायिनी शक्ति को सीमित करती हैं-

1. कुछ विधेयक केवल राष्ट्रपति की स्वीकृति के बाद ही राज्य विधान मण्डल में प्रस्तुत किये जा सकते हैं।

2. राज्यमण्डल के द्वारा पारित अनेक विधेयक राष्ट्रपति को स्वीकृति के लिए राज्यपाल के द्वारा सुरक्षित किये जाते हैं।

3. राज्य में वाणिज्य तथा व्यापार पर प्रतिबन्ध लगाने सम्बन्धी विधेयक राष्ट्रपति की पूर्व स्वीकृति लिये बिना विधानमण्डल में प्रस्तुत नहीं किये जा सकते।

2. प्रशासनिक सम्बन्ध

केन्द्रीय सरकार के प्रशासन में वे समस्त क्षेत्र हैं, जिन पर संसद को कानून बनाने का अधिकार प्राप्त हैं। राज्यों का प्रशासनिक क्षेत्र तथा राज्य सूची एवं समवर्ती सूची के विषयों पर हैं। केन्द्र तथा राज्यों के मध्य प्रशासनिक सम्बन्ध निम्न प्रकार हैं-

1. राज्य सरकार को निर्देशन-संविधान के अनुच्छेद 256 के अनुसार राज्यों की सरकारों को यह अपेक्षा की जाती हैं कि वे अपनी शक्ति का प्रयोग इस प्रकार से करें जिससे संसद के बनाये हुए कानूनों का विरोध न हों। अनुच्छेद 257 के द्वारा राज्यों को यह आदेश दिया गया हैं कि वे अपनी कार्यपालिका शक्ति का प्रयोग इस प्रकार करें कि केन्द्रीय कार्यपालिका के मार्ग में बाधा न उत्पन्न हो जाये। केन्द्रीय सरकार इस उद्देश्य को पूरा करने के लिए राज्यों को निर्देश दे सकती हैं।

2. केन्द्र के द्वारा राज्य सरकारों को कार्य सौंपना-राष्ट्रपति राज्य सरकारों की अनुमति से केन्द्रीय कार्यपालिका के क्षेत्र में आने वाले कुछ कार्यों को राज्य सरकारों को या उनके कर्मचारियों को सौंप सकता हैं। यदि राज्यों की सरकारों या उसके अधिकारी उसे पूरा न करें तब राष्ट्रपति को यह अधिकार हैं कि वह संकटकालीन घोषणा करके राज्य का शासन को अपने हाथ में ले लें।

केन्द्रीय सरकार राष्ट्रीय महत्त्व के तथा सैनिक महत्त्व के संचार साधनों, सड़कों आदि की देखभाल का कार्य राज्य सरकारों को सौंप सकती हैं। संसद राजपथों, बड़ी सड़कों, नहरों, जल पथों तथा नाव चलाने योग्य नदियों को राष्ट्रीय महत्त्व का घोषित कर सकती हैं और उनके निर्माण तथा देखभाल का कार्य राज्यों को सौंप सकती हैं।

3. अन्तर्राज्यीय नदियों के सम्बन्ध में विवाद-भारत में बहुत सी ऐसी नदियाँ हैं जो एक से अधिक राज्यों में होकर बहती हैं। 1956 के नदी बोर्ड अधिनियम के द्वारा अन्तर्राज्य की नदियों के विवादों के विषय में, राज्यों की सरकारों को सलाह देने के लिए नदी बोर्ड की स्थापना की गई।

4. अन्तर्राज्यीय परिषद्-राज्यों में परस्परिक सहयोग तथा सद्भावना की अभिवृद्धि के लिए विवादों का समाधान करने के लिए राष्ट्रपति एक अन्तर्राज्यीय परिषद् की स्थापना कर सकता हैं, जिसके कार्य निम्न हैं-

1. राज्य के बीच विवादों के कारणों को ज्ञात करना तथा विवादों के समाधान के लिए सुझाव देना।

2. संघ और राज्यों के पारस्परिक हितों और समस्याओं से सम्बन्धित विषयों को खोज करना और उन पर विचार करना।

3. उन विषयों और समस्याओं पर सुझाव प्रस्तुत करना तथा जिससे अन्तर्राज्यीय सम्बन्धों में सहयोग और समन्वय की स्थापना हो सके।

4. अन्तर्राज्यीय व्यापार आयोग-संसद सम्पूर्ण भारत के लिए व्यापार तथा व्यवसाय को लागू करने के लिए अन्तर्राज्यीय आयोग का निर्माण कर सकती हैं।

5. अखिल भारतीय सेंवायें-भारतीय संविधान में संघ और राज्यों के लिए पृथक् सेवाओं की व्यवस्था की गई हैं। इसके अतिरिक्त भारतीय संघीय सेवाओं की भी स्थापना की गई हैं। इन सेवाओं के संघीय अधिकारियों पर संघीय सरकार का विशेष नियन्त्रण रहता हैं। इन सेवाओं से भारत में केन्द्र तथा पिछड़े राज्यों के महत्त्वपूर्ण विषयों के प्रशासन में एकरूपता बनी रहती हैं।

6. पिछड़ी एवं अनुसूचित जातियों का विकास-राष्ट्रपति प्रधानमन्त्री की परामर्श से राज्यों में राज्यपालों की नियुक्ति करता हैं जो वहाँ पर राष्ट्रपति के प्रतिनिधि के रूप में कार्य करते हैं।

7. निर्देश-सम्पूर्ण भारत में संघ की ओर से प्रत्येक राज्य की सार्वजनिक क्रियाओं, अभिलेखों तथा न्यायिक कार्य को पूरा विश्वास और पूरी मान्यता प्रदान किये जाने का प्रावधान हैं। केन्द्र, राज्यों को यह निर्देशन दे सकता हैं, जिसे राज्यों के लिए मानना अनिवार्य हैं। यदि कोई राज्य सरकार केन्द्र के निर्देशन को न माने तो राष्ट्रपति अनुच्छेद 365 के आधार पर उस राज्य में संविधान की असफलता की घोषणा कर सकता हैं। समय-समय पर राष्ट्रपति अथवा प्रधानमन्त्री की अध्यक्षता में राज्यपालों और मुख्यमन्त्रियों के सम्मेलन होते रहते हैं। इन सम्मेलनों न्तरिक प्रशासन, अनुशासन, राज्यों का विकास और अन्य ऐसी ही महत्त्वपूर्ण बातों पर विचार विमर्श किया जाता हैं।

3. वित्तीय सम्बन्ध

वित्तीय आयोग समय-समय पर केन्द्र तथा राज्यों के मध्य वित्तीय साधनों के विभाजन के सम्बन्ध में राष्ट्रपति को परामर्श देता रहता हैं।

संघ सरकार के आय के साधन-संघ संरकार के आय के साधान निम्नलिखित हैं। जिन पर संघ को आयकर लगाने और कर वसूल करने का अधिकार हैं- कृषि आय से अतिरिक्त अन्य आय पर कर, कस्टम, निर्यात और आय कर, निगम कर, सीमा शुल्क, सम्पदा शुल्क, विदेशी ऋण, संघ सरकार की सम्पत्ति, रिजर्व बैंक, रेल या समुद्र के द्वारा या वायु के द्वारा ले जायी जाने वाली वस्तुओं पर कर, विनिमय पत्र, वहन पत्र, वचन पत्रों, आदि पर कर अत्यादि।

राज्यों की आय के मुख्य साधन-कृषि की आय पर कर, कृषि की सम्पत्ति कर, भूमि तथा भवन कर, सम्पदा कर, बिजली के उपयोग तथा विक्रय पर कर, शराब, अफीम, भांग, तथा अन्य मादक पदार्थों पर कर, सड़कों तथा अन्तर्देशीय पथों या जल पथों के द्वारा ले जाये जाने वाले यात्रा तथा वस्तुओं पर कर, पशुओं की बिक्री पर कर आदि।

केन्द्र तथा राज्यों में करों का विभाजन

1. केन्द्रीय करों का राज्यों को अनुदान-वे कर जिन्हें केन्द्रीय सरकार लागू करती हैं तथा वही वसूल करती हैं किन्तु धन की राशि उन्हीं राज्यों को दे दी जाती हैं, जिनसे वसूल किया गया हैं। जैसे- कृषि भूमि के अतिरिक्त अन्य सम्पत्तियों के उत्तराधिकार सम्बन्धी शुल्क, रेल तथा भाड़ों तथा वस्तु भाड़ों पर कर, शेयर तथा सट्टा बाजारों से आदान प्रदान की मुद्रांक शुल्क से अन्य शुल्क आदि।

2. राज्यों के द्वारा केन्द्रीय करों का प्रयोग-वे कर जो केन्द्रीय सरकार के द्वारा लगाये जाते हैं परन्तु राज्यों के द्वारा वसूल करके वहीं उनसे प्राप्त राशियों को खर्च किया जाता हैं, जैसे, विनिमयों, प्रोमेसिरी नोटो, हुण्डियों, चैकों आदि पर मुद्रांक शुल्क, दवा और मादक वस्तुओं पर कर, शौक, श्रृंगार की वस्तुओं पर कर आदि।

3. केन्द्रीय सरकार तथा राज्य सरकारों के मध्य विभाजन-जो कर केन्द्रीय सरकार के द्वारा लगाया जाता हैं तथा वसूल किया जाता हैं किन्तु उससे प्राप्त राशि केन्द्र तथा राज्यों के बीच बाँट दिया जाता हैं, जैसे आय कर।

वित्तीय अनुदान-संविधान में कन्द्र तथा राज्यों को अनुदान देने की व्यवस्था की गई हैं। ये अनुदान मुख्य रूप से तीन प्रकार के दिये जाते हैं-

1. पटसन तथा जूट-असम, बिहार, उड़ीसा तथा पश्चिमी बंगाल राज्यों में पटसन तथा जूट की बनी वस्तुओं को केन्द्र तथा विदेशों को निर्यात करता हैं और उससे प्राप्त निर्यात शुल्क के बदले में केन्द्र इन राज्यों को अनुदान देता हैं। राष्ट्रपति के अनुदान की धन राशि निर्धारित करता हैं।

2. आदिम जातियों का कल्याण-केन्द्र तथा राज्यों के द्वारा आदिम जातियों के कल्याण के लिए प्रारम्भ की गई योजनाओं के पूर्ति के लिए तथा अनुसूचित क्षेत्रों के प्रशासनिक स्तर को उठाने के लिए सहायक अनुदान देता हैं।

3. सहायता-अनुच्छेद 275 के अन्तर्गत केन्द्र कुछ राज्यों को उनकी आवश्यकता की पूर्ति के लिए सहायक अनुदान देता हैं। इस सम्बन्ध में संसद अनुदान की राशि का निर्धारण करता हैं।

4. सार्वजनिक उद्देश्य-संघ अथवा किसी राज्य की सरकार किसी भी सार्वजनिक उद्देश्य के लिए कोई अनुदान दे सकती हैं।

केन्द्र के द्वारा राज्यों को ऋण-केन्द्रीय सरकार संसद के द्वारा बनाये गये कानून के अनुसार किसी राज्य को ऋण दे सकती हैं। यह ऋण संसद के द्वारा लगायी शर्तों के अन्तर्गत किसी राज्य को दिया जाता हैं।

वित्तीय संकट-राष्ट्रपति अनुच्छेद 360 के अन्तर्गत वित्तीय संकट की घोषणा कर सकता हैं। वित्तीय संकट होने पर निम्न लिखित व्यवस्थायें की जा सकती हैं-

1. केन्द्र के द्वारा राज्यों को दी जाने वाली करों की धनराशि को परिवर्तित किया जा सकता हैं।

2. राज्यों को दिये जाने वाली अनुदानों पर रोक लगा सकते हैं।

3. राज्य विधान मण्डल द्वारा पारित किया हुआ धन विधेयक राष्ट्रपति की स्वीकृति के लिए सुरक्षित किया जा सकता हैं।

नियन्त्रक महालेखा परीक्षक-राष्ट्रपति केन्द्रीय सरकार और राज्यों की सरकारों के आय व्यय का लेखा जोखा उपयुक्त तरीके से रखने के लिए तथा उनकी जाँच के लिए नियन्त्रक महालेखा परीक्षक को नियुक्त करता हैं। इस प्रकार से केन्द्रीय सरकार का राज्यों की पर अधिक प्रभाव हो गया हैं।

4. केन्द्र तथा राज्यों के बीच न्यायिक सम्बन्ध

समस्त भारत में एक ही प्रकार के व्यवहारिक दण्डनीय अधिनियम प्रचलित हैं। भारत का सर्वोच्च न्यायालय भारत के सभी न्यायालयों पर नियन्त्रण रखता हैं। समस्त राज्यों के उच्च न्यायालयों के न्यायाधीशों की नियुक्ति राष्ट्रपति द्वारा ही होती हैं। सर्वोच्च न्यायाधीशों को महाभियोग के द्वारा संसद ही पदच्युत कर सकती हैं।

समीक्षा-संघ तथा राज्यों के मध्य के सम्बन्ध के उपरोक्त विवरण से स्पष्ट हो जाता हैं कि राज्यों को केन्द्रीय सरकारों पर बहुत अधिक निर्भर बना दिया गया हैं।

▣▣▣